제3판

현대 중국의 이해

Kerry Brown 지음 | 김흥규 옮김

명인문화사

현대 중국의 이해, 제3판

제1쇄 펴낸 날 2020년 2월 19일

지은이 Kerry Brown
옮긴이 김흥규
펴낸이 박선영
주 간 김계동
디자인 전수연
교 정 서윤정

펴낸곳 명인문화사
등 록 제2005-77호(2005.11.10)
주 소 서울시 송파구 백제고분로 36가길 15 미주빌딩 202호
이메일 myunginbooks@hanmail.net
전 화 02)416-3059
팩 스 02)417-3095

ISBN 979-11-6193-026-8
가 격 24,000원

ⓒ 명인문화사

이 도서의 국립중앙도서관 출판예정도서목록(CIP)은 서지정보유통지원시스템 홈페이지(http://seoji.
nl.go.kr)와 국가자료종합목록 구축시스템(http://kolis-net.nl.go.kr)에서 이용하실 수 있습니다. (CIP제
어번호 : CIP2020004999)

. . . .

Contemporary China, Third Edition

Kerry Brown

간략목차

세부목차

iv

도해목차

표

도표

사진

글상자

지도

중국어 표기에 대하여

중국인들의 이름은 서구과 달리 성(姓)을 앞에, 이름을 뒤에 표기하였다. '왕짜오쥔'이라고 한다면 왕은 성이며 짜오쥔은 이름이다. 이 책 전체에 통틀어 'Jack Ma'와 같이 서구방식과 중국어가 혼용된 경우는 제외하고 말이다(이 경우 서구 방식을 따르는 것이 보편적임). 책 전체에 걸쳐 중화인민공화국의 공식적인 음역체계인 병음(拼音, pinyin)을 사용했나. 병음 이외에도 중국어 표음 방법에는 Wade Giles 방식과 같은 기타 방법들이 있으나 이들은 이제 덜 사용되기에 사용하지 않았다.

저자서문

지금까지 시진핑이 주창했던 사상과 개념들은 점차 그 내용이 심화되어 왔다. 자신감이 돋보였던 시진핑 지도부는 중국몽 실현을 목표로 해왔다. 중국몽은 중국이 부강하고 강력한 국가가 되어 이전에 중국이 누렸던 영화를 회복하는 것을 골자로 한다. 2017년 10월 시진핑은 제19차 당대회에서 국가 최고지도자로 다시 추대되었다. (누구나 예상했듯이) 2018년 초 시진핑은 5년씩 한 번 연임할 수 있는 주석 임기제를 폐지하였다. 이외에도 그 밖의 많은 조치들은 시진핑의 영구 집권을 예고하는 듯 보였다.

전 세계에서는 여러 예상치 못한 일들로 불확실성이 커져갔고, 이것은 각국의 국내정치의 안정성에도 영향을 미쳤다. 2016년 말 트럼프 (Donald J. Trump)가 45대 미국 대통령으로 당선되었으며, 이는 전 세계에 충격을 안겨주었다. 그리고 2016년 6월 영국 국민투표 결과 EU로부터 영국이 탈퇴한다는 결론이 내려졌으며, 이 역시 트럼프 당선보다는 그 정도가 덜하지만 충격적이었다. 이 두 사건은 세계가 근래 경험하지 못했던 불확실성을 불러왔다. 이 가운데 중국의 안정성을 유지하는 것은 더욱 중요해보였다. 동시에 두 사건은 중국이 훨씬 중요한 국제적 역할을 수행하기 위한 기회를 제공하기도 했다. 기후변화 문제의 경우 미국은 2015년 파리기후협약 가입을 약속하였다. 그러나 트럼프는 2017년 말 파리기후협약에서 미국이 탈퇴한다고 선언하였으며, 자유무역질서에 대한 지지를 철회하고자 했다. 중국은 파리기후협약과 자유무역질서를 지지했다. 그 결과 이 방면에 있어 미국보다는 중국이 운전자석에 앉아있는 것같이 보였다. 새로운 상황은 서구 세계의 정책결정자들에게 어떻게 이를 대처할 것인지에 대한 결정을 요구했고, 견해가 나뉘었다. 이러한 조정 과정은 향후 수년이 더 걸릴 것이다.

2018년 중국의 부상은 개념이나 예측이 아닌 현실이 되었다. 시진핑의 중국은 중국공산당 창당 100주년이 되는 2021년까지 첫 번째 백년 목표를 달성하기 위해 앞으로 나아가고 있다. 지금 이 순간도 말이다. 2021년까지 1인당 GDP(국내총생산, 한 국가에서 생산된 상품, 서비스의 전체 가치)가 1만 3,000달러에 이르는 공식적인 중간소득 국가로 발돋움하겠다는 것이다. 이외에도 2021년에는 이러한 중요한 목표 달성을 축하하고, 국가의 현대화와 르네상스를 이끈 공산당 중심의 체제의 중요성이 강조될 것이다. 또한 중국공산당을 중국 미래의 핵심으로 다시 한 번 천명할 것이다. 2014년에서 2018년 사이 시진핑 리더십은 국가주의적 메시지를 전달하고, 그곳에서 정당성의 새로운 근원을 찾는 데에 끊임없이 적응해왔다. 이는 향후 몇 년 동안 계속 될 것으로 보인다.

근대사에 있어서 세계는 강한 중국을 대해본 적이 없다. 지금의 중국은 강한 해군력을 가지고 있으며, 세계질서에서 잠재적으로 지배적인 위치를 점하고 있다. 그 세계질서는 제2차 세계대전 종전 이후 지금까지 상당부분 미국과 미국 주도의 가치가 지배해온 것이었다. 이 책은 이처럼 주목할 만한 움직임이 일어나고 있는 때에 발행된 것이다. 이 새로운 변화는 세계의 거의 모든 지역은 물론 국제정치와 경제의 모든 분야에 영향을 주고 있다. 독자들이 현재 무슨 일이 일어나고 있는지 진정으로 이해하기 위해서는 중국의 새로운 부상이 어디에서 유래했는지, 그 문화, 정치, 그리고 정체성은 무엇인지, 중국인이 무엇을 생각하는지 알 필요가 있다. 이것이 제3판의 목적이다.

역자서문

2014년 브라운의 『현대 중국의 이해』가 처음으로 번역되어 나왔을 때는 시진핑 시대가 막 시작되던 시기였다. 이번에 번역된 제3판은 시진핑 2기 집권이 시작되면서 출간되었다. 불과 수년 사이에 많은 것이 변했다. 우리 모두의 일상에서 중국은 더더욱 중요해졌다. 이제 영어와 더불어 중국어는 반드시 공부해야 하는 언어가 되었다. 중국에 대한 이해도 이제는 필수가 되었다. 그간 중국은 발전도상국의 허울을 벗고, 이제는 강대국으로서 '중화민족의 꿈'을 이루겠다고 나서고 있다. 국내정치는 보다 권위주의적으로 변모하였다. 외교안보는 더욱 공세적이 되었다. 미국 트럼프 대통령은 기존의 '포용과 협력'을 위주로 한 대중정책 패러다임을 벗어나 '경쟁'을 중심으로 한 대중정책으로 전환하였다. 미중 간의 '전략경쟁'이 가파르게 진행되면서 갈등과 경쟁의 영역이 확산 일로에 있다. 한국은 미중 사이에서 선택의 압박을 크게 받고 있다. 제1판이 나왔을 때만 해도 전혀 예상할 수 없었던 일이다.

역자의 은사이자 중국 군사연구의 아버지라 불리는 요페(Ellis Joffe) 교수는 항상 첫 수업의 서두에 중국의 특징을 한 단어로 압축해보라고 학생들에게 묻곤 했다. 그 답은 '크다'였다. 중국의 역사는 장구하고, 문화는 다원적이며, 규모에서 나오는 다양성이 커서 중국을 이해하기가 쉽지 않다는 것을 말하려 했던 것이다. 필자 역시 중국을 잘 안다고 확신하는 순간부터 무지의 세계로 빠져든다고 생각한다. 중국을 연구하고 이해하는 것의 시작은 기존의 편견과 선입견을 버리고 겸손해지는 것이다. 역자 역시 중국에 대한 호기심에서 시작하여 중국 연구로 벌써 35년의 세월을 보냈지만 중국의 전반적인 모습을 소개하고 설명하기란 정말 어렵다는 것을 실감하고 있다. 더구나 최근 중국은 거의 40여 년 동안 세계에서 가장 빠른 경제성장과 역동성을 지니고 변화해 왔다. 최근 북경에서 만난 중국경제 전문가인 지인은 "이제 중국경제는 한 개인이 분석하기에는 너무 복합적이고 고도의 단계로 들어서 버렸다"라고 진단했다.

브라운의 『현대 중국의 이해』 제3판 역시 이러한 지적 원칙에 충실한 책이다. 중국에 대한 확신과 가르치려는 자세보다는, 거대하고 복잡한 중국을 있는 그대로 설명하고 이해하려 노력하고 있다. 이 책은 가능한 중국의 다양한 면모를 보이고, 실제 발생한 사례들로 풍부하게 설명하면서 독자 스스로가 이해하고 판단하게끔 도와주려 한다. 기존 중국 연구에서 부분적인 분야에 대한 분석은 많지만 이 책처럼 중국의 다양한 주제를 포괄적으로 다루면서 독자의 이해를 돕는 저작은 거의 찾기 어렵다. 작은 분량이지만, 중국을 이해하는 입문서로서 대단히 유익한 책이다. 이 책은 그런 의미에서 귀한 책이다.

제1판에서부터 대단히 창의적이고 열성적으로 본인을 도와준 이현주 조교의 도움이 없었다면 이 글의 번역은 불가능한 일이었을 것이다. 지금은 보스턴에서 공부하면서도 글의 미심쩍은 부분의 확인과 정정, 재수정 등 굳은 일들을 다 맡아 주었다. 지면을 들어 심심한 감사의 말을 표한다. 다만, 혹 있을 수도 있는 실수나 오역은 역자 본인의 부족함에서 비롯된 것이다. 동시에 역자의 바쁜 일상과 연락 두절에도 불구하고, 인내심 있게 기다려 주고 편의를 봐 준 박선영 사장님께도 깊이 감사드린다. 어려운 출판 환경에서도 대단한 뚝심을 가지고 사회과학 분야의 좋은 글들을 출판해 주고 있다. 깊은 존경과 성원을 함께 보낸다.

2020년 1월
역자 김흥규

약어목록

AIIB (Asian Infrastructure Investment Bank)   아시아인프라투자은행

APEC (Asia Pacific Economic Conference)   아시아태평양경제회의

ASEAN (Association of Southeast Asian Nations)   동남아시아국가연합

CCDI (Central Commission for Discipline and Inspection)   중앙기율검사
    위원회

CCP (Chinese Communist Party)   중국공산당

CCTV (Chinese Central Television)   중국중앙TV

CGTN (China Global Television Network)   중국국제텔레비전

CIA (Central Intelligence Agency)   중앙정보부(미국)

CIC (Chinese Investment Corporation)   중국투자유한책임공사

CMC (Central Military Commission)   중앙군사위원회

CNOOC (China National Overseas Oil Corporation)   중국해양석유총공사

CPPCC (Chinese People's Political Consultative Conference)   중국인민
    정치협상회의

CR (Cultural Revolution)   문화대혁명

DPP (Democratic Progressive Party)   민주진보당(타이완)

DPRK (Democratic People's Republic of Korea)   조선민주주의인민공화국
    (북한)

DRC (Development and Research Council)   국무원 소속 발전연구센터

EEC (European Economic Community)   유럽경제공동체

EU (European Union)   유럽연합

FBI (American Federal Bureau of Investigations)   미국 연방수사국

FOCAC (Forum on China-Africa Cooperation)   중국-아프리카 협력포럼

GDP (Gross Domestic Product)   국내총생산

GONGOs(Government-organized Non-government Organization)　정부
　조직 비정부기구

IMF (International Monetary Fund)　국제통화기금

IOC (International Olympics Committee)　국제올림픽위원회

IPR (Intellectual Property Rights)　지적재산권

KMT (Kuomintang)　국민당(타이완의 여당)

MSS (Ministry of State Security)　국가안전부

NDRC (National Development and Reform Commission)　국가발전·개혁
　위원회

NGO (Non-government Organization)　비정부기구

NPC (National People's Congress)　전국인민대표대회

ODI (Overseas Direct Investment)　해외직접투자

OECD (Organstion for Economic Co-operation and Development)　경제
　협력개발기구

PAP (People's Armed Police)　인민무장경찰

PLA (People's Liberation Army)　인민해방군

PPP (Purchasing Power Parity)　구매력평가

PRC (People's Republic of China)　중화인민공화국

PSB (Public Service Bureau)　공안국

RMB (renminbi)　인민폐

R&D (Research and Development)　연구개발

SAR (Special Administrative Region)　특별행정구

SARS (Severe Acute Respiratory Syndrome)　중증급성호흡기증후군

SASEC (State-owned Assets Supervision and Administration Commission)
　국유자산감독관리위원회

SEZ (Special Economic Zone)　경제특구

SIPRI (Stockholm International Peace Research Institute)　스톡홀름국제
　평화문제연구소

SIS (Secret Intelligence Service)　비밀정보국(호주)

SOE (State-owned enterprise)　국유기업

UN (United Nations)　국제연합

USSR (Union of Soviet Socialist Republics)　소비에트 사회주의 공화국연방
(소련)

WTO (World Trade Organization)　세계무역기구

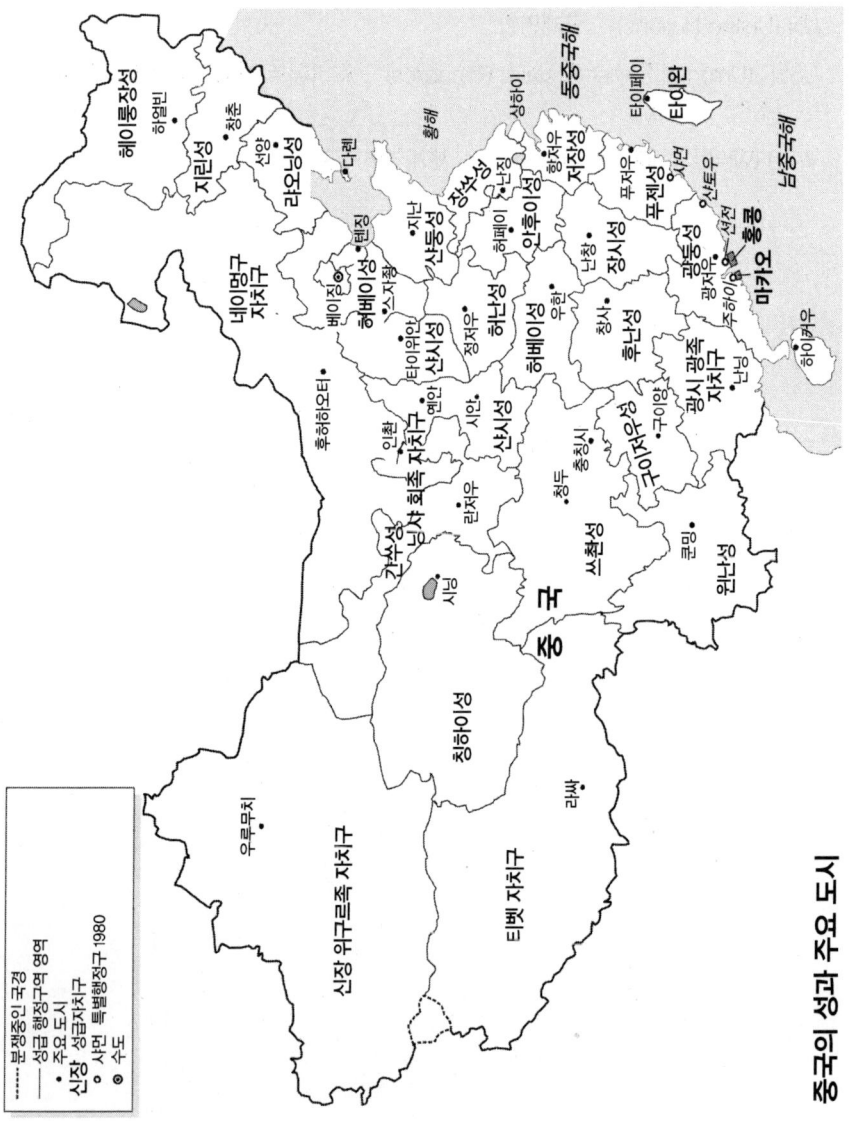

중국의 성과 주요 도시

범례
...... 분쟁중인 국경
—— 성급 행정구역 영역
• 주요 도시
신장 성급자치구
ㅇ 시안 특별행정구 1980
◎ 수도

해이룽장성
헤이허
지린성
창춘
선양
랴오닝성
다롄
네이멍구 자치구
후허하오터
베이징
허베이성 톈진
타이위안
산시성
산둥성
지난
황해
동중국해
상하이
장쑤성
난징
허페이
안후이성
저장성
항저우
장시성
푸젠성
후베이성
우한
창사
후난성
광둥성
광저우
주하이
홍콩
마카오
타이페이
타이완
남중국해
하이커우
간쑤성
시닝
칭하이성
닝샤 회족 자치구
인촨
시안
산시성
란저우
충칭
쓰촨성
청두
구이저우성
구이양
광시 좡족 자치구
난닝
쿤밍
윈난성
우루무치
신장 위구르족 자치구
칭하이성
시짱 자치구
티베트 자치구
라싸

중국

XX

중국에 관한 간단한 사실들

공식명칭:	중화인민공화국
수도:	북경
면적:	9,598,088 km^2
인구:	1,339,700,000(2010)
공식언어:	중국어(만다린)
정치체제:	일당 공화제
국가수반 (주석):	시진핑 (習近平) (2013년 3월부터)
집권당:	중국공산당 (CCP, Chinese Communist Party)
당 총서기:	시진핑 (2012년부터)
중국공산당 정치국 상무위원회:	시진핑(習近平), 리커창(李克强), 왕양(汪洋), 리잔수(栗戰書), 왕후닝(王滬寧), 자오러지(趙樂際), 한정(韓正)

홍콩 특별행정구

수도:	빅토리아 (Victoria)
면적:	1,092 km^2
인구:	7,347,000 (2016)
지위:	중화인민공화국 특별행정구 (SAR, Special Administrative Region) (1997년 7월부터)
행정수반:	캐리 람 (Carrie Lam) (2017년 6월부터)
행정비서:	매슈 청(Matthew Cheung) (2017년 1월부터)

타이완

수도:	타이페이
면적:	35,980 km^2
인구:	23,562,318 (2017, 타이완 정부 발표 자료)
공식언어:	중국어
정치체제:	다당제 공화제
정부수반 (총통):	차이잉원(蔡英文) (민주진보당) (2016년 3월부터)
집권여당:	민진당
총리(행정원장):	윌리엄 라이칭더(賴淸德) (2017년 11월부터)

중국은 왜 중요한가?

1949년에 건국된 중화인민공화국(PRC: People's Republic of China – 이하 중국)은 그 크기만으로도 특별한 존재이다. 중국은 지리적 크기 (세계에서 세 번째로 큰 나라)와 인구의 규모면에서 모두(현재 가장 인구가 많은 나라, 비록 인도가 전체 인구 수로 볼 때 향후 10년 이내에 인도를 추월할 가능성이 높지만) 특별하다. 이러한 광대함은 중국의 길고 복잡한 역사와 다양성이 결합되어 있어서, 중국을 이해하기 위해 필요한 모든 요소를 포괄하는 단 하나의 틀을 마련하기 어렵다는 것을 의미한다. 이 책이 목표로 하는 것은 현대 중국의 다양한 측면과 또 이러한 중국을 이해하는 다양한 방법들을 독자들이 이해하도록 하는 것이다. (지금부터 중화인민공화국을 중국으로, 홍콩특별행정구를 홍콩으로, 중화민국을 타이완이라고 칭하고자 함) 한편 여러분이 이 책을 읽으면서 자주 부딪힐 가장 큰 문제가 있다. 그것은 여러분이 이미 중국에 대해 가지고 있는 선입견과 기대이다. 이에 필자는 여러분이 이러한 선입견과 기대를 내려놓고, 중국이 그 자체로 어떤 나라인지 보려고 노력하고 이해해 주기를 바란다. 이후에 다시 말하겠지만 내포하고 있는 모든 다양함과 복잡함을 고려했을 때 여러 측면에서 중국은 하나의 국가라기보다는 하나의 대륙에 가깝다. 중국에는 31개의 성(省)과 자치구들이 있으며 이 중 몇몇은 그리고 유럽의 특정 국가들에 견줄 수 있는 경제 규모를 가졌다.

여러 종류의 통계자료에서 중국이 차지하고 있는 순위만 고려해보아도 중국은 중요한 나라이다. 1976년 마오쩌둥(毛澤東) 시대의 말기에서부터 시작된 개혁은 2010년 중국을 세계에서 두 번째로 큰 경제 대국으로 만들었다. 2018년 중국은 세계에서 가장 큰 수입국이자 수출국이 되었다. 2018년 중국은 3조 5,000억 달러(한화로 약 3,675조 원 – 2014년 1월 2일 환율 기준) 규모의 외환보유고를 보유하고 있었다. 이것은 세계 최대 규모의 외환보유고로 중국은 이것을 방대한 수출을 통해 축적했다 (이 수치는 4년 전 4조 5,000달러의 최고치에서 자본금 탈출로 인해 떨어진 것이며, 2017년 몇몇 규제들을 폐지하면서 일정 부분의 자본이 유출되었다). 중국은 세계자본과 공급망의 중심이다. 중국은 2018년 2억 달러 이상의 억만장자들과 2015년 하루 1.9달러 미만(2015년 세계은행의 빈곤 기준에 해당)으로 살아가는 5,580만 명이 극명한 대조를 보여주는 국가이다 (World Bank, 2017).

다른 나라와 비교했을 때 중국은 상이한 정치적 특성을 가지고 있다. 현대 중국은 중국공산당에 의해서 건국되었으며, 현재에도 공산당에 의해서 통치되고 있다. 중국공산당은 세계에서 마지막까지 생존한 공산당 중 하나이며 동시에 중국 내 권력을 독점하고 있다. 그 결과 중국에 대한 논의는 종종 매우 짙은 정치적 색채를 띠게 되었고, 특히 전 세계적으로 점점 더 주목을 받게 되었다. 만약 한 사람이 중국에 대해 호불호 등 자신의 견해를 제시했다면, 그 견해는 보통 그가 중국공산당(CCP: Chinese Communist Party)을 지지하느냐, 또는 반대하느냐로 양분되어 해석된다. 중립적인 태도를 취한다는 것은 어렵다. 역사를 살펴보면,

1949년에서 1972년 사이 중국은 상대적으로 고립정책을 고수하였다. 적어도 이 시기, 즉 1949년에서 1972년 사이 유럽과 미국에서는 누군가가 중국에 대해 우호적인 태도를 보이는 경우, 이는 곧 그가 중국공산당을 지지한다고 정치적으로 해석되곤 했다. 또 이 시기에는 오로지 중국의 엘리트와 중국의 정치체제에 대해서 우호적인 견해를 가진 소수의 사람들만이 중국 방문이 허용되었다. 이렇듯 나머지 세계에게 중국은 수수께끼와 같은 고립된 곳이었다.

정치에 있어서 중국은 계속해서 토론의 주제이겠지만 중국은 더 이상 고립된 국가가 아니다. 2017년 약 1억 2,000만 명 이상의 중국인들이 해외여행을 갔으며, 거의 같은 수의 외국인들이 중국을 여행했다. 중국인들은 북아메리카, 유럽, 오스트랄라시아(오스트레일리아·뉴질랜드·서남 태평양 제도를 포함하는 지역) 전역의 수도에서 부동산, 럭셔리 카드와 그 밖의 값비싼 브랜드들의 가장 큰 구매자 중 하나가 되었다 (Bu et al., 2017). 1978년 개혁개방이 시작된 이후 약 300만 명 이상의 중국인 유학생들이 배출되었으며, 많은 이들은 서구에서 학업 또는 비즈니스 경력을 쌓기 위해 머물렀다. 한편 2008년부터 중국은 세계에서 가장 큰 자동차 시장으로 부상했다. 동시에 같은 시기 중국은 세계에서 가장 많은 오염물질을 배출하는 국가로 기록되기도 했다. 2014년 통계에 의하면 중국의 1인당 오염물질 배출량이 EU보다 더 많았다는 좋지 않은 소식도 있었다. 런던의 경매장에서는 중국의 현대와 고전 예술작품들이 기록적인 높은 가격에 판매되고 있다. 하지만 예술 세계에서 족적을 남기고 있는 것은 작품들뿐만 아니다. 중국 소비자들 역시 마찬가지이다. 한 예로 2011년 한 중국인 사업가는 청(淸)조시대의 꽃병을 구매했는데, 그 가치는 수백만 파운드(한화로는 수십억 원 – 2019년 10월 31일 환율 기준)에 달했다고 한다 (논란의 여지는 있지만, 그 중국인 사

업가는 후에 대금지불을 하지 못했다는 이야기가 있기는 하다). 2013
년부터 중국인들이 호주에서 빈티지 와인을 너무 많이 사들였기 때문에
중국의 고객들에게 수출하기 위한 특수 선박을 전세 내야만 했다. 이때
다른 주요 경제 대국들이 경제 불황으로 인해서 고통을 당할 동안 호주
가 특이하게도 견딜 수 있었던 것이 2008년부터 계속되어온 중국 제조
업자들과 기업들의 호주 자원에 대한 수요 덕분이었다.

　1980년대 초, 다른 국가의 국민들과 비교해보았을 때, 보통의 중국
인에게 해외여행은 요원한 꿈이었다. 그들의 소득수준은 꽤 평준화되어
있었다 (모두 다 비교적 가난했다는 뜻이다). 당시 중국인들이 최대로
꿈꿀 수 있었던 것은 자신의 자전거, 라디오, 냉장고를 소유하거나, 아
니면 텔레비전을 시청하는 것이었다. 1990년대가 되자 중국인들은 보
다 발전된 것을 꿈꿀 수 있었다. 그것은 비디오, 냉동고를 소유하거나,
국내에서 보낼 수 있는 안락한 휴가 등이었다. 한편 2018년이 되자 중
국인들은 세계에서 벤틀리(Bentley) 자동차의 가장 큰 소비자 집단 중
하나가 되었다. 세계에서 가장 큰 루이비통(Louis Vuitton) 매장은 샨
시(山西)성에 있는 스모그가 많은 도시 타이위안(太原)에 문을 열었다.
비록 손님이 거의 없어 보이는 곳이지만, 그곳에서 발견된 풍부한 석탄
으로 막대한 부를 축적한 신흥부유층이 타이위안에서 개점한 루이비통
매장의 주 고객이 되었다. 한 중국기업은 뉴욕에 위치한 월도프 아스토
리아(Waldorf Astoria) 호텔을 인수했으며, 다른 중국기업은 영국의 한
골프클럽을 구매했다. 중국 투자자들은 2018년까지 신규 투자에서 세
계 여섯 번째로 활발한 투자자가 되었다. 이전과는 달리 화웨이, 알리바
바와 같은 중국의 브랜드들은 서구 소비자들의 삶에서 중요해지기 시작
했다.

　중국에 대해 알아보다보면 당황스러울 때가 있다. 왜냐하면 중국에

대해 쉽게 설명하는 것이 불가능하기 때문이다. 지금 중국이 갖추고 있
는 모습들은 장구한 역사 속에서 복잡한 변인들이 작용하고 영향을 미
친 결과 형성된 것이다. 몇몇 변인은 이 책에서 다룰 것이며, 그중 다수
는 서로 충돌하기도 한다 (이러한 변인들은 지금도 계속해서 존재한다).
그것들은 7세기 티베트고원을 통해 수입된 불교 신앙부터 20세기 일본
을 통해서 들여온 것으로 보이는 마르크스주의 등이 있다. 중국공산당
은 계속해서 권력을 독점하면서 1978년부터 많은 자본주의적 경제 방
법을 도입했다. 이것은 이러한 복잡성을 더욱 가중시킨다. 중국은 현재
자신을 다양한 영향력과 힘들의 복합체이자 그것들이 수세기와 수많은
방법을 통해 형성되어온 존재라 여기고 있다. 혼종성(Hybridity)은 중
국의 핵심이다.

　이러한 복잡한 역사와 오늘날 중국과 그 민족의 정체성에 대한 지속
적인 영향 때문에, 현재를 조명하기 위해 과거를 이해하고 미래에 그것
이 어디로 갈지 계획하는 것이 중요하다. 1949년에서 1978년 사이, 중
국은 독특한 형태의 마르크스주의(Marxism)적 형태의 정치 및 사회상
을 경험했다. 마오쩌둥(毛澤東, 1893~1976년)이라는 인물은 그 시기
중국이라는 나라를 통치했다. 1952년부터 유토피아적인 목표를 달성하
고 완벽한 사회주의 국가를 건설하기 위한 대중운동이 물결처럼 펼쳐졌
다. 그러나 지도자들의 이상은 자주 비극으로 끝나곤 했다. 그렇지만 그
시기에도 중국의 경제는 성장하였다. 마오쩌둥 시기 중국의 국내총생산
(GDP: gross domestic product, 한 경제에서 생산된 모든 재화와 서
비스의 총합)은 연 5~6퍼센트의 성장률을 보였다. 중국인의 평균기대
수명도 극적으로 늘어났다. 그 결과 마오쩌둥이 사망한 1976년 즈음 중
국은 그 전과 비교했을 때보다 건강하면서도 부강한 국가가 되어 있었
다. 중국은 또한 1949년 이후에 사이가 껄끄러웠던 세계와도 교류를 재

개했다. 중국의 근대화를 이루기 위한 과정은 대서사시와도 같았다. 고통스럽기도 하였으며 때로는 값비싼 대가를 치러야 했다. 이러한 고군분투는 지금까지도 계속되고 있다 (Walder, 2015).

아마 현대 중국 역사에 있어서 1949년 이후 가장 중요한 연도는 1978년이 아니라, 1969년일 수 있다. 1969년은 수백 명의 중국군 사상자가 발생한 해이다. 그 이유는 중국과 소련(USSR) 사이에 벌어진 중국 북방 경계선에서의 충돌 때문이었다. 이로 인해 마오쩌둥을 비롯한 중국지도부는 세계에서 중국이 처한 위상에 대해서 다시금 생각하지 않을 수 없었다. 이 과정에서 중국은 자본주의자인 미국이 아니라 표면적으로는 그들의 공산주의 정치적 동맹인 소련이 사실상 그들의 가장 큰 위협이라는 것을 확인했다 (MacMillan, 2006). 이렇게 시작된 중미관계 개선의 추세는 1972년 닉슨(Richard M. Nixon) 대통령이 중국을 방문하면서 최고조에 달했다. 이렇듯 중국과 미국 사이에 재차 이루어진 접촉은 중국외교정책의 근본적 변화의 전조가 되었다. 이러한 변화의 결과는 지금까지도 여전히 발견할 수 있다. 닉슨 대통령의 중국 방문이 불러온 결과는 7년 후에 개혁개방을 가능하게 해주었을 뿐만 아니라 중국에서 실용주의가 부상하게 하였다. 아직도 마르크스주의-레닌주의가 수사적으로는 중국이 주창하는 이념이지만 실제 중국을 지배하는 것은 실용주의이다.

하지만 중국 역사가들은 대부분 1978년을 중국 역사의 분수령이 된 시점으로 보고 있다. 마오쩌둥이 사망하고 2년이 지난 후, 당시 중국은 두 번째 대약진을 목전에 두고 있었다. 당시 공산당 중앙위원회의 한 정례모임에서 제한적인 개혁을 추진하자는 결정이 내려졌다. 이 회의는 북경에 위치한 한 군용(軍用)호텔 (아직도 외국인 방문자는 이곳에 접근할 수 없음)에서 개최되었다. 이 새로운 세대의 개혁은 새롭고도 또한 서구에서 기원한 근대성이라고 하는 개념이었다. 하지만 동시에 중국만의 개념과 자신이 처한 환경에 대한 이해를 바탕으로 한 것이었다. 이에 대한 자세한 내용은 후에 다룰 것이다. 여기서 주목해야 할 것은 개혁 결과 중화인민공화국의 역사 발전에 있어서 분기점이 형성되었다는 점이다. 초기 마오쩌둥 시기의 역사는 식민지적 압제와 서구의 지배에 대항한 혁명적인 투쟁과 연관되어 있다. 이 움직임은 중국사회 내부적으로 극심한 계층 간 그리고 각 사회 세력 간 갈등을 내재했다. 한편으로 1978년부터는 덩샤오핑의 현대화 시기로 현대화와 한때 중국이 거부했던 서구화의 영향력을 받아들이는 것이었다. 여기에는 1978년 이전에는 중국이 매우 싫어했던 서구 자본, 국내시장과 민영기업들을 수용하는 것도 포함되었다. 내적이든 외적이든 어느 시각에서든 이렇든 상반된 두 시기를 아우르는 것은 매우 도전적인 과제이다.

중국 방문객들은 사치스러운 5성급 호텔 방에 앉아서 이 개혁 과정의 결과로 생겨난 중국의 거대한 해안도시를 바라보며 흡사 자본주의처럼 보이는 중국의 자신만만한 현대화에 속을 수도 있다. 2016년까지 중국의 수도 베이징은 물론 다른 주요 도시 중심가에서 자전거를 타는 사람들은 찾아보기 힘들 정도였다. 왜냐하면 서구와 같이 자동차들이 중심가를 지배했기 때문이다. 그러나 Ofo나 Mobike와 같은 플랫폼을 통한 자전거 공유의 증가로 인해 런던이나 뉴욕과 마찬가지로 자전거 타는 사람들의 수가 늘었다. 지난 몇 년간 상하이에서는 고속 전철 시스템에 도입되었다. 이보다 낡은 시스템을 가진 유럽이나 미국의 도시들과는 대비되는 것이었다. 2018년 중국은 2만 4,000킬로미터의 고속 열차 선로가 있으며, 300킬로미터를 한 시간에 여행할 수 있다. 동일하게 영국에서는 오직 60킬로미터 정도가 존재할 뿐이며, 미국에는 150킬로미터를 한 시간에 갈 수 있는 단일한 열차는 존재하지 않는다. 중국 도시들이 발전을 지향하며 뿜어내고 있는 에너지는 엄청나다. 그 결과 발전 속도도 빠르다. 그러다 보니 많은 전위적인 서구 건축가들에게 중국인 들은 가장 개방적인 고객들이었고, 그들 덕분에 서구의 건축가들은 최 고의 사업 수완을 거둘 수 있었다. 한편 중국은 세계에서 가장 높은 고 층 건물을 건설하려 애써왔다. 2010년 두바이에 가장 높은 빌딩이 세 워지면서 상하이는 이제 아시아에서 가장 높은 건물을 가졌다는 정도로 만족해야 했다. 션전(深圳)은 중국 남쪽에 위치한 도시로, 경제특구로 지정된 이후 1980년대에 신속한 발전을 일구어냈다. 그 결과 너무나 많 은 건물들이 빠른 속도로 지어졌다. 그 가운데 30퍼센트 이상이 부실 공 사로 인해서 붕괴했다 (Koolhass and Leong, 2001). 현대 중국의 숨 막힐 정도의 빠른 발전은 처음 방문하는 사람들에게는 놀라울 수도 있 을 것이다. 몇몇은 그들이 목도한 것을 긍정적으로 받아들이고 그 활력 을 즐긴다. 하지만 어떤 사람들은 그로부터 위협을 느끼거나, 중국을 자 국과 비교하면서 소외감을 느끼기도 한다. 현대 중국의 상황이 지루하 다고 느끼거나 이에 대해서 냉담한 태도를 보이는 사람들은 극소수일 것이다. 또 중국에 충분히 긴 기간 체류한 사람들이 가지고 있는 감정은 아마도 탈진에 가까울 것이다.

　이러한 역동적인 변화 속에서, 또 길고도 분절된 역사 속에서 연속성 을 찾아내기는 쉽지 않다. 게다가 지금의 중국은 종종 과거의 중국과 동 떨어진 존재인 것처럼 행동하기도 하고, 과거의 중국이 가지고 있지 않 은 이질적인 속성을 가지고 있는 것처럼 보이기도 한다. 중국 남쪽 해안 에서 중국과 다투고 있는 타이완인들은 본토 중국과 비교할 때, 자신들 이야 말로 진정한 '중국문화'를 보존하고 있다고 자랑스럽게 생각하고 있다. 왜냐하면 본토 중국은 수많은 변화를 겪었고, 그 와중에 생성된 트라우마도 많기 때문이다. 하지만 사실상 진짜 고통스러운 질문은 '진정한' 중국문화란 무엇인가이다. 이 문제에 대해 대답하기는 쉽지 않다. 이 책에서는 중국을 구성하고 있는 물리적, 인종적, 그리고 문화적 요소들을 둘러싸고 있는 논란도 다룰 것이다. 하지만 "무엇이 중국인가?"에 대해서는 그에 대해 논의하면 할수록 대답하기 어려워진다.

이는 중국의 경제성장이 더욱 두드러지면서 더욱 복잡해졌으며, 세계 곳곳에서 점차 복잡한 형태의 반응들이 쏟아졌다. 그중에는 중국인들이 아프리카에서 새로운 식민주의자들이 되어 가고 있는지에 대한 논쟁도 격렬하다. 왜냐하면 중국기업은 현재 아프리카에 대한 투자를 증가시키고 있는데, 그 대부분의 목적은 자원을 획득하기 위한 것이기 때문이다. 중국은 서아프리카 지부티(Djibouti)에 군시설을 세웠으며, 비록 그 군사시설은 해적들에 대항하여 중국 및 다른 선박을 보호한다는 이유로 정당화되긴 했지만, 그것은 세계적으로 새로운 중국 영향력의 시대라는 느낌을 강화했다. 2008년 이후 상당 기간 전 세계에서 중국인들의 자산 매수에 대한 기사가 헤드라인을 장식했다. 하지만 이러한 보도는 미국, 호주, 유럽 등지에서 그러한 투자가 어디로 갈 수 있고 갈 수 없는지에 대해 좀 더 선별적으로 접근하려는 움직임으로 맞섰다. 이러한 경향은 보호주의적 성향의 트럼프 행정부 하에서 더욱 강해졌다. 미국 연방수사국(FBI)은 2015년 인민해방군 소속 군인들에 대해 기소장을 발부하였다. 그들이 미국의 상업과 기술 부문의 기밀을 훔치기 위한 광범위한 사이버 행위를 자행했다는 것이다. 화웨이(Huawei, 華為技術有限公司)는 중국의 가장 큰 글로벌 기업 중 하나이다. 그러나 가장 중요한 시장인 미국과 호주에서 주요한 프로젝트 수행을 거절당한 상태이다. 이렇듯 세계에는 중국인들이 투자와 사이버 공간을 통해서 서서히 '우리의 공간'으로 기어와 '우리'를 전복시키려 한다는 주장들이 존재한다. 그리고 이러한 주장들은 중국이 현재 보이고 있는 행태에 대해,

또 '우리'와는 상이한 중국의 이질적 존재감에 대해 공포심을 불러일으
킨다. 이를 문화역사 학자인 프레일링(Christopher Frayling)은 '황색
위기' 신드롬이라 했으며, 이것이 몇몇 신경질적인 주장의 배경이 된다
고 볼 수 있다 (Frayling, 2014). 물론 세계가 중국에 대해 느끼는 불
안감을 뒷받침할만한 유효한 근거들이 존재하지만, 세계인들만 중국에
대해서 불안감을 느끼는 것이 아니다. 중국인들 역시 외부 세계에 대해
서 불안을 느끼고 있으며, 그 불안을 뒷받침할만한 충분히 많은 이유들
이 존재한다. 이에 대해서 이 책에서 역시 논의하겠지만, 특히 미국에
서 트럼프의 집권, 영국의 EU를 떠나기로 한 2016년 국민투표의 결과,
또 중국의 내부 문제를 고려해보았을 때 더욱 그러하다. 중국에 대해 걱
정하는 것의 이면에는 거대한 문화적 뿌리가 존재한다 (Davies, 2009).
우리가 중국과 우호적인 관계를 맺고자 하는 것은 단순히 안도감을 얻
기 위한 것이거나, 자기만족을 위함이 아니다. 중국은 현재 변화, 발전
하며 진화하고 있다. 특히 우리의 경제, 문화, 그리고 학문 영역에서 중
국이 차지하는 부분이 점차 증가하고 있다. 이에 대한 대응을 하지 않고
현실을 살아간다는 것은 어려운 일이다.

　이 책을 통해서 저자가 이루고자 하는 목표 중 일부는 다음과 같다.
그것은 좀 더 복잡하고 때로는 모순적인 중국이라는 곳에 대해 질문하
고, 관여하고, 이해할 수 있는 최소한 몇 가지 방법을 제공하는 것이다.
중국은 다른 국가와 많은 유사점을 공유하기도 하지만, 중국만의 독특
한 몇몇 특성을 가지고 있기도 하다. 물론 중국의 규모가 워낙 큰 만큼
중국만이 가지고 있는 고유의 특성은 많을 것이다. 그렇다고 해서 중국
만이 갖는 극히 예외적이고 독특한 특성을 그것들이 정확히 무엇을 의
미하는지 알지 못한채 극찬하기만 하는 것은 바람직하지 않다. 왜냐하
면 중국은 소련, 서구세계, 아시아의 이웃국가로부터 많은 것들을 차

용하기도 했기 때문이다. 하지만 이러한 차용은 종종 상당히 독특한 결과를 야기했다. 많은 측면에서 이러한 외부로부터의 자극에 대한 의존과 내부에서 촉발된 진정한 혁신의 부족은 여전히 큰 문제이다. 지난 2,000여 년 동안 불교, 마르크스주의, 그리고 자본주의라고 하는 핵심적인 요소들은 중국 외부로부터 유입되었다. 중국 역사의 몇몇 측면을 통해서 우리는 현재 일어나고 있는 놀라운 것들을 이해할 수도 있다. 중국을 잘 이해하기 위해서는 중국을 불투명한 외피 뒤에 자신을 숨기는 어떤 미스터리와 같은 존재로 여기면 안 된다. 한 예로 몇몇 사람들은 중국인들이 수동적이며, 이해할 수 없는 성격을 지녔다는 생각을 가지고 있다. 하지만 현재 중국에서 매일 벌어지고 있는 시위는 이러한 생각은 선입견일 뿐이라는 것을 보여준다. 심지어 홍콩 사람들이 정치에 무관심하다고 여겨지기도 했다. 하지만 최근 몇 년간의 이에 반하는 명백한 요소들이 존재하고, 특히 2014년 센트럴을 점령한 시위 이래 더욱 그러하다. 많은 정치적 운동 요소가 홍콩에 존재한다. 중국의 소셜 미디어에서는 거의 모든 주제들에 대한 엄청나게 활발한 토론과 다양한 의견 개진이 이루어지고 있다. 약 9억 명 이상의 중국인들이 소셜 미디어를 이용하고 있으며 국내 정치에 관한 것이 아니라면 거의 모든 주제들에 대한 논의들이 매일 이루어지고 있다.

　이 책의 핵심적인 목표 중 하나는 흥미롭고 정교한 프레임에 맞춰 중국을 이해하는 것이다. 이 프레임은 중국의 여러 측면을 수용할 수 있으며 이 방식으로 40년 만에 경제 규모를 약 6배나 키웠을 뿐만 아니라 국제적 역할을 변화시켰으며, 자신의 정체성을 개발도상국에서 강대국으로 개조한 중국이라는 나라를 공정하게 보여줄 수 있을 것이다. 이 책은 이러한 장구한 이야기를 중국인들의 삶과 그들의 다양성을 통해서 살펴보고자 하는 시도에서 비롯되었다. 중국이라는 거대한 이야기를 인간적이고 개인적인 수준에서 이해하는 것은 중요하다.

현대 세계에서 중국이 중요하다는 사실은 세계경제의 근간인 글로벌 공급망에서의 역할을 통해서, 세계적인 그리고 지역의 지도자로서의 중요성을 강조하는 2008년 베이징올림픽과 같은 행사를 개최함으로써, 지구 배기가스 방출과 세계 환경에 미치는 중국의 영향력을 통해서 드러난다. 우리가 생각해 보아야 할 문제는 더 이상 중국이 세계에 얼마나 중요한 국가인가에 국한되지 않는다. 얼마만큼 중국에게도 세계가 중요한지 살펴보아야 할 것이다. 이 책의 현대 중국에 대한 소개가 적어도 이 놀라운 국가가 어디에 위치해 있는지, 어디에서부터 기원했는지, 그리고 중국의 미래의 영향력이 어떠할 것인지에 대한 더 복잡하고 미묘한 견해를 전달하는 데 도움이 되기를 바란다.

제1장

중국은
어떤 국가인가?

중국(중화인민공화국, PRC)의 육지면적은 세계에서 세 번째로 넓다. 그리고 세계에서 가장 큰 규모의 인구가 중국에 거주하고 있다. 중국은 한족에 의해 지배되고 있는데, 한족은 중국 전체 인구의 91퍼센트 이상을 차지한다. 중국에는 한족 이외에도 여러 소수민족이 존재하지만, 중국공산당이 공식적으로 인정한 소수민족의 수는 55개이다. 중국은 22개의 성(省), 다섯 개의 자치구(티베트[西藏] 자치구, 닝샤후이족[寧夏回族] 자치구, 신장위구르[新疆维吾尔] 자치구, 네이멍구[內蒙古] 자치구, 광시장족[廣西壯族] 자치구), 중앙정부의 직접 통치하에 있는 네 개의 직할시(수도인 베이징, 톈진, 상하이, 충칭), 그리고 두 개의 특별행정구(홍콩, 마카오)로 이루어져 있다 (표 1.1 참조). 타이완은 특별한 지위를 가지고 있으며, 이에 대해서는 차후에 다룰 것이다. 중국을 구성하는 각 성(省)의 규모는 다양하다. 쓰촨(四川)성과 허난(河南)성의 경우 인구가 약 1억 가까이 되지만, 칭하이(青海)성의 경우 그 인구수가 가까스로 500만에 불과하다. 중국의 전체 국토면적은 960만km^{2}이며 (370만mile^2), 중국의 동쪽 해안국경은 남중국해, 보하이해(발해, 渤海), 한국만(서한만, 西韓湾), 그리고 동중국해와 맞닿아 있다. 육지상으로는 14개의 국가와 국경을 맞대고 있다. 그중 가장 긴 국경을 맞대고 있는 나라는 몽골이며, 아프가니스탄과는 가장 짧은 국경을 마주하고 있다. 중국의 현재 국경은 대략 1949년 (이때, 중국은 약 20개 이상의 국경분쟁에 휘말렸는데, 그중 두 개는 인도와의 국경분쟁으로 이후 해결됨) 이후에 확립된 것이다. 하지만 그중 상당수가 몇 세기 전 청나라가 그 영토를 확장하는 동안 형성되었다 (제2장 참조). 중국의 전통

표 1.1 중국의 직할시, 성(省) 그리고 자치구(2017년 현재)

이름	수도	인구 규모 (2017년 기준, 만 명)	면적(km²)
베이징(北京)직할시	베이징(北京)	2,171	16,800
톈진(天津)직할시	톈진(天津)	1,557	11,305
허베이(河北)성	스자좡(石家莊)	7,520	187,700
샨시(山西)성	타이위안(太原)	3,682	156,300
네이멍구(內蒙古) 자치구	후허하오터 (呼和浩特)	2,529	1,183,000
랴오닝(遼寧)성	선양(沈陽)	4,369	145,900
지린(吉林)성	창춘(長春)	2,717	187,400
헤이룽장(黑龍江)성	하얼빈(哈尔滨)	3,789	454,000
상하이(上海)직할시	상하이(上海)	2,418	6,341
장쑤(江蘇)성	난징(南京)	8,029	102,600
저장성(浙江)성	항저우(杭州)	5,657	102,000
안후이(安徽)성	허페이(合肥)	6,255	139,700
푸젠(福建)성	푸저우(福州)	3,911	121,300
장시(江西)성	난창(南昌)	4,622	167,000
샨둥(山東)성	지난(濟南)	10,006	153,800
허난(河南)성	정저우(鄭州)	9,559	167,000
후베이(湖北)성	우한(武漢)	5,902	185,900
후난(湖南)성	창시(長沙)	6,860	210,000
광둥(廣東)	광저우(廣州)	11,169	180,000
광시 좡족(廣西壯族) 자치구	난닝(南寧)	4,885	236,000
하이난성(海南)성	하이커우(海口)	917	34,000
충칭(重慶)직할시	충칭(重慶)	3,075	83,300

계속

이름	수도	인구 규모 (2017년 기준, 만 명)	면적(km²)
쓰촨(四川)성	청두(成都)	8,302	485,000
구이저우(貴州)성	구이양(貴陽)	3,555	176,000
윈난(雲南)성	쿤밍(昆明)	4,801	394,000
티베트(西藏) 자치구	라싸(拉薩)	337	1,228,400
샨시(陝西)성	시안(西安)	3,835	205,600
간쑤(甘肅)성	란저우(蘭州)	2,626	454,300
칭하이(靑海)성	시닝(西寧)	598	721,200
닝샤회족(寧夏回族) 자치구	인촨(銀川)	682	66,400
신장 위구르족 (新疆維吾爾) 자치구	우루무치 (烏魯木齊)	2,445	1,660,400
홍콩(香港)특별행정구	빅토리아	734	1,104
마카오(澳門) 특별행정구	마카오(澳門)	64	29
타이완(臺灣)	타이페이(臺北)	2,356	35,581

역주: 본 필자의 글에서는 2010년 자료를 사용. 역자가 2017년 자료로 전환시켰음.

출처: https://en.wikipedia.org/wiki/List_of_Chinese_administrative_divisions_by_
   population

문화는 처음 농부들이 정착한 곳을 중심으로 형성되었는데, 그곳은 중
국의 양(兩)대 강이라고 할 수 있는 황하(黃河)강과 양쯔(揚子)강 유역이
다. 이곳에서 기름진 평야가 형성되었으며, 중국의 이전 왕조들은 이곳
에서 대규모의 관계 공사를 시행하였다. 원나라가 중국을 통치하고 있
었던 13세기, 당시 중국은 농업을 통해서 2,000만이 넘는 인구를 먹여
살릴 수 있었다. 이렇듯 황하강과 양쯔강 유역에는 여러 국가들이 생겨
났고, 그에 따른 특정한 통치모델, 세금제도 등이 형성되었다. 하지만

풍요롭고 문명이 발달했던 황하강, 양쯔강 유역과는 대조적이게도, 북쪽에서 북서쪽에 이르는 아시아 내부의 광대한 유목민 거주 지역은 그렇지 못했다. 황하강과 양쯔강 유역, 그리고 유목민 거주 지역 간의 이러한 대조적 모습은 중국이 하나의 문화권으로서, 그리고 하나의 나라로서 발전하는 데 있어서 지대한 영향을 주었다. 현재 중국은 인도(중국과 인도 사이에는 여전히 국경선 획정을 둘러싸고 분쟁이 존재함)를 제외하고, 국경을 접하고 있는 나머지 13개 국가들과 국경선을 획정하였다. 이전에 존재하였던 중국의 여러 왕조들의 국경선은 세기에 따라서 매우 달랐다. 이러한 것을 고려해보았을 때 중국이 5,000년이라는 장구한 기간에 걸쳐 한결같은 지속성을 유지해온 국가라는 주장은 고도의 검증이 필요하다. 특히 중국의 고고학자들이 추정하는 중국 최초의 단일 국가가 형성된 시기는 불과 B.C. 1700년이라는 것을 고려할 때 더욱 그러하다. 중국은 1982년 헌법에서 자국이 '다민족' 국가임을 명시했다. 어떤 사람들은 중국이 전형적인 하나의 민족 국가라기보다는 하나의 제국이나 문명에 가깝다고 주장한다 (Jacques, 2008). 또 중화인민공화국 이전에 존재했던 왕조들의 수와 각각의 존재 기간을 고려해보면 중국 역사는 복잡하다는 것을 알 수 있다. 그리고 각 왕조는 전후 관계가 연관된 형태로 존재한다. 이 모든 것을 고려해보아도 중국은 그 자체로서 인구, 민족성, 그리고 언어 측면에 있어서 복잡한 국가인 것이다.

중국의 지리

중국 역사의 복잡성은 중국의 복잡한 지리적 특성에서도 기인한다. 우선 현대 중국은 대조적인 성격을 가진 수많은 지역으로 나뉜다. 가장 두

드러진 지역 중 하나는 서부의 티베트고원에 위치한 광대한 산악지대이다. 이 산악지대는 티베트고원(지금 중국 영토의 1/4을 차지)에서부터 시작하여 중부지역까지 연결되어 큰 고원지역을 형성한다. 세계에서 가장 높은 산인 히말라야와 에베레스트도 이 산악지대의 일부를 구성한다. 히말라야는 중국의 서부 국경의 일부를 구성하고 있으며, 중국은 에베레스트에 대한 부분적인 영유권을 주장하고 있다. 티베트 자체만을 살펴보면 그 특성은 다음과 같다. 티베트 자치구의 수도인 라사는 세계에서 가장 높은 곳에 위치한 도시로 그 고도는 해발 3,650미터(1만 2,000피트)에 달한다. 기후는 건조하며, 인구는 드문드문 존재하고 역사적으로 주로 유목민이 지배해왔다. 동부 지역에는 중국의 양대 강인 양쯔강과 황하강의 합류 지점이 존재한다. 그리고 그 근처는 인구 밀도가 세계에서 가장 높은 지역 중 하나이다. 기후는 온난하며, 여름은 길고 뜨겁고 겨울은 온화하다. 남서쪽에 위치한 윈난(雲南)성과 쓰촨성과 같은 곳에는 정글의 일부가 잔존하고 있다. 그곳의 기후는 아열대성 기후로, 최근 몇 십 년 동안 밀집한 인간의 거주로 인한 파괴적인 영향이 없었다면 동물과 야생동물은 풍부하고 다양했다. 중국의 중부지방의 겨울은 춥고, 여름은 건조하다. 이곳에서 재배되는 작물의 종류는 옥수수에서부터 밀에 이른다. 중부지방의 북쪽의 경우 겨울 온도가 영하 40도까지 떨어진다. 네이멍구 지역은 광대한 곳이다. 네이멍구 지역은 북쪽으로 몽골인민공화국(Mongolian People's Republic)과 러시아와 경계선을 마주하고 있다. 네이멍구 지역은 어마어마한 초원지대이다. 하지만 지난 몇십 년간 지나친 방목 활동으로 인해 지난 세기에는 일부가 훼손되어, 주요 사막화 문제를 야기하기도 하였다. 이러한 문제는 청나라 때 한족들이 집중적으로 이 지역에 거주하면서 시작되었다. 네이멍구 지역의 서쪽에는 고비사막이 있다. 그리고 그 주변에는 여러 초원지대가 띠를 이루고 있는데, 이곳에서 상당량의 양고기와 양모가 생산된다. 이 지역에서 사람들이 정착하여 살아가기 시작한 것은 불과 20세기에 불과하다.

중국 영토의 폭은 서쪽에서부터 동쪽에 이르기까지 5,000km(약 3,000마일 ─ 서울에서 부산까지 거리는 395.8km)에 이른다. 현재 중국은 베이징을 기준으로 한 단일한 시간대를 사용한다. 하지만 실제로 중국에는 전 국토에 걸쳐 다섯 개의 유효한 시간대가 존재한다. 많은 중국인들이 그들의 식습관, 생활사, 문화에 있어서 공통점을 공유한다는 주장이 존재한다. 하지만 사실 중국을 방문하여 오랜 시간을 보내다 보면 중국 전역에 거주하는 중국인들 간 생활방식의 다양함에 놀라게 된다. 그 이유는 중국에는 다음과 같은 여러 종류의 지형에 따라 다양한 생활사를 가진 집단이 존재하기 때문이다. 이 집단은 반(半)유목민인 몽골인, 라마교의 한 종파인 황모파(黃帽派, Yellow Hat sec, 승려들이 법회 때 황색 모자를 써서 황모파 또는 황교[黃敎]라고도 부른다 ─ 역자 주)를 따르는 티베트 목동, 그리고 남동쪽 지역에서 대대로 쌀농사를 지으며 가족 종묘를 숭배하는 농부들을 포함한다. 중국을 구성하는 인구의 다양성은 투르크족과 같은 외모의 이슬람 관습을 따르는 북서쪽의 신장 지역에 거주하는 위구르족에서부터 역사적으로 만추리아(Manchuria)라고 불렸던 중국의 남동쪽의 만주족에까지 이른다. 만주족들은 현대 한족의 문화에 상당히 동화된 상태이며, 이들의 고유 문자와 언어는 현재 대부분 베이징의 황실기념물 정도에서만 찾아볼 수 있는데, 이는 청나라(1644~1911년)의 통치자로서의 지위를 상기시키는 의미로서만 존재할 뿐이다. 중국의 다양성에 대해서 좀 더 말하자면 다음과 같은 예를 들 수 있다. 광저우(廣州)나 푸젠(福建)성에는 눈이 내리지 않는다. 따라서 광저우나 푸젠성 사람들은 그들이 외부에 나가지 않는 이상 눈을 본 적이 없을 것이다. 하지만 헤이룽장(黑龍江)성의 하얼빈(哈爾濱)의 경우, 겨울에 기온이 낮아서, 세 달간 얼음축제를 개최할 수 있을 정도다. 그 축제에서 유명한 기념물의 모양을 본뜬 건물 크기의 얼음 조각들이 전시되곤 한다. 중국인이 먹는 음식은 육식(肉食)에서부터 북쪽 중국인 들이 소비하는 빵, 그리고 해안지역 사람들이 섭취하는 해산물과 밥에 까지 그 종류가 다양하다. 중국 지리의 다양성은 음식에도 반영되어 있 는 것이다. 후난(湖南)성과 쓰촨성과 같은 지역은 매운 음식과 요리할 때 다량의 고추를 사용하는 것으로 유명하지만, 중국의 북동지역, 그리 고 베이징과 같은 곳은 고기로 속을 채운 만두 등으로 유명하다. 광저우 사람들은 이국적인 색채를 지닌 해산물과 고기를 선호하는데, 이러한 식생활은 야채와 두부를 선호하는 저장(浙江)성의 사람들의 성향과는 대조적이다. 광저우와 저장성은 모두 중국 동부 해안지방에 위치함에도 불구하고 이처럼 두 지역 사람들의 식생활이 다른 것은 흥미롭다.

중국적 정체성의 형성과 역사

우리는 단일화된 중국어와 대중화권(大中華圈)에 대해 자주 언급한다. 대중화권이란 중화인민공화국, 홍콩, 마카오, 그리고 타이완을 포괄하 는 하나의 지리적 실체를 말한다. 이에 대해서는 후에 더 자세히 논할 것이다. 우리가 주목해야 하는 문제는 중국 역사를 통틀어 '현대 중국' 에 대한 이해의 기초로 삼을 수 있는 공통된 요소를 찾는 일이다. 중국 역사는 1911년, 청나라의 붕괴 전까지 여러 왕조의 시대로 이루어져 있 다. 왕조는 특정 가족 집단에 의해서 통치된다고 할 수 있다. 그 특정 가 족 집단은 그 왕조를 창안한 인물에서부터 핏줄을 통해 승계하는 형식 으로 유지, 형성된다. 승계는 그 혈통의 붕괴나 전복이 발생할 때까지 계속된다. 중국에 존재하였던 과거 각 왕조들이 물리적으로 차지했던 영토의 범위는 각기 상이하다. 또 각 시대마다 통일의 형태 및 내용도 다르다. 이렇듯 중국의 역사는 다양하고도 여러 가지 복잡한 요소로 이루어져있지만, 몇몇 핵심적인 부분은 현대 중국 사람들의 기억 속에 깊이 새겨져 있다. 과거에 존재하였던 왕조들 중 가장 두드러지는 존재는 한(漢)나라, 당(唐)나라, 송(宋)나라, 원(元)나라, 그리고 명(明)나라 (제2장 참조)이다. 이들 왕조들이 건국되고 붕괴되는 기간 사이 수많은 기타 왕조들이 존재했고, 각각의 역사적 중요성은 상이한 맥락 속에서 이해될 수 있다. 또한 다양한 중요성과 결속력을 가진 많은 다른 왕조들이 이 사이에 존재했다. 그러나 이들은 BC 3세기 진(秦)나라에 의해 중국 영토의 일부가 통일된 이후 중국 왕조 역사의 중추적 역할을 한다.

오래가지 못한 진나라의 뒤를 이어 등장한 한나라(BC 206~220년)는 서구에서 로마제국의 지배가 한창인 시기와 거의 동시대에 존재했다. 그리고 확실히 한나라와 로마제국은 역사적으로 비교되어왔다 (Scheidel, 2009). 한나라가 존재했던 시기는 중국이 고유의 문화적, 사회적 노선을 걷기 시작한 기간으로 유명하다. 이 시기 훌륭한 과학적 발견이 이루어졌고 예술적 부흥이 일어났으며, 국가통치 이념으로 유학이 도입되었다. 또 역시 한나라 때 사마천(司馬遷)이라는 인물에 의해서 처음으로 체계적인 역사 서술이 이루어졌다. 사마천은 『사기(史記)』의 저자이다. 그는 방대한 분량에 걸쳐 BC 1세기까지 존재했던 정치, 문화, 종교의 영역의 핵심적인 인물들의 전기를 서술하였다.

한나라가 멸망한 이후로 긴 공백 기간이 있었다. 그 기간 동안 잠시 존재했던 왕조는 진(晉)나라(265~420년), 그리고 수(隋)나라(580~618년)였다. 이러한 긴 공백 기간을 거친 후 마침내 한나라를 잇는 왕조가 세워졌는데, 그것이 바로 대(大) 당(唐)제국이다. 당나라는

글상자 1.1 사마천, 중국 역사의 정수(精髓)

누가 중국 역사서의 본보기를 창시한 사람이 누구인가 묻는다면, 그 정답은 사마천(司馬遷)일 것이다. 사마천은 기원전 139년에 태어나 86년에 사망했다. 그는 방대한 분량의 『사기(史記)』를 집필했으며, 사기는 중국 역대 대표 역사 및 문화적 걸작들 중 최고의 수작 중 하나이다. 사기는 우리에게 중국문명 초반에 대한 상세한 지식을 전달해주고 있다. 20세경 낭중(郎中)이 되어 궁중 업무를 수행하였고, 후에 아버지를 이어 천문, 역법과 학문을 연구하는 직책인 태사령(太史令)으로 일했다. 사마천은 광범위한 범위의 정치적, 전략적 문제에 관하여 한 무제에게 조언하기도 하였다. 그러던 중 흉노를 정벌하러 떠났지만 패하여 포로가 된 장군 이릉(李陵)을 두둔했기에, 한 무제의 분노를 샀다. 이에 대한 대가로 사마천은 궁형(宮刑)이나 사형 중 하나를 선택해야만 했다. 사마천은 궁형을 선택했고, 그로부터 따르는 고통과 수치를 감당해야 했다. 왜냐하면 그에게는 오래전부터 계획해왔고, 사명으로 여겨왔던 장구한 역사를 기록해야 한다는 믿음이 있었기 때문이었다.

사마천은 사망 전까지 10년이 넘는 기간 동안 사기를 집필했다. 사기는 지금까지도 현대 중국의 발전을 위한 핵심적인 문화적·지적 기반을 제공한다. 그리스 문학과 로마 역사의 대가인 헤로도토스(Herodotus)와 마찬가지로, 사마천은 그가 느끼는 중국의 역사적 연계성과 문화를 사기에 담았다. 공자와 시황제를 포함한 다양한 인물들을 다루었으며, 그들의 심리와 삶의 동기를 강력하면서도 종종 놀라울 정도로 현대적인 문체로 묘사했다.

618년에 건국된 이후 약 3세기에 걸쳐 존재했는데, 그 수도는 창안(지금의 시안[西安])이었다. 당나라는 안정적이었으며, 외부 세계와 다양한 경로를 통해 풍부한 무역연결망을 개척했다. 그리고 다수의 능력있는 황제를 배출하였다. 그중 가장 유명한 통치자는 중국 왕조 역사에서 유일한 여성 통치자였던 측천무후(則天武后)일 것이다. 당나라 시기는 다른 시대와 견줄 바 없이 훌륭한 학문적 창조성이 꽃피웠던 때이다. 바로 이 시기에 위대한 시인인 이백과 두보 등이 존재하였으며, 이들의 작품은 지금까지도 유명하다. 이 시기는 또한 중국이 진정한 세계도시로서 존재했던 때이기도 하다. 중국은 무역을 통해 외부 세계와 연결되었다. 이러한 사실은 고고학자들을 통해서 밝혀지고 있다. 태평양과 인도양의 심해에서는 간혹 난파된 배의 잔해에서 당나라 시절의 유물이 발견되기도 한다. 현 중국의 국가주석 시진핑(習近平)은 2014년 일대일로(一帶一路, 21세기 육상과 해상 실크로드 프로젝트)를 주창했다. 이것은 역사적 의미를 지닌 권력 추구의 일환으로써 옛 중국이 주변 지역과 광범위하면서 심도 있는 무역·문화 교류를 했다는 점에서 당나라 시절의 영광을 환기시킨다. 한편 서기 1000년 전까지는 당시 중국과 유럽 사이에 직접적인 교류의 증거는 거의 발견되지 않았다.

907년부터 980년까지의 불안정 기간 동안 당나라가 정치적으로 지배했던 영토는 더 작고 다루기 힘든 왕국들로 분열되었다. 980년에서 1271년 사이에 중국에는 두 왕조가 동시에 존재했는데, 그 두 국가는 송(宋)나라와 요(遼)나라이다. 송나라는 960년에서 1279년 사이에 존재하였는데, 그중 절반의 시기 동안 송나라의 수도는 지금의 카이펑(開封)에 위치해 있었다. 1130년경 송나라는 거린족에게 북쪽 영토의 대부분을 잃었다. 그 후 어쩔 수 없이 송나라는 지금의 항저우(杭州)로 수도를 옮길 수밖에 없었다. 휘종(徽宗)의 비극적인 삶은 이 시대 송나라를 가장 잘 대변한다. 그는 중국 역사 상 가장 교양이 높았던 군주 중 한 명이다. 그는 시서화(詩書畵), 즉 시, 서예, 그림에 모두 능했다. 그러나 그의 권위는 붕괴하였으며 황제의 자리를 그의 아들에게 물려주어야만 했다. 그는 자신의 제국이 여진족의 침입에 무기력하게 무릎 꿇는 것은 지켜보아야만 했다. 휘종은 1135년 여진족의 국가인 금나라에서 포로가 된 상태로 죽음을 맞이했다. 그는 제국을 다스리는 데에는 관심이 없었고, 따라서 무능력한 통치자의 상징이 되었다 (Ebray, 2014).

1271년경 송나라와 진나라는 모두 몽골족에 의해 멸망했으며, 몽골족은 그 후 원(元)나라를 세워 중국을 지배했다. 원나라는 몽골족이 세운 국가로, 몽골족은 한족이 아닌 이민족으로서 중국을 지배했다. 후에 중국에는 다시 한번 한족이 아닌 이민족에 의해 세워진 국가인 청(淸)나라가 등장한다 (청나라는 만주족이 세운 국가임). 한편 몽골족은 그들이 전투 시 사용한 잔혹한 공격 방법과 놀라울 정도의 광대한 규모의 제국을 건설한 것으로 현대인의 뇌리 속에 깊이 기억되고 있다. 특히 당시 중국의 서부지역에 위치한 도시들은 몽골 군대의 공격에 의해서 말 그대로 흔적도 없이 사라졌다. 물론 몽골족은 통치 부문에서도 뛰어난 능력을 발휘하기도 했지만, 이는 앞에서 언급한 '잔인한 몽골족'이라는 어두운 이미지에 가려진 측면이 많다. 그 예로써 다음을 들 수 있다. 쿠빌라이 칸(칭기즈 칸의 손자)과 그의 후계자들은 한 세기 이상 지속될 수 있을 정도의 시스템을 갖춘 중앙집권 국가를 건설하였지만, 이러한 사실은 상당 부분 잊혀졌다. 이렇듯 한족이 아닌 이민족이 건국한 국가들역시 중국문명에 많은 흔적을 남겼으며, 이 점은 주목할 만하다. 몽골족은 중국 남부를 점령하면서 대륙의 권력을 장악하였고, 학살이 자행되기도 하였다. 이후 몽골족은 세금을 거두고, 관료체제를 구축하는 등 전통적인 국가를 확립하고자 하였다. 그 결과 최소한의 외관상의 질서가 회복되었으며, 예술적 성취도 거둘 수 있었다. 이 시기 몽골족들은 단지 중국뿐만 아니라, 중앙아시아와 유럽의 다뉴브 지역에까지 그들의 흔적을 남겼다. 다뉴브는 몽골족들이 유럽에 대한 침공을 개시한 곳이다. 유럽 침공 도중 그들의 지도자가 사망하면서 몽골족들은 다시 그들의 나라로 돌아갔다. 몽골인들에 대한 기억은 유럽인들에게 깊게 각인되어 현대 영어에도 영향을 미쳤다. '큰 무리'라는 뜻의 영어단어 'horde'가 바로 그 예이다 (Brook, 2010).

1368년 원나라의 멸망은 명(明)나라의 건국으로 이어졌다. 명나라를 건국한 주원장(朱元璋)은 한때는 거지였으나 후에 명나라의 태조가 되었다. 명나라는 약 3세기 동안 중국을 안정적으로 통치했다. 명나라의 영향력은 육지에만 제한되지 않았으며, 짧은 기간이었지만 해양에까지 그 영향력을 행사했다. 그 대표적인 예로 15세기 유명한 환관 장군인 정허(鄭和)가 주도한 대규모 해양원정을 들 수 있다. 그 항해는 짧은 기간 동안 진행되었지만, 매우 성공적으로 이루어졌다. 하지만 그 비용은 엄청났고, 따라서 이내 이러한 정책은 포기되었다. 1642~1644년 명나라는 멸망하였고, 그 원인은 내부 반란과 분열이었다. 명나라의 가장 유명한 황제 중 하나는 영락제(永樂帝, 1360~1424년)이다. 그는 1402년 당시 황제였던 건문제를 폐위시키고, 스스로 황제의 자리에 올랐다. 그 과정에서 그는 이전 왕조에 대한 충성의 흔적을 모두 없애기 위해 처참한 숙청을 감행했다. 만력제(萬曆帝, 1563~1620년)는 주색잡기에 골몰하였으며, 정사를 돌보는 데에 게을리하였다. 이것은 명나라 통치체제 전체가 중단되는 사태를 초래하기도 했다 (Huang, 1982).

2000년이 넘는 중국 역사를 통틀어 여러 왕조가 등장하였으며, 그 와중에 분열과 통일은 반복적으로 일어났다. 이러한 분열과 통일의 반복은 중국 역사의 특징이다. 이러한 중국 역사의 특징은 현대 중국인의 문화적 기억의 중심에 자리하고 있다. 중국의 역사는 풍요롭고, 다채로우면서 장대하다. 즉, 수많은 왕조의 쇠퇴와 붕괴, 분열의 사례가 있었다는 것이다. 이것들을 모두 한데 합치면, 중국인의 기억 속에는 중국이 강했을 때와 약했을 때의 기억이 동시에 공존하고 있다는 것을 알 수 있다. 이러한 생각은 중국 지도자들 역시 마찬가지로 가지고 있다. 중국의 역사가 때때로 운명적인 굴레에 갇혀있다고 하는 이유가 괜히 있는 것이 아니다 (Jenner, 1992). 명나라 시기 위대한 고전 소설 중 하나로 뤄관중(羅貫中)이 저술한 『삼국지연의(三國志演義)』가 있다. 그 첫 구절은 다음과 같다. "세상은 하늘 아래에 있다. 이를 천하라고 한다. 천하는 오랫동안 분열된 후에는 통일을 하는 경향이 있다. 또 천하는 긴 통일 기간 후에는 분열을 하려는 경향이 있다 (天下大勢, 分久必合, 合久必分). 이러한 경향은 고대에서부터 있어왔다"(Luo, 1991). 위대한 왕조가 존재한 시기에는 권력이 중앙으로 집중되었고 그 시기는 안정적이었다. 그리고 분열과 혼돈의 시기에는 기존 왕조가 쇠퇴하였고 정치·사회는 불안정해졌다. 중국 왕조의 역사는 이러한 성격의 두 시기를 오가면서 다음 표 1.2과 같은 양상을 보여왔다.

홍콩, 타이완, 마카오

"중국은 어떤 국가인가"를 이해하려할 때 추가적으로 알아야 할 것은 '하나의 중국'의 구성요소로 여겨지는 영토들이 그 논쟁 대상이 된다는 것이다. 이것은 식민 시대가 남긴 마지막 문제이다. 그 논쟁 대상이 되는 곳은 세 군데로, 마카오, 홍콩, 타이완이다. 우선 1949년 중화인민공화국이 건국된 후에도 중국의 본토(여기서 본토란 지리적 의미의 '하나의 중국'을 구성하는 부분 중 아시아 대륙에 위치한 영토를 말함)에는 외국의 통치하에 있었던 두 군데의 지역(마카오, 홍콩)이 있었고, 다른 하나는 타이완이다. 타이완은 중국 연안에 위치한 커다란 섬으로, 중

표 1.2 주요 중국 왕조들

이름	연도
하(夏)	BC 2070~1600
상(商)	BC 1600~1029
서주(西周)	BC 1029~771
동주(東周)	BC 770~256
진(秦)	BC 221~206
한(漢)	BC 206~AD 220
진(晉)	265~420
수(隋)	580~618
당(唐)	618~907
오호십육국시대	907~980
송(宋)	980~1271
요(遼)	907~1125
원(元)	1271~1368
명(明)	1368~1644
청(淸)	1644~1911

화인민공화국은 타이완이 그들 영토의 일부임을 주장하고 있다. 하지만 타이완은 공산당의 경쟁적인 정권인 중화민국(Republic of Taiwan)에 의해 통치되고 있다. 현재 중화민국의 집권 여당은 국민당이다. 마카오, 홍콩, 타이완과 같은 문제를 해결하는 것은 1949년부터 중화인민공화국의 중요한 정치적, 외교적 과제가 되었다. 하지만 마카오, 홍콩, 타이완 문제는 각각 그 성격이 상이했다.

　홍콩과 마카오의 경우, 중국정부가 취할 수 있는 활동에 있어서 적어도 시간적 제약이 존재했다. 홍콩은 19세기 후반 다양한 조약에 의해 영국에 조차된 지역으로, 이 조차계약은 1997년에 종료되기로 예정되어 있었다. 마카오에 대한 통치권은 1999년 포르투갈로부터 중국으로 다시 돌아갔다. 마오쩌둥 통치 시기에는 홍콩, 마카오 문제는 상당 부분 방치되어 있었다. 1966년과 1976년의 문화대혁명 시기에 홍콩에서 영국의 식민주의에 대항하여 시위가 발생하였다. 그리고 이 시위는 식민 통치 당국인 영국을 불안하게 만들었다. 왜냐하면 호전적인 북경 정부가 홍콩을 되찾기 위해 군사적 행동을 감행할까 염려했기 때문이다. 사실상, 문화대혁명 시기 중국은 최고도의 고립주의 정책을 시행 중이었기 때문에 (한 예로 1967년, 중국의 해외 주재 대사관은 이집트에 겨우 하나만 존재했다. 왜냐하면 다른 해외 주재 대사관들은 모두 본국으로 소환되었기 때문이다), 홍콩은 당시 중국이 너무나 필요로 했던 물품과 수익창출을 위한 매우 유용한 통로였다. 이러한 상황에서 중국이 홍콩을 되찾기 위한 군사적 행동을 감행한다면 홍콩은 봉쇄당할 것이고, 이는 당시 중국에게 비생산적인 결과를 초래할 수 있었을 것이다. 1980년대 상대적으로 진보적인 덩샤오핑(鄧小平) 지도체제가 구축되었고, 이 시기 홍콩 문제는 보다 긴급하게 다루어졌다 (참고로 덩샤오핑의 지도체제는 1970년대 후반에서 1980년대까지 중국을 다스렸다). 왜냐하면 홍콩 조차기간의 만료, 즉 홍콩의 중국 본토로의 반환시점이 1997년이었기 때문이다. 영국정부가 맨 처음 홍콩 문제에 대해 취했던 초기 접근법은 조차기간을 연장하는 것이었다. 하지만 이것이 가능하지 않다는 것이 곧 명백해졌다. 또 영국으로서는 홍콩의 조차기간을 영구화하고 싶었다고 하더라도 그것은 불가능했다. 그리고 1984년, 대처(Margaret Hilda Thatcher) 전 영국 수상이 이끌고 있었던 영국정부는 본격적으로 홍콩을 반환하기 위한 협상을 시작했다. 협상의 대부분은 '일국양제(一國兩制, 한나라에 두 가지 제도를 받아들인다는 뜻)'의 틀 내에서 이루어졌다. 협상의 결과 홍콩반환협정이 1984년 체결되었다. 협정에는 언제, 어떠한 방식으로 영국이 홍콩의 영주권을 중화인민공화국에 반환할 것인지에 대한 일정표와 광범위한 합의가 쓰여져 있다. 일국양제는 덩샤오핑이 타이완을 통일하기 위해서 고안해낸 원칙이다. 일국양제 하에서 홍콩은 기존의 강력한 법 시스템을 유지할 수 있었으며, 국방과 외교 정책을 제외한 모든 분야에서의 독립성을 유지할 수 있었다. 또 홍콩 고유의 통화인 홍콩달러를 유지할 수 있었고, 홍콩 고유의 예산과 세금을 책정할 수 있었다. 이렇듯 홍콩은 홍콩반환협정 안에 있는 표현 그대로 '높은 수준의 자율성'을 향유하고 있다. 그러므로 홍콩은 '특별행정구'라고 불린다. 그리고 영국과 중국이 몇 년간의 논의를 거쳐 고안해 낸 기본법(Basic Law)은 홍콩반환협정에 기반하고 있으며, 현재 홍콩의 사실상 헌법 역할을 하고 있다. 비록 1989년 천안문사건이라는 충격이 있었지만, 영국은 중국과 홍콩반환 문제를 마무리 지을 수 있었다. 그 결과 1997년 7월 홍콩반환 기념식이 열렸다. 이 기념식은 홍콩의 영국 귀속 150년 역사의 종결을 의미하는 것이었으며, 동시에 중국정부의 통치하에서 50년간 홍콩이 누릴 특별한 지위의 시작을 의미하는 것이었다. 홍콩의 특별한 지위는 2047년 중국정부가 홍콩에 대한 완전한 주권을 갖게 되면서 완전히 소멸될 것이다. 홍콩에 적용되었던 '일국양제'는 2년 후 마카오가 중국으로 반환될 때에도 기본 원칙으로 사용되었다. 하지만 미가오의 경우 홍콩보다 면적 및 인구 규모가 작아 협상은 훨씬 논쟁의 여지가 적었다. 2014년 8월 이래 촉발된 홍콩 내 대규모 시위 (이 시기 홍콩에서는 폭우가 내렸기에, 시위자들은 우산을 들고 시위에 참여하였고 이후 이 시위는 '우산혁명'이라 불렸음)는 홍콩이 중화인민공화국의 일부임을 극명하게 보여주는 사건이기도 하였다. 이 시위는 홍콩 행정장관의 선출 방식에서 직선제를 요구했다. 홍콩의 야당 세력은 행정장관 선거의 직선제를 꾸준히 요구해왔고, 2017년부터 그렇게 하겠다는 약속을 받아냈다. 하지만 이러한 약속이 부인됨으로써 이 시위는 촉발된 것이다. 현재 홍콩 행정장관 선출방식은 중화인민공화국 의회인 전국인민대표대회에서 선출된 후보자 2~3인 중 1명을 직접 선거로 뽑는 시스템이다. 이는 결과적으로 홍콩인들의 직접 선거권을 일정 부분 제한하게 되었고, 현 홍콩의 행정 수반인 캐리 람(Carrie Lam)은 렁춘잉(梁振英)을 패배시키고 2017년 6월 홍콩 행정장관에 당선되었다.

중국정부에게 있어 타이완 문제는 훨씬 큰 도전거리이며, 아직까지 미해결 상태로 남아있다. 타이완섬의 공식 명칭은 포모사(福爾摩沙, Formosa)이다. 그 주변의 작은 섬들에는 원래 폴리네시아족(Polynesian ethnicity, 뉴질랜드의 마오리족과 연관이 있으나, 호주의 원주민들은 아님)들이 살고 있었다. 타이완섬은 청조 말기인 1895년부터 1946년까지 일본의 지배하에 있었으나 1946년 일본이 패망하자 중화민국(Republic of China)령으로 귀속되었다. 하지만 1949년 국공내전이 국민당의 패전으로 종결되면서 약 백만 명에 이르는 국민당원들이 타이완섬으로 도피했다. 이때 토착민들의 반란이 있었고, 국민당은 이를 잔혹하게 제압했으며 원주민들을 억눌렀다. 이러한 사실은 1980년대와 1990년대 타이완이 민주화가 된 이후로 타이완 내에서 이제야 겨우 공개적으로 논의되고 있는 주제이다. 이후 국민당(KMT: Kuomintang)의 당수였던 장제스(蔣介石)는 타이완의 총통이 되었다. 그는 중국 본토 전체에 대한 주권을 주장하였다. 또한 1971년까지 타이완은 전 중국을 대표하는 국가로서 UN에서 상임이사국의 의석을 차지했다. 하지만 타이완의 UN에서 중국을 대표하는 국가로서의 기능은 1971년에 종결되었다. 1971~1972년 닉슨 대통령과 중화인민공화국 사이에 화해 분위기가 조성되었고, 이것은 UN에서 중화인민공화국이 타이완을 대체하는

이유 중 하나가 되었던 것이다. 1979년, 미국은 외교적 공식 승인의 대
상을 타이완에서 중국으로 전환하였다. 당시 미국에서는 카터(Jimmy
Carter)가 대통령으로 재임하고 있었다. 이 시점부터 미국, 영국, 그리
고 대부분의 기타 주요 강대국들의 타이완에 대한 정책은 '하나의 중국'
이라는 틀 내에서 다루어지게 된다. '하나의 중국'이라는 정책 하에서,
중국은 오직 하나이며 타이완은 중국의 일부로 인식되었다.

　타이완은 1960년대, 1970년대에 급속한 경제성장을 일구어냈다. 그
결과 1980년대까지 타이완의 1인당 GDP는 아시아에서 가장 높은 수준
에 속했다. 그 과정에서 타이완은 고급지식과 기술력을 갖춘 다수의 고
학력 인구를 양산했다. 그들 중 일부는 세계의 가장 높은 생활수준을 영
위하고 있다. 높은 수준의 경제력 및 국민의 교육 수준은 정치영역에 있
어서의 변화를 가져왔다. 그 결과 1987년 장제스, 장제스의 아들, 그 승
계자에 걸쳐 계엄령이 철회되었다. 이어 다수의 정치적 개혁이 이루어
졌다. 언론의 자유가 허용되었고, 정치적 야당의 존재가 인정되었다. 마
침내 1996년 타이완에서는 총통 선출을 위해 처음으로 완전한 민주주
의 선거가 실시되었다. 그리고 중국은 이에 대해서 타이완 근처에서 군
사훈련을 실시하는 것으로 대응했다. 그렇게 형성된 긴장국면은 미국이
태평양사령부에 소속된 두 대의 항공모함을 타이완 해협에 파견함으로
써 간신히 진정되었다.

　그 후 약 20여 년간 타이완의 민주주의는 놀랍도록 발전했다. 2000년
에는 50년간 타이완 정치를 지배했던 여당인 국민당(Nationalist Party)
으로부터 야당인 민주진보당(民主進步黨, DPP: Democratic Progres-
sive Party)으로의 권력이동이 발생하였다. 민주진보당 소속의 천수이
볜(陳水扁)이 총통으로 당선된 것이다. 그 후 2004년 천수이볜은 재선
되었다. 2008년 국민당 소속의 마잉지우(馬英九)가 총통으로 당선되면

서 권력이 다시 국민당에 넘어가기는 했지만 말이다. 2012년 마잉지우는 재선되었다. 하지만 2016년 민주진보당의 차이잉원(蔡英文)이 압도적인 표차로 총통으로 당선되었다. 이것은 부분적으로는 타이완 내 동결된 임금과 생활 수준, 마잉지우의 중국에 대한 태도에서 촉발되는 논란(일례로 그는 2015년 싱가포르에서 시진핑 주석과 전례 없는 회담을 가진 적 있음)이 점점 커졌기 때문이다. 차이잉원의 타이완이 현재 가지고 있는 가장 큰 숙제 중 하나는 점점 강해지면서 적극적인 정책을 펼치는 중화인민공화국가의 관계를 어떻게 운영해나갈 것인가에 있다. 왜냐하면 중화인민공화국과 타이완 사이에는 깊게 연계된 경제적 관계가 존재하고 있으며, 중화인민공화국은 지속적으로 타이완의 독립적 성격을 거부하면서 타이완은 본토의 일부라고 주장해오고 있기 때문이다. 2014년 4월에 있었던 광범위한 시위였던 해바라기운동(Sunflower Movement)은 이러한 문제가 얼마나 논쟁적인 성격을 지니는지 보여준다. 해바라기운동은 대학생들이 주도하였으며, 그들이 느끼기에 탐욕적인 본토와 지나치게 가까운 관계를 구축하는 것을 반대했다.

통합의 요소: 중국어

중국의 장구한 역사를 통틀어 중화인민공화국 이전에 존재했던 왕조들은 급진적인 변화와 전환기를 경험했다. 특히 중국의 역사학자들은 진시황제에 의한 중국의 통일에 대해 언급하는 것을 좋아한다. 진시황제는 춘추전국 시대, 여러 국가들을 통일하고 BC 221년에 중국 최초의 황제로 등극한 인물이다. 진시황제는 통일된 화폐체계를 창안하였으며, 전 국토에 도로망을 건설하였다. 이것은 지금까지도 중국 고대 역사에서 통일을 뜻하는 강력한 상징으로 여겨진다. 하지만 그의 거대한 계획의 무리한 추진으로 인해 진나라는 상당한 국력을 소모하였다. 진시황제가 사망하고 난 후, BC 210년 국가의 재정은 파탄이 났고, 그것은 진나라의 급속한 붕괴로 이어졌다. 그 후 한나라가 건국된다. 한나라는 그 지속기간이 진나라보다 길었다. 한나라는 BC 206년부터 AD 220까지 4세기 반에 걸쳐 존재하였다. 진시황제와 관련한 또 하나의 특별한 기념비적 건축물은 만리장성이다. 지금까지도 만리장성에 관한 신화는 계속해서 쏟아지고 있다.

중국의 지리적, 역사적, 그리고 문화적 다양성을 고려할 때, 즉시 부각되는 문제는 "어떤 부분을 중심으로 중국의 문화와 국가적 정체성을 이해할 것인가"이다. 중국적 문화와 국가 정체성을 가장 강력하게 대변하고 있는 것은 언어 분야이다. 중국에는 다양한 방언이 존재한다. 이들 중 몇몇은 서로 간 의사소통이 불가능할 정도이다. 방언의 다양성에 있어서 그 범위는 상하이의 지역 방언에서부터 광둥어까지 광범위하다. 광둥어는 북경어와 비교했을 때 완전히 다른 음조적 구조를 가진 언어로, 중국 남방의 약 1억에 가까운 중국인들이 사용하고 있다. (비록 국경 지역에서 티베트인, 몽골인, 위구르인들이 다른 형태의 문자체계를 가지고 있기는 하지만) 적어도 문자에 있어서 중국어에는 놀라운 수준의 통일성이 존재한다. 일상생활에서는 약 2,000개의 한자가 사용되며, 가장 두꺼운 사전에는 무려 약 1만 개의 한자가 존재한다 (전문가들은 보통 실제로 사용되는 한자는 8,000개라고 보고 있다). 그리고 이러한 중국의 한자는 중국적 정체성의 핵심으로 남아있다. 왜냐하면 한자는 전체 중국인을 포함하여, 해외에 거주하는 약 6억 명의 화교들 사이에서도 지속적으로 사용되어온 것이기 때문이다.

현재 중국의 국영방송과 공식 의사소통의 수단으로서 북경어(북경의

글상자 1.2 중국의 만리장성

수천 킬로미터에 걸쳐 존재하는 중국의 만리장성은 베이징의 천안문과 함께 현대 중국을 대표하는 핵심적인 상징물이다. 하지만 만리장성에 대해 우리가 가지고 있는 인식은 포장된 측면이 많다. 그 이유는 만리장성에 대한 역사적 사실의 불확실성과 그에 얽힌 신화 때문이다. 아래에서는 이에 대해서 논하고자 한다.

첫 번째, 만리장성은 하나의 단일한 성벽으로서 존재하는 것이 아니라 몇몇 상이한 성벽의 집합체이다. 관광객들이 많이 방문하는 가장 유명한 만리장성의 성벽은 팔달령(八達嶺, Badaling)과 모전욕(慕田峪, Mutianyu)인데, 베이징 근처에 자리하고 있다. 이들은 명나라(1368~1644년) 때 건축된 것으로, 상당 부분이 재건된 것이다. 특히 팔달령은 언덕 위에 축조된 성벽이 가지고 있는 전형적인 구조를 갖추고 있으며, 1972년 닉슨(Richard Nixon) 대통령의 방중을 위한 준비 기간 동안 대부분이 개조되었다. 전하는 바에 따르면 닉슨 대통령이 만리장성을 보고 주위 사람들에게 다음과 같은 말을 했다고 한다. "이것은 위대한 성벽이다." 하지만 닉슨 대통령은 더 나아가 무언가 보다 의미심장한 말을 하였다. 그는 "그리고 이것은 위대한 사람들에 의해 지어진 것이다"라고 했다고 한다. 그가 남긴 이 말들은 아직도 유명하다. 만리장성의 일부분을 구성하는 기타 더 오래된 성벽들은 중국의 전 국토에 걸쳐 존재하며, 이들의 존재는 서쪽의 신장지역에까지 이르고 있다. 간쑤(甘肅)성에서는 진(秦)나라 때 축조된 흙으로 지어진 성벽의 흔적이 흩어진 점의 형태로 발견되기도 한다. 하지만 이들 중 일부분은 아예 흔적도 없이 다 닳아 없어지기도 하였으며, 단지 몇몇만이 지형상에 희미한 흔적만으로 남아있을 뿐이다.

두 번째, 만리장성의 축조 목적이다. 만리장성은 방어를 위한 건축물로서 효과적인 구조를 가졌다고 보기에는 힘들다. 만리장성의 애초 건축 목적은 중국을 이민족의 침입으로부터 보호하기 위한 것이라고

계속

글상자 1.2 계속

알려져 있다. 하지만 침입이 있었을 때마다, 만리장성은 그 애초의 축성 목적과는 달리 대부분 국토 방어에 실패하였다. 13세기 송나라 말기, 위대한 칸의 몽골군대가 중국에 맹공을 가해왔다. 그때 만리장성은 그들을 거의 막지 못했고, 몽골군대는 중국 남부의 대부분 지역을 점령하였다. 만리장성은 많은 경우에 있어서 대부분 단지 조금 더 돌출된 길이었을 뿐, 그 이상 그 이하도 아니었다. 현대에 들어와서 만리장성에 대한 논쟁은 그 가치를 중심으로 일어나고 있다. 만리장성이 영토의 경계로서, 통신 채널의 수단으로서 역할을 한 것인지, 그러한 역할을 했다면 그 내용은 구체적으로 무엇인지 등의 문제에 대한 논의가 일어나고 있다. 또한 설명하기 쉽지 않은 것은 만리장성을 건축하는 데 엄청난 인력 등 커다란 비용이 수반되었는데, 만리장성 축조가 이와 같은 비용을 감수할 만한 가치가 어디에 있었느냐이다. 세 번째, 만리장성을 어떻게 번역할 것인가의 문제이다. 로벨(Julia Lovell)이 지적하였듯이, 외국인들은 만리장성을 '그레이트 월(Great Wall: 위대한 성벽)'이라고 한다. 하지만 중국인들은 만리장성을 지칭할 때, 위대함의 뉘앙스를 조금 덜 가진 듯한 '긴 성(長城, Chang Cheng: 장성)'이라는 이름을 사용한다 (Lovell, 2006). 또한 상징물로서도 만리장성의 의미는 엄청난 모호성을 가지고 있다. 몇몇 이들에게 만리장성은 위대한 전통 중국문명의 모든 것을 보여주는 듯한 상징물이다. 하지만 어떤 이들은 만리장성을 통해서 그저 중국이 폐쇄적이며, 방어적이며, 때로는 억압적인 특징을 가졌다고 느낄 뿐이다.

방언)가 표준 중국어(普通話, pu tong hua)로서 사용된 것은 비교적 최근의 일이다. 중국어에는 네 개의 성조가 있는데 (높고, 올라가고, 중립적인, 그리고 떨어지는), 이 성조들은 수천 개 구절의 의미에 직접적으로 영향을 준다. 보통 하나의 한자는 부수(부수는 좌측, 우측, 상단, 그

사진 1.1 베이징 근처의 만리장성을 다른 각도에서 본 모습

만리장성은 단일한 시대에 지어지지 않았기에, 여러 형태의 외관을 가지고 있으며 중국을 대표하는 상징이다.

출처: (a) Getty Images/iStockphoto; Photographer: Zetter. (b) PHOTODISC

리고 하단에 위치함)와 핵심 구성요소로 이루어져 있다 (구체적인 예는 사진 1.2를 참조). 한자의 기원이라고 여겨지는 고대의 문자들은 상 왕조 때 점술 의식에서 사용된 뼈에서 발견된다. 상 왕조는 중국의 첫 번째 왕조로 알려져 있다. 이들 중 다수는 현재 사용되고 있는 한문과 유사하다. 상나라는 4,000년 전에 존재했던 것으로 여겨진다. 하지만 상나라가 실제 존재했음을 증명할 수 있는 확실한 증거가 없어 상나라는 반(半)신화적인 존재로 여겨진다. 진나라가 세워지기 전인 2500년 전 철학자들이 쓴 글을 보면 그것들은 고도로 압축된 고전 중국어로 되어 있다. 19세기 말, 한자 표기법을 현대화하기 위한 총체적 시도가 이루어졌는데, 이것이 바로 '백화'운동이다. 그 당시 중국 내 대부분의 사람들은 읽거나 쓸 수 없었다. 그 이유는 한자를 숙달하기 위해서는 엄청나게 많은 시간이 요구되었기 때문이다. 따라서 '백화'운동의 목적은 일반 중국인들의 한자에 대한 접근성을 향상시키는 것이었다. 그 결과 제1차 세계대전 기간(1914~1918년)에는 개혁된 문법 구조와 함께 새로운 표현양식을 차용한 소설들이 저술되었다. 후스(胡適)는 이 분야에서 선구자였다. 한자 혁명은 20세기에도 계속해서 이루어졌다. 중국공산당은 다수의 한자를 간소화(간체자)함으로써 보다 많은 사람들이 한자를 사용하는 데에 공헌하였다. 그리고 공산당은 한자를 간소화하는 데 그치지 않고, 음역의 형태로서 '핀인(Pinyin: 중국어의 로마자 표기법)'을

사진 1.2 한자 '호(湖)'

'호(湖: 중국어 발음으로는 hu, 3성이다[중국어의 성조는 모두 4개이고, 그중 세 번째 성조를 3성이라고 함])'는 '호수(lake)'를 뜻한다. 왼쪽에 위치한 물수변 부수는 '물'을 뜻한다. 그리고 古와 月이 합쳐져서 글자 호(胡)를 형성하며 중국어로는 hu(후)라고 읽는다.

개발해냈다. 이 분야에서 독보적인 공헌을 한 사람이 바로 저우유광(周有光)이다. 지금도 홍콩과 타이완은 전통한자인 번체자를 사용하는 반면, 중국에서는 간체자가 지배적이다. 최근 몇 년간 본토에서도 번체자 사용이 유행한 적이 있는데, 이는 대부분 미학적인 목적에서이다.

중국인들은 무엇을 믿는가?

17세기 중국에서 활동했었던 서구의 선교사들이 가졌던 의문 중 하나는 "중국인들이 실제로 믿는 것은 무엇이냐"였다. 이들은 중국을 자주 드나들었으며, 몇몇은 여생을 중국에서 보내기도 했지만 이에 대한 해답을 얻기는 쉽지 않았다. 중국인들은 조상을 신봉하는가? 그렇게 보이는 면이 몇몇 있기도 하다. 또는 중국인들은 유교주의자인가, 불교도들인가? 중국 왕조를 다루는 역사가인 모트(F. W. Mote)는 약 1,000년 전인 송나라와 요나라 시절 부각된 혼합적 지적 전통에 대해서 언급하였다. 그는 아시아인의 정신세계에서 '절대적 진리'라는 개념은 존재하지 않는다고 주장했다. 불교, 마니교, 유교, 도교, 그리고 기타 종교체계는 당시 중국인들의 세계관을 형성하였고, 이는 로마제국에 존재하였던 여러 신념의 혼재와도 일정 부분 닮아있다 (Mote, 1999, p. 83). 중국인들의 세계관은 지금까지도 여러 종교, 철학, 사상들이 혼재되어 형성된다. 차이점이라면 현재 중국정부는 무신론에 기반한 마르크스-레닌주의를 신봉한다는 것이다. 하지만 마오쩌둥 시대 이래로 중국사회는 급속하게 복잡해지고 다양성이 증가하고 있으며, 사람들의 신념체계 역시 그러하다. 현대 중국의 종교에 대해 저널리스트이자 학자인 존슨(Ian Johnson)은 다음과 같은 사실을 다음과 같이 명확히 말하고 있다. "대부분의 중국 역사에 걸쳐서 중국의 종교는 여러 신념들의 혼합체라고 말할 수 있다"
(Johnson, 2017, p. 20). 2005년 조사에서, 약 3억 명의 중국인들이 자
신의 종교적 신념에 대해서 응답한 적이 있다. 약 2억 명 정도는 자신이
불교 또는 도교를, 4,000만 명은 민속 신앙을, 나머지는 기독교(개신교
또는 가톨릭)를 믿는다고 응답했다 (Johnson, 2017, pp. 29, 31).

그나마 중국의 '신념'의 범주에 역사적으로 가장 근접한 이념이라 할
수 있는 것은 유교이다. 특히 당나라 이래 더욱 그러하다. 하지만 유교
의 근본적인 교리를 해석하는 데에 있어 고도의 논쟁이 존재한다. 논쟁
의 중심에 있는 유교의 근본적인 교리 중 하나는 수직적 질서에 대한 필
요성, 정의와 인권에 대한 문제이다. 이러한 것들의 일부는 지배자들을
위한 논리라고 볼 수 있다. 유교의 교리에 의하면 지배자들은 올바른 국
가 의식(儀式)을 준수할 필요가 있으며, 하늘 아래에는 일정한 질서가
존재한다. 유교이념에 있어서 공자라는 역사적인 인물이 있다. 그가 실
존하였는지는 정확히 확인되지는 않지만, 그의 어록은 그의 사후 이후
에도 오랫동안 수많은 글에 인용되었다. 그리고 그 어록들은『신약성경』
의 복음서들과 같이 논쟁의 대상이 되었다.『논어(論語)』는 지난 2000
년 동안 꾸준히 읽혀져 왔고, 종교적인 경전과도 같은 영향력을 행사해
왔다. 이후에도 공자의 가르침은 후학들과 추종자들에 의해서 재해석되
고 재탄생되어왔다. BC 1세기 한나라 때 유교는 국가이념으로 채택되
었다. 이후 유교는 상대적으로 쇠퇴하는 듯 보였으나 11세기 신(新) 유
교주의자들에 의해서 유교는 또다시 중용(重用)되었다. 유교의 영향력
은 지난 천 년 동안 부침을 겪어왔으나, 그것이 완전히 없어진 적은 없
었다. 최근 유교는 다시 특별한 주목을 받았는데, 마오쩌둥에 의해서였
다. 마오쩌둥은 문화혁명기 때 유교를 낡고, 봉건적이며, 비난받아야 하
는 사상이라고 비판했다. 그는 그의 정적 린뱌오(林彪)를 대상으로 그

유명한 "유교를 비판하고, 린(林)을 비판하라"라는 운동을 벌이기도 했다. 하지만 2000년대 고대 철학자들의 이름을 포함한 단체들이 전 세계에 세워지기 시작했고, 중앙정부는 이를 중국문화를 진흥시키기 위한 수단으로 지원했다. 공자의 동상이 황량한 천안문 광장에 아주 잠깐 세워지기도 했지만, 2008년 이 동상은 철거되었다. 아마도 가장 주목할 만한 것은 2008년 베이징올림픽 개막식이었을 것이다. 개막식 행사의 초반 공자는 등장하였으나, 마오쩌둥은 어디에도 그 모습을 찾아볼 수 없었다 (제7장 참조).

그리고 20세기 수정주의자들은 본래의 공자로 돌아갈 필요성에 대해서 논한다. 유교의 학문적 성격에 대해서 논하자면, 공자의 사상 역시 서구의 종교가 그러하였듯이 거대담론적인 이념들을 제시한다. 이것은 유교의 경쟁자적 성격을 지니는 다른 사상가였던 묵자, 손자나 공자의 사상을 더욱 발전시킨 맹자의 경우도 마찬가지이다. 그리고 공자, 묵자, 손자, 맹자의 사상은 "인간은 어떻게 행동하는가", "통치와 조직의 최상의 형태는 어떤 것인가"와 같은 실용적인 질문에 답하고자 하였다. 그런 의미에서 이러한 사상들은 윤리적 또는 정치적 철학으로 역할한다. 공자의 『논어』에는 황금률과 같은 경구가 있다. 그것은 "자기가 싫어하는 것은 남에게도 행하지 말라(己所不欲勿施於人: 기소불욕물시어인)"이다. 중앙정부의 통치자들도 이를 따라야 할 강력한 의무가 있다. 그리고 맹자는 그렇게 할 때 불완전한 세상에서 인간의 선한 본성이 보호받을 수 있다고 보았다. 유럽의 사상에서 제기되고 있는 주요 문제들과 논의의 방향은 대부분 그리스 철학자들로부터 강력한 영향을 받았다. 중국의 경우, 제기되고 있는 주요 문제들과 논의의 방향의 근본적 성격은 진나라 이전에 존재했던 사상가들에 의해서 결정되었다고 해도 과언이 아니다. 이렇듯 진나라 이전의 사상가들은 중국의 지적 문화에 깊은 영향을 미

사진 1.3 홍콩에 있는 한 서원의 불상

중국은 공산당의 영도 하에 있는 국가이다. 공산당은 계속해서 종교 근절의 의지를 표명해왔다. 하지만 중국인들은 다양한 종교적 믿음을 실천에 옮기고 있다.

출처: MEDIO IMAGES

쳤다 (Yan, 2011). 지난 2000년 동안 중국의 국가관료제와 관료의 정치적 행동은 유교이념과 밀접하게 연관되어 있었다. 국가 엘리트들은 자신들의 유교적 가치와 그것에서 나오는 정당성을 함유하고 있다고 생각해왔다. 지금까지 사상적, 그리고 정치적 실천으로서의 유교에 대해서 논하였다. 그렇지만 사원, 의례와 사제와 같은 종교적 실천으로서의 유교는 다른 영역이다. 이를 대표적으로 보여주는 것은 유교사원의 용도이다. 현재 중국에는 몇몇 유교사원이 존재하지만, 그들은 종교적 의미에서 실질적인 숭배의 장소라기보다는 관광명소로서 존재하는 측면이 더 크다.

불교는 중국에 존재하는 여러 종교 중 하나이다. 최근 종교적 의미로서의 불교가 다시 각광받고 있다. 그러한 지역으로는 네이멍구(內蒙古) 자치구가 있으며, 상하이와 광저우와 같은 핵심 도시 지역도 그러하다. 상하이와 광저우에서는 손상되었던 큰 절들이 개조되거나, 대규모의 절이 신축되고 있다. 이러한 자금 대부분은 타이완, 홍콩 그리고 해외 중국인 불교도들에 의해서 지원되고 있다. 이 책의 서두 부분에서 언급한 황교(黃敎, Yellow Hat Sect Buddhism)는 티베트와 네이멍구 지역에서 지배적인 종교로 자리하고 있다. 그리고 티베트와 네이멍구 자치구 지역의 황교 조직 내 분열이 있다는 것은 유명한 이야기이다. 중국인들에게 지속적인 호소력을 가지고 있는 불교는 또 다른 커다란 역설적 상황을 불러일으켰다. 당나라 때, 현장법사(602~664년)는 티베트고원을 거쳐 인도에서부터 당나라로 불경을 가져왔다. 그의 이러한 긴 여정은 불교를 보다 중흥시키기 위한 것으로, 중국의 위대한 문학작품 중 하나인 『서유기(西遊記)』 줄거리의 기반이 된다. 『서유기』는 아직도 인기가 많다. 이러한 역사적인 공통점에도 불구하고 중국과 인도는 서로의 문화에 대한 동질감이나 이해가 놀라울 정도로 적다.

현대 중국인들 사이에는 물질주의적이며, 황금 만능주의적 풍조가 자리 잡고 있다. 이것은 상당 부분 서구의 자본주의를 강력하게 도입한 것에 기인하며, 이로 인해 중국 고유의 가치관을 잃어가고 있다. 아주 급속도로 발전하고 있는 중국의 일상생활에서 "삶의 의미는 무엇인가", "인간의 존재가 이 지구에서 갖는 궁극적인 의미는 무엇인가" 등에 대해 생각하기에는 어려운 여건에 있다. 중국정부의 종교에 대한 시각은 복잡하다. 1949년부터 1980년대 초반 사이 중국공산당 지도부는 중국이 따라야 할 이념적 사상으로서 변증법적 물질주의와 무신론을 선언하였다. 그리고 그 기간 종교적 인물과 종교 행위 그리고 사원에 대한 광범위한 박해가 있었다. 그리고 1960년대와 1970년대 초반 사이 마오쩌둥 사상은 종교와 같은 지위에 이르렀다. 마오쩌둥이 했던 모든 말과 글들은 거의 종교적 숭배의 대상이 되었으며 매일 암송해야 했다.

1980년대 초반 중국에는 이전보다는 더욱 진보적인 지도부가 들어섰다. 과거의 지배 형태가 혹독함이었다면, 신지도부는 다소 완화된 행태를 보였다. 현재, 종교에 있어서 지도부는 이전의 지도부가 그랬던 것처럼 공식적으로는 중국 내 종교를 장기간 내에 근절할 것이라고 공언하였다. 한편으로 새로운 지도부는 적어도 단기간 동안 중국 내에서 조심스럽게 이루어지고 있는 종교 행위를 묵인하였다. 현재 중국에서는 기독교인 숫자가 폭발적으로 증가하고 있다. 그 원인은 중국인들이 받는 압력에 있다. 그러한 사람들 중에는 노벨상 수상자이자 반체제인사로 분류되는 류샤오보(劉曉波)가 있다. 그는 중국인의 삶의 중심에는 영적 공허함이 있다고 보았다 (Liu, 2012). 이것은 특히 다수의 중년, 또는 노년의 중국인들의 삶의 여정을 통해 알 수 있다. 그들은 중국사회 전체가 마오쩌둥식 유토피아를 지향하던 시기에서부터 거의 모든 것이 돈으로 환산되는 시기까지, 모든 것을 겪어왔다. 그들 사이에는 중국의 정치, 그리고 사회적 도덕에 대한 광범위한 냉소주의가 존재한다. 그 일부는 급속한 산업화로부터 야기되는 영향에서 비롯되며, 이것은 정신병과 소외로 자살하는 사람들의 증가와 맞물리고 있다. 일부 비교심리학자들이 말하는 '중국의 심연(深淵)'은 고립과 징체성의 혼란, 그리고 그 가운데서 의미를 찾으려 고군분투하는 중국인들의 심리가 반영되어 있다 (Kleinman et al., 2011).

중국에서 기독교는 르네상스의 시기를 맞고 있다. 하지만 중국에서도 기독교는 몇몇 문제들을 직면하고 있다. 그것은 중국 내 가톨릭교회의 지위 문제이다. 가톨릭에 있어서 핵심 문제는 1949년부터 중국 내 가톨릭이 금지되었다는 사실이라기보다는 바티칸과 중국공산당의 관계에 있다. 바티칸은 중국을 대표하는 합법적인 정권은 중화민국 즉, 타이완이라고 보고 있다. 이러한 바티칸의 태도는 변함이 없었다. 가톨릭 교리에서는 교황은 오류를 범할 수 없는 존재이다. 중국공산당 지도부는 이러한 바티칸의 입장을 자신들의 정당성에 대한 직접적인 도전으로 여기고 있다. 이에 대한 대응으로 중국공산당은 중국천주교애국회(中國天主敎愛國會, Patriotic Chinese Catholic Church)를 설립했다. 이것은 곧 바티칸과의 연계를 유지하는 중국인 가톨릭교도들은 비밀스럽게 그들의 종교생활을 해야 한다는 것을 의미한다. 바티칸과 중국공산당의 불편한 관계로부터 야기하는 가장 큰 문제는 중국 내 바티칸에 의해 허가받지 않은 주교들의 존재이다. 바티칸의 허가를 받지 못한 주교들은 바티칸에 의해 제재를 받고 있으며, 특히 공산당 정부가 독단적으로 임명한 주교들은 전혀 인정받지 못한다. 이렇듯 다소 서로 간의 갈등은 있었지만, 2011년까지는 바티칸교회와 중국공산당 사이에는 비교적 평화로운 시기가 지속되었다. 하지만 2011년 중국공산당은 다시 한 번 중국천주교애국회의 몇몇 주교들에 대한 임명을 단행하였다. 문제는 이들 중 몇몇은 바티칸이 반대하는 인물들이었다는 것이다. 그럼에도 불구하고 바티칸은 많은 사람들이 개종하고 있는 나라인 중국에서 언젠가 가톨릭이 허용되기를 바라며 가장 최근의 2018년까지도 중국공산당 정부와 회담을 계속하고 있다.

개신교 중국인 신자들의 종교 활동은 소위 '가정 교회(household churches)'라는 곳에서 이루어진다. 가정 교회는 전국에 걸쳐서 존재하며, 소규모의 비공식적 모임의 형태로 존재한다. 그곳에서 신자들은 성경봉독을 하고, 찬송가를 부르며, 설교를 듣는다. 이러한 신자들의 수는 엄청나다. 그리고 이들은 중앙정부, 지방정부 모두에게 의심받고 있다. 그 결과 단속도 자주 이루어지고 있다. 단속은 중국공산당이 개신교에 대해 행하는 통제의 형태 중 하나이다. 중국공산당은 개신교 조직과 네트워킹 파워에 대해 확실히 단속하기를 원하고 있다.

중국인은 또한 전통적으로 민속종교를 믿어왔다. 중국 전체에 걸쳐 대부분의 지역에는 전통적인 민속종교가 존재하며, 지역마다 그 민속종교의 맥락과 내용은 다르다. 세계적인 민속 종교의 일반적 특성이 그러하듯, 중국 역시 지형의 일부는 특정 영혼이나 신과 관련이 있다고 여겨지고 있다. 그리고 특정 역사적 사건과 관련되어 사람들의 기억 속에서 재구성된 신화와 미신이 민속종교화 되기도 한다. 1949년 중국공산당은 그들이 미신, 또는 중세적 믿음의 형태라고 여기는 것들을 근절하기 위한 정력적인 운동을 벌였다. 그리고 이러한 행태는 지금도 중국에서 자주 행해지고 있다. 어떤 지역에서는 주술사(영혼을 소집하는 힘을 가진 사람들 또는 악마를 쫓아낼 수 있는 사람들)에 대한 공격이 이루어지기도 한다. 모순적인 것은 중국에서는 이렇게 반(反)미신운동이 행해지고 있지만, 점쟁이를 찾아가거나 행운을 빌기 위해 종이로 된 돈을 태우는 등의 행위가 동시에 행해지고 있다는 것이다. 어떤 민속 종교는 중국을 넘어서 서구에 유입되어 서구사회에서 대중적 인기를 끌기도 했다. 그 예로서 풍수(風水, Feng shui)와 태극권(太極拳, Taijiquan)을 들 수 있다. 풍수는 집의 위치 및 지형의 배치와 행운의 연관성에 관심을 기울인다.

파룬궁(法輪功)

위에서 서술했다시피 중국공산당은 건국 시점부터 종교를 근절하고자 하였다. 특히 몇몇 종교의 교세가 지나치게 확장되거나 잠재적으로 위험한 정치적 성격을 지녔을 경우에는 강경 노선을 취하기도 했는데, 그중 특별하게 그 대상이 된 집단으로 파룬궁을 들 수 있다. 파룬궁이 처음 설립된 시기는 1990년대 초반으로, 중국 북부의 한 퇴직 군인에 의해서 창시되었다. 그리고 몇 년 만에 상당한 수의 추종자가 생겨났으며, 추종자 중에는 심지어 중국공산당 고위 간부도 있었다. 중국인들은 파룬궁을 파룬따파(파룬대법[法輪大法]: '회전하는 바퀴의 원리'라는 뜻)이라고 부른다. 파룬따파의 종교행위는 상당 부분 명상기법과 같은 호흡법에 집중되어 있다. 하지만 1999년 약 만 명의 파룬궁 추종자들이 베이징에 위치한 중앙정부 청사를 에워싸면서 파룬궁은 더욱 위협적인 사회적, 그리고 정치적 색채를 갖는 종교단체로 인식되었다. 파룬궁 신도들이 이런 행동을 보이게 된 이면에는 전년에 학계가 관영신문을 통해서 파룬궁은 미신적이며 과학적 신뢰가 부족하다고 공격했기 때문이었다. 비록 시위자들은 평화적으로 해산되었지만, 중국공산당은 파룬궁 조직이 그토록 효과적으로, 신속하게 동원될 수 있었다는 것에 충격을 받았다. 그리고 이를 근절하기 위한 운동이 즉각 전개되었다. 특히 동북 지역과 같이 파룬궁 조직이 강성한 교외 지역에서는 그 추종자들을 처벌하기 위한 강도 높은 운동이 벌어졌다. 그 와중에 비밀 요원들에 의한 고문이 자행되었다. 심지어 때로는 자신의 종교적 신념을 포기하는 것을 거부한 파룬궁 신도들이 죽임을 당하기까지 했다는 고발이 이어지기도 했다.

외부에서는 중국공산당이 왜 파룬궁 조직에 대해서 그토록 격렬한 탄압을 행했는지에 대해서 처음부터 어리둥절했다. 이 책에서는 왜 파룬궁이 중국공산당에게 주요 문제로 인식되었는지에 대한 두 가지 강력한 이유를 제시하고자 한다. 첫 번째, 파룬궁 조직이 외딴 교외 지역까지 깊숙하게 침투하였기 때문이다. 중국 교외 지역, 즉 농촌 지역은 중국공산당이 인식하기에 스스로의 권력의 천성적인 기초이자, 그들의 가장 충실한 추종자들이 존재한다고 여기는 곳이다. 따라서 중국공산당은 교외 지역 거주 인민들이 정부에 대한 생각을 바꾸거나, 영향을 주려는 움직임은 용납할 수 없었다. 두 번째, 파룬궁 조직이 중앙정부에까지 침투했기 때문이다. 파룬궁을 둘러싼 여러 소문 중 정부의 고위 관리가 파룬궁에 입교했다는 이야기가 있었으며, 심지어 중앙정치국 위원들 중에도 추종자가 있다는 말이 돌았다. 물론 중앙정치국 위원들 중에 파룬궁 신도가 있다는 것은 가능하지 않은 이야기이다. 하지만 몇몇 정부 관리들이 파룬궁의 추종자였다는 것은 확실하였다. 파룬궁에 대해 벌어진 정부차원의 근절운동은 이전 중화인민공화국의 역사에서 존재하였던 '올바른 계급사회 정립'과 사상운동과 유사한 성격을 지닌 것이었다.

류샤오보는 바흐찐(Mikhail Bakhtin)의 표현을 차용하여, 현대 중국 내 다양한 믿음체계를 '축제'에 빗대었다. 참고로 바흐찐은 철학자로, 스탈린 시대를 살았으며, 소련인으로서 소련에 관한 글을 썼다. 중국의 파워 엘리트들 사이에는 적어도 현재까지는 마르크스주의와 레닌주의에 대한 지배적 신념이 존재하나 이는 예외적인 경우이다. 일반적인 중국인 사이에는 지배적인 교조나 사상체계가 존재하지 않는다. 중국 역사를 통틀어 다양한 사상과 믿음체계가 유입, 또는 생성되었지만 남은 것은 그 흔적뿐이었다. 마르크스주의와 레닌주의를 진정으로 신봉하는 파워 엘리트와 같은 소수를 제외하고는, 일반 중국인 앞에는 다양한 종류의 믿음의 종교 및 사상의 시장이 펼쳐져 있다고 해도 과언이 아니다. 중국 내에 존재하는 이념과 종교의 다채로움은 중국의 지리적 다양성만큼이나 풍부하다. 그러므로 약 3세기 전에 중국을 방문했던 선교사들이 제기했던 질문, 즉, "보통의 중국인들이 믿는 것은 정확히 무엇인가"에 대해서는 21세기인 지금에도 대답하기 까다롭다.

민족문제

이제껏 살펴봤다시피 중국의 역사는 여러 왕조가 성립되고 몰락하는 복잡한 과정을 겪어왔다. 또한 중국의 지리의 형태 역시 다양하다. 이러한 요소들이 복합적으로 작용한 결과 중국은 다양한 민족 국가가 되었다. 1982년 헌법에서는 중국은 다민족 국가라고 명시하였다. 이렇듯 다양

글상자 1.3 도교

도교는 중국의 전통적인 철학이자 사상 중 하나로, 유교를 대체할 수 있는 강력한 후보군 중 하나로 꼽힌다. 도교와 유교는 한나라가 존재했던 BC 3세기와 4세기에 존재했으며, 그 사상은 모두 고전에 기반하고 있다. 도교의 경전은 노자와 장자에 의해서 저술되었는데, 특히 노자의 글은 『도덕경(道德經)』이라는 형태로 존재한다. 도덕경은 3세기경 왕삐(王弼)라는 사람이 여러 개로 분절된 형태로 존재하고 있던 것을 편집, 재구성한 것이다. 도교와 유교는 21세기 중국인들뿐만 아니라, 전 세계적으로도 일종의 종교 사상으로서 거대한 영향력을 행사하고 있다.

도교는 본질적으로 '도(道)'를 강조한다. 도는 끊임없는 변화의 과정이다. 인간은 그 자신이 존재하기 위해서 도를 실천해야 한다. 그럴 때 억지로 무엇을 하지 않고 순수하게 자연의 순리에 따르는 삶을 산다는 것(무위자연[無爲自然])이다. '무위(존재하지 않는다는 뜻)'와 같은 이해하기 어려운 개념은 도교를 실천하고자 하는 다수에 의해서 차용되었다. 그중에는 국가지도자들과 정치인들도 있었다. 이들은 '무위'라는 것을 명상의 형태로 소화해내었으며, 자연과 하나가 되고 자득과 깨달음을 통한 실천을 행하고자 하였다. 도교가 강조하는 핵심적 개념이 있는데, 그것은 '음(陰)'과 '양(陽)'이다. 음과 양은 각각 음기와 양기를 말하는데, 여성성과 남성성으로 대별되기도 한다. 음과 양은 서로 상반된 양자적 성격을 가진 우주에 존재하는 힘이다. 도교에서는 이들 간의 균형을 추구한다. 『역경(易經)』에서는 다수의 육각형을 통해서 우주를 논한다. 그리고 그 속의 원리를 통해서 현실에 영향을 미칠 수 있다고 보고 있다. 도교의 핵심 교리는 이해하기도 힘들뿐더러 실천하기도 쉽지 않다. 그럼에도 불구하고 도교가 사람들에게 매력적으로 다가오는 가장 큰 이유는 사람들이 도교가 '편안한 삶'을 살 수 있는 현실적인 대안을 제시한다고 여기기 때문일 것이다. 도교의 사상은 심지어 마오쩌둥에게도 영향을 미쳤다. 그리고 그 영향은 계속해서 이어지고 있다.

한 민족을 조화시키려는 지난 수십 년간의 다양한 조치에도 불구하고, 진정한 화합을 달성하는 것은 복잡한 문제이다. 앞서 말했다시피 현재 중국의 인구는 수많은 민족 집단으로 구성되었다. 앞서 지적했듯이, 현재 중국의 인구는 56개의 구별되는 민족집단으로 구성되어 있다. 중국 공산당의 선전에 의하면 이들 모두는 태고부터 조화롭고도 행복하게 살아왔다. 현 정부는 이를 하나의 화목한 대가족이라고 표현한다.

하지만 현실은 위의 선전 내용과는 달리 조금 더 복잡하다. 중국공산당에게 있어서 중국 인민들에게 현대적이면서도 통일된 국민으로서의 의식을 갖게 하는 것은 어려운 일이었으며, 오랜 시간이 요구되었다. 그리고 이러한 작업은 많은 부분에 있어 미완성 상태로 남아있다. 근대에 들어 중국은 중국인을 구성하는 민족을 분류하고자 하는 시도를 해왔고, 그 역사는 오랜 족보를 가지고 있다. 이를 시도했던 인물 중 하나가 쑨원(孫文)이다. 쑨원은 1911년 청나라의 뒤를 이어 건국된 중화민국의 임시 대총통을 지낸 인물이다. 그는 중화인민공화국과 타이완 모두에서 중국 민족주의의 아버지로 존경받아 왔다. 그는 중화민국 건국 전에서부터 중화민국 시대(1911~1949년) 초에 이르기까지 책을 저술하였다. 그의 저서에서 중국인은 다음과 같은 다섯 가지 핵심 민족 집단으로 구성되어 있으며, 다섯 가지 핵심 종교를 가지고 있다고 말했다. 그가 말하는 다섯 가지 핵심 종교는 불교, 이슬람, 도교, 가톨릭 그리고 기독교이다. 그리고 다섯 가지 핵심 민족은 한족, 회족, 몽골족, 위구르족, 티베트인을 가리킨다. 쑨원은 삼민주의(三民主義: 쑨원이 제창한 중국 근대 혁명의 기본 이념으로 민족주의, 민권주의, 민생주의로 구성)에 입각한 다민족 국가로서의 중국을 꿈꿨다. 하지만 그의 구상은 19세기 후반 몇몇 중국인의 마음속에 스며들어 가기 시작했던 '한족 우월주의'에 의해서 훼손되었다. 마오쩌둥에 대한 비판 중 하나는 그가 가졌던 맹목

적인 한민족 중심의 애국사상이다. 1935년 마오쩌둥이 중화민국의 집
권당이었던 국민당에 대해서 가했던 비판 중 하나는 그들이 소수민족의
권리를 무시한다는 것이었다. 마오쩌둥은 소수민족에 보다 큰 자율성을
주지 않는 국민당(애국주의자로 이루어진)의 정책을 비판했다. 그리고
마오쩌둥은 이 문제에 대해서 몇 가지 약속을 했다. 그중 가장 유명한
약속은 중국공산당이 최종 승리를 한다면, 이후에 네이멍구 지역을 완
전히 자치적인 형태에 가까운 반(半)국가적인 형태로 만든다는 것이었
다. 하지만 그 약속은 지켜지지 않았고, 몽골족은 80년이 지난 지금까
지도 그 약속이 실현되기를 기다리고 있다 (Bulang, 2002).

　민족정책에 있어서 중국공산당은 소련의 경우를 따르고자 한 측면이
있었다. 그것은 1950년대 소수민족 분류 작업에서 명백히 드러났다. 중
국 인민 모두는 자신이 어느 민족에 속하는지 즉, 그 민족정체성을 호구
(戶口)등록부에 등록했다. 호구등록부는 아직도 국민호구(國民戶口籍)
라는 형태로 존재하며, 국내용 여권이나 신분증과 같은 역할을 한다. 이
때 56개의 민족집단이 공인되었다. 이렇듯 중앙정부에 의해서 민족 분
류가 지정되었는데도 불구하고 그것을 실제로 적용하는 데에는 문제가
있었다. 특히 쓰촨(四川)성과 윈난(雲南)성이 그러하였다. 쓰촨성과 윈
난성의 몇몇 지역은 다른 곳에 비해서 특별히 사회적으로, 그리고 문화
적으로 풍부한 다양성을 가지고 있었기 때문이다. 이곳에서의 민족 분
류는 임의적으로 이루어졌다. 어떤 주장에 의하면 서남지방의 교외 지
역에는 수백, 수천의 상이한 소수민족이 존재한다고 한다. 그들은 고유
의 언어, 친족 의식, 문화, 그리고 문자를 가지고 있다. 문제는 이러한
민족들이 어떻게 정의되고, 분류되는가이다.

　소련 스탈린(Joseph Stalin)의 경우 민족을 정의하고 분류할 때, 종
교, 식생활, 언어, 문화를 기준으로 하였다. 중국에서도 1949년 이전

에 다양한 상이함을 가지고 있는 민족 분류에 대한 논의가 있었다. 하지만 그러한 논의는 명확하게 이루어지지 않은 것으로 보인다. 하지만 과학적인 사상이라고 주장되었던 마르크스주의(Marxism)를 중국인들이 수용했으므로, 소수민족의 분류를 표로 정리할 수 있을 만큼 정의하기 쉬운 기준이 필요했다. 언어는 식별과 구분이 쉬운 문화의 한 구성요소였으며, 그 밖에 본거지 개념, 인종이 고려되었다. 각 소수민족이 다양하게 가지고 있는 고유의 정체성과 사회적, 정치적 풍습을 인정하는 것과 민족주의를 강조함으로써 보다 중앙집권적인 국가를 건설하고자 하는 중국공산당의 정책은 서로 그 성격이 완전히 상반된 것이었다. 우선, 중국공산당은 400개 이상의 소수민족을 인정하는 데 주저하였다. 왜냐하면 그들 자체 하나하나가 독립을 주장할 수 있는 가능성을 지녔기 때문이다. 문화대혁명 시기 소수민족은 열성적인 홍위병의 극심한 공격의 대상이었다. 왜냐하면 홍위병은 국가를 지배하고 있는 한족에 대해 소수민족이 충분한 충성심을 가지고 있지 않다고 여겼기 때문이다. 그들의 눈에 소수민족들은 계급 중심적인 정체성보다 민족 중심적 이념에 기반한 정체성을 가지고 있었다. 중국공산당 정치 지도부만 보아도 몽골 출신 정치인 우란푸(烏蘭夫, 1906. 12. 23~1988. 12. 8, 몽골 출신의 중국정치가. 중화인민공화국 수립 후, 정무원 민족사무위원회 부주임, 국무원 부총리 겸 민족사무위원회 주임 등을 맡았다. 문화대혁명 때 추방당하였다가 복권되어 정치국원 등을 역임했으며, 1967년 사망함)의 경우를 제외하고는, 중국지도부는 대부분 한족으로 구성되어 있었다. 정부와 공산당 내 한족의 점유도는 기타 소수민족 대비 점차 높아지고 있다. 반면 소수민족 지역은 점차 뒤처지고 저개발된 곳으로 인식되었으며, 따라서 근대화가 필요한 지역이라고 여겨지게 되었다. 특히 티베트 자치구와 신장위구르 자치구와 같은 곳이 그러하다. 또 티베트와 신장에 한족들이 유입되기 시작하였는데, 그러한 흐름은 현재에도 진행 중이다. 이들의 유입은 해당 지역을 근대화시키고, 해당 지역에서의 과학기술 발전을 돕기 위해서라는 명목으로 진행되었다. 그리고 중앙정부는 이 지역에 막대한 재정과 지원을 투입하였다. 그 일환으로 다수의 성공가도를 달리고 있는 공산당 간부들을 파견하여 지역 정부의 행정과 그 발전을 돕도록 하였다. 그럼에도 불구하고 2018년 신장지역은 해당 민족 동요로 인하여 거의 영구적인 제재상태에 있다. 또한 티베트에서는 아직도 산발적인 시위와 비극적인 자기희생적 행위가 이루어지고 있다.

2000년대에 들어 한족 출신 주류 사상가들조차도 중앙정부가 전통적으로 행해왔던 민족 규정에 의문을 던졌다. 베이징에 위치한 칭화대의 후앙양(胡鞍鋼)과 베이징대의 마룽(馬戎)은 '소수민족에 대한 2세대 정책'을 개발했다. 그들은 자치구에서 소수민족을 겨냥하여 행해지는 우호적인 정책들은 당의 평등주의 정신에 위배되기 때문에 수정될 필요가 있다고 주장했다. 그들은 간접적으로는 이러한 정책들이 민족 내부 갈등의 원천이 된다고 보았다. 왜냐하면 이는 한족과 다른 민족 간 존재하는 불평등을 내재하고 심화할 뿐 그들 사이의 완전한 평등을 구현하지 못하기 때문이다. 이러한 주장의 배경에는 마오쩌둥 시대의 철학이 존재한다. 그것은 민족 간의 차이는 사라지고 있으며, 사람들이 생각하는 그들 자신은 누구이며, 어떻게 행동해야 하는가는 민족을 초월한 사회적 위치에 기반해야 한다는 것이다. 티베트나 신장 및 중국 타지역에서 지속해서 발생하는 민족적 분노로 인한 소요를 고려하면, 후앙양과 마룽의 견해는 희망사항이라는 비난을 받을지도 모른다. 적어도 2018년 중국의 민족정치는 중앙지도부가 지대한 관심을 가지고 새로운 시대의 조화에 대해서 논했는데도 불구하고 문제해결에 근접했다고 보기 힘들다.

티베트와 신장

티베트와 신장은 그 수를 다 합쳐도 중국 전체 인구의 작은 비율만을 구성할 뿐이다. 그러나 그들은 핵심 전략 지역이며, 중국 현재 영토의 1/3 이상을 점하고 있다. 또한 자원의 핵심 기반 지역이기도 하다.

두 지역은 모두 복잡한 역사를 가지고 있다. 광활한 티베트고원은 티베트 자치구의 두 배에 해당하는 면적을 자랑한다. 청동기 시대, 현재 티베트 자치구에 해당하는 지역은 티베트 민족들이 차지하고 있었다. 7세기에는 왕국이 건설되었으며, 불교를 도입하였고 인근 왕국들에 대하여 군사 활동을 벌이기도 하였다. 그러나, 13세기 몽골 군대에 의해 점령되었으며, 원나라의 행정구역 중 일부가 되었다. 원나라의 붕괴와 함께 자치를 회복하였으나, 청나라에 의해 18세기 다시 점령되었다. 그리고 20세기 청나라가 멸망하고 영국이 중국을 침공하면서 티베트 지역은 높은 수준의 자치권을 행할 수 있었다. 중화민국 시절에 UN에서 국가로 비준받기 위한 노력을 벌이기도 하였다. 하지만 1949년 중화인민공화국이 건국되었고, 1951년 티베트는 중화인민공화국에 병합되었으며, 1959년에는 완전히 정치적으로 흡수되었다. 14대 달라이라마는 인도로 망명을 하였으며, 지금까지 그의 기반은 인도에 있다. 현재 티베트 거주민의 97퍼센트가 티베트족이며, 그들 중 상당수가 중앙정부로부터의 지원금에 의존하고 있다. 최근 수십 년간 중화인민공화국은 그들의 발전모델이 얼마나 티베트인들의 생활 수준을 고양시켰는지 선전해왔다. 그들을 중세 농노의 지위에서 끌어올렸으며, 문명화되지 않은 신정정치에서 근대로 발전시켰다는 것이다. 하지만 1959년부터 약 10만 명의 티베트인들이 경계를 넘어 떠났으며, 1987년, 1989년, 그리고 2008년 주요한 폭동이 일어났으며, 2011년 이래로 비극적인 자기 희생적 저항도 잇따르고 있다. 이것은 상당 수의 티베트인들이 중앙정부의 선전에 동의하지 않고 있음을 보여준다. 가장 근본적으로는 대부분의 티베트인들의 세계관은 불교를 신봉하며, 달라이 라마를 살아있는 신으로 여긴다는 것이다. 이것은 무신론을 주창하는 중앙정부와는 정면으로 대비되는 것이다 (Ma, 2011).

신장의 경우 다음과 같은 역사적 사실로 인해 더욱 복잡해진다. 신장은 소비에트 연방의 영향 아래에서 1946년에서 1949년까지 독립성을 유지했던 짧지만 강렬한 기억을 가지고 있다. 그러나 그 곳에 자치구가 생긴 이후, 그 지역은 점차적으로, 특히 정착하는 한족의 수가 증가하면서 그 지역의 광물자원을 착취했다. 2009년 중국 남부 공장에서 농성을 벌였던 위구르인 노동자들이 구타당하는 동영상이 인터넷에 퍼지면서 소요가 발생하기도 하였다. 2014년 신장 분리주의자들이 윈난성의 쿤밍역을 공격하면서 긴장은 더욱 고조되었다. 이들은 칼을 사용하였으며, 30여 명 이상의 사망자가 발생했다. 그해 4월 베이징에서는 자살 폭탄 공격이 자행되었고, 두 명이 사망하였다. 이 사건은 중국의 가장 민감한 장소 중 하나인 천안문 광장에서 일어났다. 2014년 4월과 5월 우루무치역 테러와 사제폭발물을 실은 승합차가 신장지역 시장으로 돌진하면서 발생한 연쇄 테러로 30명이 넘는 사망자가 발생했다.

그해 6월에 베이징에서 있었던 당 중앙회의에서 시진핑 지도부는 세 가지 원칙을 선언하였다. 그것은 민족 간의 조화, 국가적 통일, 그리고 경제발전을 이룬다는 것이었다. 지도부가 더욱 염려하는 것은 분쟁이 세계로 퍼져나갈 조짐을 보인다는 것이다. 왜냐하면 분리주의자들이 중동의 극단주의 세력과 연계하려는 증거들이 확보되고 있기 때문이다. 이러한 불안감 증대의 징후로써 중국지도부는 위구르 지역에서 가장 온건한 목소리를 내는 인물 중 하나인 일함 토티(Illham Tohti) 박사를

글상자 1.4 2010년 중국의 인구조사

대부분의 국가가 그러하듯이, 중국 역시 10년마다 전국에 걸쳐 인구 조사를 실시한다. 2010년 인구조사는 엄청난 조직과 논리의 힘이 한데 합쳐져 이루어진 한편의 거대한 서사시였다. 수만의 인력이 전국 인구의 이동을 포착하고, 데이터를 분석하고 통계자료를 도출하는 데 고용되었다. 그리고 그 잠정적인 결론이 2011년 발행되었다. 2000년과 2011년에 발행된 통계자료 비교했을 때 중국은 2000년에 비해서 훨씬 도시화되었다. 인구 규모는 조금 늘어났으나, 평균 연령은 상승하여 인구가 노령화되었다고 볼 수 있다. 또 인구의 교육 수준은 향상되었다.

- 2010년 중국 본토(홍콩, 마카오, 타이완은 제외)의 전체 인구는 13억 4,000만 명이었으며, 그것은 2000년과 비교하여 5.84퍼센트 증가한 수치였다. 2000년 당시의 인구 조사 때보다 2010년의 인구 성장률은 훨씬 낮아졌다. 2000년 중국의 인구 조사결과에 따르면, 그 당시 전체 인구는 12억 6,500만 명이었고, 1990년의 전체 인구수와 비교하였을 때 11.7퍼센트의 인구 증가율을 보였다.
- 2010년의 인구조사 결과 지난 10년간 인구의 연평균 증가율은 0.57퍼센트였다. 한편 1991~2000년 사이의 인구의 연평균 증가율은 1.07퍼센트였다.
- 2010년 인구조사 결과에 따르면, 14세 이하의 인구는 전체 인구의 8.87퍼센트를 차지하였으며, 이 비율은 2000년의 22.89퍼센트와 비교했을 때 급격히 감소했다.
- 2010년 65세 이상의 인구는 전체의 8.87퍼센트를 차지했다. 2000년에는 6.96퍼센트였으며, 1990년에는 5.57퍼센트였다.
- 중국의 성비는 105.20(100명의 여성당 105.20명의 남성 존재)이다. 전체 인구에서 여성이 차지하는 비율은 48.73퍼센트이다.

계속

- 중국 전체 인구의 거의 절반에 가까운 49.7퍼센트의 인구가 도시 지역에서 거주하는 것으로 나타났다. 이것은 중국이 빠른 속도로 도시화된다는 것을 의미한다.
- 2010년 대학교육을 받은 인구비율은 매 10만 명당 8,930명이었다. 이것은 2000년의 3,611명과 비교했을 때 거의 2.5배에 해당한다.

출처: Thomson Reuters: http://www.trust.org/alertnet/news/factbox-chinas-2010-census/)accessed 13 May 2011.

2014년 초 구금하였으며, 그해 9월 종신형에 처했다. 또한 2017년 위구르인들은 그들의 여권을 경찰 당국에 인도하라는 명령을 받았다. 이는 공공 감시를 강화하기 위한 조치였으며, 당국은 이에 그치지 않고 인터넷을 통제하였고, 극단주의적 요소를 내재하는 것으로 의심되는 몇몇 지역 사회 기반 공동체를 해산시키기도 하였다. 신장은 중앙정부에 골치 아픈 지역이며 중국지도부는 이에 대해 불안해하고 있다. 현재 티베트의 당비서인 천취엔궈(陳全國)와 우잉지에(吳英傑)는 강경주의자로 알려져 있으며, 무관용 원칙을 고수하며 해당 지역의 안정을 유지하는 것을 최우선 과제로 여기고 있다. 이러한 정책들로 인해 위구르인들 사이에서 엄청난 분노가 축적되고 있다. 이러한 접근 방법이 장기적으로도 지속가능하기는 힘들 것으로 보인다.

제2장

현대 중국의 형성

19세기 초반부터 지금까지의 중국 역사를 보면, 이 시기를 관통하는 두 개의 중요한 국가적 과제가 있다. 우선은 근대화를 성공적으로 달성하는 것이며, 다음은 통일된 국가로서의 정체성을 형성하는 것이다. 둘 다 중국과 외부 세계의 관계와 연관이 되어 있는 주제이다. 우선 근대화가 과학적 탐구와 산업화라는 서구적인 발전 과정으로부터 발생했기 때문이다. 둘째는 중국의 지식인들과 정치인들은 종종 서구모델 반대의 '중국적 특색'이라는 인식을 가졌기 때문이다. 이 '중국적 특색'은 어떤 면에서 서구모델과는 다르거나 다소 대안적 성격을 갖는 것을 의미한다. 즉, 이는 어떤 측면에서는 서양과 같아지려는 바람이 있고 다른 측면에서는 다르기를 바라는 염원이었다. 이러한 열망은 현대에 이르기까지 중국 예외주의와 '중국 특색의 사회주의'와 같은 개념으로 존재하고 있다. 시진핑체제에서, 근대화와 자부심과 자신감에 기반한 강한 국가 정체성은 다시 한번 전면으로 부각되고 있다. 현재 중국은 그들만의 방식으로 근대화를 성공적으로 이루어내고 있다. 시진핑의 표현에 의하면 중국은 과거 근대사에서 겪어야 했던 고통을 딛고 르네상스를 맞이하고 있다. 이러한 것들은 현대 중국의 감정을 이해하기 위한 필수적 요소들이며, 중국과 그 지도자들을 이끄는 정신이기도 하다.

중화인민공화국 이전에 존재했던 왕조: 청(淸)나라

19세기 초반, 중국은 두 세기 동안 청나라 만주족의 지배에 놓여있었

다. 만주족은 중국의 소수민족 중 하나로, 중국의 북동쪽에 거주하였다
(이곳은 15세기 전에는 명나라가 통치했던 공식 경계선의 밖에 위치했
다). 만주족은 1642~1644년에 이전 왕조였던 명나라를 멸망시키고 새
로운 왕조인 청나라를 건국했다. 이 시기 청나라의 국경선은 확장되었
는데, 넓어진 영토는 오늘날 '신장(新疆)'이라고 불리는 북서쪽의 광대
한 영토에까지 이르렀다 ('신[新]'이라는 것은 새로운 것을 뜻하며, '장
[疆]'이라는 것은 국경, 국경선을 뜻함). 이 북서쪽의 광대한 영토는 위
에서 언급했다시피 17세기 중반 무력정복을 통해 청나라로 흡수되었
다. 그리고 현재 티베트 자치구를 구성하고 있는 일부 지역은 18세기 역
시 무력으로 정복되었다. 강희제(康熙帝, 1662~1722년), 옹정제(雍正
帝, 1723~1735년), 건륭제(乾隆帝, 1736~1795년) 치세 하의 청나라
는 안정적이었으며, 놀라울 만큼의 문화, 학문 분야에서 부흥이 있었고,
강력한 중앙집권적 지배를 구가하였다. 우리가 중국이라고 부르는 현재
의 실체는 이 위대한 청나라 황제들에 의해 확보된 광활하고 민족적으
로 다양한 지리적 지형에 뿌리를 두고 있다. 이들의 유산은 21세기인 지
금도 현대 중국 국경의 형태로서 살아 숨 쉬고 있다. 중국의 국경은 주
로 정해진 경계 영역을 따랐는데, 어떤 경우에는 이는 정복된 후에 고대
중국의 중심부에 동화되었다.

 청나라시기에 여러 황제들의 훌륭한 통치에도 불구하고, 몇 가지 염
려스러운 문제들이 생겨나기 시작했다. 중국은 1830년까지는 세계에서
가장 큰 규모의 경제 대국이었지만, 그 이후로는 빠른 속도로 뒤쳐지기
시작했다. 그 이유는 서구, 특히 유럽과 북아메리카에서 놀라운 산업화
가 진행되었기 때문이다. 산업화는 지난 18세기 서구에서 이루어진 과
학적 발견을 실용적으로 적용한 결과 나타난 것이다. 특히 영국에서는
물품생산, 사람들의 삶의 방식(이러한 변화의 결과 빠른 도시화가 이루

어짐) 등에서 수많은 혁신과 혁명이 이뤄졌다. 1839년에 중국은 이러한 발전으로부터 상당 부분 소외되어 있었다. 물론 이 당시 중국경제가 세계와 단절되어 있었다는 뜻은 아니다. 당시 중국은 비단, 향료, 차의 수출을 통해서 세계경제와 연계되어 있었다. 하지만 중국 스스로가 자신이 세계에 수출하는 것에 상응하여 세계로부터 중국으로 수입하는 것은 거의 없었다. 당시 중국은 하나의 거대한 농업 국가였으며, 상업부문에 있어서는 가내 수공업이나 지역특성화 사업에 의해 물건을 자급자족하는 최소의 상업 경제만을 구가하고 있었기 때문이다. 이 당시 중국을 여행한 선교사들은 다양한 보고서를 통해 중국은 정적인 국가라고 계속해서 말했다. 그들이 보기에 중국은 끝없는 논밭으로 이루어진 땅이었으며, 그곳에서는 수 세기에 걸쳐 농사를 지으며 살아온 사람들이 밀집하여 살고 있었다. 그중 유명한 기록은 프랑스 선교사였던 아브윅(Abbe Huc)에 의해서 남겨졌다. 그는 1844년에서 1846년까지 중국을 여행하였으며, 그와 그의 동료들이 목도한 것을 그의 저서 『타타리, 티베트 그리고 중국(Tartary, Thibet and China)』에 기록하였다. 그의 눈으로 보았을 때 당시 중국은 제대로 된 도로나 당시 서구에서 떠오르고 있었던 새로운 도시 문화의 기미조차 없는 곳이었다 (Huc, 1859).

청나라가 서구의 근대적 문물과 조우한 시기는 서양 선교사들이 중국에 유입된 때와 그 시기를 같이한다고 할 수 있다. 1662년 이래 위대한 세 명의 황제인 강희제, 옹정제, 건륭제의 치세 동안 서양 선교사들은 서구의 사상, 과학 문물을 가지고 중국에 들어왔다. 그 후 약 100년 후, 청나라와 그 당시 새롭게 부상하고 있었던 주요 강대국 중 하나인 영국 간 충돌이 일어났다. 그것은 중국과 서구세계 간 벌어진 첫 번째 실질적인 외교적 충돌이었다. 1793년 노련한 외교관인 매카트니(Macartney)경이 이끄는 영국 외교 사절단이 청나라에 파견되었다. 문제는 크게 두

글상자 2.1 중국 역사의 중요한 연대기

1368년	몽골족이 통치했던 원나라의 멸망. 그리고 명나라 건국
1642~1644년	명나라의 멸망. 청나라의 건국
1661~1722년	강희제의 통치 시기. 티베트와 신장 지역 점령
1722~1735년	옹정제의 통치 시기
1735~1799년	건륭제의 통치 시기
1793년	영국의 무역사절단인 매카트니(Macartney)경의 중국 방문
1839~1841년	첫 번째 아편전쟁. 홍콩을 할양하는 난징조약을 체결함
1850~1864년	태평천국운동
1859~1861년	두 번째 아편전쟁
1893년	마오쩌둥 탄생
1911~1912년	청나라의 멸망. 중화민국의 건국
1919년	5·4운동(제1차 세계대전 종전 후 중국의 영토를 세계 열강에 할양하는 불평등한 협정에 대해 항의하는 시위가 학생들의 주도로 베이징에서 열림)
1921년	중국공산당이 상하이에서 창당대회를 가짐
1925년	쑨원 사망. 장제스가 중화민국과 국민당의 지도자가 됨
1931년	베이징 근처에서 중국군과 일본군 간 칠칠사변 발생(루거우차오[盧溝橋, Marco Polo Bridge]에서 중국과 일본 간 무력 충돌). 이 사건은 중일전쟁의 전초였음. 이후 발생한 중일전쟁은 10년간 지속됨
1934~1935년	국민당군의 공격을 피해 홍군(공산당군)은 이 기간 동안 대장정을 함
1937년	중일전쟁 시작
1942년	마오쩌둥은 중국공산당의 최고 지도자가 됨. 국민당과 연합 전선을 구축하여 일본군을 격퇴함
1945년	제2차 세계대전에서 일본의 패배
1946~1949년	중국내전(국민당과 공산당간)발생

계속

1949년	중국공산당의 내전에서의 승리. 중화인민공화국의 설립
1950~1953년	한국전쟁
1953년	제1차 5개년 계획의 도입
1957년	백화운동. 중국 내 지식인 탄압으로 귀결
1957~1958년	1978년까지 중화인민공화국과 소비에트 연방의 관계가 단절됨. 모든 소비에트 출신 전문가 및 과학자들이 중국에서 철수하였음. 1969년에는 국경 부근에서 소규모 충돌이 일어날 정도로 거의 전쟁에 준하는 적대감이 양국 사이에 존재함.
1958~1961년	중국의 산업화를 앞당기기 위한 시도로서 '대약진운동' 전개. 하지만 중국 대부분의 지역에서 심각한 기근과 경제 파탄이라는 결과가 야기됨
1966~1976년	문화대혁명
1971년	마오쩌둥의 후계자였던 린뱌오(林彪)가 중국을 탈출하려다가 사망함. 중화인민공화국은 미국과 다시 관계를 회복함
1972년	닉슨(Richard Nixon)대통령의 중국방문
1976년	마오쩌둥의 죽음. 4인방의 몰락
1978년	복권된 지도자 덩샤오핑에 의해 개혁개방 정책이 도입됨
1980년	첫 번째 경제특구 설립
1989년	천안문사건. 자오쯔양의 실각. 장쩌민이 당 총서기가 됨
1992년	덩샤오핑의 남순강화. 이를 계기로 중국경제의 개혁개방이 다시 촉진됨
1997년	덩샤오핑 사망. 홍콩이 다시 중국령으로 반환됨
2001년	중국의 세계무역기구(WTO: World Trade Organization) 가입
2002년	후진타오가 장쩌민 뒤를 이어 당 총서기가 됨
2008년	중국이 올림픽게임을 개최함
2012년	시진핑이 후진타오의 뒤를 이어 2013년 중국공산당 당서기 이자 국가주석으로 취임함.

부문에서 발생했다. 첫째, 건륭황제는 서구에서 제작한 어떠한 상품도 청나라로 수입하는 것을 거부하였다. 둘째, 영국 사절단의 황제 알현 방식에 대해 청나라와 영국 간 의견 충돌이 있었다. 영국 사절단은 황제를 알현할 때 청나라의 번속국가나 황제의 신하와 같이 절하는 방식을 거부하고, 동등하게 황제를 알현하기를 원했다. 이러한 문제에도 불구하고 1830년대까지 중국과 외부 세계 간 무역은 점진적으로 증대되었다. 하지만 더욱 심각한 문제가 발생하였다. 그것은 서구세계와 청나라 간 증대되는 무역 불균형이었다. 이러한 무역 불균형이 발생하게 된 원인은 청나라에 있었다. 청나라는 엄청난 양의 비단, 향료 등을 수출했지만, 반대로 서구로부터 수입하는 것은 거의 없었기 때문이다. 그 결과, 청나라는 당시 서구에서 물건에 대한 지불 수단으로 쓰였던 전 세계의 대부분의 은(銀)을 보유하게 되었다. 이를 현재 상황에 적용해보면, 21세기 초 현재 서구세계와 중국 사이에도 무역 불균형 상태가 크게 존재한다. 이것은 21세기 초의 여러 선진국과 중국의 무역 불균형과 유사하다.

아편전쟁

유럽, 특히 영국 상인들은 중국이 가지고 있지 않지만 그들이 기꺼이 사려고 하는 하나의 제품을 찾아내고자 했다. 그렇게 찾아낸 것이 바로 아편이다. 아편은 양귀비에서 추출하여 가공한 가루 형태의 마약으로 중독성이 높다. 아편을 이용한 새로운 무역은 빠른 속도로 영국의 대중국 수출 사업의 핵심으로 부상했다. 하지만 이는 중국 내 중독자 수 증가와 그로 인한 사회적 참상이라는 커다란 문제를 양산했다. 1839년 분노한 청나라 왕실은 이에 대한 대응으로 군사적 물리력을 동원하여, 사업을 폐쇄하고자 시도하였다. 하지만 이러한 노력은 결과적으로 청나라가 아편전쟁에서 패함으로써 성공하지 못했다. 청나라가 동원한 군사적 물리력에 대한 대응차원에서 영국은 군함을 동원하였다. 근대식으로 중무장한 영국 군함은 낙후된 중국 해군을 물리쳤고, 중국 해군은 볼품없이 패했다. 영국은 1842년 난징조약에서 청나라에 엄청난 배상금을 요구했다. 그뿐만 아니라 난징조약에는 홍콩섬을 자유로운 항구로써 영국에게 영구적으로 할양할 것이라는 내용도 포함되어 있었다. 두 번째 아편전쟁(1856~1860년)은 청나라의 더한 양보로 귀결되었다. 그 양보에는 청나라가 홍콩 지역의 더 많은 부분을 할양하는 것과 중국 남부 해안에 걸쳐 보다 큰 규모로 무역을 개방한다는 내용을 포함하였다. 중국공산당은 1949년 중화인민공화국 건국 이래 아편전쟁을 외부 침략자에 의한 중국의 복속과 굴욕의 상징으로 언급해왔다. 한편 청나라의 수많은 지식인들은 중국을 근대화시켜야 할 급박한 필요성이 있음을 중국인들에게 상기시켰다. 하지만 당시 청나라에게 근대화는 수행하기 쉽지 않은 고통스러운 과제였다. 시간이 지날수록 중국을 근대화시켜야 할 필요성은 점차 커졌다. 특히 1868년 일본이 메이지유신 이후 서구의 산업과정을 전격적으로 수용하면서 더욱 그러하였다 (Lovell, 2011).

　1949년 이후 기록된 중국의 역사는 자주 아편전쟁에 엄청난 상징성을 부여하였다. 동시에 그러한 역사 기록에는 중국의 명백한 피해 의식과 제국 세력의 침탈에 대한 서술이 녹아있다. 하지만 외부 세력의 침투는 당시 중국이 겪고 있었던 광범위한 부패와 내부 모순의 일부분에 불과했다. 중국은 내부적 통일 유지라는 복잡한 과제를 수행해야 했다. 이러한 이유로 중국은 19세기 이래 통일된 국가로서의 중국적 정체성을 창조하려 고군분투 해왔다. 청나라의 정복 활동 결과 형성된 중국은 너무 광범위하고 다양하여 통치하기가 쉽지 않았다. 이것은 당나라 시절에도 동일하게 겪었던 문제이다. 심지어 중국의 여러 역대 왕조들이 전통적으로 통치해온 핵심지역에서조차 봉기가 자주 일어났다. 그중 가장 파괴적이었던 것은 태평천국운동과 녠 반란(Nian Rebellions)이다. 태평(太平: 중국어로는 '위대한 평화'를 뜻함)천국운동은 당시 중국 내에서 일어난 봉기 중 가장 치명적이어서, 1850년에서 1864년 동안 중국 전체를 뒤흔들기에 충분했다. 그 결과 약 2,000만 명이 사망했다고 추정되고 있다. 태평천국운동을 처음으로 촉발한 자는 홍슈취엔(洪秀全, 1814~1864년)이라는 사람이다. 홍슈취엔은 지방 관원 시험에 응시하였으나, 낙방하였다. 그 후 번역된 기독교 성서를 접하고, 그 자신이 중국을 새로운 시대로 이끌어갈 예수 그리스도의 형제라고 선언하였다. 태평천국운동의 영향력은 농촌 지역에까지도 깊숙하게 미쳤고, 내전과도 유사한 상황이 중국 내 발생했다. 태평천국운동이 청 황실에 가했던 위협은 너무나 엄청나서, 중앙정부의 모든 자원을 총동원하고 나서야 청 황실은 태평천국운동을 진압할 수 있었다. 한편 북쪽에서는 녠 반란이 발생했는데, 태평천국운동보다는 그 결과가 비교적 덜 파괴적이었다. 하지만 그 지속기간은 태평천국운동보다도 길었다. 이렇듯 19세기 중반과 후반, 청나라에서는 여러 봉기와 반란이 발생했다. 그로 인해 야기된 경제적 비용은 엄청났고, 중국의 국가적 자부심과 응집성에도 상처가 났다. 이러한 여러 봉기와 반란들은 중국의 광대함과 복잡함이라는 특성에서 비롯된 측면이 많았고, 때때로 대재앙과 같은 결과를 낳기도 했다. 상황이 이렇게 심각함에도 불구하고 청의 지도자들이 청나라가 멸망 때까지 통치권을 유지한 것이 놀라운 정도이다.

청나라 말기 몇 년간, 외부 세계의 열강들은 중국의 천연자원과 시장에 접근하고자 열띤 경쟁을 벌였다. 이로부터 중국 내부 분열이 양산, 점증되었다. 다수의 중국 관리와 지식인 엘리트들은 근본적인 변화가 필요하다는 것을 인지하고 있었다. 하지만 중앙정부는 무능력했다. 일련의 무능한 황제들과 시태후(자희태후[慈禧太後]라고도 함, 1835~1908년)의 국정운영 방식은 방어적 성격을 지녔을 뿐이었다. 캉유웨이(康有爲)와 량치차오(梁啓超)와 같이 일본, 유럽 등의 유학 경험을 쌓은 사람들은 비록 소수였지만, 그 수가 점차 늘어나고 있었다. 캉유웨이와 량치차오는 1898년 황제의 지지 하에 다수의 개혁안을 제출하였다. 하지만 그들의 민주제로의 전환, 교육개혁, 그리고 과학적 진보를 위한 계획은 대규모의 탄압을 받게 된다. 한편 중국에서는 1,000년이 넘는 기간 동안 유지되어 왔던 유교식 시험 제도가 있었다. 여기서 응시자는 핵심 고전을 기계적으로 읽고, 반복, 암기할 것을 요구받았다. 하지만 그러한 제도는 1908년 폐지되었다. 위에서 살펴보았다시피 19세기 말 청나라는 심화된 내부 위기로 흔들리고 있었다. 그리고 마침내 청나라는 1911~1912년 우한에서 일어난 군사적 봉기가 전국으로 확산됨과 동시에 무너졌다. 놀라운 것은 250년이 넘는 기간 동안 유지된 청나라, 그리고 2,000년 동안 중국을 지탱하고 있었던 왕조 중심의 통치체계가 대규모 사건에 의해서가 아닌, 조그만 사건과 함께 스러져 갔다는 것이다.

중화민국(中華民國), 1911년 그 이후

1912년의 무산된 전국 선거는 불길한 전조였다. 당시 1912년 선거는 전국가적으로 치러진 최초의, 그리고 유일하게 진정으로 민주적이었던 선거였다. 300개 이상의 정당이 경쟁하였으며, 종국에는 당시 선생으로 불리며 존경받던 인물이자 혁명운동가였던 쑹자오런(宋敎人)이 승리하였다. 하지만 쑹자오런은 총리로 취임하기 위해 베이징으로 가는 도중에 상하이의 철도역에서 암살되었다. 이로써 1912년 선거는 실패하게 된다. 그나마 당시 중국 인민들의 인식 속에서 흐릿하게 부각되고 있었던 쑨원 (글상자 2.2 참조)이 많은 애국주의자들을 고무하였지만, 1914년 이후 중국은 분열되고 있었다. 1914년은 제1차 세계대전이 진행되고 있었던 시기였다. 티베트는 독립을 선언하였으며, 중국 전체는 여러 군벌들의 영향권으로 쪼개졌다. 그 군벌 중 한 명이었던 위안스카이(袁世凱)는 나머지 군벌들을 평정할 만한 영향력과 힘을 가졌다. 그는 1915년에 일방적으로 자신을 대통령이라고 선언하였으나, 1년 후 죽음을 맞이하였다. 중국으로서는 설상가상의 상황이 제1차 세계대전 종전 이후 발생한다. 베르사유 협정에서 중국 영토의 많은 부분이 일본에 할양되기로 합의되었기 때문이다. 이에 대응하여 5·4운동이 일어났다. 전국의 중국인 학생들과 새로운 세대의 지식인들이 이와 같은 합의에 분노하여 1919년 5월 4일 거리로 나와 시위를 하였던 것이다. 그 후 약 100년간 중국에서는 '과학과 민주주의의 발전'을 지지하는 슬로건이 자주 출연하게 된다. 5·4운동의 가장 중요한 결과는 아마도 중국 내 공산주의의 출현일 것이다 (제3장 참조). 그 당시 중국 내 지배적인 정치적 세력은 국민당(國民黨, Nationalist Party, Guomindang or Kuomintang, GMD or KMT)이었다. 국민당은 쑹자오런과 쑨원에 의해서 1912년에 창당되었으며, 1920년대에 들어서면서 스스로를 국민통합의 정당으로 내세웠다. 하지만 쑨원은 그가 그렇게 소망하던 국가 재통일 이루어지기 오래전인 1925년에 사망하였다. 그리고 쑨원의 조력자였던 장제스는 1927년부터 국가 재통일을 위한 운동을 전개하였다. 장제스는 공산주의자들과의 합의를 깨고 1927년 4월, 공산주의자들에 대한 잔혹한 숙청을 단행했다. 살아남은 공산주의자들은 농촌 지

글상자 2.2 쑨원(孫文)

쑨원(孫文, 북경 표준어로 손중산[孫中山]이라고도 함, 1866~1925
년)은 특이하게도 타이완의 국민당과 중국 본토의 공산당으로부터 모
두 존경받는 인물이다. 그 이외에도 전 세계적으로 중국어가 소통되
는 곳에서라면 중국인들은 그를 존경하고 있다. 하지만 20세기 중국
이 한 국가로 발전하는 데 있어서 그의 공헌에 대해서는 논란이 존재
하며, 그 논란은 점증하고 있다. 특히 그가 정작 중국을 한 국가로 통
합·발전시키는 데에는 실패했으며, 오히려 그를 둘러싼 인물들이 실
제적인 공헌자라는 의견이 다수 존재한다. 쑨원은 1866년 중국 남부
의 광둥(廣東) 지방에서 태어났다. 그리고 그가 18세가 되던 때 그의
형제와 함께 중국을 떠나 호놀룰루에서 살았다. 그는 대부분의 생애
를 이리저리 떠돌아다녔으며, 미국으로 가기 전에는 일본, 홍콩, 런던
에서 공부한 경험도 있다. 그러던 중 1912년 선거를 불과 일 년 앞두
고 대총통이 되기 위해서 중국으로 돌아왔다. 그는 국민당의 전신인
중화혁명당을 건립하는 데 중요한 역할을 하였다. 이로 인해서 그는
당시 어떠한 구체적인 고위직을 맡지 않았는데도 불구하고, 1911년
이래 명성을 얻었다. 1915년 이후 중국이 혼란 속에 분열되자, 쑨원
은 그의 고향인 광둥(廣東)을 기반으로 국가 재통일을 위한 위원회를
설립하였다. 하지만 그는 1925년에 사망한다. 그는 성취해 놓은 것은
거의 없었으나, 그의 사망 이후 중국에서는 통일을 향한 거대한 운동
이 전개되었다.

쑨원의 그 당시 영향력과 그가 남긴 유산에 대해 구체적으로 논하
자면, 그것은 그가 중국적 국가 정체성이라는 이념을 대중화시킨 인
물이라는 것이다. 그중 가장 특징적인 것은 '삼민주의(三民主義)'이
다. 1890년대에 그는 삼민주의를 주창하였으며, 삼민주의는 세 가지
원칙들로 구성되어 있다. 그것은 민족주의, 민권주의, 민생주의이다.
특히 민족주의의 원칙은 반향을 일으켰는데, 그 이유는 광대하고도

계속

복잡한 중국에서 어떻게 '통일성'을 창안하여 하나의 국가로 통합시킬 것인가에 대한 문제였기 때문이다. 쑨원은 중국에는 다섯 개의 주요 민족집단으로 한족, 티베트족, 몽골족, 회족, 위구르족을 꼽았다. 그는 한족의 민족정체성의 틀을 벗어나, 중국 내 모든 민족을 하나로 아우르는 '중국됨'이 창안될 필요성이 있다고 주장하였다. 이것이야 말로 중국이 하나의 국가로 성립되기 위해 고군분투하여 성취해야 할 과제임을 제시하였다. 타이완의 국민당과 중국공산당은 현재까지도 이러한 쑨원의 지적 유산을 누가 정통성을 가지고 승계할 것인가를 두고 경쟁을 벌이고 있다. 이러한 사실만 보아도 그가 가진 상징적 영향력이 얼마나 큰지 알 수 있다.

역으로 쫓겨났다. 그 당시 공산당은 약 5,000여 명의 당원을 거느린 정당으로 성장했으며, 당원들은 주로 중부지역과 상하이에 존재하였다.

수년간의 전쟁

위에서 언급했다시피 장제스는 1927년부터 군사력을 이용한 국가 재통일 운동을 개시하였다. 그 결과 1933년에 장제스는 대부분의 중국 영토에 걸쳐 통제권을 행사할 수 있을 정도가 되었다. 하지만 국가 재통일 운동을 전개하고 있던 장제스에게 매우 비극적인 일이 발생했다. 그것은 중국 북동쪽의 넓은 지역이 일본에 넘어가는 만주사변이 발생하면서, 중일관계가 고도의 긴장국면에 다다른 것이다. 일본의 만주 침략의 배경은 크게 국제적, 지역적인 것으로 나눌 수 있다. 국제적 배경으로는 독일 나치의 부상이다. 독일에서 나치 정권이 부상함에 따라 유럽 전역에 군사 충돌의 가능성이 감돌기 시작했다. 한편 지역적 배경으로는 일본의 군국주의 고조이다. 일본 강경파가 점진적으로 적극적인 태도를 취하고 있었으며, 이들이 주도적으로 움직이면서 일본에서는 공격적인 군국주의가 점차 힘을 얻었다. 이러한 가운데 중국과 일본 간 긴장은 고조되었고, 결국 1937년 7월 베이징 근처의 루거우차오(盧溝橋, Marco Polo Bridge)에서 중국군과 일본군이 충돌하게 된다 (이를 칠칠사변 [七七抗战]이라고 한다 – 역자 주). 일본의 가혹한 배상 요구로 두 나라는 교착상태에 빠졌으나, 그 후에는 1937년 여름부터 일본군이 중국의 나머지 지역을 침략하면서 전면전으로 이어졌다.

파괴와 사상자 수의 관점에서만 보아도, 중일전쟁은 역사상 가장 잔인하고 피로 얼룩진 전쟁 중 하나였다. 중일전쟁은 중국에 헤아릴 수 없을 만큼의 엄청난 고통을 야기했다. 당시 산업화, 근대화된 경제 대국이었던 일본은 그 자신이 동원할 수 있는 군사력의 총량을 농업 국가이자 저개발 국가였던 중국을 향해 쏟아 부었다. 특히 1937년 자행된 난징대학살 당시, 일본군대는 자그마치 30만 명의 중국인에 대해 폭동, 강간, 살인행위를 저질렀다 (하지만 아직도 정확한 희생자의 숫자는 집계된 적이 없으며, 난징대학살이 자행되었던 그 주 동안 얼마나 많은 중국인들이 희생되었는지에 대해서는 논란이 진행 중이다). 난징대학살은 중일전쟁에 있어서 '일본의 중국에 대한 잔혹성'이라는 전쟁의 전체적 성격을 결정했고, 이것은 마침내 중국인들을 극단적으로 행동하게 하였다. 특히 농촌 지역에서 그러하였는데, 그 이유는 농촌 지역에서 일본군의 잔혹 행위가 가장 많이 벌어졌기 때문이다. 1940년경에는 중국의 1/3이 일본에 의해 점령되었다. 나머지 1/3 지역에서는 격전이 벌어지고 있었으며, 나머지 1/3만이 국민당과 공산당에 의해 지배되고 있었다. 그 와중에 중국공산당의 정치적 지분 및 역할은 점차 증가하고 있었다. 장제스는 공산당을 중국의 '심장병'(장제스는 "일본군의 침략이 피부병이라면 공산당은 심장병입니다"라고 발언)이라고 여겼다. 그는 중일전쟁 이전에 중국공산당과 홍군(중국공산당군)을 제거하려는 목표를 가지고 있었다. 그리고 장제스는 농촌 지역을 중심으로 형성된 중국공산당의 영향권을 포위하여, 점차적으로 제거하려 하였다. 하지만 마오쩌둥의 중국공산당(1942년경에는 중국공산당의 대부분을 마오쩌둥이 지배)은 1930년 이후 여러 차례의 노련한 움직임으로 국민당의 탄압을 피해 1940년까지 살아남았다. 1934년과 1935년 중국공산당은 그 유명한 대장정을 성공적으로 단행하였다. 공산당의 주력 부대는 샨시(陝西)

사진 2.1 베이징의 천안문

현대 중국에서 신성한 장소에 가장 가까운 곳이 바로 이 천안문이다. 마오쩌둥은 내전의 종식 이후 바로 이곳에서 1949년 10월 중화인민공화국의 성립을 선언했다. 오늘날까지도 마오쩌둥의 거대한 초상화가 천안문에 걸려있다.

출처: PHOTODISC

성으로 진군했다. 샨시성은 북쪽의 고립된 곳에 위치해 있으며, 지리적 요인으로 인해 비교적 타 지역에 비해 안전하였다. 당시 샨시성 바로 앞에는 일본 전선이 위치해 있었다. 동시에 장제스는 충칭(重慶)을 그의 전시(戰時) 수도로 정하고, 서쪽으로 후퇴하였다. 일본은 난징(南京)에 정권을 수립하였다.

중일전쟁은 중국 내부 정치적 세력 구도의 역학 전체를 바꾸어 버렸다. 장제스는 결국 중국공산당과 연합전선을 맺을 수밖에 없었다. 중국공산당은 국민당과 함께 중국인들에게 거대한 일본의 침략과 학살행위에 대항하여 국가의 생존을 위해 투쟁하는 합법적인 애국 정권으로 인식되었다. 일본군의 "모든 것을 베고, 모든 것을 죽이며, 모든 것을 태운다"는 방식은 중국인들 사이에서 큰 저항을 일으켰다. 그 결과 중국인들은 중국공산당과 더욱더 밀착하여 합작하게 되었다. 몇 년간의 교착 기간이 지난 후, 1944년 첫 번째 위대한 돌파구가 열렸다. 중부지역에서 국민당과 공산당이 일본에 대해 승리를 거둔 것이다. 그리고 마오쩌둥과 홍군이 벌였던 게릴라전이 성공하게 되었다. 일본은 중국 침략이 그들의 군대에 부담을 주게 되는 상황에 대한 계획을 마련하지 못했다. 일본군이 어느 정도까지는 도시는 통제할 수 있었지만, 중국의 광대한 농촌 지역을 복속시키는 것은 또 다른 문제였다. 일본군은 마침내 이러한 현실적 한계를 받아들이고, 전쟁이 진행됨에 따라 그들의 점령지역을 축소했다. 그리고 마침내 후퇴하였다. 최종적으로 1945년 연합군에 의해서 일본은 패퇴하였다. 이는 곧 그들이 수립하고자 했던 '대동아공영권' 건설 시도가 끝이 났음을 의미하는 것이었다.

국공내전(國共內戰)

중일전쟁에서 승리를 거두었는데도 불구하고, 국민당과 공산당은 이를 오랫동안 자축할 수 없었다. 공동의 적이 없어졌다는 것은 곧, 국민당과 공산당 간의 국공내전이 발생한다는 것을 의미했기 때문이다. 국공내전은 1946년에서 1949년까지 지속되었다. 애초에 승리는 국민당의 것으로 보였다. 왜냐하면 미국이 국민당을 지원하고 있었기 때문이다. 하지만 내전의 승세는 심하게 요동쳤다. 국민당은 전략적 계산, 자원의 경영에 있어서 오류 및 착오를 범하였다. 반면 공산당은 군사전략적으로 우세함을 보였다. 적어도 농촌 지역에서는 국민당의 지지도가 하락했으며, 국민들 사이에서의 인기도 떨어지고 있었다. 그 이유는 중국의 사회 기반시설과 경제가 중일전쟁으로 인해 파괴된 상태에서 설상가상으로, 국공내전으로 인해서 상황이 더욱 악화되었기 때문이다. 그 결과 1949년경 중국의 경제는 황폐해졌다. 비록 미국으로부터의 군사적 지원이 있었지만, 장제스와 그의 군대는 마침내 중국 본토의 남쪽 해안에서 멀리 떨어진 포모사(福爾摩沙, Formosa) 섬으로 도망을 갈 수밖에 없게 되었다. 그럼으로써 중화민국의 명맥은 포모사 섬에서만 계속 이어지게 되었다. 그리고 중국공산당은 1949년 10월 1일 중화인민공화국의 성립을 공식으로 선포하였다.

중화인민공화국: 초기 수년 동안

마오쩌둥 지도하에서 중국공산당이 중국을 지배하는 정당이 되었을 때, 중국의 경제는 10년이 넘는 전쟁으로 인해서 대량으로 파괴되어 있었다. 또 사회기반시설은 거의 존재하지 않았다. 따라서 중국공산당에게 주어진 즉각적인 임무는 파괴된 경제와 사회적 기반을 복구하여, 국가를 재건설하는 것이었다. 국가 재건 사업은 토지 소유권을 개혁하는 것부터 시작하였다. 모든 토지를 국가소유화 하였고, 지주들에 대한 대규모의 정치적 조치를 취했다. 이는 종종 지주들의 죽음으로 이어졌다. 한편 중화인민공화국 초창기에, 소련은 중국을 재정적, 기술적으로 지원하였다. 소련은 중국에 대한 외부 원조의 공급원이었으나 마오쩌둥의 중국은 소련을 제외하고는 국제적으로 고립되었다. 많은 나라들이 외교적으로 인정했음에도 불구하고 중국은 여전히 의심을 받고 있다. 이러한 도전 과제에 더하여 1950년 중국은 또 다른 전쟁에 참여하였다. 1950년 북한의 최고 지도자인 김일성이 남한에 대해서 공격을 개시함으로써 한국전쟁이 발발한 것이었다. 전쟁은 맹위를 떨쳐, UN군이 한국 전쟁에 투입되었으며, 뒤이어 엄청난 수의 중국군이 북한의 전력을 보강하기 위해 한반도에 들어왔다. 이러는 와중에 한국전쟁에 참전하였던 마오쩌둥의 아들이 사망하기도 하였다. 잠시 UN 연합군이 압록강 부근까지 진격하기도 했으나, 국공내전 승리의 위대한 영웅 중 하나였던 펑더화이(彭德懷) 장군의 지휘 아래에 있던 중국군은 엄청난 숫자적 우위로 UN 연합군을 다시 아래로 밀어낼 수 있었다. 그리고 양측은 종국적으로 38선을 경계로 대치하였다. 그리고 1953년 정전협정이 맺어질 때까지 양측은 38선 부근에서 전투를 거듭했다. 반세기가 지난 후에도 정전협정은 유효한 상태이며, 한반도는 여전히 분단되어 있다.

공산당은 국민당을 누르고 자신이 최종적으로 권력을 잡을 수 있었던 기반을 다음에서 찾고 있다. 그것은 도시의 프롤레타리아 노동자들(마르크스의 이론에 의하면 노동자 계급으로 정의됨), 그리고 더 중요하게는 농민들과의 연합이다. 1949년 당시 농민들은 중국 인구의 90퍼센트 이상을 점하고 있었다. 중국공산당은 국가 통치체제를 구축하는 데 있어서 전국적으로 공산당 하부 조직을 확장하여 마을 단위에까지 이르도록 하였다. 또 새로운 법을 제정(그중 가장 첫 번째로 손본 것이 결혼법임. 이혼에 있어 남성과 여성에게 동등한 권리를 부여하고자 하였음) 하였으며, 1953년부터 매 5년마다 국가 예산 계획을 세웠다. 중국의 중앙지도자들은 이렇듯 내치에 관심을 기울였지만, 항상 그들의 마음속에는 중국 안보의 취약성에 대한 염려가 자리 잡고 있었다. 이것은 그들이 오랜 세월동안 군사지도자로 지내온 경험에서 비롯된 측면도 있을 것이다. 이러한 내부 취약성에 더해, 중국은 14개의 이웃국가들 대부분과 국경분쟁이 있었다. 티베트는 중국공산당과 1951년 부분적인 자치권을 허용하는 협정을 맺었지만, 여전히 이와 관련된 논란은 끊이지 않았다. 또 다른 네 개 지역(신장, 네이멍구, 닝샤, 광시) 역시 자치구의 지위를 부여받았으나 여전히 논쟁적 지역으로 남아있었다. 물론 이들은 자치구로서의 지위를 획득했지만 스스로 예산을 책정하고 행정을 운영할 권리는 거의 없었다. 1956년 티베트와 다른 소수민족 자치지역에서 봉기가 일어났고, 중국공산당은 인민해방군을 동원하여 이를 무력 진압하였다. 이로써 1959년 티베트의 영토는 중화인민공화국에 완전히 병합되었으며, 달라이 라마는 이웃국인 인도로 도피하였다. 이후 베이징에서 후원하는 자들이 티베트의 정치지도자들로 임명되었다.

적어도 중화인민공화국 초기 몇 년간 마오쩌둥은 항일전쟁과 국공내전에서 승리하고 중국의 영토 보전을 회복함으로써 정치적 정당성을 획득한 집단과 함께 국정을 운영하였다. 그 후 마오쩌둥을 제외한 지도자 집단이 몇 차례 교체되기는 했지만, 중국공산당 지도부의 공통적인 특징은 국가의 통일을 중국공산당의 핵심 임무 중 하나로써 강조했다는 것이다. 또 국가 차원의 교육, 사회복지, 치안, 안보, 그리고 법적 제도가 도입되고 시행되기 시작했다. 하지만 이 제도들을 운영해 나가고, 공산당이 주창하는 계급에 기반한 이념을 실현하기 위해서 공산당은 수많은 대중동원운동(mass campaign)을 벌여야 했다. 어떤 대중운동은 특정 집단에게 적대적이었다. 적대 행위의 대상이 되었던 주요 집단은 중앙정부 정책에 대항하는 '적'이라 규정지어졌다. 그들을 구분하는 기준은 마르크스-레닌주의 정본과 스탈린 사상에 대한 마오쩌둥의 해석에 입각했다. 적이라 규정된 자들은 지주, 자본가, 사업가 등 기타 좋지 않은 계급적 배경을 가진 사람들이었으며, 이들은 차별당했다. 반우파운동은 1951년에 삼반운동, 그 다음해인 1952년에 오반운동으로 이어졌다. 하지만 이들 삼반운동, 오반운동은 1956년에 대규모로 행해진 백화운동의 전주곡에 불과했다. 백화운동이 처음부터 반우파운동을 지향한 것은 아니었다. 1956년 당시 중국공산당은 지난 8년간 공산당의 정책에 대해 자유로운 비판과 건의를 할 것을 장려하였다. 하지만 중국공산당은 비판의 정도가 너무 심해지는 역풍을 맞게 되었다. 그리고 중국공산당은 이를 잠재우기 위해 반혁명분자들에 대한 탄압을 실시하였다. 후펑(胡風)과 같은 지식인은 장기간 교도소형에 처하게 되고, 강제수용소에서 중노동을 하도록 내륙지역으로 보내졌다. 후펑은 1936년에 사망한 위대한 상하이 출신 문인인 루쉰(魯迅)의 제자였다 (Mei, 2013). 이제 갓 설립된 대학들, 그리고 중국 인민의 고용, 복지, 주거 등을 위해 설치된 중국 전역의 인민공사는 반혁명분자들에 대항하기 위해 동원되었다. 반우파운동은 1957년에 대약진운동 때까지도 이어졌다. 대약진운동의 취지는 집단화를 통해 생산력을 증대시키고 산업화를 촉진하여, 중국의 경제성장을 도모하고자 한 것이었다.

　하지만 대약진운동은 경제적 재앙을 야기했다. 농업 부문에 있어서 생산력은 붕괴하였으며, 1959년부터 1962년까지 3년의 기간 동안 중국 전역에는 엄청난 기아가 창궐하게 되었다. 중화인민공화국이 성립되기 이전 약 10년여 동안의 전쟁은 약 2,000만 명이 넘는 사망자를 양산하였다. 하지만 대약진운동의 실패로 인해 야기된 3년간의 기근으로 사망한 사람 수가 더 많았다. 이때 사망한 인구는 약 3,000만 명에서 5,500만 명에 이르는 것으로 추정된다 (Becker, 1996; Dikotter, 2010; Yang, 2012). 2000년대 중국의 작가들 중 가장 부지런한 역사학자였던 양지성(楊繼繩)은 대약진운동 실패 후 3년 동안 중국의 특정 지역을 중심으로 사망한 사람들의 수를 재집계하였다. 그 결과 그는 당시 농촌 지역의 모든 가구가 영향을 받았음을 알아내었다 (Yang, 2012). 도시 지역에는 음식이 배급되었지만, 농촌 지역은 그렇지 못했기 때문이다. 당시 농촌 지역은 그야말로 아비규환의 상태에 놓여있었다. 더욱이 대약진운동 실패로 인해 농업 생산력이 저하되있고, 연속해서 작황상태가 좋지 않아 농촌 지역의 상황은 악화되었다. 몇몇 지역에서는 사람들이 나무 껍데기를 먹어야 했으며, 쓰레기를 뒤지기도 했고, 가장 최악의 경우는 인육을 먹는 사태에까지 이르렀다. 마을과 마을의 지도자들은 그들 지역의 수확물에 대한 자료를 위조하고, 중앙정부의 지도자들을 만족시키기 위해서 고위급 관료들과 결탁하여 곡물 및 기타 작물들을 횡령하기도 하였다 (Thaxton, 2008).

대약진운동의 실패와 참상에 대한 책임을 지고, 마오쩌둥은 1959년 6월 장시(江西)성의 루산에서 열린 당 내부회의에서 비판에 직면해야만 했다. 그리고 마오쩌둥은 보다 실용적인 색채를 지닌 지도부 수립을 허용하게 되었다. 새로운 지도부는 당시 국가 주석이었던 류샤오치(劉少奇)와 그의 협력자였던 덩샤오핑(鄧小平)을 중심으로 구성되었다. 하지만 몇 년 후 마오쩌둥은 그 자신이 마치 '꾸어다 놓은 보릿자루'와 같은 느낌을 받는다고 불평하였으며, 특히 펑더화이 장군에 대해서 분노했다고 한다. 왜냐하면 펑더화이 장군이 앞장서서 대약진운동이 추진하고 있었던 산업화, 가속화 정책이 제대로 작동하지 않는다고 비판했기 때문이다. 1961년부터 중국정부는 더 유연한 정책을 시행하여 중국경제가 그토록 의존했던 농민들의 신뢰를 되찾기 위해 노력하였다. 다시 한번 대약진운동에 대해서 회고해보면, 그 당시 대약진운동의 실패로 인해서 너무나 많은 사람들이 기아, 죽음, 그리고 고통을 경험했다. 그리고 이것은 마오쩌둥이 저지른 가장 큰 과오 및 실패로 여겨지고 있다.

급진주의의 시기: 문화대혁명

한편 대약진운동 실패 이후 실용적인 지도부가 등장하고, 마오쩌둥은 2선으로 물러가 있었다. 그러는 와중에도 마오쩌둥은 공산당 주석이라는 중대한 지위를 계속해서 유지하고 있었다. 그리고 그는 1966년부터 지금까지 가장 큰 규모의 대중동원을 시작하였다. 그것이 바로 '문화대혁명'이다. 이 복잡하고도 장대한 운동의 근본 원인 중 하나는 마오쩌둥의 불만이었다. 그의 불만은 당의 관료주의에 대한 것이었다. 그 관료주의는 정확하게 서술하자면 그가 1949년 이래로 제거하려고 하였던 기득권과 지방 및 국가의 엘리트들의 재등장이었다 (그의 저서에서 이를 '산으로 이루어진 요새와 같은 사상[山頭主義]'이라고 칭함). 마오쩌둥은 놀랍도록 우회적인 방법으로 공산당 내 공식 권력 구조를 서서히 파괴시켰다. 그가 택한 방법은 그의 부인인 장칭(江靑)과 그를 둘러싸고 있는 급진 세력에 권한을 부여하는 것이었다. 장칭은 마오쩌둥과 결혼하기 전 1930년대 상하이에서 여배우로 활동한 바 있다. 장칭은 공산당 내 핵심 인물들에 대항하는 운동을 전개하기 위해 문화와 은유의 힘을 활용하였다. 첫 번째 움직임은 우한(吳晗)을 겨냥했다. 그는 베이징시의 부시장이었는데, 1960년대 초 명나라 시대 한 관리에 관한 연극을 쓴 적이 있다. 그 명나라 관리는 400년 전 사람으로 황제에게 고언을 하다 제거된 인물이다. 마오쩌둥은 우한이 이 연극을 통해서 자신을 상징적으로 비판한다고 생각했다. 한편, 베이징의 대학생들은 그들의 교수를 공격했다. 이들은 홍위병이라고 불리며, 광적일 정도로 열정적이며 제멋대로이지만, 마오쩌둥에게만큼은 충성했다. 특히 마오쩌둥에 대해서는 놀라울 정도로 광신적이었다. 이후 몇십 년 사이 이 시기를 거친 많은 인물들이 중국의 고위 정치지도자가 되었다.

문화대혁명과 함께 또 다른 지정학적 문제가 떠오르고 있었다. 그것은 중소관계의 악화였다. 중소관계는 1956년 소련 공산당 당대회에서 후르시초프(Nikita Khrushchyov)가 스탈린을 비판한 이후 악화되고 있었다. 스탈린 생전인 1956년 이전에도 스탈린과 마오쩌둥의 사이가 좋았던 것은 아니었다. 마오쩌둥이 1949년 10월과 11월에 소련을 방문했을 때도 둘 사이는 그리 원만하지 않았다. 왜냐하면 스탈린과 마오쩌둥은 서로를 의심했기 때문이다. 스탈린은 중국공산당의 국공내전 승리에 대해 애매모호한 태도를 취하였다. 또 중국공산당이 민족주의와 독립을 강조하는 것에 대해 염려하였다. 마오쩌둥은 소련과 중국 국민당, 그리고 공산당 사이에 오랜 기간 존재했던 상호 적대와 몰이해의 역사를 기억하고 있었다. 그렇지만 여전히 소련은 기술적 측면에서나 재정적으로나 중국의 핵심적인 동맹이었다. 하지만 위에서 언급한 대로 1957년부터 중국과 소련 사이에 긴장감은 고조되었다. 이러한 상황은 1960년까지 중국 내 수천 명의 소련 과학자 대부분이 본국으로 송환되면서 더욱 악화되었다. 1966년부터 시작된 문화혁명 기간에도 중국에서는 소련을 수정주의자 또는 그 노예라고 비판하였다. 이렇듯 두 공산국가 사이 냉각기류는 심화되었다. 문화대혁명의 지지자들은 당시 중국 국가주석이었던 류샤오치 및 그를 둘러싸고 있는 실용주의적 지도부 인사들에게도 수정주의자라는 비판을 가했다. 특히 문화대혁명의 창끝은 종국에는 류샤오치에게 향했다.

국가 주석이었던 류샤오치가 1968년에 실각하고, 그의 주변 대부분의 정치지도자들이 수감되었으며, 린뱌오(林彪) 장군은 권력자로 부상했다. 린뱌오 장군은 중국공산당이 국민당을 물리치고 권력을 잡는 국공내전 승리의 또 다른 위대한 영웅이었다. 한편 1921년 공산당이 설립된 이후로 아홉 번째 당대회가 1969년에 개최되었다. 제9차 당대회는 그 시작부터가 순탄하지 못하였다. 왜냐하면 지난번 당대회에 참석했던 사람들이 문화대혁명 기간 실각하거나, 교도소에 수감되거나, 죽음을 당해 거의 절반이 참석할 수 없었기 때문이다. 류사오치가 사라진 상태에서(그는 1969년에 적절한 치료를 받지 못한 채 암으로 사망) 개최된 제9차 당대회에서 린뱌오는 우세한 위치를 점했다. 그는 마오쩌둥의 가장 가까운 군대 동지이자, 그의 의중을 가장 잘 해석하고 미래에 당의 혁명적 목적을 가장 잘 수행할 수 있는 사람이었다. 그리하여 그는 마오쩌둥의 후계자로 선택을 받았다. 하지만 장칭과 그녀 주변에 존재하였던 마오쩌둥의 여러 잠재적 후계자들은 린뱌오를 적극적으로 견제하였다. 그로부터 이어지는 마오쩌둥의 의심으로 1971년에 린뱌오는 마오쩌둥의 눈 밖에 나게 되었다. 그리고 그 정확한 배경은 알려지지 않은 채, 린뱌오는 그의 부인과 아들과 함께 그해 9월 중국을 탈출하고자 하였다. 하지만 그들이 탔던 비행기는 몽골 공화국에서 추락하고 말았다. 1974년 중국의 국정은 마오쩌둥의 오래된, 그리고 충직한 조언자인 저우언라이(周恩來) 총리에 의해서 운영되었다. 하지만 1970년대 초반부터 저우언라이는 후두암을 앓고 있었다. 그의 병은 7년 전 류사오치와 함께 실각했던 덩샤오핑의 1975년 복권을 서두르게 했다. 하지만 1976 년 초 저우언라이가 사망하면서, 덩샤오핑은 두 번째로 실각하였다.

한편 40년이 넘는 세월 동안 당의 최고 지도자로 있었던 마오쩌둥은 그의 생애 마지막 몇 개월간은 파키슨 병으로 인해서 말을 할 수 없었다 (Li, 1996). 1976년 9월 9일 마오쩌둥은 사망하였다. 그가 사망하기 전에도 몇몇의 자그마한 사건들이 발생하였다. 그의 사망 6개월 전에는 저우언라이의 지지자들이 장칭과 그를 둘러싼 인물들에 대항하는 분노 어린 시위를 한 바 있었다. 또 시위가 일어난 몇 주 후에는 베이징으로부터 100킬로미터(62마일) 떨어진 탕샨(唐山)에서 엄청난 지진이 발생했다. 그로 인해서 약 25만 명이 사망하였다. 1976년 마오쩌둥은 사망하였다. 그의 사망과 함께 그가 고무하였고, 지지하였으며, 촉발시켰던 문화대혁명은 종식되었다. 그가 묻힌 지 4주도 채 지나지 않아 4인방으로 불린 급진적인 지도자들은 체포되었다. 그리고 마오쩌둥이 마지막으로 후계자로 지목한 화궈펑(華國鋒)은 마오쩌둥 이후의 새 시대를 시작할 채비를 하였다.

문화대혁명은 혼란을 야기하기도 했지만 가끔 오늘날의 중국인들은 그 시절의 중국을 그리워하기도 한다. 시진핑 역시 문화대혁명에 의해 큰 영향을 받은 인물인데, 그는 당시 상당히 고된 삶을 살았다. 홍위병들은 때로는 지나치게 무질서하게 행동하였으며, 폭력적이었기에 이러한 불확실성 속에서 그의 가족들은 박해를 받았다. 이 시기 이후의 사람들이 보았을 때, 문화대혁명 당시의 중국은 상당히 생소한 모습이었을 수도 있다. 그럼에도 불구하고, 가오모보(高默波)와 같이 당시 중국에서 이 모든 것들을 경험했던 사람들은 현대 중국 역사에 있어서 이때가 거의 유일하게 모든 사람들이 통일된 믿음을 가졌던 시기였다고 증언하고 있다. 그 통일된 믿음체계는 마오쩌둥 사상을 중심으로 한 것이었다.

글상자 2.3 사인방(四人帮)

지금까지 이루어졌던 중국공산당의 문화대혁명에 대한 비판의 중심에는 소위 '사인방'이 있었다. 사인방의 활동은 마오쩌둥의 부인인 장칭(江青)에 의해서 주도되었다. 그녀는 배우 출신으로 1960년대 초까지만 하더라도 정치적으로 거의 활동하지 않았다. 하지만 점차 문화와 관련하여 그녀의 목소리를 내기 시작하면서, 중앙문혁소조(中央文革小组)의 일원이 됨으로서 정치국 상무위원이 되었다. 당시 중앙문혁소조는 문화혁명 초기 사실상의 정치국 상무위원회로서의 기능을 담당했다. 장칭은 젊은 시절 상하이의 여러 유명 인사들과 염문을 뿌리기도 했다. 그중 하나가 위정성(俞正聲)의 아버지이다. 위정성은 2012년과 2017년에 정치국 상무위원을 역임한 인물이다. 그의 아버지는 장칭에 의해서 이 시기 극도의 고난을 겪어야 했다.

장칭의 옆에는 세 명의 인물이 있었다. 그들 대부분은 상하이와 연관이 있었으며, 극단적인 좌파로 알려진 사람들이었다. 이들 중 장춘챠오(张春桥)가 가장 두드러졌다. 그는 상하이의 지도부에 속하였으며, 1970년대 초 자유주의 부르주아와 수정주의자들에 대항한 여러 이념적 이론을 만들었다. 이외에 야오원위안(姚文元)은 상하이 출신 기자로, 당시 유명한 작가의 아들이었다. 그는 문화대혁명에 대한 선전을 담당했으며, 초기 몇 개의 핵심적인 논쟁을 일으킴으로써 이후 약 10년 동안 정적들에게 공격을 가했다. 마지막으로 왕홍원(王洪文)은 뒤늦게 사인방에 합류한 인물로, 1966년과 1967년 상하이 공장 파업에 지도자급으로 참여하여 마오쩌둥의 눈에 들었다. 이후 베이징으로 마오쩌둥의 부름을 받아 승진하였으며, 잠시나마 1973년에는 마오쩌둥의 후계자라고 일컬어지기도 했다.

사인방은 마오쩌둥이 살아있을 동안 엄청난 권력을 행사했다. 하지만 마오쩌둥이 사망하자 몇 주 뒤에 그들은 체포되었으며, 그때가 1976년 말이었다. 1981년 이들은 재판에 회부되었으며, 장기 징역형

계속

을 언도받았다. 1981년 공산당은 당 결의문에서 4인방이 마오쩌둥을 잘못된 길로 인도했다고 비난했다. 하지만 이러한 평가는 지나친 것으로 보인다. 이들은 다만 마오쩌둥에게 최고로 득이 되는 방향으로 움직였던 기회주의자들이었다. 1981년 장칭은 판사에게 다음과 같이 소리쳤다. "나는 마오쩌둥의 개였다. 그가 물으라고 할 때 그대로 따랐을 뿐이었다." 장칭은 1991년 스스로 목숨을 끊었다. 나머지 세 명은 조용히 여생을 보냈으며, 그들의 사망은 짤막한 소식으로 전해졌을 뿐이다. 오늘날 그들은 극단주의와 실패한 정책의 대명사로 기억되고 있다.

또한 이때는 그 방향성이 불명확하지만 열정적인 대중운동에 많은 사람들이 몸담았던 시기이기도 하다. 그들은 마오쩌둥식 선전이 주입한 유토피아적 메시지에 흥분해 있었다. 문화대혁명은 이처럼 복잡한 면모를 지니고 있다. 현 정부는 당시 시대 상황에 대한 논의를 광범위하게 제한하고 차단하고 있다. 2016년 5월, 1966년의 문화대혁명 50주년을 맞이하였지만 중국 당국은 이에 대해서 침묵했다. 이러한 중대한 역사적 사건에 대한 유일한 언급은 『인민일보』의 한 사설에서 있었을 뿐이다. 이 사설은 문화대혁명은 착오적 행태였으며, 중국인들로 하여금 수많은 기회를 상실하게 하였고, 고통을 야기했다고 평했다 (Gao, 2008; Brown and Van Neuwenhuizen 2016; Ji, 2016).

마오쩌둥 사상의 유산 및 처리

마오쩌둥이 사망할 당시인 1976년의 중국의 상황은 다음과 같았다. 중국인의 평균 기대수명은 1949년에는 32세였지만, 1976년에는 65세 이상으로 상승하였다. 또 문맹률이 하락하였으며, 30년 전에 존재하였던 다수의 고질적인 문제들이 해결되었다. 그뿐만 아니라 중국은 수소 폭탄을 보유하게 되었으며, 1971년 국제연합(UN)에 진입하였으며, 1972년에는 미국 닉슨 대통령의 방중이 있었다. 이렇듯 건국 이래 1976년까지 중국공산당의 핵심적 성과를 살펴보면, 그것은 통일된, 그리고 상당 부분 안정된 국가로서의 중국을 유지해왔다는 것을 알 수 있다. 비록 1950년대부터 전개된 대중동원 운동으로 인해서 중국 내 사회적 혼란이 발생했고, 1960년대 초반 대기근으로 인해 엄청난 사상자를 내는 등의 손실을 보기는 했지만 말이다. 그리고 중요한 것은 중국공산당이 유지한 중화인민공화국이라는 국가는 외부 세계의 간섭 없이 독립적 실체로서 주권을 행사할 수 있었다. 이러한 이유로 인해서 1976년 초 인민들 사이에서 인기가 많았던 저우언라이 수상의 사망 이후 약간의 소요가 있기는 했지만, 그것은 처리할 수 있는 수준이었다. 이렇듯 마오쩌둥 사후의 중국은 안정적 모습을 띠기도 했다.

하지만 동시에 마오쩌둥 사후의 중국은 그의 지칠 줄 모르는 지지를 기반으로 전개된 계급투쟁, 그리고 "상부 계급을 제거하자"라는 내부 운동에 의해 상처받은 국가이기도 하였다. 1960년대 말, 공산당의 몇몇 핵심 지도자들은 고통 받아야 했으며 때로는 살해당하기도 하였다. 중국사회는 좋은 계급적 배경과 나쁜 계급적 배경을 가진 사람들로 나누어졌다. 비록 1976년 9월 말, 베이징에서 치러진 마오쩌둥의 장대한 장례식에서 많은 사람들이 흐느꼈지만, 그들은 동시에 조용하게 안도와 해방의 감정을 느꼈다. 그러한 감정은 4인방의 체포에 대한 뉴스가 보도되었을 때 축하의 감정으로 표출되었다. 마오쩌둥이 마지막으로 자신의 후계자로 지목한 화궈펑과 그를 둘러싼 지도부는 다음과 같은 문제에 직면하게 되었다. 우선 당시 중국의 내부 사정을 보면 경제의 중요한 부분을 차지하는 농업 영역의 생산력은 낮은 수준에 머물러 있었으며, 산업화는 위축되어 있었고 매우 제한적이었다. 더불어 1976년의 중국은 사실상 재정 파탄 상태였으며, 외교적으로도 고립되어 있었고, 경제적으로도 외부 세계와 단절되어 있었다. 마오이즘이 실패한 이후, 중국은 다른 길을 모색하는 수밖에 없었다.

지방에서 중앙정치 무대로 진출하기는 했지만 국정 경험이 부족했던 화궈펑은 중앙 정치에서 필요한 인맥을 충분히 가지고 있지 못했다. 또한 그는 유토피아를 지향했던 마오이즘이 한계에 다다르자 혼란에 빠진 중국이 나아가야 할 방향을 제시해야 했다. 당시 크게 두 개의 세력이 존재했는데, 한편에서 계급투쟁을 더욱 적극적으로 전개함으로써 마오쩌둥의 유토피아로의 길이 계속되기를 바랐다. 하지만 많은 이들은 만약 지금 중요한 변화가 도입되지 않으면 중국은 현대화를 이루지 못할 것이며, 따라서 좀 더 극적인 변화가 도입되어야 할 필요성이 있다고 생각했다. 덩샤오핑은 그의 정치적 무덤에서 세 번째로 부활하였다. 덩샤오핑은 포스트 마오쩌둥 지도부에서 가장 신뢰할만한 인물로 여겨지고 있었다. 왜냐하면 그는 마오쩌둥과 동시대를 산 인물이기도 하였으며, 항일투쟁과 1949년 이전 국민당에 대항한 투쟁에 있어서도 흠잡을 데 없는 경력을 가지고 있었기 때문이다. 또한 덩샤오핑은 공산당의 초기 구성원이기도 하였고, 위대한 능력을 갖춘 당의 지도자이기도 하였다. 그가 첫 번째로 실각한 1971년, 덩샤오핑은 장시(江西)성의 농촌 지역으로 보내졌고, 그곳에서 몇 년을 지내야만 했다. 그곳에서 덩샤오핑은 가난으로 인해 초래된 혼란을 보았으며, 1960년대 후반 그의 아들이 베이징에서 홍위병에 의한 공격으로 인해서 영구히 불구가 되었다는 충격적인 소식도 들어야 했다. 그는 이러한 경험 속에서 마오쩌둥 사상에 대해서 재고하였고 중국을 위해서 특히, 중국의 광대하고도 복잡한 경제를 위해서 필요한 적용 가능한 것들에 대해서 생각하기 시작하였다 (Vogel, 2011). 가능한 대안적 방안에 대한 최초의 제안은 사실 저우언라이 수상 자신에게서 나왔다. 저우언라이는 1975년에 덩샤오핑을 베이징으로 다시 불러들여 '네 개의 현대화'(덩샤오핑이 이 표현을 처음으로 사용한 것은 1960년대 초반임)의 필요성을 공공연하게 말했다. 네 개의 현대화란 농업, 산업, 국방, 그리고 과학기술의 현대화를 말한다. 하지만 저우언라이와 마오쩌둥이 사망하고 이를 둘러싼 투쟁과 그로 인한 정치적 불확실성으로 인해서 이러한 시도들은 보류되었다. 하지만 덩샤오핑은 그의 주변 조언자들과 함께 1977년 이래 중국 현대화 구상들을 다시 시도할 수 있었다.

위대한 전환의 시작

1978년 덩샤오핑은 정치국 상무위원이자 부총리가 되었다. 덩샤오핑과 새로운 지도부는 세 가지 문제에 직면하였다. 첫 번째는 어떻게 새로운 정치 환경을 구축하느냐의 문제였다. 새로운 정치 환경은 보다 개혁적이어야 하며, 현대화를 추동할 수 있어야 하고, 마오쩌둥이 그랬던 것처럼 일인 지배에 의해 좌지우지되지 않아야 했다. 두 번째는 중국경제를 발전시키기 위한 방안을 어디에서 발견하느냐의 문제였다. 중국경제의 생산성을 증진하고, 산업화를 촉진할 구조적 변화를 위한 방안이 필요했다. 세 번째는 마오쩌둥의 유산을 어떻게 처리하느냐의 문제였다. 이 문제를 처리하는 데 있어서 유념해야 할 점은 마오쩌둥과 그 역사적 유산을 버리지 않고, 중국과 당내에서 불필요한 문제를 양산하지 않아야 한다는 것이었다. 동시에 새로운 변화의 길을 개척해야 했다. 덩샤오핑 자신도 너무나 잘 알다시피 마오쩌둥은 중화인민공화국의 건국자이자 중일전쟁 및 국공내전에서 공산당을 승리로 이끈 핵심적 인물로 인식되어 있었다. 이에 대해 잘못된 방식으로 도전한다는 것은 덩샤오핑이 원하는 것이 아니었으며, 그가 할 수 있는 것도 아니었다.

덩샤오핑과 새로운 지도부는 다른 나라의 사례, 특히 이웃국가인 일본, 타이완, 남한의 산업모델을 주목했다. 이들 국가는 수출 주도형 경제와 내수 성장 촉진을 통해서 신속한 경제성장을 이루었으며, 세계적으로 성공적인 산업을 육성하였다. 그리고 덩샤오핑은 이러한 모델들의 일부를 일정한 통제를 가하면서 중국에 도입하는 것을 고려하였다. 이러한 그의 구상은 1978년 말 베이징에서 개최된 제11기 3차 중앙위원회 전체회의(11기 3중전회)에 제출된 제안서에 담겨있다. 서두에서 덩샤오핑은 '개혁개방의 필요성'을 피력하였다. 그리고 그는 제안서에서 일정한 통제하에 중국에 대한 외국인 투자를 허용하자고 제안하였으며, 그것이 여러 측면에서 중국의 국가적 필요와 일치한다고 서술하였다. 1979년부터 경제특구(SEZs: Special Economic Zones)의 설치, 외국계 기업과 합작 회사의 설립 허용, 기타 개혁적 조치들이 외부 세계에 중국을 개방하기 위한 전략의 일부로서 등장하였다. 덩샤오핑은 일본, 미국, 유럽, 그리고 기타 선진국들에 다수의 사절단을 파견하였으며, 그 중 일부에 자신이 참여하기도 하였다. 그 사절단의 목표는 중국의 경제 발전을 위해서 도입하고, 적용할만한 아이디어를 찾는 것이었다. 그중 일본모델이 아마도 가장 중요했던 것으로 보인다. 일본이 채택했던 제조업을 중심으로 한 강도 높은 수출주도형모델의 상당 부분이 그 후 몇 년간 중국에 도입되었기 때문이다. 이것은 국내 개혁으로 이어졌다. 향진기업(鄕鎭企業, TVEs: Township and Village Enterprises)이 도입되었는데, 농부들에게 여가시간을 활용해 다양한 형태의 기업형 농업을 하도록 허락하는 것이었다. 또한 집집마다 여분의 식량이 있다면 적합한 이윤을 남기고 국가에 판매할 수 있도록 했다. (이렇게 함으로써 국가가 통제하는 국내시장을 만듦) 이러한 정책들의 발전과정은 복잡했다. 왜냐하면 농촌의 작은 마을과 같은 경우에는 아주 낮은 정도의 행정력만이 미칠 수 있었기 때문이었다. 그러나 이러한 정책들의 도입은 성공적인 결과를 낳았다. 덩샤오핑이 즐겨 말한 대로, 실천과 성공은 진실을 가늠하는 유일한 척도이다. 하지만 이것은 동시에 화궈펑을 비롯한 엘리트 지도부가 새로운 생각을 받아들여야 한다는 것을 의미했다. 한편, 화궈펑은 얼마지 나지 않아서 실각했다. 이러한 이유로 1978년 이후는 '개혁개방'과 동시에 '사상의 자유'의 시기이기도 했다. 사람들은 새로운 아이디어를 실험했으며, 그것이 성공적이었다면 국가적 차원으로 확대하였다 (Teiwes and Sun, 2016).

"마오쩌둥을 어떻게 평가할 것인가"라는 과제

새로운 지도부를 구축하는 문제와 마오쩌둥에 대한 합의된 평가를 도출시키는 문제는 서로 밀접하게 연관되어 있었다. 1981년, 공산당은 6월에 개최된 제11기 6중전회에서 하나의 결의를 통과시켰다 (이것은 1921년 공산당 창당 이래 두 번째 주요 결의였음. 첫 번째 결의는 1945년에 통과됨). 이 두 번째 결의안의 내용을 보면, 마오쩌둥은 위대한 지도자였으며, 위대한 마르크스주의자였고, 중일전쟁과 국공내전의 승리자로 평가되었다. 그리고 결의안에는 중국공산당이 중국에서 정권을 잡는 데뿐만 아니라, 1949년 이래 중국공산당을 이끄는 데에도 중심이 되

었다는 내용이 포함되었다. 또 그 '결의안'에서는 마오쩌둥이 특히 문화
대혁명 기간에 실수를 저질렀다는 것 역시 인정되었다. 하지만 마오쩌
둥의 실수는 그의 주변 인물들에 의해 오도되었기 때문이라고 언급되었
다. 이렇듯 마오쩌둥에 대한 평가는 조심스러운 뉘앙스를 담고 있었다.
따라서 당내 좌파나 개혁론자 누구에게도 지나치게 자극적인 내용은 없
었다. 이 결의는 덩샤오핑에게 당과 국가를 새로운 방향으로 이끌 수 있
는 정치적 공간을 제공해 주었다. 덩샤오핑은 시장을 창출하고, 경제에
대한 국가의 통제를 완화하고자 하였다. 그리고 이 결의를 통해서 덩샤
오핑은 수정주의자라는 비난을 피할 수 있게 되었다. 물론 여전히 덩샤
오핑은 다소 격렬한 저항에 부딪히기도 했다. 하지만 중국공산당 내부
와 국가 내부에서 덩샤오핑이 화궈펑보다 훨씬 큰 신뢰성과 지지를 얻
었다는 것은 명백해졌다. 1982년, 화궈펑은 거의 형식적이고 의전적인
위치로 전락하였다.

　덩샤오핑이 채택한 초기 개혁은 매우 비효율적인 집단체제를 즉시
해체하는 것을 중심으로 이루어졌다. 그리고 최종적으로는 당시 중국
GDP의 절반 이상을 떠받치고 있는 농촌 경제에 새로운 구조를 도입하
고자 하였다 (Naughton, 2006). 황야성(黃亚生)이 설명한 대로 중국
의 1980년대는 고성장과 진정한 자유화의 시기였다. 이때 새로운 세대
의 기업가들이 거의 어디에서나 나타났다. 이 시기는 중국은 거대한 실
험의 장이었으며, 민간 영역에서 처음으로 기업들이 부상했다. 이 기업
들은 꾸준히 성장하여, 지금 중국경제에 중요한 역할을 담당하고 있다
(Huang, 2008).

1978~1979년의 민주의 벽운동

1980년대 중국에서는 맹렬하고, 그래서 때로는 현기증 날만큼의 급속한 변화가 진행되고 있었다. 어떤 이들은 이 시기가 1949년 중화인민공화국 건국 역사 이래 가장 진보적이며 개방적인 시기라고 회상한다. 이들이 이렇게 느끼게 된 배경 중 일부는 아마도 마오쩌둥 말기 지나친 사회 통제로 인해 느꼈던 우울함과 불확실성을 경험한 후, 느낄 수 있었던 안도감 때문일 수도 있다. 한편 덩샤오핑과 지도부는 중국공산당의 독재체제에 대한 도전을 허용하고자 하는 마음은 없었다. 사실 그들이 추구했던 전부는 공산당의 역할을 강화하고, 외부 공격으로부터 공산당의 취약성을 최소화하는 것이었다. 하지만 보다 근본적인 정치개혁을 요구하는 목소리가 등장하였고, 그 최초 시기는 빠르게 보면 1971년이라 할 수 있다. 그것은 아마도 린뱌오의 실종과 그에게 불명예를 안겨 준 처리방식에 놀란 대중들의 반응이었을 것이다. 린뱌오는 이 책에서 언급했다시피 이전에는 한때 마오쩌둥의 후계자로 낙점되었으나, 마오쩌둥의 눈 밖에 나면서 실각하였고 그 후 중국을 탈출하는 과정에서 비행기 추락사고로 사망했다 (망명 중 그의 사망은 1년 뒤인 1972년 당내 문서에서 공산당원들에게만 발표됐다가 점차 더 공개적으로 알려지게 되었다). 광저우(廣州)에서는 세 명의 민주화운동가들이 리이쩌(李一哲)라는 필명으로 "사회주의와 법적체계에 대하여"라는 글을 썼다. 하지만 정치개혁을 요구하는 중국공산당에 대한 진정한 도전은 1978년 겨울과 1979년 봄에 찾아왔다. 중공의 지도부가 거주하는 중난하이(中南海) 근처에 위치한 베이징 씨단(西單)의 벽이 정치적 변화를 요구하는 포스터로 도배되었던 것이다. 그중 베이징 동물원에서 전기기술자로 일했던 웨이징성(魏京生)이 썼던 글이 가장 유명했다. 그는 공산당의 그 유명한

'네 개의 현대화' 담론을 차용하여, 왜 그것이 민주주의를 포함하여 다섯 개의 현대화가 될 수 없는지 의문을 제기하였다. 그 이외에도 이러한 주제에 대한 논의는 발전되어가고 있었다 (Wei, 1998). 중국 인민들은 문화대혁명 기간을 거치면서 더욱 강인한 독립심을 가지게 되었으며, 중국적 특색의 사회주의를 실현시키겠다는 당의 진부한 이야기에 대한 인내심도 줄어갔다. 인민들은 경제 개혁이 그랬던 것처럼, 정치개혁 또한 대담하고도 빠르게 이루어지기를 원했다.

지도부의 정치개혁을 요구하는 목소리에 대한 대응은 신속하고도 잔혹했다. 씨단(西單)에 있었던 민주의 벽은 1979년 초 폐쇄되었으며, 벽의 포스터들은 뜯겨졌다. 두 명의 민주화운동가들이 장기형을 선고받았으며, 웨이징성은 그 첫 번째 희생양이었다. 이후 웨이징성은 1990년대 말 미국으로 추방되었다. 1981년의 결의에는 이미 정치개혁을 요구하는 이들에 대한 덩샤오핑의 대답이 담겨있었다. 즉, 증진, 변화, 새로운 변화로의 적응 등에 대해 이야기하는 것은 좋으나, 이 모든 것은 반드시 중국공산당 일당지배라는 체제 내에서 행해져야 한다는 것이었다. 이 체제에서는 공산당 지도부가 모든 중요한 일에 대해 영향력을 행사한다는 것이었다. 이에 대한 도전은 용인될 수 없는 것이었다. 덩샤오핑은 진보적인 성격의 사람도 아니었으며, 서구의 자유민주주의를 동경하는 사람은 더더욱 아니었다. 그에게 있어 중국공산당은 중국의 안정, 영토적 일체성, 그리고 국력을 유지하기 위한 핵심적 존재였다. 따라서 중국공산당의 권력 독점은 도전받아서는 안 되는 것이었다. 1980년대에 중국경제의 비국가 영역은 폭발적으로 증대되었고, 그 결과 더욱 많은 사람들이 국영 중심의 획일적인 계획체제를 떠났다. 요람에서 무덤까지 책임지는 사회주의적 복지에는 시장주의의 원리가 적용되었다. 그와 동시에 정부 차원의 사상교육운동이 몇 년간 매해 증가했다. 정부는 이를 통해 '사상의 오염'을 근절하고자 하였으며, 중국인들에게 다음을 상기시켰다. 중국에 들어와 투자활동을 전개하고, 여행을 하며, 일할 수 있도록 허가받은 외국인들의 존재는 공산당이 정의하는 중국의 국익의 실현을 촉진하기 위한 것이지, 서구 고유의 지배 및 통치 방식을 고취하기 위한 것은 아니라는 것이다 (Barme and Minford, 1989). 이러한 메시지를 강조하기 위해서 중국공산당은 1839~1842년에 있었던 아편전쟁과 그 이후 중국이 한 세기 동안 겪었던 굴욕을 언급하였다. 그리고 종국에는 중국공산당과 서구 중 누가 진심으로 중국의 국익을 위했느냐는 질문을 인민들에게 던졌다.

1989년 천안문사건

덩샤오핑은 중국의 경제개혁을 이끄는 새로운 이데올로기를 '시장사회주의'라고 불렀다. 그리고 이는 종종 '사회주의 시장경제론'이라고 단순화되어 일컬어졌다. 마오쩌둥 역시 반세기 전 비슷한 발상을 한 바 있다. 마오쩌둥과 그의 핵심 참모들은 마르크스주의를 그대로 받아들이기보다는 중국 상황에 맞는 마르크스주의라는 이념의 한 형태를 창안해 냈다. 특히 공산당의 핵심적 권력 기반이라고 할 수 있는 농촌의 상황에 맞는 이념을 고안해내고자 하였다. 중국이 이루어낸 급속한 경제 개혁은 1980년부터 그 성과가 가시화되기 시작하였다. 하지만 당의 원로들은 중국 내의 변화를 조심스럽게 바라보았다. 특히 당의 원로들은 당시 공산당 당서기였던 후야오방(胡耀邦)의 자유분방한 행동에 대해 언짢아하기 시작하였다. 1987년 후야오방은 실각하였으며, 그 자리를 자오쯔양(趙紫陽)이 대신하게 되었다. 그러나 극적인 경제변화에 수반되는 보다 깊은 정치개혁이 필요하다는 근본적인 문제는 사라지지 않았고, 1989년까지 구소련에서 진행되던 개혁은 이미 중국 내 많은 사람들의 관심을 끌었다. 그러던 와중에 1989년 4월 후야오방은 심장마비로 사망하였다. 이와 동시에 중국 전역의 여러 도시에서, 특히 베이징에서 학생들과 그 밖의 사람들이 반부패 시위를 일으켰다. 이러한 반부패 시위의 배경에는 1980년대 이래 처음으로 발생한 심각한 인플레이션이 있었다. 관리들은 인플레이션에 대해 무능하게 대처하였으며, 이것은 경제를 악화시켰고, 인민들 사이에서 분노가 일었다.

그러던 중 1989년 5월 소련 지도자인 고르바초프(Mikhail Gorbachev)의 첫 번째 방중이 이루어졌다. 중국과 소련은 1960년대 초부터 이념적으로, 그리고 군사적으로 갈등을 빚어왔다. 중국은 1960년대 초부터 소련 지도자를 초청하고자 하였으며, 따라서 고르바초프의 방중은 이러한 외교적 노력의 결실이었다. 하지만 고르바초프가 중국을 방문했던 기간, 베이징시 중앙에 위치한 천안문 광장은 수만의 학생들에 의해서 매일 점령되어 있었다. 학생들 중 몇몇은 그들이 '민주주의의 여신'이라고 부르는 자유의 여신상을 소형 종이모델로 만들어 세워놓기도 하였다. 공산당은 처음에는 이러한 노골적인 도전에 대응할 방법을 찾을 수가 없었다. 당 서기였던 자오쯔양은 이러한 시위에 대해서 명백히 동정적인 태도를 보였다. 마침 비슷한 시기인 1989년 4월에 티베트 자치구에서 시위가 발생했고, 티베트의 당서기였던 후진타오(胡錦濤)는 이를 무참히 무력으로 진압하였다. 하지만 자오쯔양은 수도인 베이징에서 벌어진 시위에 대한 진압을 미루고 있었다. 후에 사료들은 공산당이 내부에서 이러한 교착상태를 어떻게 다룰 것인가에 대해 얼마나 치열한 격론이 벌어졌는지를 보여준다 (Nathan et al., 2001). 5월 말, 덩샤오핑은 베이징의 그의 주거지에 당내 핵심 지도자들을 소집하여 천안문광장에

서 벌어지는 시위에 대해 행동을 취할 것을 주문하였다. 당시 시위의 정
치적 중대성은 더욱 심각해졌다. 시위하는 몇몇의 학생들이 단식투쟁을
전개하기 시작하였다. 그리고 시위하는 학생들에게 명백히 동정을 표하
는 정부, 당 관료들이 생겨났다. 가장 심각하게는 몇몇 군 인사들까지도
시위에 대해서 동정적인 태도를 취했다. 6월 3일, 덩샤오핑은 두 개의
베이징 수도 계엄부대의 베이징 입성을 허용하고, 천안문 광장을 통제
하도록 하였다. 그들은 6월 4일 신속하게 명령을 수행했다. 그리고 그
날 저녁 무렵 시위대는 해산되었다. 이 사건은 덩샤오핑과 국가, 그리고
당에 심각한 여파를 남겼다.

　6월 4일 총과 탱크를 이용한 무력진압에 사상자가 발생하였지만, 덩
샤오핑과 같은 강경노선의 군사지도자에게는 그 수가 그리 많은 편은
아니었다. 하지만 국제사회의 관점은 달랐다. 특히 국가와 당내 다수
의 사람들에게 있어 군대가 국민, 특히 학생들에게 총구를 돌린 것은 용
서할 수 없는 것이었다. 비록 천안문사건으로 인한 사상자의 최종 숫자
가 정확히 파악된 적은 결코 없었지만, 수천 명이 사망한 것으로 추정
되고 있다 (Brook, 1992). 며칠 후 덩샤오핑은 시위진압에 수고한 군대
에 찬사를 보내며, 만약 그가 행동하지 않았더라면 중국과 당은 붕괴되
었을 것이라고 말했다. 비록 사상자들이 발생한 것에 대해서 슬픔을 느
끼지만, 그는 자신의 행동에 대해서 후회하지 않는다고 말했다 (Vogel,
2011). 역사가 천안문사건에 대해서 덩샤오핑이 생각했던 것과 동일한
평가를 내릴지는 두고 볼 일이었다. 2014년 천안문사건 25주기를 맞아
전 세계에서 이를 기념하는 행사들이 개최되었다. 특히 홍콩에서 많은
시민들이 이를 추모했다. 1989년 천안문사건 이후 이와 관련하여 현 중
국지도부가 관련자들에게 복수할 것이라는 소문이 돌기도 했지만, 이제
까지 아무 일도 일어나지 않았다. 당시의 총리였던 리펑(李鵬)이나 장쩌

민(江澤民)이 아직까지 살아있는 한 이러한 일은 일어날 가능성이 낮다는 것이 중론이다.

천안문사건 이후

천안문사건이 무력진압 되면서 여러 사상자가 발생하였고, 그중 자오쯔양(趙紫陽)이 대표적인 사상자 중 하나였다. 그는 시위 학생들에게 공공연하게 동정적 태도를 보였으며, 5월 중순에는 시위 학생들을 진정시키기 위해 천안문 광장에 나가 그들에게 사과하기도 했다. 그러한 행동으로 인해서 그는 1989년 6월 직위 해제를 당하고, 1989년 6월부터 16년 후 사망할 때까지 가택연금 상태에 있었다. 그리고 장쩌민(江澤民)이 자오쯔양을 대신하게 되었다. 장쩌민은 중앙 원로 지도자들로부터 베이징으로 와서 공산당의 당서기 직위를 맡으라는 부름을 받게 되었다. 그러한 명령을 받기 전에 그는 상하이의 당서기를 맡고 있었다. 장쩌민을 당서기로 임명한 것은 놀라운 일이었다. 장쩌민은 장쑤성(江蘇省) 출신으로 소련에서 공학을 공부한 바 있으며, 후에 공기업 부문에서 관리자가 되었다. 장쩌민은 두 가지 측면에서 당 원로 지도자들의 호감을 얻었다. 우선 상하이에서 발생한 소요사태를 인명 손실 없이 합리적으로 잘 처리하였다. 비록 당내에서 그를 열정적으로 지지하는 인물은 없었지만, 그렇다고 해서 장쩌민을 극렬하게 반대하는 사람도 없었다. 하지만 당내에서 리펑 총리를 비판했던 사람들은 꽤 있었다. 이렇듯 결과적으로 장쩌민은 부전승(不戰勝)으로 당서기에 임명되었다. 장쩌민은 13년 동안 중국을 통치하였고, 그를 당 서기로 임명한 당시 당 원로들의 결정이 성공적이었다는 것을 증명하였다. 천안문사건 이후 장쩌민은 어려운 여건 속에서도 중국의 여러 외교적, 정치적 문제를 많은 사람들이 예상했던 것보다 훨씬 능숙하게 헤치고 나갔다.

1989년 6월 천안문사건의 즉각적인 영향으로 중국은 국제사회로부터 고립되었다. 대내외적으로 현재 중국이 어디에서부터 개혁을 해야 하는지에 대한 질문이 제기되었다. 이에 대해 마오쩌둥식 사회주의에 향수를 느끼는 좌파노선의 사람들은 국가 차원에서 다시 보다 강력한 통제가 행해져야 한다고 생각했으며, 따라서 개혁개방 규모 축소를 요구하였다. 하지만 개혁주의적인 성향을 띤 사람들은 6월 4일 천안문사건이 발생한 이유는 너무 적은 변화들이 느리게 진행되었기 때문이라고 보았다. 장쩌민이 처음 직면했던 도전은 "이들 간에 어떻게 타결안을 이끌어내는 것이냐"였다. 1990년 당시 장쩌민은 이에 대해 커다란 결정을 하지 않은 채 현상유지를 하는 것으로 대응했다. 물론 중국사회 내 혼란을 격화시킨다고 여겨지는 인사들을 감옥에 가두거나, 국외로 추방하는 등의 광범위한 탄압은 여전히 이루어졌다. 이 시기 외국계 기업들이 중국에서 철수하였고, 중국에 대한 외국인 투자의 수준도 하락하였다. 따라서 중국이 또 다른 폐쇄와 내부 성찰의 시기에 들어가는 것이 아니냐는 의심이 제기되기도 하였다. 심지어 중국공산당이 붕괴하는 것이 아니냐는 의문이 제기되기도 하였다. 그러한 의문은 1991년 말 소련이 붕괴하면서 더욱 강화되었다.

덩샤오핑의 남순강화(南巡講話)

1991년, 소련은 붕괴하였고 그 자체가 가져온 충격은 엄청났다. 그리고 이 충격은 덩샤오핑이 '은퇴' 상태에서 돌아와 다시 활동하게 된 이유의 일부가 되었다 (1989년 덩샤오핑은 중앙군사위원회의 주석직에서 은퇴한 바 있음. 중앙군사위원회는 군사 부문을 책임지고 있는 당내 궁극적인 최고 권력기구임). 돌아온 덩샤오핑은 중국정치 분야에서 마지막 주요한 공헌을 했다. 그는 1992년 1월 중국 남부의 성공적이었다고 평가받는 경제특구 일부를 즉흥적으로 방문하였다. 그의 이러한 행보는 흔히 '남순강화(南巡講話)'라고 불린다. 특히 홍콩(당시 홍콩은 영국령이었음) 바로 건너편에 위치한 새로운 경제신흥지역인 션전(深圳)과 주하이(珠海)를 방문하였다. 주하이는 당시 포르투갈령이었던 마카오의 바로 옆에 위치한 도시이다. 86세의 덩샤오핑이 남순강화를 감행한 배경에는 지속적인 개혁개방 추진의 필요성을 관료들을 통하기보다는 인민들에게 직접적으로 호소하기 위한 것이었다. 이렇듯 인민들에게 직접적으로 호소하는 방법은 마오쩌둥이 사용한 바 있다. 덩샤오핑은 주하이에서의 연설에서 당은 인민들이 보다 풍요로운 삶을 살 수 있도록 하는 책임이 있다는 것을 절대로 잊어서는 안 된다고 말했다. 그는 션전의 역동적인 분위기와 여러 고층건물들을 돌아보기도 하였다. 그리고 중국에게 개혁 이외의 대안은 존재하지 않으며, 개혁을 하지 않는다면 오로지 쇠퇴의 길만 있을 뿐이라고 말했다.

덩샤오핑의 남순강화는 마치 제왕의 행보와도 같은 영향력을 행사하였다. 덕분에 개혁주의자들은 더욱 대담하게 정책을 집행할 수 있는 추진력을 얻었다. 그들은 내부 투자 규제를 완화하고, 시장을 보다 확대하고, 국영기업체제를 합리화하고자 하였다. 1992년 개최한 제14차 당대회에서 새로운 지도부는 덩샤오핑의 '시장사회주의'를 당장에 포함시켰다. 그들은 또한 새로운 지도부를 구축하였는데, 새롭게 영입된 지도자 중 한 명이 후진타오였다. 그는 티베트에서 베이징으로 부름을 받고 중앙 정치국의 위원이 되었으며, 그 이후 젊은 지도자인 후진타오는 빠른 속도로 승진하였다. 1997년 제15차 당대회에서 새롭게 총리로 임명된 주룽지(朱鎔基)는 국영기업(SOEs) 개혁을 시작하였다. 그는 국영기업을 근본적으로 구조 조정하여 생산력을 높이고자 하였다. 개혁대상 국영기업 중 몇몇은 그 사회복지와 그 밖의 비용 측면에서 한 도시 수준의 엄청난 예산을 사용하지만, 상업적 기능을 거의 하지 않는 곳도 있었다. 중국 북동지역의 일부 경제는 침체된 상태였기 때문에 '녹슨 벨트'라고 불리기도 했다. 또 당시 중국의 제철, 항공, 자동차, 그 밖의 주요 산업 부문의 기능은 침체되어 있었다. 구조조정을 하는 과정에서 주룽지 총리는 평생이 보장된 일자리에서 많을 사람들을 해고하는 것이 엄청난 비용을 요구할 것이라는 잘 알고 있었다. 그러한 점을 고려하면서 그는 곧 자유 시장체제에서의 고용제도를 도입하였다. 이러한 주룽지 총리의 노력에도 불구하고 1997년에서 2002년 사이 6,000만 명이 일자리를 잃은 것으로 추산되며, 이들은 대체 직업을 찾아야 했다. 정리하자면, 남순강화를 통해 1978년 시작된 개혁개방이 추동력을 얻어 계속될 수 있었다. 개혁개방의 핵심은 위에서 살펴본 바와 같이 외국자본을 포용하고, 지식 기반을 업그레이드함으로써 중국 내 경쟁적 시장을 도입하는 것이었다. 남순강화의 또 다른 의미는 마오쩌둥식의 자급자족 경제와 중앙 계획경제로의 귀환은 없다는 점을 분명히 한 것이다.

후진타오와 원자바오의 시대: 불평등이라는 골칫거리

1997년, 덩샤오핑은 사망하였다. 이는 한 세대로부터 다른 세대로의 상징적인 변화를 의미하였다. 이전 세대는 1949년 공산당이 집권하는 데 공헌을 하였던 혁명 지도자 세대였다. 하지만 다음 세대는 1949년 이후에 태어났기 때문에 경험적으로 이전 시대와 연관성을 거의 갖고 있지 않았다. 후진타오는 2002년 말 제16차 당대회에서 당 비서로 선출되었다. 이것은 1949년 중화인민공화국이 설립된 이래 처음으로 순탄하게 이루어졌던 권력 교체였다.

후진타오 시대에는 중국의 발전이 실제 유의미한 지표로 가시화되기 시작하였다. 우선 중국의 세계무역기구(WTO: World Trade Organization) 가입을 들 수 있다. 이에 대해서는 제5장에서 보다 자세히 알아볼 것이다. 여기에서 중국의 WTO 최종 가입의 정치적 의미를 살펴보면 다음과 같다. 이것은 중국에게 있어 정치적으로 새로운 장이 열린 것이라고 볼 수 있다. 왜냐하면 중국이 WTO에 가입한 것은 국제규범을 완전히 준수할 것을 동의한 것이기 때문이다. 여기서 주목해야 할 것은 국제규범은 상당수가 대부분 서구세계, 특히 북아메리카, 유럽국가들에 의해서 성립되었다는 것이다. 그리고 중국의 WTO 가입은 적어도 몇몇 부분에 있어서는 자신을 이 규칙들에 맞추려 시도한다는 것이었다. WTO 하에서의 의무를 준수하고자 한 후진타오의 결정에 동의를 표하고, 그것을 도운 사람이 바로 원자바오(溫家寶) 총리였다.

후진타오 시대가 장기적으로 다루어야 할 도전과제에 대해서는 이 책의 시작 부분에서 이미 서술된 바 있다. 그것은 중국사회에서 점차 심각해지는 불평등의 문제이다. 마오쩌둥 시대에는 모두의 생활 수준은 비슷하였다 (비록, 그 비슷하다는 수준이 풍요로운 생활이 아닌 가난한 생활이기는 했지만). 하지만 1978년 시장 개혁이 도입되었으며, 이것은 그 과정에서 승자와 패자가 갈리고, 이들 사이의 부의 격차가 증가한다는 것을 의미하였다. 2004년의 경우, 불평등지수는 가장 심각한 수준에 달하였다 (Naughton, 2006). 당시 이러한 중국의 불평등 지수를 두고 그것이 마치 라틴 아메리카의 불평등지수의 수준과 동등하다는 우려의 목소리까지 등장하였다. 후진타오의 과제는 정부가 불평등 문제를 해결하기 위해서 무엇인가를 하고 있다는 것을 인민들에게 보여주는 것이었다. 후진타오와 원자바오가 주장했던 것은 농부들에 대한 세금의 수준을 조정하는 것이었다. 장쩌민의 경우 집권 마지막 시기 기업가들이 공산당에 가입하는 것을 허락하도록 함으로써, 새로운 공산당원 가입조건에 대해 새로운 규율을 제정하고, 통과시켰다. 이전에는 기업가들은 공산당에 가입할 수 있는 조건이 되지 않았다. 그 결과 중국사회주의 국가 내에서 자본가들은 정치적으로 더욱 안전해졌으며, 국가는 이들의 지지력이 필요했다. 하지만 많은 기업가들이 신흥부유층으로 떠오르고, 이들의 부의 수준이 치솟자 이들의 행동과 사고방식은 이제 이전의 전형적인 중국인들의 것과는 다르게 변화했다. 2000년대 중반, 전 소련 연방 구성국들에 새로운 민주주의 정당제가 도입되었다 (그 당시 이것은 '색깔 혁명'이라 불렸음). 이러한 세계적인 정치적 변화는 중국공산당을 더욱 불안하게 만들었다. 이 시기부터 중국지도부는 더욱 조심스럽게 사회적 통제를 강화하였다 (Dickson, 2003).

21세기의 첫 10년을 보았을 때, 중국은 확실히 다양한 이슈에 대한 논쟁이 존재하는 복잡한 사회로 변해가고 있었다. 이것은 중국정부가 발행하는 통계, 그 밖의 권위적인 내부 자료, 외부 소식통으로부터 증거를 통해서 알 수 있다. 중국 사람들은 그들 자신의 권리에 대해 점차 보다 명확히 인식하게 되었다. 정당하지 못한 대우에 대해서 더욱 많은 사람들이 성(省)급 법원과 중앙 법원에 호소하고자 하였다. 그것들은 주로 토지, 연금에 관한 것들이었다. 2005년 한 통계에 의하면, 그 해에만 중국에서 8만 7,000건의 시위가 있었고, 이 횟수는 10년 전 8,000건에 비해서 상당히 증가한 것이었다 (Huang, 2011, p. 182). 이에 중국 지도자들은 사회적 응집력의 저하와 내부 분열을 우려하고 있었다. 또 중국 중앙지도자들이 그간 공산당의 경제적 성공의 상징과도 같이 주문처럼 외우며 자랑스러워하는 높은 수준의 실질 GDP 성장률의 유지가 점차 어려워지고 있었다. 후진타오와 원자바오는 불평등 문제에 대한 대응으로 재균형화, 즉 '사회적 조화'를 주장했다. 그들이 특별히 관심을 기울이는 것은 최근 중국에서 발생하고 있는 급격한 변화로 인해 촉발되는 농촌 지역 거주 인구와 도시 지역 거주 인구 사이에 발생하는 격차였다. 농촌 지역 거주인구와 도시 지역 거주인구는 거주 지역 등록증(후커우)으로서 구분되었다. 어느 지역에 거주하느냐에 따라서 사회적 복지, 교육, 보건 등에 접근할 수 있는 권한에 있어 상당한 차이가 발생하였다. 특히 이러한 문제가 최근 불거지는 이유는 중국 해안지역에 위치한 공장지대로 옮겨가는 2억 3,000만 명의 이주노동자가 발생하는 등 인구이동이 점증하고 있기 때문이다. 따라서 거주 지역에 따라서 사회적 복지, 교육, 보건 등으로부터 받는 혜택은 마오쩌둥의 시대와는 상이하게 다르게 변화된 것이었다 (*People's Daily Online*, 2010). 이러한 문제에 대해서 2005년 이래 매년 개최되는 인민대표대회에서 몇 차례 토론이 이루어졌음에도 불구하고 어떠한 동의안도 도출되지 않았다. 급속한 산업화와 경제성장이 중국사회를 근본적으로 바꾸었다는 것은 명백했다. 그러나 중국공산당이 이제껏 시도한 체제보다 더 잘 작동할 수 있는 체제인지에 대한 합의는 사회적 집단, 하부집단 사이에 이루어지지 않았다.

2000년대 들어 인터넷의 역할 및 영향력이 점증하였고, 이러한 현상은 누구도 부인할 수 없었다. 1990년대 말에는 겨우 200만 명에 지나지 않았던 인터넷 사용자 수는 2012년에는 6억 7,700만 명으로 늘어나게 되었다. 게다가 10억 명의 중국 내 휴대폰 사용자 수까지 합치면 그

파급력은 더욱 커진다 (Reuters, 2012). 이렇듯 중국 내에서 통신기술은 그 이용지수가 폭발적으로 상승했고, 파급 기술도 진보하였다. 2011년 노벨상 수상자이자 반정부인사인 류샤오보는 이를 두고 "신이 중국을 위해 인터넷을 발명했다"라고 말했다 (Liu, 2012). 류샤오보는 소위 '08 헌장'을 퍼뜨리기 위한 수단으로 인터넷을 사용했다. '08 헌장'은 공산당 권력 독점의 종식과 더 많은 정치적 자유를 요구하는 류샤오보와 그의 동료들의 생각이 담긴 글이다 (제4장 참조). 정부는 점차 인터넷에 떠돌아다니는 내용을 통제하는 데에 점차 막대한 자원을 투자하고 있다. 이것은 인터넷이 중국공산당의 권위에 도전하는 도구로 사용되는 것을 막기 위함이다. 이러한 중국정부의 움직임은 2011년 중동의 재스민 혁명 이후 더욱 강화되고 있다. 재스민 혁명에서 페이스북과 기타 소셜 미디어 플랫폼들이 시위자들 사이에서 정보를 공유하고 협동하는 데 사용된 것을 중국지도부가 목도했기 때문이다. 중국지도부는 인터넷을 완전 자유화한다면 이것은 잠재적 위험요소로 작용할 것이라 보았고, 2000년대 초부터 거대한 인터넷상의 천리장성(GFW, the Great Firewall)을 구축하였다. 이렇듯 정부는 인터넷의 정치적 영향력을 최대한 제한하려고 하고 있다. 하지만 이미 인터넷은 중국 지도자들의 통치 방식과 사회, 정부 정책의 흐름을 바꾸고 있다.

후진타오와 원자바오의 시기는 2002/2003년에서 2012/2013년까지이다. 이때 중국은 그 어느 때보다도 부강해졌으며, 현대화에 있어서 커다란 성공을 거두었다. 그렇지만 정치적 개혁은 거의 항상 차후의 과제로 미뤄져 왔다. 후진타오는 2007년 제17차 당대회에서 '부강한 국가'가 되는 것이 중국의 목표라 선언했다. 2020년까지 '소강(小康)사회'를 실현할 것이라는 포부를 밝히기도 했다. 또한 '과학발전'과 '조화(調和)사회'라는 용어를 사용함으로써, 그의 목표가 단지 GDP의 성장만을 의미하지 않는다는 점을 분명히 하였다. 하지만 2008년 금융위기가 발생하면서, 중국정부는 부를 지속적으로 성장시키는 데에 모든 자원을 투입해야만 했다. 한편, 원자바오 총리는 중국의 경제모델은 "불안정하며 지속 불가능한 측면이 있다"라고 지적하기도 하였다. 지난 10여 년 동안 중국공산당은 '인민을 중심으로'라는 모토로 보다 복잡다단한 목표와 결과를 생산하기 위해 고군분투 해왔다. 동시에 그들은 사회주의적 이념과 도덕 관념을 유지해야 했다. 그리고 2012년 시진핑을 필두로 한 새로운 지도부가 탄생했다. 후진타오와 원자바오의 시대는 지나친 부의 불평등한 분배 문제가 통제범위를 벗어났다고 여겨질 정도로 심각했던 시기로 여겨지고 있다. 또한 이 시기의 문제점들로 지적되는 것들 중 하나가 관료들의 부패였기에, 새로운 규율과 사상이 주입될 필요성이 높아지고 있었다. 이에 대해서는 다음 장에서 더 자세히 살펴볼 것이다.

제3장

공산당과 정치

1949년 이래의 중국 역사를 보면, 중국이 어떤 국가이며, 어떻게 운영되는지 파악하기 위해서는 중국공산당(中國共產黨, CCP: Communist Party of China)을 이해하는 것이 절대적으로 필요하다는 것을 알 수 있다. 중국을 구성하는 여러 요소들이 있지만, 그중 중국공산당은 가장 잘 알려지지 않은 요소들 중 하나이다. 중국을 방문하여 관찰하다 보면, 중국에는 자유롭고도 활기찬 시장이 존재하며, 자본주의가 만개한 것처럼 보인다. 따라서 이러한 국가를 하나의 정당이 권력을 독점하고 있다는 것은 매우 모순적인 것처럼 보일 수 있다. 중국 헌법에 의하면 중화인민공화국에는 아홉 개의 정당(이들의 역할에 대해서는 다음 장에서 논할 것임)이 존재하지만 유일한 집권당은 중국공산당뿐이다. 중국공산당은 마르크스 이념을 주창하지만, 중국사회 전반에서는 뚜렷한 자본주의적 요소가 존재한다.

사회가 점차 복잡해지고 정치 조직들이 거의 매일 재정비되는 시대에 중국공산당은 단일한 조직으로서 존재하며, 그 중요성은 주목할 만하다. 중국공산당의 영향력은 중국사회의 구석구석에 뻗어있으며, 그 영향은 정치권력 구조에서는 물론 경제에서도 찾아볼 수 있다. 중국공산당은 또한 언어를 사용하는 방식과 도시의 물리적 환경에 대한 결정에서부터 문학, 예술, 음악이 어떻게 발전해 왔는지에 이르기까지 중국문화에 막대한 영향을 끼쳤다. 중국공산당은 국가권력을 장악한 이후, 체제의 공고화 과정을 거쳐 현재에는 안정화 단계에 이르렀다. 현대 중국 예술의 상당수는 중국공산당이 창출한 강력한 상징적 세계에 대해 의견을 표출하고 있다. 중국공산당을 비판하는 것이든, 또는 단순히 견해를 표출하는 것이든 말이다. 공산당은 창립 이후, 권력을 획득하면서 강력한 상징적 세계를 만들었으며, 후에 보완과 강화의 과정을 거쳤다.

그렇다면 중국공산당이란 무엇인가? 이를 둘러싸고 2014년 6월 유럽에서 열린 회의에서 열띤 토론이 벌어졌다. 이 회의에는 서구의 학자들과 중국공산당중앙위원회대외연락부(中國共産黨中央委員會對外聯絡部) 소속 인사들이 참여했다. 양측은 어떻게 중국공산당을 최대한 정확하게 이해할 것인가를 두고 논쟁하였다. 지난 몇 년간 학계에서 있었던 논의와 용어들이 언급되기도 했다. 그중 일부가 '당 국가'와 '분절된 권위'이다. 두 용어가 중국어로 번역되었을 때 중국인 참석자들은 당황했다. 이 두 용어를 통해서 당과 국가가 명확하게 묘사되었기 때문이다. 전자는 정치라는 측면에서 그러했고, 후자는 정책의 집행이라는 측면에서 그러했다. '분절된'이라는 표현에 대해서 이들은 반박하였다. 그들은 당은 유연하고, 전략적이며, 필요한 곳에 단결을 제공하고 불필요할 경우 단결을 피했다고 주장했다. 또한 당은 '계속해서 학습하는 존재'라고 보았다. 그들은 당이 혁명의 경험과 통치의 기능을 적절하게 운용한다고 보았으며, 인민들의 열망과 희망을 대변하고, 중국을 다시 부강한 나라로 만드는 역사적인 사명을 가지고 있다고 보았다. 이 논의는 중국공산당이 정확히 어떤 존재인가를 이해하는 데 있어 얼마나 많은 개념적 혼란이 존재하는지를 보여준다. 어떻게 중국공산당을 정의할 것인가? 중국공산당은 어떻게 운영되는가? 공산당원들은 공산당이 그들의 삶을 어떻게 변화시킨다고 생각하며, 그들은 어떠한 방식으로 소속감을 느끼는가? 이 장에서는 이러한 질문에 대한 답을 하고자 한다.

공산당의 존재는 어떻게 지금까지 이어져 왔는가?

2011년은 공산당 창립 90주년이 되는 해였다. 그리고 그해 중국공산당 당원의 수는 8,000만을 넘어섰다 (*China Daily*, 2011). 이들만으로 국가를 구성한다 하더라도, 인구 규모가 세계에서 20번째가 되는 국가가 될 것이다. 하지만 이들이 전체 중국 인민에서 차지하는 비율은 단지 8퍼센트밖에 되지 않는다. 공산당은 사실 서구식 정당이 아니다. 공산당은 권력을 차지하기 위해서 다른 정당과 경쟁하지 않는다. 비록 중국에는 현재 여덟 개의 민주적 '애국' 정당(공식적 discourse로는 이렇게 불린다)이 있기는 하지만 말이다. 이들은 1949년 이전에 설립되었으며, 현재는 명목적으로만 존재한다. 그리고 중국공산당은 중국의 핵심적인 군사, 경제, 정치 정책을 결정하고 정보를 통제한다. 그뿐만 아니라 국가의 핵심 자원 배분, 권력의 향방이 결정되는 인사 등에 있어서 공산당은 핵심적인 결정권을 갖는다. 비록 세계의 다른 곳에서는 공산진영이 붕괴하면서 여러 형태의 공산당이 종말을 맞았지만, 적어도 이 글을 쓰고 있는 이 시점에서도 이러한 중국의 공산당 유일체제는 안정적으로 유지되고 있다.

중국공산당의 정당성은 세 개의 근본적인 축을 기반으로 하고 있다. 이는 2011년 1월 베이징에 위치한 중앙당안관(中央檔案館, Central Archives), 그리고 당사연구실(黨史研究室, Party History Research Bureau)이 발간한 첫 번째 공식 당 역사서에 쓰여 있다 (중국어로 쓰여짐). 1949년부터 1978년까지의 당 역사를 다룬 제2권에 의하면, 공산당은 세 가지 위대한 업적을 일구어냈다고 지적하고 있다. 중국공산당의 권위는 이 업적에 기반한다. 첫 번째 업적은 중화민국과 군벌의 시대의 분열을 종식하고 중국을 통일한 것이다. 두 번째는 일본과 다른 외세

침략에 대항한 전쟁에서 중국을 승리로 이끌고 국가적 자부심을 회복한 것이다. 마지막 업적은 1978년 이래 대개혁을 단행한 것이다.

1921년 공산당은 소련 국제공산당운동(Communist International, Comintern)의 지지를 받으며 창당했다. 중국공산당은 초기 주로 후난(湖南)성과 허난(河南)성의 내륙지방에 그 근거지를 두었다. 최초의 공산당 당원의 수는 60명이었는데, 이들 중 대부분이 이 지역에 거주했다(Ven, 1991). 중국공산당의 첫 번째 회의는 1921년에 상하이의 한 납작배 위에서 열렸다. 이렇게 허름한 곳에서 회의가 열린 이유는 그 이전에 한 차례 경찰의 급습이 있었기 때문이다. 13명의 참가자들 중 2명은 중국인이 아니었으며, 참가자들은 60명의 당원들을 대표했다. 이 참가자들 중 한 명이 마오쩌둥(毛澤東)이었다. 마오쩌둥은 중부 농촌 출신의 적당하게 부유했던 지주의 아들로서 창사(長沙)에 위치한 교원대학에서 공부하였으며, 베이징대학의 사서로서 일하고 있었다.

이 당시 놀라운 사실 중 하나는 중국사회 내 프롤레타리아의 규모는 작았다는 것이다. 프롤레타리아 계급은 마르크스(Karl Marx)에 의하면 혁명의 주체 계급이다. 1921년까지 중국에는 오로지 200만 명 정도만이 상하이와 같은 공업지대에서 일하고 있었다. 이러한 세력이 중국의 나머지 4억의 인민들을 상대로 정치적 세력으로 기능한다는 것은 소련의 공산당에게는 얼토당토않은 이야기였다. 소련의 공산당은 중국공산당에게 국민당과 연합 전선을 형성하여 일할 것을 제안했다. 당시 국민당은 중국에서 가장 지배적인 위치를 점한 정당으로 쑨원과 장제스의 지도하에 있었다. 1927년 국민당은 공산당에 대한 첫 번째 숙청을 단행하였으며, 그로써 국공연합전선은 깨졌다. 당시 중국에서 활동 중인 공산주의자들의 수는 약 5만 명 정도였다.

마오쩌둥과 공산당

공산당의 발전에 있어서 마오쩌둥이 얼마만큼의 공헌을 했는가의 문제
는 아직도 논쟁의 대상이다. 그는 이전에 언급하였다시피 후난(湖南)
성에 위치한 한 마을의 부유한 지주의 아들로 태어났다. 그가 태어난
지 약 125년이 지난 이 시점에도 마오쩌둥을 둘러싼 의견은 분분하다.
마오쩌둥의 그림자는 여전히 중국정치 전반에 존재하고 있다 (Chang
and Halliday, 2005). 중국 전역에 그의 동상은 산발적으로 존재하며,
그의 초상화는 여전히 천안문 광장에 걸려있다 (어떤 기업가들은 금으
로 만든 마오쩌둥의 동상을 세우기도 했다). 놀랍게도 중국의 모든 통
화에 마오쩌둥의 얼굴이 있다. 비록 그의 얼굴을 통화에 새겨 넣은 것
은 그가 집권하고 있던 시기, 그리고 그의 사후에도 몇 년간 금지되었지
만 말이다. 오늘날까지도 중국공산당은 마오쩌둥을 위대한 마르크스주
의자이자, 위대한 공산주의자로 칭한다. 중국공산당이 중국에서 집권하
는 데 있어 마오쩌둥이 얼마나 큰 공헌을 했는지에 대해서 논하는 것은
민감한 문제이다. 마오쩌둥이 썼다고 공식적으로 알려진 글들도 아직까
지는 산발적으로 출판된다. 왜냐하면 그가 사망한 지 40년도 넘었지만,
걸러지지 않은 그의 의견이 공개된다는 것은 어려운 일이기 때문이다.
시진핑이 국가주석이 된 2013년 이래 그가 행했던 과감한 행보 중 하나
는 마오쩌둥을 더욱 부각시키는 것이었다. 2013년 12월에는 마오쩌둥
탄생 120주년 행사가 있었다. 이때 일곱 명의 새로 취임한 정치국 상무
위원회 위원들 모두 베이징 천안문 광장에서 열린 마오쩌둥 기념행사에
참석했다. 시진핑은 마오쩌둥이 없었더라면 지금의 중화인민공화국은
존재하지 않았을 것이라고 수차례에 걸쳐서 강조했다. 이것은 다소 충
격적이기도 했다. 왜냐하면 마오쩌둥이 주도했던 문화대혁명에서 시진

사진 3.1 마오쩌둥, 1893~1976년

그는 1949년부터 그가 사망한 해인 1976년까지 중국공산당의 서기였다. 그는 20세기 가장 영향력 있던 중국인 중 한 사람으로 여겨지고 있다.

출처: Getty Images;
UniversalImagesGroup

핑은 그 누구보다도 큰 고초를 겪었고, 그의 아버지는 10여 년이 넘는 세월동안 감옥살이를 해야 했기 때문이다. 하지만 국가를 세운 창건자로서의 마오쩌둥에 대한 중국 국민들의 정서적인 연대는 강력했으며, 그의 유산은 지금의 정치인들에게도 유용한 자산이 되었다 (Brown and van Neuwenhuizen, 2016).

마오쩌둥은 오랫동안 중국공산당을 지도했다. 그리고 그가 공산주의 운동과 공산당에 대해 기여한 바에 대한 객관적인 평가를 하기 위해서는, 그와 그의 핵심 참모들이 고안한 이념에 대한 평가를 포함해야 한다 (이념을 창안하는 데 참여했던 핵심 참모들 중 천보다[陳伯達]는 중요한 역할을 함. 그는 마오쩌둥 연설 원고의 주요 작성자였으나 1970년대 초반 문화대혁명 시기 불명예스럽게 실각했다). 마오쩌둥과 핵심 참모들은 마르크스-레닌주의를 보다 중국 중심으로 해석하였다. 그리고 이것을 엄청난 수의 중국 농민들에게 직접적으로 전파하였다. 동시에 공산당을 어떻게 운영할 것인지에 대한 구상을 농민들에게 이야기하기도 하였는데, 그 구상에는 활발한 민병활동에 관한 내용도 포함되어 있었다. 그 당시 중국은 전시(戰時)상황이었으며, 중국공산당이 전파하는 수많은 메시지와 상징들은 당시 중국인들에게 강한 호소력을 지녔다. 마침내 1949년 중국공산당은 이를 바탕으로 정권을 장악하였다.

　중국공산당과 소련공산당의 가장 큰 차이는 중국공산당은 농민에게 더욱 집중했다는 것이다. 마오쩌둥은 장제스의 국민당이 주도한 공산당에 대한 대숙청 이후, 1927년 농촌 지역으로 피신을 하였다. 이때 마오쩌둥의 추종자들은 대부분 농민들이었고, 마오쩌둥이 전쟁을 수행하기 위해서 모병을 한 곳도 농촌이었다. 그리고 1930년대와 1940년대, 중국공산당이 규모와 능력 측면에서 크게 성장하였는데, 그 바탕은 역시 농촌이었다. 그는 이러한 것들을 정당화하기 위해서, 공산주의의 보편적 강령들을 당시 중국의 구체적인 상황에 맞게 변용(變用)하였다. 마오쩌둥은 또한 마르크스주의를 이용하여 중국사회 내 존재하는 계급들을 나누었다. 이러한 활동을 바탕으로 1930년대부터 발생한 수많은 내부 반란들을 진압하였다. 제롬천(Jerome Ch'en, 중국어로는 쩐쯔랑[陳志讓], 역사학자)에 의하면, 마오쩌둥은 1927년 이래 중국이라는 국가 내에 또 하나의 국가를 창건하였다. 그때부터 중국공산당은 거의 독립적인 주체로서, 군사력을 가진 행위자로서, 그리고 정치적, 경제적 주체로서 기능하였다 (Ch'en, 1967). 그리고 이 배경에는 마오쩌둥의 정치적 공헌이 있었다. 오늘날까지 마오쩌둥의 행위 중 가장 지탄받는 것은 그가 정치적 목적을 달성하기 위해 보여준 폭력에 대한 관용이다. 이러한 마오쩌둥의 폭력에 대한 관용을 정당화하는 유일한 요소는 중국공산당이 정권을 장악하였을 당시, 중국사회에 존재하였던 극도의 폭력적 상황이었다는 사실이다. 그렇다고 할지라도, 중국공산당이 1931년 이래 반대 세력들에게 행한 탄압은 악랄했다.

공산당은 어떻게 정권을 잡았는가?

1949년 중국공산당이 오랜 기간의 전쟁에서 승리하고, 중국 본토의 유일한 정부가 된 것은 부분적으로 그 적들이 기량이 부족한 결과이기도 하였다 (국민당은 1945년 이후 수많은 문제에 시달리고 있었으며, 특히 부패와 경제 경영 실패에 의해 심각하게 약화됨). 또 부분적으로 공산당의 내부 규율 단속, 농민들의 마음을 얻을 수 있는 공산당의 메시지, 도시 내 노동자 계층의 존재도 중국공산당의 승리에 부분적으로 기여하였다. 중국공산당은 당시 호소력이 짙었던 민족주의적 메시지를 창안하였다. 또 자신을 중국인들의 존엄성, 자유, 그리고 자결권을 수호할 수 있는 존재라고 선전하였다. 이는 1949년 9월에 열린 중국 인민정치협상회의(中國人民政治協商會議, CPPCC: Chinese People's Political Consultative Conference, 이하 '정협')에서 가장 잘 드러난다. 이때는 중화인민공화국의 공식적인 성립 바로 전이었다. 이때 정협에는 공산당원들과 공산당원이 아닌 자들도 존재하였으며, 이들은 자문을 제공하는 역할을 수행했다. 중화인민공화국은 1949년 10월 정식으로 그 성립을 선언하였다. 중국을 통일한 주체로서 중국공산당 자신을 선전하는 의지는 마오쩌둥의 다음과 같은 유명한 선언에서 강력하게 전달된다. "중국 인민들은 이제 일어섰다(中國人民站起來了)." 정협은 인민들의 광범위한 지지를 얻기 위한 중국공산당이 구축한 통일 전선 활동의 일부였다. 중국공산당은 농민과 프롤레타리아를 기반으로 탄생하였으며, 이들을 대표하는 정당으로서 자신을 선전하였다.

중국공산당은 집권 초기에는 지식인, 소지주와 기타 온건 계층을 포용했다. 하지만 시간이 흐르고, 마오쩌둥이 변화를 촉진하기 위해 대중 노선을 즐겨 사용하면서 이러한 사람들은 위협을 받았고, 희생양이 되었다.

공산당이 하는 일은 무엇인가?

가장 대답하기 어려운 질문 중 하나는 중국공산당의 기능은 실제로 무엇인가이다. 서구의 자유민주주의체제에서는 투표 결과에 따라서 집권정당이 교체된다. 그리고 정치적으로 중립적인 공무원들은 정권을 누가 잡았느냐에 따라 상이한 정당의 지시를 받는다. 하지만 중국의 상황은 다르다. 개혁개방 이후 당과 정부관계를 제도화했음에도 불구하고, 중국공산당과 중국정부 간 구분은 매우 희미하다. 중국공산당은 중국 내 유의미한 권력을 가진 유일한 정치적 정당이다. 중국공산당은 세 가지 결정적인 방법을 통해서 권력을 행사한다. 우선은 정부 고위직, 입법 기관의 구성원, 그리고 핵심 국영기업(SOEs) 내 직위에 누구를 임명할 것인가를 결정할 권리, 즉 인사권이다. 다음으로 언론통제가 있다. 중국공산당은 대부분의 미디어에 대한 엄격한 통제를 통해 정보의 흐름을 관리한다. 마지막으로는 이념이다. 중국공산당은 지배적인 이념을 창출하는데, 이것이 중국사회 전체를 이끌어간다. 중국공산당은 '중국적 특색을 지닌 마르크스주의'를 반복하여 강조하고 있다.

  1949년 이래 중국공산당의 전략은 크게 두 시기로 나눠 볼 수 있다. 1978년 이전까지만 해도 중국공산당은 중국사회를 이념적으로 정화하는 작업에 전념했다. 그 수단으로서 계급투쟁이념과 대중노선이 동원되었다. 하지만 목표는 이상적이고, 타협하지 않았으며 종종 사회적으로 비참한 결과를 초래했다. 1978년 이래 중국공산당이 전념하고 있는 것은 경제성장이다. 중국공산당이 경제성장을 추구하고자 하는 것도 궁극적으로 따져보면 결국은 주권을 수호하기 위한 것이다. 강하고 풍요로운 국가가 자신을 보호할 능력도 갖추기 때문이다. 중국공산당은 인민들에게 자신이 이러한 목표를 실현할 수 있는 능력이 있는 존재라고 선전하고 있다. 또 그러한 정당성을 가진 유일한 존재로서, 그러한 국가적 목표를 수호할 수 있는 유일한 존재로서 자신을 각인시켰다. 이것은 곧 중국사회 전체에 있어서, 또 사회적, 경제적, 정치적 정책에 있어서 각각의 핵심 문제에 대한 중국공산당의 이념적 지도는 중요하다는 것을 의미한다. 비록 중국공산당이 지향하는 바가 1978년을 기점으로 명확히 달라지기는 했지만, 지금의 중국공산당 지도자들은 그들이 여전히 동일한 목표를 지향하고 있다고 말할 수 있다. 중국공산당은 1978년 이후 5년마다 열리는 당대회(Party Congress)와 같은 주요 의사결정 포럼 및 1년에 한 번 열리는 중앙위원회 전체회의를 통해 사회의 전반적인 정치적 방향성을 결정한다. 그리고 정부는 이를 시행한다. 또한 중국공산당은 정부 및 정부관계자의 성과에 대한 피드백을 제공하는 평가자의 역할을 수행한다. 모든 주요 정책 문건은 반드시 공산당의 인가를 받아야 한다. 중국공산당은 중앙기율검사위원회(中共中央紀律檢査委員會, CDIC: Central Discipline and Inspection Commission)를 통해 업무 수행에 실패하는 것으로 여겨지는 공무원들을 조사하거나 해고할 수 있는 권한을 갖는다.

중국공산당은 국가의 목표와 중국공산당의 목표가 일치하는 것인지에 대해 모호한 태도를 유지해오고 있다. 지난 약 30년 동안, 웨이징성(魏京生)과 류샤오보(刘晓波, 2017년 사망)와 같은 반정부인사들은 중국공산당의 이러한 태도에 의문을 제기해왔다. 그들은 공산당이 중국의 미래를 도둑질했다고 주장했다. 그리고 중국이 다시 위대한 국가가 되기 위해서 어떤 길을 걸어야 하는지 제시했다. 하지만 후진타오와 시진핑을 비롯한 공산당 지도자들은 중국공산당의 통일된 지도 없이는 중국은 강력한 국가가 되지 못할 것이라고 단언하고 있다.

이러한 중국공산당의 야심찬 계획에도 불구하고 여전히 많은 사람들이 국내외에서 이를 비판하고 있다. 중국공산당이 비록 현대화를 기치로 내세웠으며, 여전히 레닌주의를 따르는 조직이며, 인민을 섬기고 조화롭고 평등한 사회를 구현하려 한다는 보다 순화된 표현을 사용할 뿐, 1978년 이전의 계급투쟁과 숙청을 여전히 단행하고 있다는 것이다. 마오쩌둥과 그 뒤를 이은 정치지도자들의 행보에서 보이는 공통점은 그들이 중국사회 내 권력의 주요 거점들을 통제하고 장악하고 있다는 것이다. 중국이 근본적인 변화를 겪고 있는 21세기에도 불구하고 이러한 현상은 여전히 공고하다.

공산당 조직: 과거와 현재

중국공산당은 감정에 호소하는 강렬한 이념적 메시지를 일관되게 인민들에게 전달해왔다. 국공내전에서 중국공산당이 승리할 수 있었던 것은 이러한 전략에 상당 부분 기인하였다. 1951년에 중국공산당 조직은 가장 작은 마을 단위에까지 미쳤다. 중국공산당이 당원을 모집하는 데 있어서 해당 후보자가 마르크스주의에 대해서 얼마나 충실한 믿음을 가졌는지 고려하였음은 물론이다. 하지만 동시에 얼마만큼의 행정적 능력이 있는가를 고려하기 시작했다. 왜냐하면 마오쩌둥에 의하면 1949년 중화인민공화국의 건국 이후 중국공산당이 지향하는 목표가 변화했기 때문이다. 1949년 이전에는 국공내전이 벌어지고 있었으며, 따라서 중국공산당의 목표는 전쟁의 승리를 통한 혁명이었다. 폭력이 필수적으로 수행되어야 했음은 물론이다. 하지만 1949년 중화인민공화국의 건국이후 중국공산당은 그들의 힘의 방향을 조정, 전환해야 했다. 1939년 마오쩌둥의 핵심 참모였던 류샤오치는 공산당원이 지켜야 할 행동 매뉴

얼을 명확히 하였다. 행동 매뉴얼 책자의 제목은『훌륭한 공산주의가 되는 법』으로, 공산당원이 지켜야 할 것으로 기대되는 자기희생적, 도덕적, 그리고 행정적 기준이 적혀있었다. 이러한 것들은 많은 부분에서 학자, 관리들을 위한 이전의 유교 교본과도 너무나 흡사했다. 그리고 행동강령을 준수하는지에 대한 서로 간의 감시가 장려되었다. 이를 위해 대규모의 공산당회의에서 중국공산당이 발간하는 신문인『인민일보』를 통해 핵심적인 강령이 낭독되기도 했다. 이러한 방식으로 공산당원들은 행동강령을 준수할 것을 강요받았던 것이다. 한편 중국공산당의 메시지에 대한 통제는 전설적인 수준이었다. 신문, 라디오, 방송국, 심지어 예술까지도 면밀히 선전의 도구로써 중국공산당의 통제를 받았다. 마오쩌둥은 이렇듯 평생 완벽에 가까운 능력으로 이념을 통제하였다. 시진핑 지도부는 강력한 반부패운동을 전개하고, 규율을 강조하면서 이에 대한 엄청난 이념적 메시지를 대중에게 전달했다. 비록 중국사회는 많은 변화를 겪었으나, 메시지의 통제라는 측면에서는 중국지도부는 놀라운 일관성을 보이는 것이다.

공산당 조직은 1950년대 이래 거의 변한 것이 없을 정도로 초기의 형태가 상당 부분 지금까지도 존재한다. 이로 미루어보아 공산당의 존재는 중국 내에서 굳건하게 유지되어 왔음을 알 수 있다. 여전히 당원 사이에는 수직적 서열구조가 존재하며, 해당 서열에 따라서 할당되는 역할도 다르다. 당원 간 서열구조 및 해당 서열에 따라서 할당되는 역할의 형태도 거의 원형 그대로 이어져 오고 있다. 아직도 모든 국가 조직에는 당서기가 존재하고, 그것은 다수의 사영(私營)기업에서조차 마찬가지다. 중국공산당원이 되기 위해서는 자격심사 과정을 통과하여야 하며, 그 이후에도 일정한 교육을 받아야 한다. 승진에서도 특정 규칙이 존재한다. 공산당 구조에 있어서 과거와 현재의 차이점은, 과거에는 마오쩌둥과 같은 카리스마적인 인물에 의한 강력한 지도가 있었다는 것이다. 하지만 현재에는 그러한 인물이 존재하지 않기 때문에, 공산당의 내부구조 및 사무의 처리 과정은 훨씬 제도화되었다. 그리고 그것은 사실 일종의 전문화된 간부들로 구성된 관료주의의 출현을 의미하는 것이다. 여기서 전문화된 간부들이란 해당 업무 영역에서 특정한 기술적 훈련을 쌓은 자들을 말한다. 이들은 일종의 특권적 위치를 점하고 있으며, 그러한 위치를 유지하는 데 대부분의 시간을 소비한다고 여겨지고 있다. 이러한 이유로 마오쩌둥은 최선을 다해서 관료주의를 근절하려고 했던 것이다 (Pieke, 2009).

덩샤오핑(鄧小平)은 개혁의 일부로 중국공산당의 권력 행사 방법을 변화시켰다. 정작 덩샤오핑 자신은 당주석(당주석제는 화궈펑[華國鋒] 이후로 폐지되었음. 그 이유는 당 주석제로 인해서 마오쩌둥에 이어 또 다른 지배적인 독재적인 인물이 출현할 것을 우려했기 때문), 총서기, 총리직을 맡지 않았다. 그저 그는 1982년 부총리로 지냈을 뿐이다. 외부에서는 그를 중국의 '최고 지도자'라고 칭했지만, 중국 내에서는 그를 꾸밈없이 소박하게 '동지'라고 불렀다. 그는 두 개의 방법을 통해서 실제적인 영향력을 행사하였다. 첫째, 덩샤오핑은 공산당 조직 중 하나인 중앙군사위원회의 주석직을 맡았다. 그럼으로써 그는 인민해방군(해군, 공군, 그리고 무장 병력을 모두 포함)에 대한 통제권을 유지하였다. 두 번째, 원로 혁명 지도자의 일원으로서 그는 영향력을 행사했다. 특히 원로 혁명 지도자로서 그는 어떠한 공식적인 직위도 역임하지 않았다. 또한 당내에서조차 어떠한 직위를 차지하지 않았다. 덩샤오핑과 그 밖의 원로 혁명 지도자들은 마오쩌둥 시대에 상당 부분 파괴되었거나, 무시되었던 제도와 규칙들을 새로이 고안해야 했다. 이들은 모두 8명(이들에게는 '불사신'이라는 별명이 붙여졌는데, 이는 도교의 신화적인 선인이었던 8선을 빗댄 말이었음)이었는데, 이들은 단지 원로로서 정책적 조언과 제안을 할 뿐이었다. 이러한 그들만의 모임마저도 1987년을 기점으로 사라졌다.

1980년대 공산당 고위직 중 핵심적 위치를 차지한 사람은 후야오방이었다. 여기서 말하는 고위직 중 핵심적 위치란 총서기직을 말한다. 그는 총서기로 임명되기 전 후베이(湖北)성의 당서기를 지냈다. 그가 중국 공산당 비서직을 역임한 시기는 1980년부터 1987년까지이다. 그 뒤를 이어 자오쯔양이 1987년부터 1989년까지 총서기직을 수행하였다. 이들 지도자들은 명시적으로는 은퇴한 덩샤오핑과 그를 둘러싼 원로들이 고안한 일반지침을 집행해야만 했다. 덩샤오핑은 공산당의 운용방식과 정부 조직 구조를 개혁하기 시작하였다. 그 일환으로 행해졌던 대표적인 조치들은 다음과 같다. 기존에는 정치적 상황에 따라 비주기적으로 열렸던 당대회를 매년 5년으로 그 개최 시기를 정례화하였다. 또 은퇴 연령제를 도입하였으며, 핵심적 지위에 대해서는 그 임기를 제한하였다. 그리고 공산당 구조 내 존재하는 직위와 그에 따르는 책임을 명문화하는 작업이 진행되었다. 그 일환으로 당과 정부의 각 조직들의 역할이 무엇인지를 명확화하려는 시도가 이루어졌다 (제4장 참조). 마지막으로 1987년부터 제한적 선거가 향진(鄕鎭) 단위의 소규모 마을들에 도입되었다. 이렇듯 제한적 선거가 소규모 마을들에 도입될 수밖에 없었던 일부 이유로는 1960년 이후로 약 20년 동안 농촌 지역에서 행정 단위체제가 무너졌기 때문이었다.

중화인민공화국 역사에 걸쳐 중국공산당의 핵심 우선순위 중 하나는 정보와 뉴스의 흐름을 통제하고 관리하는 것이었다. 신화통신사(新華通訊社, Xinhua News Angecy)는 1949년부터 국가 및 공산당의 대소사와 관련된 뉴스를 송출하는 핵심 기구이다. 신화통신사는 1931년 설

글상자 3.1 1949년 이래의 공산당 지도부

공산당 지도부를 정의하는 것은 생각보다 복잡한 문제이다. 마오쩌둥은 1949년에서 1976년까지 중앙정치국 상무위원장, 중국공산당 서기, 국가주석으로 재임했다. 덩샤오핑이 가졌던 공식직함은 부총리에 그쳤지만, 그는 1978년 이래 중국의 핵심 권력자로 간주하였다. 장쩌민 시대에 이르러서야 당서기는 공산당 엘리트 정치에서 핵심적 지위로 간주하였다. 이것은 공산당이 제도화의 과정을 거쳐 가고 있다는 것을 부분적으로 보여주는 것이다. 이 일환으로 최근 공산당 지도부를 칭하는 데 있어 '세대'라는 표준적 용어가 사용되었으며, 이는 중요한 정치지도자들을 지칭하는 단어이다.

1세대 지도부 　 마오쩌둥 1949~1976년
　　　　　　　　 (그 사이 잠시 중요 지도자로 활동했던 인물:
　　　　　　　　 화궈펑, 1976~1981년)

2세대 지도부 　 덩샤오핑 1978~1992년
　　　　　　　　 (그 사이 잠시 중요 지도자로 활동했던 인물: 후야오방,
　　　　　　　　 1980~1987년 그리고 자오쯔양, 1987~1989년)

3세대 지도부 　 장쩌민 1989~2002년

4세대 지도부 　 후진타오 2002~2012년

5세대 지도부 　 시진핑 2012년~현재

립되었다. 신화통신사는 중국공산당과 비슷한 구조로 운영되는데, 성급에서 현급에 이르기까지 여러 직급의 관리들이 파견되어 있다. 마오쩌둥 시절에는 신화통신사만이 국가와 공산당에 관련된 뉴스를 보도하였다. 이외에도 중국공산당은 공식 신문사로 『인민일보(人民日報)』를 설립하였다. 이외에도 중앙텔레비전(中國中央電視臺, China Central Television으로 약칭 CCTV), 2016년부터는 국제뉴스를 다루기 위해서

중국국제텔레비전(中国国际电视台)을 세웠다. 지난 20년이 넘는 세월 동안, 중국의 미디어는 자유시장화 되었다. 각 성(省)들은 그들의 신문사, 라디오 및 텔레비전 방송국을 세웠다. 그러나 정치뉴스는 중앙에서 통제한다. 신화통신사는 세계에 여러 지부를 세움으로써 그 활동범위를 국제무대로 확장하였다.

공산당의 인사관리

덩샤오핑의 개혁조치에도 불구하고, 21세기인 지금도 중국공산당의 구조는 여전히 매우 수직적이며, 권력이 고도로 중앙에 집중되어있다 (표 3.1 참조). 중국공산당은 두 개의 핵심 조직을 통해 공산당 내부를 관리하고 사무를 처리한다. 첫 번째가 중앙위원회 조직부(中央委員會組織部, Organization Department)이다. 조직부는 베이징 중심가의 알려지지 않은 건물에 그 본부가 있다. 조직부에서는 승진 대상 인물, 승진 기준, 훈련 프로그램 내용 등 인사에 대한 의사결정을 한다. 두 번째는 중앙기율검사위원회(中央紀律檢查委員會, 약칭 중기위[中纪委])가 있다. 중앙기율검사위원회에서는 "부패를 근절함으로써 어떻게 공산당 자체 내부를 감시하는가"라는 민감한 문제를 다룬다. 중기위는 2012년 이래 특별히 중요해졌는데, 반부패운동의 일환으로 시진핑 집권 초기 전직 중앙정치국 위원이었던 보시라이(薄熙來)와 저우융캉(周永康)의 낙마를 종용하였다.

중국공산당은 궁극적으로는 법 위에 존재한다. 이렇듯 중국공산당은 중국사회에서 독특하고, 특권적인 역할을 누리고 있다. 그렇다면 여기에서 "어떻게 그 자신을 신뢰받는 조직으로써 운영할 수 있을 것인가"

표 3.1 중국공산당의 운영 구조*

5년마다 열리는 당대회(정식명칭은 '전국대표대회'이며 '전대'라는 약칭이 있음, Party Congress)가 있음. 구성원들은 중국공산당 내에 존재하는 여러 수준의 당대회 조직에 속하는 사람들 중 중앙당에 의해 선출됨.

중앙위원회(Central Committee)가 있음. 전대의 구성원 중에서 선출됨. 203명의 정위원과 172명의 후보위원이 존재함 (일상적인 업무는 당 중앙의 기구인 대외연락부, 선전부, 판공청, 각종 공작실 등의 보좌를 받음).

중앙정치국(Full Politburo)이 있음. 25명으로 구성됨. 중앙위원회 전체회의 구성원 중 선출됨 (이들 지도자들에 대한 일상적인 보고, 지도자들의 업무안배 등과 같은 일을 담당하는 서기처의 보좌를 받음).

중앙정치국 상무위원회(Standing Committee of the Politburo)가 있음. 7명으로 구성됨. 중앙정치국 구성원 중 선출됨.

* 2018년 기준.

라는 문제가 즉각적으로 제기된다. 그 중심에는 '부패'문제가 자리 잡고 있다. 당 지도자들은 부패문제의 심각성에 대해서 잘 알고 있다. 원자바오 총리는 부패문제가 공산당의 정당성에 가장 중대한 위협을 가하는 요소 중 하나가 되었다고 말했다. 2005년에만 3만 2,000명이 넘는 공무원들이 조사를 받았으며, 총 GDP의 13~16퍼센트나 되는 가치가 공무원들이 직위 남용을 통한 개인적인 사리사욕을 위해서 소비되었다 (Hung, 2006). 중기위는 부패문제를 해결하는 데 있어서 최전방에 서 있다. 중기위는 성(省), 시(市) 등 지방 조직에서부터 중앙정치국에 이르기까지 모든 조직에 속한 관료들을 지위고하를 가리지 않고 조사한다. 그리고 유죄로 판단되는 관리들을 해임하고, 재판에 넘길 수 있다.

신화통신에 따르면, 2012년과 2017년 사이에 120만 명에 대한 징계조치가 취해졌고, 114만 명이 처벌되었으며 그중 240명은 고위 관료였다 (Xinhua, 2017).

사실 중국지도부 내의 부패는 그들 사이에서는 그리 문제될 것은 아니다. 경제협력개발기구(OCED: Organization for Economic Cooperation and Development)에 의하면 부패의 전형적인 의미는 개인적 사리사욕을 위해서 공식 직위를 오용하는 것이다. 하지만 중국정치 시스템 내에서 이루어지는 유착과 특혜는 고질적인 문제이다. 중국이 점차 부강해지면서 이러한 문제들은 통제하기 더욱 어려워졌고 돈에 매수되는 관료의 문제는 충격적인 수준에 이르렀다. 1990년대 시진핑은 남부 해안에 위치한 푸젠(福建)성의 당 지도부에 속해있었다. 이때 그는 인터뷰에서 사람들은 돈을 벌기 위해서 정치에 입문하지 말아야 한다고 했다. 하지만 이것이 바로 중국정치인들이 자행하고 있는 행위들이다. 『뉴욕타임즈』와 블룸버그 통신 기자들은 2012년 원자바오와 시진핑 가족들이 해외에 엄청난 자산을 소유하고 있다는 증거를 찾아냈다. 이 시기 중국에서는 권력 교체가 이루어지고 있었다. 원자바오의 경우 미 달러로 수조원의 은닉재산을 소유하고 있었다. 과거에 중국공산당은 중국 사회에서 불평등과 부패를 일소하겠다고 다짐하며 권력을 거머쥐었다. 하지만 약 60년 뒤 중국공산당 관리들이 수십만 달러의 해외 자산을 소유하고, 일부는 이를 가지고 도피한다는 것은 참 아이러니가 아닐 수 없다. 외부의 감시와 법에 의한 통치가 존재하지 않는 중국정치 시스템에서 이러한 문제를 해결하는 것은 어려운 일이었다. 하지만 시진핑 지도부는 부패문제를 해결하겠다는 강력한 의지를 보였다.

중국 관료 집단 내 부패를 뿌리 뽑는 것은 간단한 과제가 아니었다. 이것은 중국이 인간관계에 기반하여 운영되는 사회라는 것, 이에 상호

간의 암묵적인 의무가 존재하고 선물을 주고받는 문화가 보편화되어있기에 더욱 그러하다. 중국에는 후한 선물 — 돈(때때로 붉은 봉투에 담아서)이나 귀한 물건 — 을 관리나 의사결정권자에게 제공하는 관행이 오랫동안 존재해왔다. 이러한 관행은 지금까지도 지속되고 있다. 환자들은 의사들에게 수고비를 건네고, 건축업자들은 관리들에게 뇌물을 공여하며, 그 일환으로 관리의 자녀나 친척들을 챙기기도 한다. 정당한 감사 표시와 뇌물의 경계선은 모호하기에 시진핑 정부는 중추절(中秋節)에 관리들에게 월병을 받는 것까지 금지하였다.

중국공산당의 윤리 문제도 존재한다. 후진타오와 시진핑은 인(仁)이 모든 정책의 중심이 되어야 한다고 보았으며, 덕의 가치에 기반한 시스템과 공공서비스를 강조했다. 여기에는 유교의 가치관이 반영되어 있다. 공무원들에게 더 높은 수준의 도덕적 기준을 요구하고 있으며, 이를 내면화할 것을 주문하고 있다. 이에 관리들이 처벌에 대한 두려움에 의해서가 아니라, 그들의 신념에 의해서 공무에 임하기를 바랐다. 현대 중국 유학자인 장칭(蔣慶)은 이러한 유교 윤리의 활용을 환영하였다. 그는 유교의 정신이 다소 엄격하며 전체주의적 성향을 지닌 공산당의 색채를 완화할 수 있다고 보았다. 하지만 중국공산당의 이와 같은 도덕적인 메시지는 모호한 측면이 있다. 왜냐하면 때때로 공산당은 이율배반적인 행위를 보이기 때문이다. 대중들에게 지도자들의 권위를 강조하지만, 또 대중들을 섬겨야 하고, 반체제 인사들과 그의 가족들을 잔혹하게 처벌함으로써 인(仁)이라는 유교적 가치를 위배해야 할 때도 있기 때문이다 (류샤[刘霞]가 그 대표적인 실례임. 그녀는 류샤오보의 아내로 혐의들이 모두 무죄로 입증되었는데도 불구하고 2018년 중반 치료차 유럽으로 이동할 때까지 가택연금에 처해졌음).

공산당의 구조

중국공산당의 엘리트들은 중앙위원회에 속해있다. 이들은 5년마다 열리는 당대회에서 선출된다. 당대회는 1982년부터 5년마다 개최되는 것으로 정례화되었다. 당대회에서 총체적인 최고 권위의 의사결정이 이루어진다. 마오쩌둥 시기에 당대회는 간헐적으로 열렸다. 심지어 1959년에 제8차 당대회가 개최된 이후 10년간 열리지 않았다가, 1969년에서야 제9차 당대회가 열렸다. 마오쩌둥 시기 당대회는 정치적 중요성이 없었다. 그저 최고지도자의 결정에 찬성하는 거수기 역할을 했을 뿐이다. 하지만 덩샤오핑 시기 헌법 개정과 함께 당대회는 적어도 정례적으로 열리기 시작하였으며, 보다 유의미한 기능을 하기 시작하였다. 2002년 제16차 당대회에서 후진타오와 원자바오가 각각 총서기와 총리로 선출되면서, 이들은 권력을 잡았다 (국가기구의 국무원의 지도자인 총리는 다음 해 3월에 개최되는 전국인민대표대회를 통해서 임명된다 – 역자 주). 한편 2012년 말 제18차 당대회는 중요한 정치적 행사로서, 시진핑 지도부로 권력이 이양되었기 때문이다. 그의 권력은 제19차 당대회에서 강화되었으며, 2017년 시진핑과 리커창(李克強) 총리를 필두로 새로운 지도부가 부상했다. 중앙위원회는 대략 200여 명의 정위원과 150명의 후보위원(후보위원은 오로지 몇몇 중앙위원회 전체회의에 참석할 뿐임)으로 구성된다 (표 3.2 참조). 중앙위원회 위원들은 현대 중국의 권력을 거머쥔 정치엘리트라고 할 수 있다. 중앙위원회는 지방의 지도자들, 27개의 중앙부처 수장들 (제4장 참조), 군부지도자들, 국영기업의 수장들 사이의 정치적 균형을 고려하면서 구성된다. 현재 중국정치의 권력 구도에 있어서, "누가 실제로 중국을 움직이는가"에 답하기 위해서 첫 번째로 보아야 할 것은 중앙위원회일 것이다 (Bo, 2010).

표 3.2 중앙위원회의 구성

총서기(總書記)

중앙정치국(中央政治局)

중앙정치국 상무위원회(中央政治局 常務委員會)

중앙서기처(中央書記處)

중앙군사위원회(中央軍事委員會)

매 5년마다 열리는 당대회를 통해서 중앙위원회는 중앙정치국 위원들과 상무위원회 위원들을 선출한다. 이들은 엘리트 중에서 엘리트들이다. 중앙정치국 위원들은 총 24명이다. 그 외에도 1, 2명 정도의 후보위원이 존재한다. 중앙정치국 위원들의 구성에 있어서 고려되는 것은 당내, 그리고 중국사회 내에 존재하는 상이한 이해관계 사이의 균형이다. 중앙정치국 상무위원회는 현대 중국정치권력의 핵이라 볼 수 있다. 이곳에는 중국의 모든 핵심적인 의사결정자와 권력자들이 모여 있다. 지금까지 공산당 역사를 보았을 때 상임위원회의 구성원 수는 다섯 명에서 아홉 명 사이였으며, 이 글을 쓰고 있는 시점(2018년 3월)에는 일곱 명이다. 그 구성에 있어서는 조직 간, 세력 간에 균형이 있어야 한다. 그래야만 광범위한 대표성을 지녔다고 말할 수 있기 때문이다. 시진핑 지도부 내 핵심 직위들은 공산당과 군부에 포진되어 있다. 리커창 서열 2위의 총리로서 정부와 행정부 전반의 사무들을 총괄하고 있다. 2017년 새로운 정치국 상무위원들이 부상했다. 암묵적인 나이 제한(7상8하 원칙, 67세까지는 현역이지만 68세부터 물러나는 것을 관례로 해왔음)은 명시적으로 지켜지는 듯했다. 2012년 이래 반부패운동을 주도했던 왕치산(王岐山)이 시진핑과의 긴밀한 관계로 인해 유임될 것이라는 소문이 있었지만, 그가 자리에서 물러났기 때문이다. 하지만 2018년 3월 정

치국 상무위원회 외부의 인사로서 부주석으로 왕치산이 발탁됨으로써, 다시금 권력의 핵심에 올라섰다. 새롭게 유입된 인사 중에는 왕후닝(王滬寧)이 있었는데, 이는 이례적이었다. 왜냐하면 그는 학계 인사나 책략가로 활동했기에 지도자로서의 경험이 부족했기 때문이다. 왕양(汪洋)은 충칭과 광둥시의 당서기를 역임했던 인물로 2012년부터 현재까지 경제사무와 관련하여 부총리로서 높은 권력 서열에 위치해 있다. 한정(韓正)은 그의 커리어 대부분을 상하이에서 보냈으며, 2016년 베이징으로 부름을 받았다. 리잔수(栗战书)는 시진핑과 가까운 인물로 2012년부터 중앙서기처(中央書記處)를 총괄하고 있다. 자오러지(趙樂際)는 중앙위원회 조직부(中央委員會組織部)를 담당하고 있다.

시진핑 시대 지도부는 성공의 척도로서 경제문제보다는 정치문제에 더 집중하는 행태를 보인다. 이념교육이 강화되었으며, 몇몇 공산당 간부들은 그들이 가지고 있는 특혜를 축소해야만 했다. 또한 이전보다는 좀 더 조심스럽게 행동하여 대중의 요구에 보다 적극적으로 반응하고자 했다. 그럼에도 불구하고 시진핑은 수많은 관리들을 숙청했다. 시진핑은 2012년 당 비서직과 중앙군사위원회 주석직에 취임하였으며, 2013년에는 국가주석이 되었다. 이에 그치지 않고 그는 2016년 지도부의 '핵심'이라 칭함을 받았다. 이러한 칭호는 장쩌민에게 주어진 적이 있으며, 당시에는 상당히 상징적 성격이었다. 시진핑은 또한 개혁영도소조를 포함한 다수의 중요한 영도소조(領導小組, small leading groups)의 조장(組長)을 맡고 있다. 영도소조는 일종의 태스크 포스(task force)로 중요한 정책들이 결정되고 논의되는 곳이다. 일례로 개혁영도소조에서는 거시경제와 개발에 관련된 정책들이 결정되며, 타이완과 홍콩 문제 역시 다루어진다. 2014년 시진핑은 국가안전위원회(国家安全委员会)를 설립하였는데, 이러한 성격의 기구는 이전에는 존재하지 않았다. 2018년 전국인민대표대회(全国人民代表大会)가 개최되기 전, 중국정부는 5년씩 두 번의 임기만을 허용했던 기존의 국가주석 임기제한을 폐기한다고 선언하였다. 그리고 이 안은 이후 3월에 개최된 전국인민대표대회에서 통과되었다. 이러한 움직임은 시진핑이 영구 집권을 하겠다는 의지를 갖춘 것으로 보였다. 특히 제19차 당대회에서 새로운 정치국 상무위원들이 구성되었는데도 불구하고, 그의 뒤를 이을 후계자가 명백하게 부상하지 않았기에 더욱 그러했다.

중국공산당 당원은 2018년 기준으로 약 8,800만 명에 이르지만, 사실 중국공산당을 실제로 움직이는 자들은 겨우 몇 천 명에 지나지 않는다. 또한 공산당의 서열 구조는 놀랍게도 수직적이다. 권력의 자리까지 오르는 것은 쉽지 않다. 권력의 자리로 승진하기 위해서는 맡은 모든 위치에서 당 지도자들에게 좋은 평가를 받아야 한다. 맡은 임무가 국영기업의 경영직이든, 지방정부나 중앙부처의 어떤 자리이든 말이다. 간부들에게는 쉬운 것에서부터 어려운 것까지 여러 종류의 임무가 부여된다. 임무는 매년 다른 형태로 주어지며, 그 성과에 따라서 간부들은 평가받는다. 비교적 쉬운 업무로 분류되는 것들은 사회적, 정치적 임무들이다. 최근에는 여기에 복지와 관련된 임무들이 추가되었다. 2017년 지도부가 한때 오직 GDP 목표 달성만을 위해 존재했던 일부 임무들을 보다 복잡한 성격의 임무들로 대체했기 때문이다. 어려운 임무들 중에는 2020년까지 GDP를 목표 수준까지 끌어올리는 것과 관련이 있으며, 세금을 징수하여 중앙정부에 보내는 것도 포함한다. 그 결과, 환경오염 문제의 심각성이 점차 부각되고 있는데도 불구하고 중국 관료들은 환경오염 문제에 신경을 쓸 겨를이 별로 없다. 그런 와중에도 중국 관료들의 급료는 놀라울 정도로 낮다. 그들은 위대하고 강한 국가를 운영하는 데 동참한다는 것에서 만족을 얻도록 요구받는다. 특히 이러한 메시지는 시진핑 집권기에 계속해서 강조되고 있다.

위에서 언급한 조직들 이외에도 공산당 내에는 여러 중요한 부서들이 존재한다. 공산당 내에는 조직부(中央委員會組織部)와 중앙기율검사위원회(中央紀律檢查委員會, 약칭 중기위[中紀委]) 이외에도 기타 중요한 부서들이 있다. 우선 중앙정법위원회가 있다. 중국공산당은 중앙정법위원회(中央政法委員會)를 통해서 법체제 관련 업무를 처리한다. 또 사회 내에 존재하는 여러 이해관계 간의 균형을 유지하고, 사회적 정의를 실현하는 등의 일을 한다. 한편 대외연락부(中央對外聯絡部)가 있다. 대외연락부는 해외에 존재하는 각 국가의 정당과 중국공산당 사이 관계에 관한 업무를 처리한다. 중앙위원회 산하에는 그 밖에 여러 산하 기구들(표 3.3 참조)이 존재한다. 시진핑 집권 하에서 이러한 영도소조체제는 더욱 확대되었는데, 시진핑 자신은 사이버 안보 및 개혁과 관련된 영도소조의 조장을 맡고 있기도 하다.

각 기구들은 경제에서부터 대외 관련 업무까지 다양한 분야를 망라하며, 각자의 영역에서 지도적인 역할을 한다. 중앙위원회 산하의 조직들은 중앙부처의 수장들과 중앙정치국 위원들의 조그만 모임이라고 볼 수 있다. 이러한 중앙부처의 수장들과 중앙정치국 위원들은 국가정책의 핵심영역에 영향력을 행사할 수 있는 사람들이다. 당과 정부인사들 간 어느 정도 상호접촉이 이루어지는 곳도 중앙위원회 산하 조직들이다. 중앙위원회 산하 조직들의 기능에 대해서 알려진 바는 거의 없다. 더군다나 그 내부에서 이루어지고 있는 회의에서 구체적으로 어떤 것들이 논의되는지에 대해서는 알려진 바가 더욱 없다.

중국에도 여느 나라와 같이 중화인민공화국 헌법이 존재한다. 헌법은 그 이전에도 있었으나, 1982년 통과된 개혁헌법이 유의미하다. 그 이후에도 헌법은 몇 차례 개정되었다. 중국에는 헌법뿐 아니라, 중국공

표 3.3 중국공산당 중앙위원회 산하 기구들

중앙판공청(中央辦公廳)

중앙조직부(中央組織部)

중앙선전부(中央宣傳部)

중앙대외연락부(中央對外聯絡部)

중앙통전부(中央統戰部)

중앙정책연구실(中央政策研究室)

중앙타이완공작판공실(中央台灣工作辦公室)

중앙대외선전판공실(中央對外宣傳辦公室)

중앙보밀위원회판공실(中央保密委員會辦公室)

중앙당교(中央黨校)

『인민일보(人民日報)』사(社)

『구시(求是)』잡지사(雜志社)

중앙당사연구실(中央黨史研究室)

중앙문헌연구실(中央文獻研究室)

중앙편역국(中央編譯局)

산당의 당장(黨章)이 존재한다. 당장에서는 공산당 당원들이 지켜야 할 책무와 규칙들이 정해져 있다. 중화인민공화국 헌법과 중국공산당 당장은 동등한 권위를 가지며, 이 두 개에 의해서 중국 권력의 지형은 형성된다. 그러나 헌법에는 중국공산당 당장에 대한 언급이 없고, 반대로 당장에는 헌법에 대한 언급이 없다. 21세기의 중국에 있어서 놀라운 것은 당과 정부 사이의 구분에 대한 명확한 서술이 그 어느 곳에도 존재하지 않는다는 것이다. 이는 모두가 중화인민공화국의 황금 규칙을 이미 알고 있기 때문일 것이다. 그것은 실제적인 권력이 정부에 있는 것이 아니라 공산당에 있다는 것이다.

글상자 3.2 전국인민대표대회(全國人民代表大會)

2012년까지 총 18차례의 전국인민대표대회가 개최되었다. 전국인민대표대회는 지난 약 90년 동안의 중국공산당이 거쳐 왔던 여러 경험들을 반영하고 있다. 첫 번째 인민대표대회는 상하이에서 9일 동안 개최되었고, 1921년 인근의 저장(浙江)에서 열렸다. 제6차 전국대표대회는 모스크바에서 열렸는데, 이때 당시 중국공산당은 생존을 위해 고군분투 하고 있었기에 그 규모는 작았다. 이후 약 10여 년의 세월 동안 전국인민대표대회는 개최되지 못하였으나, 1945년 새로운 시대를 맞이함과 동시에 제7차 전국대표대회가 열렸다.

제7차 전국인민대표대회, 1945년, 옌안 – 마오쩌둥을 당의 지도자로 최종 확정함.

제8차 전국인민대표대회, 1956년, 베이징 – 우파를 척결한 반우파운동(反右運動) 직후 개최되었으며, 이때는 대약진운동 전이었음. 공산당이 집권한 이후 개최된 최초의 인민대표대회임.

제9차 전국인민대표대회, 1969년, 베이징 – 중화인민공화국 역사상 가장 폭력적인 시기였던 문화대혁명의 종언을 공식적으로 선언함. 린뱌오를 마오쩌둥의 후계자로 지정함.

제10차 전국인민대표대회, 1973년, 베이징 – 4인방의 극단적인 통치가 극에 달했을 때임.

제11차 전국인민대표대회, 1977년, 베이징 – 덩샤오핑이 복직함.

제12차 전국인민대표대회, 1982년, 베이징 – 덩샤오핑의 개혁개방이 확정됨. 중국공산당 중앙주석직과 부주석직은 폐지되었으며, 당서기를 핵심지위로 정함.

제13차 전국인민대표대회, 1987년, 베이징 – 덩샤오핑이 공식적으로 은퇴하였으며, 제3세대 지도부가 부상함.

제14차 전국인민대표대회, 1992년, 베이징 – 1989년 천안문사건 이후 개최된 전국인민대표대회로, 개혁개방의 원칙을 다시 한번 공고히

계속

함. 장쩌민이 당의 지도자로 확정됨.

제15차 전국인민대표대회, 1997년, 베이징 – 국영기업 개혁이 한창 진행 중이었음.

제16차 전국인민대표대회, 2002년, 베이징 – 후진타오가 4세대 지도부의 핵심으로 부상함. 사영기업가에게도 공산당 입당이 허용되었음.

제17차 전국인민대표대회, 2007년, 베이징 – 후진타오의 과학발전관이 당헌에 포함됨.

제18차 전국인민대표대회, 2012년, 베이징 – 5세대 지도부의 등장. 시진핑이 중국공산당 당서기로 임명됨.

제19차 전국인민대표대회, 2017년, 베이징 – 당헌에 시진핑 사상이 포함되었으며, 이는 1945년 마오쩌둥 사상 이래 '사상'이라는 수식어가 붙은 지도자의 지도이념이 당헌에 최초로 포함됨.

21세기: 공산당의 당원이 되는 것

중국사회에서 중국공산당이 구가하고 있는 힘의 핵심에는 공산당원이 있다. 중국공산당원의 수만 8,800만 명이다 (표 3.2 참조). 따라서 공산당 내 이념적, 그리고 조직적 통일성을 유지하는 것은 중요한 문제이다. 과거에 공산당은 개혁을 얼마만큼의 속도로 진행할 지, 어떤 분야를 개혁할 것인지, 당과 정부관계를 어떻게 규정할 것인가 등 여러 주요한 이슈를 놓고 여러 분파로 나뉘어 격론을 벌인 적이 있다. 이를 제외하고는, 1990년대 이래 공산당 내부에서는 공산당을 어떻게 현대화할 것인가에 대한 주제를 놓고 활발한 논의가 진행 중이다.

중국공산당 중앙당교(中央黨校, Central Party School)는 이화원(頤和園) 근처에 위치한 베이징 교외에 있는 조직이다. 중앙당교는 이중적인 역할을 담당한다. 우선은 싱크탱크로서의 역할을 하며, 다음으로는 고위급 당 간부들을 당 차원에서 훈련하는 임무를 담당한다. 중앙당교 는 정치적으로 중요한 조직이다. 그 중요성은 전(前)국가주석이었던 후 진타오와 현 국가주석인 시진핑(習近平)이 중앙당교 교장이었다는 사 실에서 증명된다. 지금은 천시(陈希)가 중앙당교 교장을 맡고 있다. 중 앙당교에서는 합숙 프로그램이 동반된 교과목 과정을 운영하기도 한다. 그중 몇 개는 수개월 간 지속된다. 중앙당교 교과에서는 이념 및 공산당 창당 역사 및 행정, 기능적인 문제들을 어떻게 다루는지 등을 다룬다. 이처럼 교육과정에는 차관급까지의 인사들이 참여하며, 후진타오 하의 공산당은 '배우는 공산당'으로 고위 인사들에게 평생학습에 참여하도록 장려한다. 중앙당교는 중국공산당에게 있어 프랑스의 에꼴(écoles), 영국 의 옥스브리지(Oxbridge)제도와 같이 행정 엘리트를 양성하는 효과적 인 수단이었다. 이렇듯 현재의 공산당 지도자는 중국과 같이 크고 복잡 한 나라를 운영하는 데 필요한 양질의 훈련과 교육을 받았고, 따라서 이 전 세대 지도자들보다 더 많은 준비가 되어 있다고 말할 수 있을 것이다.

공산당 내 분파

1978년 이래 개혁개방이 진행되면서, 외부세계의 중국공산당에 대한 지 식은 점차 증가하였다. 이전에는 중국공산당은 단순히 모든 문제에 대해 서 통일된 관점을 가진 집단이라 인식했다. 하지만 그것은 중국공산당에 대한 오해였다. 중국공산당 지도부 내부에는 몇몇 중요한 분파가 있다. 1980년대와 1990년대에는 전면적인 개혁개방에 대해서 저항하는 집단 이 있었다. 이들은 각자 그 정도는 다르지만, 더욱 정통적인 사회주의가

재도입되어야 한다고 생각하였다. 이들 중 한 사람이 이데올로기 이론
가인 덩리췬(鄧力群)이다. 1990년대 말 국영기업(SOEs)에 대한 구조조
정이 진행되고 있었고, 덩리췬은 이에 대해 소위 '10,000자 논설'이라고
불리는 글을 썼다. 그는 중국공산당에게 그토록 많은 사람들을 안정된
직장에서 몰아내고, 국가 복지체제를 붕괴시킬 권리가 없다고 주장하였
다. 한편 1982년부터 몇 년간 외국 사상의 폐해를 부르짖으며, 매년 사
상 오염과 부르주아적 자유주의에 대항하자는 운동을 벌이는 사람들도
있었다. 2012년 초 세계은행(World Bank)과 국무원 소속 발전연구센
터(發展硏究中心, DRC: Development and Research Council)는 공동
보고서를 통해서 2030년까지 중국은 보다 자유로운 시장 질서를 구축해
야 한다고 주장하였다. 이에 대하여 1,600명이 넘는 좌파 경제학자들과
학계 인사들이 이를 반박하는 글을 발표하였다. 그들은 국가가 경제에
관여하는 것을 찬성하였고, 몇 개의 핵심 그룹들이 경제의 향방을 지도
해주길 바랐다. 이와는 달리 세계은행과 발전연구센터는 중국은 보다 적
극적으로 시장을 자유화해야 하며, 사회와 행정 전반에 있어 개혁을 추
진해야 한다고 보았다. 이렇게 함으로써 중국은 2030년까지 '높은 수입,
창의적이고 조화로운 혁신사회'를 건설할 수 있다는 것이다. 좌파적 성
향을 가진 비판가들에게 이러한 조치는 외세의 영향에 굴복하고, 중국의
사회주의적 유산을 배신하는 행위로 비추어졌다. 왜냐하면 이러한 조치
는 불평등의 문제를 통제할 수 없는 수준까지 더욱 악화시킬 것이기 때
문이다. 이렇듯 우익과 좌익의 문제는 여전히 현재의 공산당 내부에서도
계속해서 존재한다 (World Bank, 2012).

1990년대와 2000년대에 중국의 엘리트 지도자들 간의 연관관계를
이해하기 위해서 사용되었던 모델이 있었는데, 그것은 분파에 의해 그
들의 관계를 분류한 것이었다. 우선 '상하이방(上海幇)'으로 알려진 집

단이 있다. 이들은 전(前) 공산당 총비서였던 장쩌민과 연관관계를 가지고 있다. 상하이방은 상하이에서 관료로서 활발히 활동했던 사람들이 모인 집단이다. 이들은 특정한 사고방식을 가진 것으로 알려져 있다(하지만 이들과 같이 일했던, 또는 이들을 개인적으로 알고 있는 사람들을 제외하고는 누구도 이러한 사고방식이 정확히 어떠한 것인가를 세부적으로 알지 못함). 두 번째로 공청단파가 있다. 이들은 공산주의청년단(共産主義青年團, China Youth League, 약칭 '공청단')이라는 조직에 속했던 사람들이다. 대표적으로는 후진타오가 있으며, 리커창 역시 어느 정도 공청단과 관련되어 있다. 둘 다 젊은 시절, 공청단에 몸을 담았으며 공청단 청년들과 차기 지도자들 사이에 형성되어 있는 뛰어난 조직력의 혜택을 보았다. 세 번째로 청화대 출신파가 있다. 물론 청화대를 졸업한 자들로 구성되어 있다. 네 번째로 태자당(太子党)이 있다. 이 조직은 고위급 지도자를 부모나 친척으로 둔 사람들로 구성된다. 이 밖에도 특정 지역이나 부서와 연관된 분파가 존재한다. 이렇듯 여러 분파들이 중국공산당 지도자 그룹 내에 형성되어 있다. 또한 특정 지역이나 부서와 관련된 파벌도 존재한다. 특히 저장성(浙江)파가 그러하다. 동부 해안에 위치한 지역으로 시진핑이 저장성 당서기로 2002년에서 2007년 동안 있었다. 이 저장성 출신들은 시진핑 시기 중요한 세력으로 부상했다. 하지만 이와 같은 여러 분파에 따른 해석들은 일관성이 다소 부족했다. 왜냐하면 분석 대상들 거의 모두가 서로 업무적으로 아니면 친인척 관계로서는 연관되어 있었지만, 이념적 통일성을 보이지 못했기 때문이다. 중국 엘리트정치를 분석할 때 이 분파모델의 가장 큰 문제점은 많은 엘리트들이 여러 분파에 동시에 속하고 있다는 것이며, 어떤 인물은 위에서 열거된 모든 분파에 속하기도 한다는 점이다. 이에 현대 중국정치를 파벌의 맥락에서 이해하는 것이 얼마나 의미 있는지는 불분명하다. 이것은 2017년 상임위원회 위원들이 다양한 출신 배경을 지녔기에 더욱 그러하다. 왕후닝은 상하이방이나 장쩌민 계열로 분류될 수 있다. 한정 역시 비슷하다. 하지만 리잔수와 자오러지는 시진핑과 함께 일했던 경험이 있는 것 외에는 분파모델의 어느 곳에도 명확히 속하지 않는다. 시진핑파가 있다는 주장 역시 설득력이 다소 부족하다. 왜냐하면 한정과 같은 인물은 이전에 시진핑과 가까운 관계가 아니었기 때문이었다. 이로부터 내릴 수 있는 최선의 결론은 중국 고위 정치 지도부 내부의 협동과 이해관계는 이해하기 어렵다는 것이다. 왜냐하면 이를 설명해 줄 수 있는 공개된 실증 자료가 부족하기 때문이다.

공산당의 신념은 무엇인가?

많은 사람들은 현재의 중국을 탈(脫)공산주의 국가, 또는 류샤오보(劉曉波)의 말에 의하면 탈(脫)전체주의 국가라고 보고 있다. 즉, '중국공산당'에서 '공산(共産)'은 그저 허명일 뿐이라는 것이다 (Liu, 2012). 현재 중국을 지배하고 있는 것은 무자비한 시장자본주의 원리이며, 마르크스주의는 저기 높은 곳에 있는 정치엘리트들 사이에만 회자되고 있을 뿐, 일상생활과 마르크스주의는 아무 연관이 없는 것처럼 보인다. 이러한 이면과는 대조적이게도 중국공산당에서는 전국에 걸쳐 존재하는 약 2,000여 개의 당교(黨校)를 통해 사상교육에 엄청난 노력을 기울이고 있다. 이념은 마오쩌둥, 덩샤오핑, 장쩌민을 거쳐 연속해서 형성되어 온 것으로, 중국공산당에게 이념은 매우 중요하다. 후진타오 시대에도 이념은 중요한 것이었다. 후진타오와 제4세대 지도부는 '과학적 발전론'이라는 것을 주창함으로써 중국 색채의 마르크스주의를 형성하는

데 공헌하였다. 그리고 '과학적 발전론'은 2007년 국가 헌법에 포함되었다. 시진핑 시기에는 1978년 이래 당원들의 일체감과 사상적 충성을 진작시키기 위하여 그 어느 때보다도 큰 노력이 투입되었다. 당원들에게는 시진핑의 고유 사상인 '새로운 시대를 위한 중국의 특성과 함께 사회주의에 대한 사상(習近平新時代中國特色社會思想)'이 주입되었다. 그의 사상은 '시진핑 사상'으로 대대적인 축하 분위기 속에 2017년 말 당헌에 포함되었다.

중국 엘리트 정치지도자들의 연설을 보면, 그 내용은 '중국적 사회주의의 기치를 높이 들고', 또는 '중간 소득 수준의 전면적인 조화사회 건설' 등의 용어들로 빼곡하게 차 있다. 그리고 다수의 공산당원을 포함한 대다수의 중국 인민들은 이러한 연설을 마치 자신들과는 상관없다는 듯 냉담한 태도로 대한다. 이러한 연설들을 지칭하는 '관화(官話)'라는 용어도 생겨났다. 또 공산당 지도자들은 슬로건과 공산당 전문용어들로 가득 찬 종종 부자연스러우며 정형화된 형태의 중국어를 사용한다. 이것은 공식적인 그들의 언어이다. 거리에서 사용되는 생동감이 넘치는 저속한 언어와는 다른 것이다. 이렇듯 공산당 권력 구조와 지도자들의 언어만 보아도 공산당 내 수직적 위계 구조의 상부와 하부에 위치한 자들 사이에는 엄청난 공백이 존재한다는 것을 알 수 있다. 중국공산당과 정부의 엘리트 지도자들이 말하는 방식만 보아도 그러하다. 엘리트 지도자들은 웅변적이면서도 동시에 감정적인 요소를 배제한 언어를 구사한다. 특히 후진타오는 진중하면서도 간접적인 화법을 구사한 것으로 유명하다. 이에 비해서 시진핑의 화법은 사뭇 다르다. 2014년과 2017년 시진핑은 자신의 이름으로 두 권의 책을 출판했는데, 그 책에서 그는 보다 직접적이고, 자전적이며 생생한 언어를 구사했다. 이것은 2013년 시진핑이 말한 대로 '중국의 이야기를 구사하기 위함'이었다 (Xi, 2014, 2017).

사진 3.2 시진핑, 1953년생

시진핑은 2012년부터 중국공산당 당서기를 역임하였으며, 2013년에는 국가
주석으로 취임하였다.

출처: Getty Images; Pool/Pool

이념은 중국공산당 지도자들 사이에서 일반적으로 받아들여진 엘리
트들만의 의사소통 방식이다. 이러한 측면에서 이념의 기능은 중세 유
럽 교회에서 사용했던 라틴어의 그것과도 같다. 둘 다 모두 실제 세계를
사는 대다수의 사람들에게는 아무런 의미도 없지만, 지도자들 사이에서
는 논쟁의 여지가 없는 공통의 담화로서 기능한다. 라틴어 사용이 그러
하였듯이, 이념을 통한 의사소통은 불편하다. 그렇다고 해서 이념을 버
리는 것은 현재로서는 정치적 위험이 너무나 크다. 그래서 공산당은 이
념을 굳게 지키고 있다. 이념에서 근본적으로 강조하고 있는 것은 경제
발전을 통한 물질적 행복의 달성이다. 티베트, 신장 소수민족 자치구 등
껄끄러운 민족과 관련된 문제들은 경제발전의 우선적 추진이라는 목표

에 선점된다. 21세기 중국공산당의 핵심 신념 중 하나는 인간 본성은 고도로 물질적이라는 것이며, 과학은 모든 것을 통제, 해결할 수 있는 힘이 있다는 것이다. 종종 외국에서는 인권 문제를 들며 중국공산당을 비판할 때가 있다. 이때 보통 중국공산당 지도자들은 "적어도 중국공산당은 인민의 배를 채워주었다"라며 반박하곤 한다. 그들이 보았을 때 경제적인 성공이 중국공산당 성과에 대한 평가에 있어서 핵심적 위치에 있어야 한다는 것이다. 여기에서 대약진운동 실패 이후 겪어야 했던 대량 기아사태에 대한 중국의 트라우마를 발견할 수 있다. 2017년 통계에 의하면 여전히 5,500만의 중국인들이 미국 달러로 하루 2달러 미만의 수입으로 근근이 살아간다고 한다. 하지만 지난 30년간 중국정부는 이보다 더 많은 사람들이 가난에서 벗어날 수 있게 하였으며, 이는 그 어떤 국가의 정부도 해내기 힘든 성취였다.

　1990년대 말부터 중국사회 전체에 더욱 일관된 이념적 시각을 부여하려는 공산당의 시도가 성공했는지에 대해서는 매우 의심스럽다. 제8장에서는 이에 대해 좀 더 자세히 알아보고자 한다. 시진핑은 2012년 1월 중앙당교에서 개최한 한 회의에서보다 많은 이념적 지도와 훈련, 그리고 보다 건전한 사상교육이 교수들과 학생들에게 필요하다고 말했다. 이것은 특히 인터넷을 지칭하는 것이었다. 인터넷은 구속에서 해방된 무질서와 위협의 공간으로 비추어졌다. 중국공산당에게는 인터넷에서 어떤 것을 허용할 것인지, 그리고 무엇이 토론의 영역 밖에 속하는 것인지 판독할 필요성이 있었다. 시진핑 집권기 '인터넷 주권'의 개념이 부상했다. 이것은 인터넷에는 일정 수준의 필터링과 통제가 필요하다는 것으로 그 결과 중국에서는 페이스북, 트위터, 구글 접속이 불가능하다. 2014년 중국 대학가에서는 서구의 자유주의와 서구적 형태의 정치체제를 반대하는 운동이 일어났다. 2013년 공산당은 한 문서를 통해 양원제나 정당 간 경쟁을 허용하는 등의 서구적 민주주의를 논하는 자들에 대해 무관용 원칙으로 대할 것임을 밝혔다. 특히 서구의 가치를 지지하는 '서구적 보편주의'에 대한 반대 의사를 분명히 했다. 새롭게 변모하는 네트워크 세계에서 이념 투쟁은 공산당에게 가장 어려운 과제이다. 하지만 동시에 매우 중요하기에 많은 시간과 노력을 투자해야 할 대상이기도 하다.

공산당 총서기는 공산당의 이념을 대표하며, 최종적이고 오류가능성이 거의 없는 존재이다. 후진타오의 최대의 공헌은 '과학발전관'을 내세운 것이었다. (물론 그의 연설 원고를 작성한 이론가의 공헌이기도 하지만) 과학발전관에서 중국공산당은 국가영역과 비국가 영역의 적절한 조화를 통해 중국사회 내에 존재하는 불평등 문제를 해결할 수 있다고 주장한다. 과학발전관에서 강조하는 것은 안정과 조화이다. 그리고 과학발전관 근저에 존재하는 전제는 중국사회는 변증법적 발전단계를 거친다는 것이다. 변증법적 발전단계에서 불안정한 단계는 당연히 존재한다. 이 단계에서 혼란은 가치 있는 것이다. 이러한 불안정한 단계는 영광스러운 통합 과정을 거치게 되고, 그럼에 따라 혼란은 점차적으로 해결된다. 이러한 종류의 변증법적 발전론은 마오쩌둥의 저작에서도 찾아볼 수 있다. 과학발전관은 다소 투박해 보인다. 하지만 이는 모든 사회적, 또는 환경적 비용을 감수해서라도 GDP를 진작시키는 데에만 집중하는 정책은 지속가능하지 않다는 문제의식에서 유래되었다. 과학발전관은 당과 정부가 추구해야 할 새로운 기준점을 제시했다. 그리고 이 과학발전관은 시진핑 집권기에 '생태문명'과 '지속가능한 발전'이라는 개념들로 대체되었다. 2014년 시진핑은 '네 개의 전면(四個全面戰略布局)'을 슬로건으로 내세웠다.

'네 개의 전면'은 주로 공산당과 중국사회 사이에 존재하는 간극의 문제를 해결하기 위해 제시되었다. 이 간극은 후진타오 시대 심화되었으며, 관리들의 부패와 경제적 이익을 창출하는 데에 남용된 권력으로 인해 더욱 그러하였다. 중국공산당은 통치의 정당성을 증명해야만 했다. 중국공산당은 창당 100주년이 되는 2021년까지 경제·사회·인민민주·과학 등 전 분야에 대한 현대화를 진행하는 한편, 미래 30년의 중장기 목표 달성 계획을 발표하였다. 이를 효율적으로 성취하기 위해서 보다 청렴한 이미지를 대중에게 어필할 필요가 있었다. 덩샤오핑 시대에 주창되었던 네 개의 현대화를 연상시키듯, 시진핑 지도부는 새로운 출발선상에서 개혁을 추동하고자 하였다. 이를 위해 정의, 애국심, 공정과 믿음과 같은 '사회주의 핵심 가치'를 기치로 내걸었다. 시진핑 시기 공무원들은 이에 대한 강도 높은 사상교육을 받았으며, 군 지도부와 미디어 종사자들 역시 그러했다 (시진핑은 2016년 초 CCTV 헤드쿼터를 방문해 위와 같은 가치들을 진작시켜줄 것을 주문했음).

지금까지 중국의 최고 지도자들은 각기 자신의 고유한 사상을 내세웠다. 마오쩌둥 사상, 덩샤오핑 이론, 장쩌민의 세 개의 대표론, 후진타오의 과학발전관, 그리고 시진핑의 새로운 '시진핑 사상'이 바로 그것이다. 이 모든 사상들은 공통점을 향유하고 있는데, 그것은 모두가 강력하고 통일된 중국을 지향하는 민족주의적 색채를 강하게 띄고 있다는 것이다. 이 정당성은 애초에 공산당이 중국의 현대화를 추진하겠다고 천

글상자 3.3 네 개의 전면(四個全面戰略布局)

- 소강사회 건설(建成小康社)
- 전면적 개혁심화(全面深化改革)
- 전면적 의법치국(全面依法治国)
- 전면적 당풍쇄신(全面从严治党)

명했던 선언에서 나온다. 청나라 말기, 근대화의 필요성은 계속해서 제기되었고, 중국인들은 이를 통해 서방이 넘볼 수 없는 '부강한 중국'을 건설하고자 했다. 한 세기 이후, 중국공산당은 마오쩌둥 시대의 "전문가가 되느니 철저한 공산주의자가 되는 것이 낫다"라는 식의 생각에서 벗어나 고도로 숙련된 노동자의 필요성을 재발견하고 있다. 왜냐하면 가장 중요한 것은 국가와 중국공산당에 더욱 강력한 권력과 역량을 전달하는 것이기 때문이다. 마르크스주의와 관련 사상들은 파워 엘리트들에게 중요하게 여겨지지만, 실제로 일부 열성적인 지식인들 사이에서만 그 존재감을 발휘할 뿐이다. 중국공산당이 내세운 사상들은 엘리트들 사이에서 그들이 사용하는 언어에 통일성을 부여하며, 권력을 행사하는 데 있어서도 유용한 도구가 되었다. 또한 이러한 사상들은 중국인들의 생각 속에 통일성을 부여함으로써 막대한 전략적, 정치적 이득을 공산당에게 가져왔다. 중국인들은 자신의 조국이 부강한 국가가 되기를 원한다. 만약 공산당이 이를 성취하기 위한 적절한 능력을 가지고 있다면 그들은 공산당을 기꺼이 지지할 것이다.

민주주의

시진핑 지도부의 부패문제에 대한 정책은 중국공산당 내부를 어떻게 관리할 것인가의 문제가 매우 중요한 문제가 되었음을 보여주었다. 중국공산당은 정치적 권력을 독점하기를 원한다. 그리고 1998년과 1999년에 중국민주주의당(中國民主黨)이란 정당이 당적등록을 하였는데, 이와 같은 시도는 잔인하게 무력화되었다. 웨이징성(魏京生), 쒸원리(徐文立), 그리고 왕단(王丹, 필자의 오기[Wang Dang]를 바로잡은 것임 −

역자 주)과 같은 지도자급 민주주의 운동가들은 모두 국외로 추방당하거나 또는 투옥되었다. 중국의 헌법에는 인민들의 표현의 자유는 보호되어야 한다고 명시되어 있다. 게다가 중국은 UN의 시민적·정치적 권리에 관한 국제규약(ICCPR)에 가입(하지만 비준하지는 않음)했다. 그러나 현실에서는 적극적으로 공산당 이외의 정당을 설립하려고 하는 것은 엄청난 금기사항이다. 오로지 공산당 내에서만 개인은 정치활동을 할 수 있다. 후진타오와 시진핑은 이 금기사항에 도전하는 자는 잔혹할 정도로 처벌했다. 공산당에 대하여 공공연하게 도전하거나 그들만의 고유한 단체를 세우려 시도하는 자들에게 중형이 내려졌다.

하지만 중국공산당에게 있어서 스스로 내부 문제를 어떻게 단속하는가의 문제는 더 이상 회피하기 어려운 문제이다. 인민들의 절대적인 신뢰를 얻기 위해서 내부문제를 해결해야 하고, 내부구조, 규칙, 그리고 규약들을이 무엇인지 인민들에게 보여주어야 했다. 그럼으로써 중국공산당은 스스로가 중국사회에서 누리고 있는 특권을 정당화하고자 한 것이다. 그러할 필요성이 증대하는 이유는 중국사회가 점차 역동적으로 변화하고 있기 때문이다. 중국공산당에게 있어 그 자신의 존재와 내부 운영방식을 정당화하는 것은 매우 중요한 문제이다. 2014년 9월 초 당시 부주석이자 정치국 상무위원이었던 리위안차오(李源潮)는 서구 학자들과의 만남에서 만약 공산당이 인민들에게 더 나은 생활 조건을 제공하지 못하고, 그들의 기대에 부응하지 못한다면 실각하게 될 것이라고 발언한 바 있다. 시진핑을 위시한 지도부 중 누구도 이러한 종류의 사회계약론적 성격의 발언을 한 바 없기 때문이다. 사회계약론은 서구 세계에서 흔히 언급되는 사상으로 지배자와 피지배인 사이에는 암묵적인 계약이 존재한다고 보고 있다. 하지만 중국공산당 지도부는 이에 대해 언급한 바 없으며, 이것은 지난 70년간 권력을 유지했던 중국공산당의 성격인 것이다.

2004년 이래 중국공산당은 내부에 존재하는 난제들을 해결하기 위해 노력해왔다. 그 일환으로 당내 민주주의에 대해 논의한 바 있다. 하지만 시진핑 집권 이후, 이러한 표현들은 덜 언급되었다. 대신 중국몽이라고 하는 장대한 메시지가 중국공산당의 지배적인 모티프가 되었다. 시진핑은 혹시 그가 마오쩌둥과 같은 형태의 권력을 추구하는 지도자가 아닌가라는 의심을 받았다. 그가 엄청난 권력을 추구하고 정치 지형을 지배하고자 하는 행동을 보였기 때문이었다. 그가 계속해서 스스로에게 직함과 직위를 부여하는 데에서 더욱 그러했다. 하지만 그를 마오쩌둥에 빗대는 것은 다소 무리가 있다. 마오쩌둥은 지난 세기 중국의 가장 완벽한 독재자였다. 시진핑은 당내 부패를 척결하고, 규율을 세우며, 신뢰를 회복함으로써 인민들의 지지를 얻고자 마오쩌둥과 같은 전략을 차용했다. 또한 시진핑은 마오쩌둥과는 매우 다른 맥락에서 권력을 행사했다. 시진핑과 그를 위시한 지도부는 마오쩌둥과는 달리 중국공산당이 건강한 방식으로 계속해서 건재할 수 있도록 최선을 다하고 있다. 새로운 중국의 황제는 개인이 아니라 중국공산당 그 자체이다. 이러한 맥락에서 중국공산당 스스로만이 자신을 규제할 권리를 갖는다고 느낀다.

공산당 지도자들이 당 운영 상황을 보다 투명하게 공개하겠다고 하는 것은 상당히 수사적인 표현일 확률이 높다. 2008년 정부는 다양한 창구를 통해 보다 공개적인 거버넌스를 실천하겠다고는 했지만, 아직도 공산당은 매우 불투명하게 운영되고 있다. 예를 들어, 재정은 많은 사람들에게 이해 불가한 영역으로 인식되고 있으며, 어떻게 고위 관료들이 평가를 받고 승진, 또는 강등되는지 불명확하다. 2012년 권력 승계 당시 상황이 대표적인 예이다. 외부에서는 누가 최종 정치국 상무위원 명단에 오를지 예측할 수 없었고, 다만 당대회 마지막 날 그들 한 명 한 명이 붉은 커튼 뒤에서 단상으로 걸어 나올 때에서야 알 수 있었을 뿐이다. 제19차 당대회는 더욱 비밀리에 진행되었는데, 마찬가지 기제로 누가 승진되고, 은퇴할 것인지 미리 알 수 없었다. 때때로 지도부 사이의 의견 불일치가 있을 때 막후에서 단서들이 흘러나와 비로소 공산당이 어떻게 운영되는지에 대한 통찰력을 줄 뿐이다. 하지만 이마저도 시진핑 집권기에 뜸해졌다. 2015년 말 시진핑의 권력욕을 비판하는 두 편의 서신이 잠시 문제가 되기도 했는데, 이 서신은 공산당 내부자가 쓴 것으로 그리 고위급 인사의 것은 아닌 것으로 추정되었다. 그나마 이 서신이 촉발한 논란도 시작도 하기 전에 끝나버렸다.

최근 고위급 엘리트 사이의 갈등이 가장 극명하게 드러난 때는 2012년 2월 이었다. 충칭(重慶)시 부(副)시장이었던 왕리쥔이 청두(成都)에 있는 미국 영사관에 망명신청을 하였다. 이때는 왕리쥔이 고위급 공안 요원에 의해 베이징으로 압송되기 직전이었다. 왕리쥔은 보시라이의 측근인사 중 한 명이었다. 보시라이는 당시 중앙정치국원이었으며, 충칭시 당서기를 역임하고 있었다. 보시라이는 2009년, 2010년 충칭에서 대대적으로 조직 폭력배들을 소탕한 바 있다. 이때 왕리쥔은 보시라이의 오른팔로서 활약했다. 당시 많은 조직 폭력배들이 체포, 수감, 또는 처형당했다. 이렇듯 보시라이와 왕리쥔은 가까운 사이였다. 따라서 왕리쥔이 돌연 미국 망명신청을 시도한 것은 이상해 보였다. 그렇다면 도대체 무엇이 보시라이와 왕리쥔을 갈라놓았을까? 왕리쥔이 청두로 도망간 경위와 베이징으로 압송된 이유는 무엇이었을까? 이 사건들은 한 영국 사업가가 죽임을 당하면서 촉발되었다. 그 영국 사업가는 헤이우드(Neil Heywood)라는 사람으로, 보시라이의 부인인 구카이라이(谷開來)와 비즈니스 관계를 맺고 있었다. 하지만 헤이우드는 2011년 11월 15일 충칭의 한 호텔에서 죽임을 당했고, 그 배후에는 구카이라이가 있었다. 또한 보시라이 일가의 해외 은닉 재산이 십억 달러가 넘는다는 주장이 제기되었다. 이렇듯 그가 저지른 명백한 불법행위는 그를 정치적으로도 곤경에 빠뜨렸다. 당시 보시라이는 인민들 사이에서 인기에 편승하는 정책을 폈는데, 이러한 그의 행동에 대해 다수의 공산당 엘리트들은 심기가 불편한 상태였다.

보시라이 사건은 흥미로운 사실들을 드러냈다. 이 사건은 무감각해 보이고 수수께끼 같았던 지도자들의 진면모를 드러냈다. 그들의 세계도 서구 세계의 정치계와 다를 바 없이 열정, 적대감, 증오, 권력욕과 같은 여러 가지 감정들에 의해 전개되고 있었던 것이다. 보시라이는 충칭시의 지도자로서 인민들의 인기에 편승하는 매우 드문 운동을 전개하고 있었다. 저렴한 가격에 주택을 공급하였으며, 불평등의 문제를 해결하기 위한 일환으로 복지를 좀 더 확대하기도 하였다. 이것은 베이징의 지도부를 불편하게 만들었고, 그는 제거되었다. 그의 낙마는 많은 이들에게 호기로 작용하기도 하였다. 일부 보고에 따르면 2012년 3월 보시라이가 제거되었을 당시 후진타오에게 이에 대해 유일하게 반대한 지도자가 저우융캉이라고 한다. 그 역시 2013년 부패와 권력 남용죄로 2013년 숙청된다. 구카이라이는 2012년 8월 헤이우드 살인혐의로 기소되었으며 유죄 및 사형 집행유예를 선고받았다. 보시라이에 대한 재판은 구카라이의 경우보다 좀 더 세밀하게 진행되었으며, 원래 3일 동안의 재판이 예정되었으나 5일로 늘어났다. 그의 재판의 엄격하게 통제되고 검열되었으며, 보시라이는 자기 자신을 최대한 변호하고자 하였다. 그는 공산당에서 탈당 조치를 당하였으며, 무기징역을 언도받았다 (Garnaut, 2013).

중국공산당 지도자 사이에 살벌한 핏빛 경쟁이 존재한다는 것은 이미 잘 알려진 사실이다. 마오쩌둥 시대에는 한 사람이 당내 주요직위

로 올라가게 되면 그와 경쟁했던 관련 인사들은 궁지에 몰렸다. 1930
년대부터 중국공산당 내부 일부 엘리트들에 대한 숙청은 종종 존재해왔
다. 보시라이의 경우에서 볼 수 있듯이 공산당내 민주주의적 요소를 강
화하고 보다 개방적이고 투명한 기제와 규칙을 세우겠다는 공산당의 표
현은 단지 공허한 구호에 지나지 않는다는 것을 알 수 있다. 중국공산당
은 보다 규칙에 기반을 둔 신뢰할만한 조직이 되겠다고 말하고 있다. 하
지만 공산당은 2007년부터 당에 거슬리는 말과 행동을 하는 인권 변호
사들과 시민운동가들에 대한 탄압을 강화하고 있다. 그 예로 2003년 사
스(SARS) 위기의 존재와 규모를 폭로한 의사 (제2장 참조), 허난(河南)
성의 피로 얼룩진 스캔들을 폭로한 시민운동가들은 모두 공산당의 핍박
을 받았다. 당시 허난성의 스캔들은 현(現) 중앙정치국 위원인 리커창이
허난성 당서기로 재직하던 시절 발생한 사건이었기 때문에 중국공산당
으로서는 은폐하려 했던 것이었다. 이들은 침묵을 강요당했고, 폭로 이
후에는 중국을 떠날 것을 강요받았다. 2014년 쉬즈용(許誌永)은 국가에
혼란을 야기했다는 죄목으로 3년 형에 처해졌다. 그는 공명(公盟)이라
는 단체를 설립한 인물로 인권 보호와 정부의 투명성을 요구해왔다. 그
리고 2017년 그는 석방되었다. 이 밖에 법률가들이 침묵을 강요당하거
나, 위협을 받은 많은 사건들이 발생했다. 2015년 중반에 약 250여 명
의 인권 변호사들에 대한 탄압이 이루어졌는데, 그들 중 많은 수가 자격
증을 박탈당하거나 구금되었다. 풀뿌리 민주주의 운동가에 대한 탄압은
계속해서 지금도 이루어지고 있으며, 정치적인 민간단체에서 일하는 인
사들이 괴롭힘을 당하거나 영업정지를 당하기도 했다. 시진핑 지도 하
의 중국은 조화와 사회적 일치감을 이렇듯 값비싼 대가를 치루가면서
유지하고 있는 것이다.

　이토록 중국공산당이 민감한 이유는 1991년 소련이 몰락하면서 더

욱 그러했다. 이외에도 색깔혁명(Color Revolutions, 중앙유럽과 중앙
아시아의 구 소련 국가에서 공산주의가 붕괴되면서 일어난 일련의 움직
임)과 자스민혁명이 약 10년 후에 일어났고, 2014년 타이완에서는 해
바라기운동이 일어났다. 해바라기운동은 타이완 대학생들이 주도하였
으며, 정부의 지나친 본토에 대한 의존과 이것이 초래할 위협에 대항
한 것이었다. 특히 2014년 말 홍콩에서는 센트럴을 점령하라(Occupy
Central)운동과 우산혁명이 일어나면서 중국지도부는 자신들의 권력을
유지할 수 있을지 조마조마해 했다. 국내적으로는 2008년 티베트에서
소요사태가 일어나 수일동안 해당 지역이 마비되었고, 인근 지역들도
불안에 떨었다. 이러한 상황은 1년 후에 신장에서 발생한 소요사태로 더
욱 복잡해졌으며, 2011년 네이멍구에서도 이와 같은 문제가 발생했다.
이러한 일련의 사건들은 공산당이 더욱 긴장하게 만들었으며, 조심스럽
게 만들었다. 중국의 안정을 유지하기 위해 치러야 하는 대가가 감시와
통제였다면 그것은 가치있는 것으로 여겨졌다. 2008년부터 후진타오
지도부는 '안정'을 위한 정책들을 적극적으로 추진하였고, 그 수단 중 하
나는 체제에 도전하거나 어지럽게 만드는 인사들을 통제하는 것이었다.

위정성(俞正声)은 2012년부터 정치국 상무위원으로 활동하는 인물
이다. 그는 중국공산당이 인식하는 네 가지 종류의 인간 유형에 대해 말
함으로써, 중국지도부의 의중을 짤막하게 밝힌 바 있다. 네 가지 유형에
는 충성스러운 추종자, 물질적 대가를 받고 조건적으로 충성하는 자, 간
혹 불만족스러워하고 이에 대해 세부적인 문제들에 대해 항의하기는 하
지만 전반적으로 중국공산당의 기류에는 대체적으로 불만이 없는 자,
마지막으로 중국공산당이 실각하기를 바라는 적들이 있다. 적에는 중
국공산당 역시 법에 의해 다스림을 받아야 하며, 헌법이 중국공산당보
다 우선해야 한다고 주장하는 사람들이 포함되어 있다. 또한 서구의 정

치모델을 동경하고, 이러한 서구의 정치형태를 따라야 한다고 주장하는 사람들도 그러하다. 2014년 9월 전국인민대표대회 60주년 행사에서 시진핑은 이에 대해 짤막하게 언급한 바 있다. 중국은 서구와 같은 자유주의적 민주주의가 필요하지 않으며 자신만의 길을 찾을 것이라고 말이다. 또한 중국이 더욱 부강하게 된다면 대다수의 사람들은 네 종류 중 세 종류의 부류에 속하게 될 것이기에, 중국공산당은 이 문제를 해결할 것이라고 말했다. 시진핑 집권기 들어 가장 두드러지는 현상 중 하나는 문제를 미리 감지하기 위해 인터넷과 첨단기술을 활용하는 경향이다. 만약 특정 커뮤니티에서 문제가 포착된다면 이들을 유화시켜 문제가 더 커지기 전에 통제 범위 안에 포함하고자 했다. 인터넷은 중국 지도자들이 문제를 조기에 포착하게 함으로써 전반적인 상황을 이해하도록 하는 소중한 통찰을 제공하고 있다. 하지만 전통적인 전략도 계속해서 사용되고 있다. 지방에서는 청원을 넣고, 항의하는 자들이 베이징에 그들의 불만을 제기하기 전에 지방정부가 때로는 불량배들을 이용하여 이를 차단하기도 한다. 이러한 조치 중 몇몇은 소위 '검은 감옥'에 갇혀 사람들이 실종되는 결과를 낳는 등 끔찍하기까지 하다. 가끔은 이들을 풀어주어 그들이 경험담을 다른 사람들에게 전파하도록 함으로써 이러한 사태가 다시는 일어나지 않도록 미연에 방지하기도 한다.

제5세대 지도부: 2017년 이래 정치국 상무위원회

공산당은 지도부를 중시한다. 이들이 사회를 이끌어가는 역할을 맡았기에 공산당 내 권력 역시 여전히 어느 정도 중앙으로 집중된다. 마오쩌둥, 덩샤오핑, 그리고 장쩌민은 각기 제1세대, 2세대, 3세대 지도부의

'핵심'이었다. 후진타오는 이와 같은 타이틀을 공식적으로 획득한 바가 없다. 이것은 그의 지위가 다소 이전 지도자들보다 공고하지 못했다고 해석된다. 5세대 지도자들에게 있어 의문은 어떻게 정당성을 획득할 것인가이다. 왜냐하면 이전 지도자 중 누구도 누가, 어떻게 후계자들을 선택할 것인지에 대한 명쾌하고도 구체적인 방안을 확정한 적이 없기 때문이다.

5세대 지도자의 권력승계 과정은 2011년과 2012년 위협을 받았다. 당시 상황은 매우 불안정했으며, 특히 보시라이가 낙마하면서 더욱 그러했다. 2012년 중반 수많은 후보 중 누가 권력의 핵심에 진입할 것인가를 두고 여전히 많은 의문과 추측들이 난무했다. 그리고 여름에는 휴양지인 베이다이허(北戴河)에서 이루어진 회의에서 최종 목록이 나온 것으로 보였다. 바로 그 목록에 11월 중순 제18차 당대회에서 선보인 정치국 상무위원들의 이름들이 있었다.

후진타오 시대에는 비약적인 경제성장이 이루어졌다. 특히 2008년에는 세계경제위기가 있었는데도 불구하고 이와 같은 성과를 거두었기에 그 공적은 두드러졌다. 그럼에도 불구하고 중국이 길을 잃었다는 지적도 점차 늘었다. 중국공산당이 인민과 점차 격리되어 가고 있다는 것이다. 이 모든 문제들에 대한 공감대가 형성되었고, 그 와중에 시진핑은 최고 지도자로 부상하였다. 그는 마지막 날에 인민의 전당에서 짧은 연설을 했다. 시진핑이 의미 있는 개혁을 할 수 있을 것인가 즉, 그의 능력에 대한 의문이 있었다. 그리고 이 질문에 대한 해답으로 누가 그와 함께하고 있는가를 본다면 어느 정도 실마리를 얻을 수 있다. 2012년 놀랍게도 9명이었던 중앙정치국 상무위원의 수가 7명으로 축소되었다. 축소된 7명의 규모는 2017년에도 그대로 유지되었다. 왕후닝을 제외하고는 모두 지방 성급 지도자에서 승진하였다. 자오러지와 리잔수는 중앙정치 무대에서의 경험이 많았기에 이들의 부족함을 보충할 수 있었다. 25명 규모의 중앙정치국에는 시진핑과 긴밀한 관계를 맺었고, 주로 경제분야에 대해 조언했던 류허(劉鶴), 딩쉐샹(丁薛祥) 등이 있었다. 딩쉐샹은 2007년 상하이에서 시진핑이 잠시 당서기로 재임하였을 때 그의 개인 비서였으며, 시진핑의 수석 문지기로 여겨졌다. 시진핑은 중국 정치에서 그의 영향력을 점차 강화해갔다. 시진핑은 시중쉰(習仲勛)의 아들이다. 시중쉰은 고위급 군사지도자였으며, 1980년 광동성의 제1서기가 되었고 그때 덩샤오핑의 동지로서 개혁개방을 지지했다. 시진핑은 2007년 중앙정치 무대로 진출하기 전 아주 잠깐이긴 하지만 잠시 군에서의 경험도 있었고, 후베이(湖北), 푸젠(福建), 저장(浙江), 그리고 상하이에서 다양한 정치 경험을 쌓았다. 2013년 3월 시진핑 바로 옆에 섰던 남자는 리커창 총리이다. 리커창의 장인은 공산주의청년단의 간부를 역임한 사람으로 리커창의 출세에 큰 도움이 되었다. 베이징대학 법학과를 졸업한 리커창은 1978년 그의 개인교사를 통해 민주주의 벽운동과 잠시 관련이 있었다는 소문도 있다. 리커창은 1980년대 1990년대에 공산주의청년단 활동을 지속했으며, 1990년대에 경제학 박사과정을 수료했다. 후에 2007년 상무위원이 되기 전까지 랴오닝(遼寧)과 허난성(河南)을 이끌었다. 그의 첫 임기 중에는 좋지 않은 말들이 들리기도 했는데, 그가 2017년에는 강등될 것 같다는 것이었다. 그러한 추측은 잘못된 것으로 판명되었다. 하지만 최근 중국의 여러 총리들 중 리커창의 권한이 비교적 약한 편이라는 것에는 이견이 없어 보인다.

  왕양은 아마도 새로운 정치국 상무위원 중 가장 뛰어난 경제학자일 것이다. 안후이(安徽)성 출신으로 리커창 총리와 같이 비교적 평범한 배경을 가지고 있다. 1970년대 후반 중앙당교에 가서 경제학을 공부하기 전 전 식품 가공공장에서 일하였다. 지방정부와 베이징에서 국가발전개혁위원회(國家發展和改革委員會, NDRC: National Development and Reform Commission)에서 고위급으로 일한 경험을 바탕으로 충칭시 당서기가 되었다. 참고로, 국가발전과 개혁위원회는 중국의 대형개발사업에 대하여 종합심사 및 사업균형 조정 업무를 맡고 있는 조직이다. 그는 2005년과 2007년 사이에 충칭시를 다스렸다. 충칭시는 중국의 남서부에 위치한 성급 크기의 광대한 도시이다. 2007년과 2012년 사이에 그는 광둥성 당서기로 재직하였다. 광둥성은 중국에서 가장 경제적으로 활발한 도시 중 하나이다. 그러던 와중에 2011년 우칸(烏坎)에서 시위가 발생했다. 그는 무력으로 이를 진압하기보다는 협상을 통해서 문제를 해결했으며, 이로 인해 그에게 칭송이 쏟아졌다. 2012년 그는 중앙정치의 부름을 받아 부총리로서 경제문제를 다루도록 소임 받았다. 2018년 그는 전국인민대표대회의 중국인민정치협상회의의 회장직을 맡고 있다.

리잔수(栗戰書) 역시 비교적 평범한 배경을 가지고 있다. 그는 1950년 베이징 인근의 후베이성(湖北)에서 태어났다. 초년기 시절 그는 국영공장 관리로 일했으며, 시간을 쪼개 공부를 했다. 1980년대 시진핑과 인연을 맺게 된 것으로 보이며, 당시 시진핑은 정딩현(正定縣)에서 당비서로 재임하고 있었다. 그들의 연대는 끈끈한 듯 보인다. 1990년대 말까지 리잔수는 허베이에서 다양한 직급을 거치며 승진하였으며, 2002년 샨시성의 시장으로 부임하였다. 그는 북동부에 위치한 헤이룽장(黑龍江)성으로 옮겨갔다. 헤이룽장성은 유명한 공업지대로 국영산업들이 주로 있으며, 겨울에는 혹독한 추위를 자랑한다. 그가 구이저우(貴州)성의 당서기로 지명될 때까지 헤이룽장성에서 성장(省長: 행정부 수장)으로 재직하였다. 구이저우성은 중국 남서부에서 가장 낙후된 지역 중 하나로 꼽힌다. 2012년 시진핑이 국가지도자가 되자마자 리잔수는 중앙정치 무대로 부름을 받았으며, 중앙판공청 주임으로 임명되었다. 이 자리에서 그는 중앙지도자들이 보아야 할 문서가 무엇인지, 중앙정치국 상무위원회에서 논해야 할 의제가 무엇인지, 그 밖에 핵심적인 당의 기능이 무엇이어야 하는지 결정할 수 있는 권한을 갖는다. 2018년 그는 전국인민대표대회 상무위원회 위원장으로 재직하고 있다.

자오러지(趙樂際)는 1957년 칭하이성(青海)의 북서부에 위치한 작고 외진 마을에서 태어났다. 칭하이성은 티베트, 신장과 인접한 곳이다. 칭하이성의 행정 중심지인 시닝(西寧)에서 자랐으며, 문화대혁명 후기에는 생산조에서 일하기도 했다. 이후 베이징대학에 입학하였으며, 철학을 전공했다. 칭하이성으로 다시 돌아와 그는 국영기업에서 일하는 관리로 그의 커리어를 시작하였고, 2003년 칭하이성의 당서기로 임명되었다. 여기에 두 가지 특징들이 있다. 보통 관리들은 자신이 태어난 고향의 핵심 직위에 임명되지 않음에도 자오러지는 예외였다. 또한 당시 그의 나이가 43세에 불과했다는 것이다. 이로 인해 그는 성급 지도자들 중에서 가장 어린 사람이 되었다. 베이징으로 부름을 받기 전인 2007년과 2012년 사이에는 샨시성 당위원회 서기를 역임하였다. 그는 중국공산당 중앙기율검사위원회 서기가 됨으로써 왕치산의 뒤를 이었다. 자오는 이 직위에 있으면서 시진핑 시기의 모든 인사이동에 대해 정통한 식견을 갖출 수 있었을 것이다. 그는 중국공산당 중앙기율검사위원회 서기가 됨으로써 왕치산의 뒤를 이었다.

한정(韓正) 또한 예외적인 케이스였다. 비록 지방의 고위 정치지도자들은 자신이 태어나고 자란 곳에서 해당 직위를 부여받을 수 없다는 중국공산당의 불문율에도 불구하고, 상하이에서 태어나고 자란 한정은 대부분의 그의 경력을 상하이에서 쌓았다. 그리고 2000년대에는 상하이의 고위급 인사의 반열에 오른다. 1954년생이며, 문화혁명기 말기에는 지방 기업에서 일하였고, 상하이의 중국공산주의청년단에서 활동하였으며, 2003년 상하이 시장으로 임명될 때까지 상하이 정부의 요직을 거쳤다. 그가 시장으로 재직하면서 2010년 상하이 엑스포를 성공리에 개최하였다. 7,000만 명의 방문객들이 엑스포에 몰려왔다. 하지만 2006년과 2007년 대형 부패 스캔들로 인해 천량위(陳良宇) 상하이 당서기가 해임되었다. 천량위 주변에 있던 많은 관리들이 상응하는 조치를 받았다. 그 가운데에서도 한정은 무사했다. 한정은 2012년에서 2017년 상하이 당서기로 승진하여 재직하였으며 이후 중앙정치국 상무위원이 되면서 처음으로 상하이의 외지인 베이징에서 공직생활을 하게 되었다. 시장친화적인 개혁가인 그는 상하이를 중국의 금융 중심지로 발전시키는 데 기여했다고 평가받고 있다.

2017년 중앙정치국 상무위원으로 마지막으로 불렸던 왕후닝(王滬寧)의 커리어는 특이하기에 주목할 만하다. 왕후닝은 지난 20년 동안 중국 엘리트 정치의 막후에서 활동한 인물이다. 그는 1955년에 태어나 상하이에서 많은 시간을 보냈다. 그는 푸단대학에서 프랑스어를 전공하였으며, 1980년대 젊은 나이에 교수가 되었다. 그는 많은 논문을 썼는데, 그중 하나가 국가의 주권에 관한 것이었다. 몇 달 동안 미국을 방문하면서 중국과 미국의 정치 시스템의 공통점과 차이점에 깊은 인상을 받았다. 1990년대 초 그는 당시 상하이 시장이었던 장쩌민의 주목을 끌었다. 후에 베이징으로 부름을 받아 중앙정책연구실(中央政策研究室)에서 근무하게 된다. 이곳은 이름은 평범해 보이지만 중국공산당 중심에서 싱크탱크의 역할을 한다. 왕후닝은 2002년부터 2017년까지 계속 이곳에서 근무했다. 그곳에서 삼개대표론(Three Represents), 과학발전관, 그리고 시진핑 집권기에는 중국몽, 시진핑 사상 등 핵심적인 개념들을 고안해내는 데 공을 세웠다. 혹자는 시진핑의 언어가 전임자들과 다르고, 보다 강력한 어조를 띄고 있기에 왕후닝의 영향력에 변화가 생긴 것이 아닌가라는 예측들을 하기도 했지만, 그는 계속해서 강력한 영향력을 지속해왔다. 미국의 경우 매우 다른 생각과 스타일을 가진 세 명의 대통령을 동일한 핵심 조력자가 보필한다는 것은 상상하기 힘든 것이다. 왕후닝은 이 넓은 세계무대에서 중국의 역할이 무엇이 되어야 하는가에 대한 특별한 관심이 있다. 그는 지도자로서의 경험이 전혀 없었기에 그의 상무위원 진출은 이례적이었다 (Patapan and Wang, 2017).

이렇듯 이번 정치국 상무위원들을 보면 직전의 정치국 상무위원들과 비교해보아도, 그들의 특징을 한마디로 요약한다는 것은 쉽지 않아 보인다. 하지만 중앙정치 무대로 진출하기 위해서는 성급 지도자를 거쳐야 한다는 것은 어느 정도 규칙으로 자리 잡은 듯도 하다. 또한 이들 상무위원들이 지도자로 재직했던 성의 지리적 분포는 다양했다. 시진핑, 그리고 아마도 리커창을 제외하고는 태자당에 속한다고 뚜렷하게 분류할 만한 인물은 보이지 않는다. 모두 스스로 자신의 길을 개척한 사람들이다. 하지만 그들은 모두 한족 남성이라는 데에서 공통점이 있다. 그들 모두가 시진핑과 긴밀한 관계였던 것도 아니다. 리잔수의 경우는 그러하지만, 자오러지는 그렇지 않아 보이며, 한정은 단지 시진핑이 2007년 상하이 당서기로 재직했을 때 잠시 동안만 인연을 맺었을 뿐이다. 또한 왕양은 대체로 시진핑의 동지였다기보다는 경쟁자에 더 가까웠다.

이들은 공통적으로 지방에서 지도자로서(왕후닝을 제외하고) 또한 특정 분야의 전문가로서 성공적인 행적을 보였다. 왕양은 경제분야, 자오러지는 행정분야에서 그러했고, 리잔수는 중앙 관료로서, 왕후닝은 이론가로서 그러하였으며, 한정은 상하이를 가장 경제적으로 발전한 도시로 만들었다는 업적이 있다.

"권력은 총구에서 나온다": 인민해방군의 역할

마오쩌둥의 유명한 말 중 하나는 "권력은 총구에서 나온다"는 것이다. 이는 중국공산당이 무장투쟁을 개시하지 않았던 1920년대에는 중국공산당의 입지는 거의 존재하지 않았다는 것을 인정하는 것이기도 하다. 이러한 마오쩌둥의 신념에서 출발하여, 1927년 홍군이 정식으로 창설되었다. 그리고 홍군은 그 후 인민해방군(PLA: People's Liberation Army)으로 재편되었다. 인민해방군은 공산당의 전투병력이다.

오늘날 중국에 대해 사람들이 크게 오해하는 것 중 하나가 인민해방군은 국가의 군대라는 것이다. 사실 인민해방군은 공산당에게만 업무보고를 한다. 인민해방군은 중국공산당 권력의 가장 중요한 근원 중 하나이다. 마오쩌둥 사망 이후 40년이 가까운 시간 동안, 인민해방군은 당의 안위에만 충실 하라는 그의 지시를 충직하게 지키고 있다. 중국공산당은 중앙군사위원회(CMC: Central Military Commission)라고 불리는 조직을 통해서 인민해방군을 통솔한다. 중앙군사위원회에는 민간인 출신 지도자와 군인 출신 지도자가 섞여 있다. 또 중앙군사위원회는 중국의 군사 정책과 전략에 대해서 최종적인 권한을 갖는다.

인민해방군은 마오쩌둥 주석에게 극도로 충성했다. 그리고 이것은 마오쩌둥 생애 전체에 걸쳐서 그의 권위와 권력의 근본적인 원천 중 하나였다. 문화대혁명 때에도 인민해방군은 마지막까지 그 기능을 유지하면서 응집력을 유지했다. 비록 문화대혁명의 혼란은 홍위병과 그와 경쟁하는 분파에 의해서 조성되었지만 말이다. 제1세대와 제2세대 지도부의 핵심 구성원 중 다수는 군 복무 경력 등과 같은 군사적 배경을 가지고 있다. 인민해방군은 중국사회의 가장 중요한 부분 중 하나이며, 정치, 경제, 그리고 사회 분야에 있어서 특권적 위치를 점한다. 군인이 되는 것은 훌륭한 경력으로 여겨졌고 군대는 지도자의 위치에 오르기 위한 기반이 되었다.

이렇듯 군(軍)은 중국정치에 있어서 중요한 위치를 점한다. 하지만 이 글을 쓰고 있는 이 시점에서 중앙군사위원회의 구성을 보면, 군과 정치의 관계가 역동적으로 변하고 있다는 것을 알 수 있다. 변함없는 원칙은 당이 군을 통솔한다는 것이었다. 이러한 원칙은 1930년대 이래 변함없이 유지되었다. 특히 민간인 출신 지도자가 중앙군사위원회의 주석으로서 장군들을 통솔하고 있다는 사실은 "당이 군을 통솔한다"는 원칙이 변함없이 지켜진다는 것을 보여주고 있다 (2012년 시진핑은 중앙군사위원회의 주석이 됨). 중앙군사위원회의 주석은 중국공산당의 총비서 다음으로 중국의 핵심적인 지위라 할 수 있다. 덩샤오핑은 모든 직위에서 1989년 모두 물러난 이후에도 중앙군사위원회의 주석직은 계속해서 역임함으로써 그의 영향력을 유지할 수 있었다. 또 후진타오와 시진핑이 중앙군사위원회 부주석으로 선출되었을 때, 중국 내외부에서는 그들이 차후 중국공산당을 이끌 핵심 인물이 될 것이라 예상하였다.

1980년대 이래 인민해방군은 자신의 역할을 중국공산당이 추진하는 경제성장을 돕는 것으로 규정하였다. 그를 위해서 군은 경제성장에 적합한 안정적인 내부, 그리고 외부 환경을 조성해야 한다고 보았다. 인민해방군의 지휘체계는 6개 군·구, 육군, 해군 및 공군으로 구성되어 있다 (실제는 7대군구. 그리고 제2 포병이 존재한다 – 역자 주). 2016년 6개의 군구는 5개의 전구(戰區)로 개편되었다. 5개의 전구는 북부전구, 서부전구, 중부전구, 동부전구, 남부전구이다. 중앙정치국 중 두 개의 위원석은 군부 인사에게 할당되며, 공산당 중앙위원회 전체회의에는 20명이 넘는 군지도자들이 참여한다. 더 중요한 사실은, 인민해방군의 모든 구성원들은 반드시 공산당원이어야 한다는 것이다. 또 약 200만 명의 인민해방군들은 공산당원보다 더욱 강력한 이념교육을 받는다. 이는 시진핑 시대에 더욱 강화되었다.

1978년 이래 공산당이 개혁개방정책을 추진하였듯이, 인민해방군 역시 1978년 이래 현대화를 추진하였다. 1979년, 인민해방군은 베트남과 마지막 전면전을 벌였다. 전쟁은 치열했으며, 인민해방군은 베트남군에게 허를 찔렸다. 이를 통해서 인민해방군 무기체계의 낙후성과 전략의 비전문성이 노출되었다. 보다 많은 전투경험이 있는 베트남 군대는 비록 소규모였으나, 농촌에 은닉하면서 중국 군대를 혼란스럽게 만들어 좌절에 빠뜨렸다. 이로써 중국 군대는 대참패를 경험했고, 결국 중국군은 퇴각하였다. 이때부터 중국은 군 현대화의 필요성을 절감했고, 그 방법에 대해서 치열하게 고민하였다.

그리고 즉각적으로 내려진 결정이 바로 군대의 규모를 줄이는 것이었다. 인민해방군의 규모가 절정을 달하였을 때, 인민해방군에는 활동 중인 병력만 400만 명 이상이었다. 이는 인민해방군의 예산에 엄청난 부담이었으며 그 인력을 운영하고 훈련하는 데 많은 어려움을 안겨주었다. 따라서 군대의 규모를 감축하였고, 덕분에 이후 20년 동안 예산상 부담과 군의 운영 및 훈련의 어려움은 반감되었다. 2015년에는 150만 명으로 추가 감축하였다. 이는 베이징에서 개최된 제2차 세계대전 종전 70주년 기념행사 즈음한 때였다. 1995년, 타이완에서 완전한 민주주의 방식의 총통 선거가 최초로 치러졌을 때 중국 군대는 타이완섬의 맞은편에 위치한 푸젠(福建)성 해안에서 군사훈련을 함으로써 자신의 능력을 시험하였다. 이러한 군사훈련은 타이완 국민들을 불안하게 만들었다. 그 결과 리텅휘(李登輝)가 큰 표 차로 총통에 당선되었다. 타이완으로서는 중국군의 군사훈련은 민주적 총통선거에 대한 심각한 외부의 간섭이었다. 따라서 중국군의 군사훈련이 없었더라면 리텅휘는 이 정도의 표차로 승리할 수는 없었을 것이다. 리텅휘는 타이완의 독립을 강하게 주장하는 사람이었다. 그뿐만 아니라 중국군의 군사훈련은 타이완해협에 미국의 항공모함 두 척을 불러들였다. 미국이 타이완해협에 항공모함을 파견한 이유는, 타이완해협의 평화를 보장함으로써 이곳에서의 사태가 미국의 통제에서 벗어나지 않게 하기 위함이었다. 또 장쩌민 주석은 인민해방군이 기존에 운영하고 있었던 상업적 사업으로부터 손을 떼게 하였다. 인민해방군은 상업적 사업으로 공장과 사업, 호텔, 마사지샵을 운영하고 있었다. 이것은 그가 인민해방군을 다루는 방식이었고, 그의 목표는 인민해방군의 정치적 역할을 축소하기 위함이었다. 그렇게 함으로써 장쩌민 주석은 인민해방군이 보다 효과적인 전투력을 갖추는 데 집중하기를 원했다.

1995년부터 중국공산당은 인민해방군에 할당되는 예산을 점차 늘려 나갔다. 2012년까지 그 증가율은 매년 두 자릿수를 기록했다. 미국은 중국군이 군사 장비를 사들이는 데 사용하는 예산 규모에 대해 의혹을 제기하였다. 그 의혹에 의하면 중국이 실제 군사 장비에 소요하는 예산은 중국이 공적으로 발표하는 1,000억 달러의 두 배 규모인 2,000억 달러에 달한다는 것이다 (BBC website, 2012). 2011년 인민해방군은 항공모함과 중국의 첫 번째 스텔스기를 공개하였다. 비록 이 항공모함은 새로 증축한 것이라기보다는 기존의 중고 항공모함을 수리한 것처럼 보이기는 했지만 말이다. 또한 인민해방군이 고도의 해커기술이 요구되는 사이버 공격의 배후세력이라는 주장도 제기되었다. 또 중국군은 바다에서도 맹활약을 펼쳤다. 그 예로 자국민의 재산을 보호하기 위하여 아프리카의 뿔(Horn of Africa: 아프리카 대륙 북동부, 소말리아 공화국과 그 인근 지역)에 군함을 파견하여, 해적에 대항하는 활동을 벌였다. 중국은 1980년대 류화칭(劉華淸) 제독의 통솔하에 강력한 해군을 건설하고자 했다. 중국은 이를 항상 열망해왔으나 그리 성공하지는 못했었다. 이때 중국해군은 놀라운 변혁을 하게 되는데 약 500여 척의 대형 및 소형 구축함을 건설하였다. 기술 측면에서는 미국에 한참 뒤처져 있었지만, 이것은 중국이 이전에는 가지지 못했던 즉, 그 힘을 투사할 수 있는 수단이었기에, 중요한 성취였다.

이러한 변화에도 불구하고, 인민해방군이 얼마나 효과적인 전투력을 가졌는지에 대한 의문점은 여전히 남아있다. 왜냐하면 1979년 이래 인민해방군은 전투 경험이 부족하기 때문이다. 들리는 이야기로 인민해방군의 장군들은 1990년에 미국이 이라크를 공격하는 것을 보고 중국의 군사 장비가 얼마나 구식이고 원시적인지 절감했다고 한다. 공산당은 인민해방군에게 엄청난 중요성을 부여하고 있고, 그에 따르는 특권을 부여했다. 인민해방군의 역할은 다음과 같다. 국가를 방어하고, 타이완이 절대로 독자적으로 독립을 선언할 수 없도록 확실히 하는 것, 또 적어도 지역적으로나마 몇 가지 형태로 힘을 투사하는 것이 바로 그것이다. 인민해방군은 대변인을 두기도 하는데 류웬(劉源)과 같은 장군들이 그러하다. 이들은 몇몇 발언을 통해서 중국이 우려스러운 수준의 호전성을 띨 수 있음을 보여주었다. 그중 하나는 "이제 중국은 몇몇 지역적 문제를 해결할 정도의 주요 전투병력을 갖출 자격이 있다"는 발언이다. 특히 일본과의 해양경계선 분쟁에 대해서 말이다. 제8장에서 살펴볼 것이지만, 중국의 제2차 세계대전에 대한 기억은 시간이 흐를수록 약해지기보다는 점차 강해지고 있다. 그리고 점차 탈공산주의적 색채를 띠는 정치문화와는 달리 중국 군대 자체는 놀라울 정도로 중국공산당의 강한 통제하에 있다. 비록 2002년 이래로 중앙정치국 상무위원회 내에 군 출신 인사가 없는 데도 불구하고, 중국공산당은 군에 대해서 최고 권한을 가지고 있다. 2009년 10월 후진타오는 중화인민공화국 건국 60주년을 기념하기 위해서 당의 총서기이자, 국가 주석, 중앙군사위원회의 주석으로서 올리브색의 군복을 착용하였다. 그의 이러한 모습에 사람들은 놀라워하였다. 중국 내부와 외부의 사이버 공간에서는 이것은 그저 흉내 내기에 불과하다는 몇몇 비판이 제기되기도 하였다.

시진핑 시대에 이르러, 중앙지도부의 군부에 대한 통솔은 더욱 긴밀해졌다. 반부패운동은 몇몇 군부의 핵심 지도자들을 대상으로 했다. 그중에는 쉬차이허우(徐才厚) 중앙군사위원회 부주석도 포함되어 있었다. 그는 기소되었으며, 2015년 암으로 사망했다. 그 밖에 중앙 군부의 고위급 장성들에서부터 다수의 각급 인사들이 제거되었다. 시진핑은 여러 직함을 가지고 있는데, 자신을 총지휘관으로 칭하였으며 2017년 말 군복을 입고 네이멍구 군대를 시찰하기도 하였다. 후진타오 때와는 달리 이에 대한 부정적인 언급은 없었으며, 이는 순전히 그가 초년기에 잠깐이기는 했지만 군에서 커리어를 쌓았다는 사실 때문이다.

선거

중국공산당이 행하고 있는 개혁 조치 중 하나는 적어도 몇몇 형태의 직접 선거를 허용하는 것이다. 1980년대 이후 그중 하나가 일부 지역에서 행해지도록 허락된 현급(縣級)선거이다. 이 선거에서는 다수의 후보가 출마해도 되며, 몇몇 경우는 비밀 투표로 진행되었다. 어떤 경우에는 해당 현(縣) 위원회에서 공시한 자리보다 더 많은 수의 후보가 경쟁하기도 하였다. 제4장에서 살펴볼 것이지만, 현(縣)은 1982년 중국 헌법에서 규정한 행정단위 수준 중 가장 낮은 단계에 속한다. 따라서 현(縣)은 헌법을 수정하지 않고도, 직접선거 실시라는 정치적 실험을 진행하기에 비교적 안전한 곳이라고 할 수 있다. 펑쩐(彭眞)은 이러한 개혁을 주창했던 주요 인물이었다. 그는 1950년대와 1960년대 베이징의 시장을 역임했고, 문화대혁명 때 실각하였으나 이후 복권되었다. 그의 주장은 간단했다. 1966년 이후 중국공산당의 농촌 지역에 대한 통치체제는 상당부분 훼손되었다. 그 결과 몇몇 지역은 범죄조직에 의한 통치가 이루어지기도 하였으며, 어떤 곳은 무정부 상태에 빠지기도 했다. 이런 상황에서 선거는 무언가 신속하게 질서를 회복하는 수단으로 여겨졌다. 또한 세금의 징수, 토지의 재분배, 그리고 1980년부터 시행된 한자녀 정책과도 같은 대중적으로 인기 없는 정책을 추진하는 데 있어서 선거는 지방 공무원들에게 정책집행의 정당성을 부여함으로써 이들에게 힘을 실어주기에 충분하였다.

1987년, 인민대표대회에 촌민위원회선거조직법(村民委員會選擇組織法, Organic Law on Village Elections) 기획안이 제출되었다. 1987년은 약 80만 개의 현급 마을에 선거를 허락하는 법이 통과된 지 10년이 지난 시점이었다. 2010년, 중국에는 선거에서 선출되어 공직에 있는 약 300만 명 이상의 사람들이 존재한다. 한 논평가에 표현에 따르면 이는 세계 최대의 풀뿌리 민주주의 실험이었다.

2003년, 후진타오가 집권한 지 겨우 1년이 지나서, 몇몇 싱크탱크는 직접선거를 현(縣)급 단위에서만이 아니라 보다 상위의 행정단위에서도 시도할 것을 공산당에 조언하였다. 그리고 다른 지역에 비해서 행정적으로 보다 혁신적인 지역인 쓰촨(四川)성과 장쑤(江蘇)성과 같은 곳에서 직접선거를 도입하기 위한 몇몇 시도가 이루어졌다. 하지만 이러한 조치는 공산당 핵심 지도부의 지지를 얻지 못하였고, 결국 폐기되었다. 그리고 2004년부터 현급 단위의 선거는 보류된다. 하지만 동시에 션전(深圳)과 같은 발달된 곳에서 특정 구역의 시장(市長)과 특정 공산당 내 직책에 대해서는 직접선거를 허용하자는 목소리가 제기되기도 하였다. 핵심은 현대 중국에서는 자원이나 재정에 대한 의미있는 통제를 가진 직책에 대한 직접선거는 있을 수 없다는 것이다 (Brown, 2011). 하지만 시진핑은 이와 같은 성격의 정치적 개혁에는 흥미가 없어 보인다. 예를 들어, 제19차 당대회에서 그는 약 3시간 반 동안 연설을 하였는데, 이에 대한 언급을 전혀 하지 않았다.

중국공산당의 미래

1989년 천안문사건 이후, 많은 사람들은 중국공산당이 소련공산당과 같이 붕괴할 것이며, 그날이 얼마 남지 않았다고 보았다. 그리고 사회주의 정당이 통치하는 국가에서 시장시스템을 유지하는 것은 거의 불가능하다는 의견이 많았다. 하지만 중국공산당은 시장시스템을 성공적으로 도입하였다. 이에 많은 사람들이 충격을 받았다. 왜냐하면 불가능할 것으로 여겨졌던 것이 현실화되었기 때문이다. 중국공산당은 개혁의 필요성을 받아들였고, 중앙당교와 그 밖의 기구에서 개혁의 방법 등 관련 논의가 이루어졌다. 중국공산당은 유럽과 아시아, 미국 등 여러 국가의 모델을 보았다. 특히 싱가포르, 일본, 타이완은 중국에게 개혁개방이라는 목표를 추진하면서 정치적 안정을 이룰 수 있는 잠재적인 모델을 제공하였다. 모델 적용에 있어 가장 중요한 것은 확고한 중국공산당 일당체제 유지였다.

현재의 중국공산당 엘리트들은 민주주의를 매력적인 정치체제로 간주하지 않는다. 왜냐하면 민주주의는 불안정성과 불확실성을 동반하기 때문이다. 그들은 소련이 붕괴한 이후 약 10년간 초래된 가난과 혼란을

목도했다. 그들은 민주주의가 모든 문제를 해결할 수 있는 만병통치약이
아니며, 때로는 미국 헤게모니와 통제와도 연관이 있다고 본다. 비록 홍
콩 기본법에서 2017년 행정장관 선출에 있어 보편적 참정권을 약속하긴
했지만, 2014년 베이징 정부는 이를 중단하였다. 홍콩 사람들이 베이징
당국에서 정해준 제한적인 후보군 사이에서만 투표를 행사할 수 있도록
한 것이었다. 이는 중국지도부가 가장 제한적인 형태의 정치개혁에서조
차도 얼마나 뜨뜻미지근한 태도를 보이는지 보여주는 사례이다. 중국공
산당 지도부는 정치적 개혁의 길은 수십 년이 걸릴 것이라고 말했다. 중
국공산당은 사실상 중국의 상황에 걸맞은 형태의 민주주의는 이미 존재
한다고 주장한다. 후진타오와 다른 엘리트 지도자들은 민주주의라는 단
어를 많이 사용한다. 그리고 그들은 특히 2008년 경제위기 이후로 우리
가 이제껏 서구에 대해 가졌던 환상이 틀릴 수 있음을 주장했다. 즉, 10
년 전까지만 하더라도 서구는 모든 문제에 대한 거의 완벽한 답안을 제
공한다고 생각하는 의견들이 존재하였으나, 2008년 경제위기를 겪어본
결과 꼭 그렇지는 않다는 것이다. 왕후이(汪暉)와 베이징대학의 판웨이
(潘偉)와 같은 지식인들도 서구의 시스템이 다른 것들에 비해 우월하다
는 주장은 교만한 것이며, 그 타당성도 점차 떨어지고 있다고 말했다. 특
히 현재 서구세계가 겪고 있는 민주주의 선거에 있어서 투표율의 감소,
낮은 경제적 성과, 신용 문제 등을 고려해보면 더욱 그러하다.

그렇다고 하더라도 중국공산당 내 개혁은 계속해서 진행되어야 한다
는 폭넓은 인식이 존재한다. 특히 법의 지배를 확대하고, 사회 내 존재
하는 분쟁들을 합리적으로 해결하며, 사회적 통합을 위한 건전한 시민
사회를 육성하는 것은 매우 필요하다. 여기에서 중국공산당은 엄청난
도전에 직면하고 있다. 그리고 지도자들은 종종 어떤 분야에 대해서는
매우 개방적인 태도를 보이기도 한다. 중국을 통치하는 것이 얼마나 복

잡한 것인지에 대해서는 제4장에서 다룰 것이다. 하지만 중국공산당의 미래에 대해 당의 엘리트들은 역사적 정당성에 호소하는 것만이 이를 얻을 수 있다는 인식을 가지고 있다. 시진핑과 그 전임자들은 중국을 현대화하고 국가적 통일을 달성하는 데 있어서 중국공산당이 핵심적 역할을 해야 한다는 것에 인식을 함께하였다. 중국은 언어적(비록 중국 전역에서 중국어가 소통되기는 하지만 여전히 다양함), 사회적, 민족적, 문화적으로 다양한 분파가 존재하는 복잡한 국가이다. 후진타오와 장쩌민에게 있어 이러한 중국을 오직 공산당을 중심으로 하나의 통일된 국가로 이끌어간다는 것은 부담스러운 일일 것이다 (비록 그들의 비판자들은 이러한 주장이 단지 편의적인 성격의 자기 정당화라고 하지만 말이다). 시진핑은 이와 같은 문제를 중국몽이라는 기치 아래 국민들을 집결시킴으로써 해결하고자 하였다. 개략적으로 이것은 유효하게 작동하는 듯하다. 하지만 구체적인 작동 기제를 들여다보면, 이는 국수주의로 퇴색할 위험도 있다.

　21세기 중국공산당은 무엇을 추구하는가? 많은 사람들이 중국공산당은 단지 권력에만 집중한다고 생각한다. 그들의 시각에서 중국공산당의 유일한 목표는 자신의 권력을 계속하여 유지하는 것이며, 모든 반대세력을 척결하는 것이다. 하지만 이는 지나친 단순화이다. 권력은 항상 목표를 위한 수단일 뿐이다. 만약 권력만을 유일한 목표로 삼는다면 이는 곧 그 한계를 드러낼 것이다. 이에 중국공산당은 역사적으로 자신의 비전을 분명히 해왔다. 마오쩌둥 시기 후반에 중국공산당의 목표는 유토피아적이었다. 그것은 국가를 약화시킴과 동시에 계급 간 투쟁이 존재하지 않는, 즉 모든 이들이 평등한 마르크스적 세상을 건설하는 것이었다. 그 궁극적인 형태는 광대한 집단농장과 같은 것이었다. 하지만 1980년대, 중국공산당은 유토피아와의 단절을 선언함과 동시에, 이를

위한 정치적 실험을 하지 않을 것을 선언했다. 이것은 곧 적어도 현재에
는 유토피아적 목표를 지향하지 않을 것이며, 그렇다고 하더라도 가능
한 미래로 그 목표를 미룬다는 것을 의미했다. 그리고 중국공산당의 유
일한 목표는 부의 창출, GDP 성장률을 증가시키는 것이 되었다. 그리
고 1978년 이래 중국공산당은 이를 성공적으로 달성하였다.

　높은 경제성장률만 계속해서 유지된다면, 중국공산당은 아마도 현재
장악하고 있는 정치적 권력을 계속해서 유지할 수 있을지도 모른다. 인
민들은 대체로 정치에 대해서 무관심하기 때문이다. 인민들에게 있어
정치란 그저 그들이 사업을 하고, 돈을 벌고, 오늘보다 더 나은 미래만
보장한다면 충분하다. 경제성장률은 계속해서 높은 수준을 유지해왔다.
그리고 중국은 더욱 부유해졌다. 계속해서 이러한 상황이 유지된다면,
대다수의 인민들은 그들의 생활 형태를 위협할 수도 있는 파괴적인 변
화를 추구하기보다는 아마도 현재 상태를 유지하면서 살아갈 것이다.

　하지만 경제성장률이 떨어지거나, 중산층(민주화운동이 실제로 발생
하는 보통의 시점)이 일정 수준 이상으로 증가하였을 때 발생할 수 있는
상황은 중국공산당이 고려해야 할 중요한 문제이다. 그렇게 본다면 중
국공산당은 악마와 이상한 종류의 계약을 맺고 있는 것과 같다. 세계의
여러 일당체제 국가들은 다음과 같은 형태로 현실에 적응하고 있다. 일
부는 권력의 자리에서 축출되었고, 정치적 타협을 강요당하여 경쟁적인
다른 정당의 존재를 허용하기도 하였다. 이러한 세계적 추세에도 불구
하고 중국공산당은 일당체제를 유지하면서 경제개혁과 부(富)를 창출하
는 길을 계속해서 걸어왔다. 1992년 덩샤오핑은 개혁개방 이외에는 다
른 대안이 없으며, 오로지 죽음뿐이라고 말한 적이 있다. 그리고 2007
년 후진타오는 개혁만이 중국공산당과 중국에게 가장 확실한 길이라고
말하면서 개혁의 필요성을 부르짖었다. 하지만 엘리트 지도자들의 머리

를 떠나지 않는 것은 자오쯔양(趙紫陽)의 회고록에서 제기된 질문들이다. 자오쯔양은 1989년 천안문사건으로 인해서 실각하기 전까지 공산당의 총서기였다. 그리고 자오쯔양의 회고록은 자오쯔양이 가택 연금되고 있을 당시 중국 국외로 비밀리에 유출되어 2008년 홍콩에서 출판되었다. 2008년은 그가 사망한 지 3년이 지난 후였다. 그에게 있어서 문제는 "중국공산당이 최종적인 개혁을 통해 민주주의를 도입하느냐, 마느냐"가 아니라 그것이 언제인가였다. 자오쯔양에게 있어서 문제는 '언제'인가였다. 자오쯔양은 1989년부터 오랜 기간 가택연금을 당하였다. 그리고 그 시기동안 여러 생각을 하였고, 다음과 같이 결론지었다. 즉, 중국공산당이 여러 가지 변수를 지닌 방정식을 오로지 하나의 정치적 방법으로 풀 수 있다는 듯 선전하는 것은 잘못되었다는 것이다 (Zhao, 2010). 그는 중국공산당이 고집하는 방법 이외에 여러 정치적 대안들이 존재하며, 그들의 필요성은 시간이 지남에 따라 증가할 것이라고 보았다. 경제 대국으로 부상하고 있는 중국에서 중산층의 수는 늘어나고 있다. 그리고 그러한 중산층이 정치지도자에 대해서, 그리고 그 지도자들의 성과에 대해서 흥미를 보이지 않는 것처럼 보일 수도 있지만, 실제는 그렇지 않다. 중산층들이 정치적 의사결정 과정에 개입하고 싶어 하지 않는다는 것 역시 말이 되지 않는다. 특히 법원에 청원을 하고, 시위를 하며, 블로그를 통해 자신의 의견을 개진하는 등 자신의 권리를 주장하기 위한 행위가 모든 분야에 걸쳐 존재하는 점을 고려할 때 더욱 그러하다. 이것은 그들이 자결권에 대해서 관심이 있고 또 정치에 대해서 발언하고 싶어 한다는 것을 보여주는 것이다. 21세기 공산당은 비록 그 역사적 뿌리는 혁명에 두고 있지만, 그들이 당면한 핵심문제는 다음과 같다. 경제성장과 개혁을 통해서 형성된 새로운 중국사회를 어떠한 방식으로 통치할 것이며, 어떠한 방식으로 정치개혁을 진행해야 하는가, 또 얼마나 오랫동안 무슨 조치를 행해야 하는가의 문제이다. 이는 2011년 원자바오 전 총리의 발언에서 상당 부분이 시사됐다. 그는 중국공산당은 현재 체제를 향상하기 위해서 보다 신속하고도 심도 깊은 정치적 변화를 추진할 필요가 있다고 말했다. 하지만 이러한 목소리를 낸 사람은 원자바오뿐이었다. 아마도 그의 뒤를 잇는 더 많은 중국의 차세대 지도자들이 이를 지지할 것이다. 한편 2014년 시진핑은 중국이 지향해야 할 미래의 청사진을 제시했다. 이를 두 개의 백 년 목표(兩個一百年目標)라고 한다. 공산당 창립 100주년인 2021년까지 중간소득 수준을 달성하고, 2049년까지 '중국 특색의 민주주의'를 달성하겠다는 것이다. 하지만 서구식의 다당구조에 기반한 민주주의를 지칭하는 것으로 보이지 않는다. 즉, 중국공산당은 정치개혁의 공간을 열어두었지만, 그 공간을 무엇으로 채울 것인지에 대해서는 '중국 특색' 이외에는 구체적으로 언급한 바가 없다.

제4장

중국은
어떻게 통치되는가?

현대 중국을 통치하는 것은 많은 것이 요구되는 복잡한 과제이다. 중국 전역에 걸쳐 매주 시위가 발생한다. 또 여러 이해집단들은 사익을 추구하면서 경쟁을 하며, 그 과정에서 충돌이 발생하기도 한다. 그러한 측면에서 현대 중국사회는 들끓고 있다고 볼 수 있다. 2011년부터 수집된 시위에 관한 통계 수치만 보아도 이를 알 수 있다. 2011년 한 해에만 자그마치 18만 건의 시위가 발생했다 (Orlik, 2011). 그중 두 개의 시위(저장성 고속열차 추돌 및 탈선사고와 광둥성의 한 마을에서 토지개혁과 관련한)가 국제적으로 이목을 끌었다. 비록 현재 공식적인 수치가 발표되지는 않았지만, 몇몇을 제외하고는 대부분의 시위는 통제가 능한 수준으로 보인다. 이것만 보아도 2020년대를 바라보고는 있는 중국사회는 차분하거나 편안한 분위기만은 아니라는 것을 알 수 있다.

중국정부는 이렇게 광대하면서도 복잡하고 빠르게 발전하는 국가를 경영한다. 중국정부는 또 중국공산당의 지도를 따른다. 어떠한 측면에서 중국공산당은 사회와는 멀리 떨어진 저 위에 위치한다고 볼 수 있다. 이에 대해 한 비판가는 중국공산당은 단지 정부에 정책집행을 위탁하고, 정부가 정책을 집행하면 그 결과에 대해서 평가하는 역할을 할 뿐이라고 말했다 (Wang, 2011). 이 장에서는 어떻게 중국이 통치되는지, 그리고 누가 이러한 통치행위를 수행하는지에 대해 살펴볼 것이다.

국무원(國務院)과 국무총리(國務總理)

1982년 헌법에는 당과 정부가 각기 어떤 영역에서 영향력을 행사할 수 있는지, 그리고 통치행위를 할 수 있는지에 대한 명시적인 구분이 존재하지 않는다. 하지만 1982년 헌법에서는 다섯 가지 수준의 행정단위를 명시해놓았다. 그것은 중앙정부, 성(省)급, 지(地)급, 현(縣)급, 향(鄕)급 정부이다. 하지만 약 80만 개의 향(鄕)단위 마을들은 공식적인 국가행정체제에 속하지 않는다. 이들 마을에서는 마을 단위의 선거가 치러지기 때문에, '자치적' 상태에 있다고 여겨진다 (표 4.1 참조). 여러 층위에 걸쳐서 존재하는 중국정부를 비교적 쉽게 이해하려면, 중국정부 자체를 중국공산당의 편에서 일하는 하나의 거대한 행정조직이라고 보면 된다. 중국공산당이 국가정책의 전체적인 방향을 결정하면, 정부는 이것을 구체적인 정책으로 전환하고 집행한다. 정부는 자신의 역할을 다하기 위해서 여러 정책적 수단을 활용한다. 그 예로써, 시장 메커니즘을 도입하고, 비국가행위자들을 정책집행 과정에 참여시키고, 적합한 사회

표 4.1 중국의 행정 수준체제

1개의 중앙

34개의 성(省)급 행정구 (타이완 포함. 다섯 개의 자치구, 성급 수준의 네 개의 도시가 있으며, 두 개의 홍콩, 마카오 행정특별구가 있음)

334개의 지(地)급 행정구

2,851개의 현(縣)급 행정구

39,862개의 향(鄕)급 행정구

비공식 수준의 행정구

약 80만 여개의 촌(村)급행정구

출처: XZQH (2016)

복지체제를 창안하는 것 등을 들 수 있다. 하지만 어떠한 조치도 중국공산당의 정통성을 훼손시켜서는 안 된다. 1980년대 초 이후로 공산당과 정부 사이 상호업무 조정 및 소통이 활발하게 이루어졌다. 하지만 여전히 당과 정부의 역할이 각각 무엇인지를 명확히 구분하는 것은 어렵다. 왜냐하면 정확한 구분선이 존재하지 않기 때문이다.

하지만 적어도 중앙정부와 성급정부의 구조는 비교적 단순하다. 총리 산하에는 국무원(國務院)이 있는데, 총리는 국무원 상무회의(常務會議)를 통해 국가를 운영한다 (표 4.2 참조). 국무원은 내각과도 같은 기능을 한다. 국무원은 26개의 상이한 부처의 장관 격인 부장(部長)들로 구성된다. 총리는 이들을 총지휘한다. 국무원은 또한 다양한 범위의 다른 성격의 직무 수행자들로도 구성된다. 이들 중에는 각 성(省)의 성장(省長)들과 여러 자치구들의 성장들이 있다. 이들은 당대회가 요구하는 정책을 집행하기 위해 매년 모여 회의를 한다.

국가의 전체 크기를 고려하였을 때, 하나의 대륙에 맞먹는 광대한 국가인 중국이 27개의 부처에 의해 경영된다는 것은 놀라운 사실이다. 왜냐하면 27개 부처로 이루어진 관료체제는 비교적 소규모이기 때문이다. 과거에는 46개의 중앙부처가 존재하기도 하였다. 비록 후에 38개로 줄었지만 말이다. 이론적으로는 이들 부처 하나하나가 나름의 강력한

표 4.2 국무원 상무회의 구성원 (2018년 4월)

총리(Premier): 리커창(李克强)
제1 부총리(First Vice Premier): 한정(韓正)
제2 부총리(Second Vice Premier): 쑨춘란(孫春蘭)
제3 부총리(Third Vice Premier): 후춘화(胡春華)
제4 부총리(Fourth Vice Premier): 류허(劉鶴)
국무원 비서장(Secretary General): 샤오지에(肖捷)

권력 기반을 갖추고 있어야 할 것이다. 예전부터 더 큰 효율성을 창출하기 위해 중앙부처의 수를 줄이려는 시도가 있었다. 특히 1990년대 주룽지 총리가 이러한 작업에 앞장섰다. 그리고 후진타오와 원자바오 시대에도 중앙정부에 대한 구조조정은 계속되었고, 중앙부처의 수는 더욱 감소했다 (표 4.3 참조).

중국의 국무원과 다양한 중앙부처에 대해서 살펴보다보면 두 가지 사실에 대해 놀라게 된다. 첫 번째, 생각보다 권력은 분산되어 있다는 것이다. 한 예를 들어보겠다. 1980년대부터 에너지 부처(Ministry of Energy)를 설립하려는 시도가 있어왔다. 중국 내 폭발적으로 증가하는 에너지 수요를 고려할 때, 관련 정책을 총괄하는 에너지 부처의 존재는 당연해 보였다. 왜냐하면 에너지정책과 관련하여 최종 결정을 해야 하는 기구가 필요하기 때문이다. 하지만 사실 에너지 분야에는 여러 기득권을 가지고 있는 기존의 관련 기구들이 존재하고 있었다. 그중 가장 강력한 기구는 중국석유(PetroChina, 중국석유천연고분유한공사[中國石油天然氣股份有限公司], 줄여서 '중국석유[中國石油]'라고 함)와 같은 에너지 관련 국영기업 등이다. 이러한 기득권을 가진 기존 기구들이 에너지 관련 정책결정 권한이 집중되는 부처의 신설을 반대하였다. 물론 에너지 관련 부서는 국가에너지국(國家能源局, National Bureau for Energy)라는 이름으로 신설되었지만, 국가에너지국은 부급기구가 아니다. 다만 반쪽짜리 기구로서 기능할 뿐이다.

두 번째 놀라운 사실은 하나의 부처가 거시경제의 운용을 책임지는 것이 아니라, 여러 부처가 거시경제를 운용한다는 것이다. 이것은 곧 어떤 부처가 무슨 업무에 책임을 지는지, 이들 부처는 서로 어떤 관계를 형성하는지와 같은 질문으로 이어진다. 중국에는 이들 부처 간 공식 서열이 존재하는가? 우선 거시경제 운용과 관련된 부처로는 재정부(財政

표 4.3 중국의 부처들

1. 외교부(外交部)
2. 국방부(國防部)
3. 국가발전개혁위원회(國家發展和改革委員會)
4. 교육부(教育部)
5. 과학기술부(科學技術部)
6. 공업통신화부(工业和信息化部)
7. 국가민족사무위원회(国家民族事务委员会)
8. 공안부(公安部)
9. 국가안전부(国家安全部)
10. 민정부(民政部)
11. 사법부(司法部)
12. 재정부(財政部)
13. 인력자원·사회보장부(人力資源和社會保障部)
14. 자연자원부(自然資源部)
15. 생태환경부(生态环境部)
16. 주택및도농건설부(住房和城乡建设部)
17. 교통운수부(交通运输部)
18. 수리부(水利部)
19. 농업농촌부(农业农村部)
20. 상무부(商务部)
21. 문화관광부(文化和旅遊部)
22. 위생부(卫生部)
23. 퇴역군인사무부(退役軍人事務部)
24. 응급상황관리부(应急管理部)
25. 중국인민은행(中國人民銀行)
26. 심계서(審計署)

출처: http://www.gov.cn/guowuyuan/2018-03/17/content_5275116.htm

部), 국외 상무부(國外商務部), 그리고 국가발전개혁위원회(國家發展和
改革委員會)가 존재한다. 영국에서는 경제와 관련된 업무에 있어서 궁
극적인 정책적 권한과 책임을 재무부가 지닌다. 그리고 미국에서는 그
러한 역할을 재무장관이 담당한다. 그렇다면 중국의 경우 저 부처들 중
누가 그러한 역할을 맡는가?

사실 이들 간에는 역할의 구분이 있다. 그리고 그 역할에 따라 그에
걸맞는 책임을 지닌다. 한편 국가발전개혁위원회(國家發展和改革委員
會, NDRC: National Development and Reform Commission)이라
는 기구가 있다. 이 기구는 2007년까지는 국가계획발전위원회(國家計
劃發展委員會)라고 불렸다. 국가발전개혁위원회는 이전에 중국이 사회
주의 계획 경제를 시행하기 위해 설치했던 정부 조직의 일부가 남아있
는 것이라고 이해하면 된다. 국가발전개혁위원회는 각 부처의 예산을
집행하고, 중앙정부가 가진 재정자원을 각 성에 안배하는 권한을 보유
한다. 자유 시장 경제화된 중국경제에서 국가발전개혁위원회의 주요 기
능은 5개년 경제개발계획을 뒷받침하는 것이다. 경제개발계획은 1953
년 최초로 시행되기 시작했으며, 2016년을 기점으로 제13차 경제개발
계획이 추진 중이다. 이렇듯 국가발전개혁위원회는 비록 어떤 분야를
총괄하는 권한은 없지만, 막강한 영향력을 가진 기구이다. 2018년에는
부처를 개혁하는 과정에서 국가발전개혁위원회의 기능을 다른 곳으로
이전함으로써 그 영향력이 다소 희석되는 듯이 보이기는 했지만 여전히
그 영향력은 강하다.

여러 부처 산하에는 각 부처를 보조하는 여러 기구들이 존재한다. 그
리고 이러한 기구들의 역할은 각기 정해져 있다. 이러한 기구들의 예를
몇 개 들자면, 국가세무총국(國家稅務總局), 국가통계국(國家統計局),
그리고 해관총국(海關總署) 등이 있다. 또 중국증권감독회(中國證監

會), 중국과학원(中國科學院), 그리고 전국사회보장기금이사회(全國社會保障基金理事會)와 같은 기구들이 있다. 이들 산하에는 과학기술, 문화, 심지어 우편, 혹은 국가가 독점하는 담배 산업 등을 다루는 부서가 존재한다. 국무원 전체회의는 6개월마다 열린다. 국무원 전체회의에는 국무원의 모든 구성원들이 모인다. 한편 국무원의 핵심 구성원들이 모이는 회의도 존재한다. 그 회의는 국무원 상무회의(常務會議)로, 총리, 1명의 총괄 부총리, 3명의 부총리, 그리고 5명의 국무위원으로 구성된다. 이 회의는 6주마다 열린다. 적어도 행정적 측면에서는 이 회의를 통해서 중국이 경영된다고 볼 수 있다.

몇몇 추측에 따르면, 이 모든 부처가 포함되어 있는 중앙정부의 크기는 놀랍게도 작다. 중국 내외부에서는 종종 중국 내 의사결정이 지나치게 관료주의적 특성을 보인다고 불평한다. 하지만 중앙정부 부처의 숫자와 규모를 고려해보았을 때 중앙정부가 중국이라는 거대한 국가 전체에 광대한 영향을 행사한다고 보기에는 무리가 있다. 베이징의 중앙부처와 그 산하 기구에 근무하는 공무원들의 수는 약 5만 명으로 추정된다. 외교부(外交部)와 같은 부처의 경우 그 근무 인원은 단지 몇 천 명에 지나지 않는다. 2007년에 소속되어 있던 국가환경보호총국(國家環保總局, SEPA: State Environmental Protection Agency)에서 하나의 부처로 승격된 환경보호부(環境保護部)의 경우, 그 당시 구성원은 단지 400여 명뿐이었다 (Economy, 2005). 2002년, 중국 전역에 전체 공무원 수는 1,000만 명을 넘지 않았다. 그나마 이들 중 2/3가 성급(省級)정부 수준 이하의 조직에서 근무하는 공무원들이었다 (Brodsgaard and Zheng, 2006, p. 106). 중국의 경우 국가에서 많은 사람들을 고용한다. 하지만 주로 국영기업(SOEs), 향진기업(鄕鎭企業), 그리고 군사 안보 서비스 분야를 통해서 인민들을 고용한다. 이러한 측면에서, 중화인민공화국의 통치체제는 인력의 측면에서 놀라울 정도로 소규모라 할 수 있다.

국무원을 구성하는 장관 등 구성원의 특징에 있어서 마지막으로 주목할 만한 점은 그들은 꼭 공산당원이 아니어도 된다는 것이다. 2007년 두 명의 장관(과학기술부, 교육부)은 공산당원이 아니었다. 이것은 성급 단위의 정부에서도 마찬가지이다. 적지 않은 수의 부(副)성장들은 공산당원이 아니었다.

한편 성비(性比)를 보자면 우선 국무원에서 남성의 비율이 여성의 비율보다 훨씬 높다. 그리고 이것은 비즈니스를 제외한 중국의 거의 모든 공적 영역의 구성원들을 보았을 때 더욱 그러하다. 2007년 제18기 당대회 당시의 공산당원들의 구성을 보면 80퍼센트가 남성이었다. 이러한 사정은 2012년 전국인민대표대회의 구성원 남녀비율에도 비슷하게 적용된다 (Guo and Zheng, 2008, p. 7). 2017년 제19차 당대회에서도 이러한 수치에는 큰 변화가 없었다. 중국공산당 당원 및 전국인민대표의 1/4은 여성이지만, 중앙정치국에서 여성은 오로지 2명이 존재할 뿐이다. 중앙정치국 상무위원회에 여성은 없다. 따라서 현대 중국의 당과 정부는 전형적으로 남성(男性) 한족(漢族)의 집단이라고 볼 수 있다.

중앙부처를 개혁하려는 시도

1978년 이래 개혁개방정책 이외에도, 중앙정부는 관료체제를 간소화하려 시도해왔다. 그 결과 여러 차례 구조조정이 시행되었다. 장쩌민과 주룽지 시대에는 1990년에 50개에 이르는 부처가 1997년과 2003년 사이 40개로 줄었다. 후진타오와 원자바오 시대에도 추가적인 구조조정이 이루어져 현재 부처의 수는 26개이다. 전국 단위의 교통정책을 관할하는 부처의 부족은 2013년 전국인민대표대회에서 바로잡혔다. 본래 철도부와 교통운수부로 나뉘어 있던 것을 하나의 부처로 통합한 것이다. 이는 시진핑 행정부의 결단력을 보여주는 초기 징후 중 하나로 여겨진다.

이러한 구조는 성급정부와 지(地)급정부에도 동일하게 적용된다. 특히 재정 및 교통 관련 부처와 그 밖에 중앙정부 차원의 정책을 지방에서 집행하는 행정 관련 부처가 그러하다. 때때로 현지 상황을 반영하기 위해서 유사한 기능을 지닌 부처를 통해 집행하기도 한다. 이러한 측면에서 중국의 통치체제는 경직된 것처럼 보인다. 하지만 그 내부를 보면 변화와 혁신을 위한 넓은 공간이 존재한다는 것을 알 수 있다. 하지만 오히려 지방정부의 행동반경을 가장 많이 제약하는 것은 정부의 구조라기보다는 재정이라고 볼 수 있다. 즉, 어느 주체가 어느 정책에 자금을 제공하며, 어떻게 자원이 분배되는가의 문제 말이다.

어떻게 이 모든 자금이 충당되는가?

현대 중국에 대해 알아보다 보면 놀라운 것들을 발견하게 되는데, 그중 가장 주목할 만한 것 중 하나는 중국정부의 재정 조달 방식이다. 중국정부 지출이 GDP에서 차지하는 비율은 22퍼센트에 불과하다. 이것은 영국의 40퍼센트, 그리고 일본의 33퍼센트에 비하면 훨씬 낮은 수치이다 (CIA, *World Factbook China*, 2018). 중앙정부의 2011년도 전체 예산은 8조 위안(RBM)이 넘었다. 이들 중 70퍼센트 이상이 성급정부로 다시 보내져 보건, 교육, 복지, 고정투자, 연금, 그리고 기타 용도로 사용되었다. 중앙정부는 세금을 거두는 역할을 하고, 지방정부는 세금을 사용하는 역할을 한다고 볼 수 있다. 따라서 중앙정부와 지방정부 사이에는 재정 불균형이 존재하며, 이를 통해서 간편하게 이해한다면 중국은 어떤 측면에서는 고도로 중앙집권화된 행정체제를 가졌음을 알 수 있다. 하지만 치안과 경찰업무에 관한 예산은 종종 지방정부 차원에서 결정된다.

중국의 세수에 대해서는 여러 논쟁들이 존재한다. 1993년의 개혁들은 국영기업(SOEs), 합자기업, 개인이나 외국인 소유의 기업들이 어떤 세금을 내야 하는 지를 더 명확히 하였다 (보다 정확히는 1994년 이뤄진 분세제(分稅制) 개혁을 의미하는 것 같다 - 역자 주). 이 개혁을 통해서 소비세 역시 보다 일관된 체제로 정비되었다. 그렇다 할지라도, 개인세와 기업세의 구조는 여전히 비정상적으로 남아있다. 고소득자의 경우 40퍼센트가 넘는 소득세가 적용되지만, 개인으로부터 거두어들이는 세금은 전체 세수의 10퍼센트도 되지 않는다. 이것은 다른 개발도상국들의 상황과 유사하다 (Lin, 2009, p. 24). 외국인 자본이 투자된 기업체들이 납부하는 세금은 중앙정부 세입의 1/5을 차지한다. 중앙정부 세입의 상당량은 국영기업체로부터 거두어 들인다. 국영기업체는 상당한 액수의 세금을 납부하고 있으며, 1990년대 말 구조조정의 시기를 거친 이후 국영기업체의 수익성은 훨씬 높아졌다.

중국정부의 지출은 세수보다 조금 더 많다. 성급정부에서는 토지매매를 통해 혹은 다른 작은 세수원들을 통해서도 재정을 충당할 수 있지만 이는 인민들의 강렬한 저항에 부딪히게 된다. 또한 중국의 지방정부는 은행들에 지방정부 차원의 사업에 자금을 댈 것을 요구할 수 있다. 그리고 은행들은 대부분 국영은행의 형태로 운영된다. 이렇듯 은행들은 때때로 지방 재정부와도 같은 역할을 하기도 한다. 최근 몇 년간 이러한 지방정부와 은행 관계에 대한 많은 연구가 행해졌다. 은행과 정부 사이 구분은 불분명하며, 이것은 대단히 중요한 구조적인 문제가 된다. 왜냐하면 이러한 구조는 수백조 위안(RMB) 상당의 악성 대출액을 축적(하지만 정부와 은행 관계의 불투명성으로 인해서, 그 누구도 실제 어느 정도의 악성 대출이 이루어졌는지는 모름)할 수 있기 때문이다. 이제껏 이루어진 악성 대출에 대한 이자는 아직도 축적되고 있다. 그리고 중국정부는 이를 갚을 수 있는 능력이 없을지도 모른다. 한편, 중국 역사를 보면 오래전부터 중앙과 지방 사이에는 재정 권한을 두고 힘겨루기가 있어왔다. 시진핑 시기에는 세수 분배에 대한 복잡한 개혁이 있었다. 부분적으로는 지방 정부들에 해당 지역과 관련된 문제와 관련하여 결정을 내릴 수 있는 권한 및 부분적으로 그들이 요구해왔던 세수지출의 일부 사항에 대한 의사결정 권한에 관한 것이었다. 이러한 개혁은 여전히 진행 중이다 (Kroeber, 2016).

전국인민대표대회(全國人民代表大會)

1982년 중국 헌법에 의하면 전국인민대표대회(이하, 전인대)는 최고의 권력기구이다. 전인대는 일 년에 한 번 열리는 중국의 국회이다. 매년 3월에 베이징에서 개최되며 약 3,000여 명의 인민의 대표들이 참석한다. 인민대표대회는 비민주적 절차를 통해 선출된 세계에서 가장 큰 규모의 국회이다. 적어도 문서상으로는 전인대는 법과 예산을 심의하는 곳이다. 대표들은 중국의 각 성과 다양한 정부 부처에서 선택된 사람들이다. 전인대에는 정치협상회의(政治协商会议)와 마찬가지로 상업, 예술, 엔터테인먼트, 학계 등 여러 분야 출신들이 존재한다. 1990년대 말 중국의 한 언론인이 전인대는 순전히 형식적인 거수기에 불과하다는 글을 썼고, 그녀는 그 후 몇 년간 감옥에 수감되었다. 사실 그녀는 모두가 알지만 감히 입 밖으로 내지 못하는 사실을 말했을 뿐이었다. 전인대는 중국의 법을 해석하고, 정부 예산을 승인하는 권한을 가지고 있을 수는 있으나, 이 모든 것은 고도의 통제된 상태에서 이루어진다. 하지만 1990년대 초 전인대에서 중국 서남부에 위치한 양쯔강 샨샤댐(Three Gorges Dam)의 건설을 승인하는 데 있어서 논쟁이 진행된 바 있다. 그 이후 전인대는 특정한 문제들에 대해서는 정부의 정책에 대해서 반대의 목소리를 이전보다 자유롭게 낼 수 있게 된 것도 사실이다. 그렇지만 전인대는 전체적으로 정부의 정책 방향을 찬성하는 순종적인 성격의 기구이다. 그러한 배경 중 가장 큰 이유는 전인대에 참석하는 모든 대표단의 구성원들 하나하나가 중앙정부와 중국공산당에 의해서 선출된 인사들이기 때문이다.

매년 개최되는 전인대를 참석, 또는 참관하였던 사람들은 인민대회당에서 행해지는 고도의 연극적 요소에 놀라곤 한다. 전인대에 참석하는 소수민족 대표들은 그들의 전통 의상을 입는다. 최근 몇 년 동안에는 대중들 사이에서 인기 있는 가수, 배우, 그리고 기타 비정치적 인물들과 같은 연예인 대표단들도 참석하였다. 그리고 이들의 활동들은 고도로 계획에 따라서 행해지며, 이것은 불필요한 돌발 상황을 막기 위함이다. 전인대의 핵심은 정부보고이다. 총리는 정부보고서를 낭독하고, 이에 대해 기자회견이 이루어진다. 전인대가 폐막하면 그해의 국가 공무는 약 150명으로 이루어진 전국인민대표대회 상무위원회(全國人民代表大會常務委員會)에서 다루어진다.

인민대표대회가 소집되는 동일한 기간 중국 인민정치협상회의(中國人民政治協商會議, CPPCC: Chinese People's Political Consultative

Conference, 이하 정협)라는 것이 소집된다. 정협은 다양한 배경을 가진 구성원들로 이루어진다. 이들은 중국사회의 다양한 분야를 대표한다. 정협은 1946년에 설립되었으며, 당시 존재하였던 국민당 및 그 밖의 정당들과 연계하는 역할을 수행하였다 (표 4.4 참조). 정협은 중국공산당에 정책 제안들을 하지만, 그 제안들은 구속력을 가지고 있지는 않다. 정협은 약 3,000여 명으로 구성되며, 유의미한 권력을 가지고 있지는 않다. 정협에는 9개의 위원회가 존재하며 다음과 같은 분야를 다룬다. 그것은 경제, 자원·인구·환경, 교육·과학·문화, 보건·스포츠, 법·사회, 민족·종교, 문화·역사, 외무(外務), 홍콩·타이완·마카오, 그리고 위원회에 제청되는 의견들을 다루기 위한 판공실로 구성된다.

한편 전인대의 모든 체제를 개혁할 시기가 무르익었다는 다수의 견해가 존재한다. 그리고 이러한 논의는 제3장에서 다룬 공산당 내에서 이

표 4.4 중국의 민주주의 정당(8개)

이름	당원 수 (명, 2017년 기준)	설립연도
중국국민당혁명위원회 　(中國國民黨革命委員會, KMT)	127,930	1948
중국민주동맹(中國民主同盟)	282,000	1939
중국민주건국회(中國民主建國會)	170,000	1945
중국민주촉진회(中國民主促進會)	156,808	1945
중국치공당(中國致公黨), (주로 해외에서 거 　주하다가 다시 본국으로 돌아온 중국인들 　을 위한 정당)	48,000	1925
구삼학사(九三學社)	167,218	1946
타이완민주자치동맹(臺灣民主自治同盟)	3,000	1947
중국농공민주당(中國農工民主黨)	145,000	1930

루어지고 있는 민주화 과정의 일부로서 다루어진다. 이에 대해서 2007
년 중앙당교에 소속된 학자들의 건의가 있었다. 건의에 따르면, 인민대
표대회와 정협은 많은 측면에서 보다 기능적으로 인민의 의견을 대표
하는 기구가 될 수 있다. 하지만 그러기 위해서는 이들은 보다 운영되
기 쉽도록 규모를 조정할 필요가 있으며, 선거구들과 직접적인 연계해
야 할 것이라고 보았다. 그 무렵 인민대표대회와 정협의 구성을 보면 상
당 부분 그저 의례적 성격만 가졌다는 것을 알 수 있다. 2007년에 발행
된 중앙당교 학자들의 건의가 담긴 저서에서, 왕창장(王長江)과 저우톈
용(周天勇)은 인민대표대회에 참석하는 대표단의 수를 줄여야 한다고
말한다. 그리고 그 규모는 한 명의 대표가 대략 300만 명의 인민을 대표
하는 정도인 400명 정도가 적당한 것으로 보고 있다. 이렇게 되면 중국
국회의 구성원 수는 미국의 국회의원 수와 비슷하게 된다. 게다가 왕창
장과 저우톈용은 인민대표대회는 정기적으로 보다 자주 개최되어야 하
며, 국가 예산 책정 및 집행에 대해서 인민대표대회에 보다 강한 감찰권
이 부여되어야 한다고 보았다. 또 그들은 1월에서 12월까지 일 년 동안
의 엄청난 액수의 예산 집행에 있어서, 인민대표대회의 대표단에 석 달
마다 한 번씩 집행되는 예산에 보다 강력한 심의권을 부여해야 한다고
보고 있다. 하지만 실제 인민대표대회의 대표단이 국가 예산안에 개입
할 수 있는 여지는 거의 없다.

　중국공산당과 정부가 국가의 의사결정 과정에 있어서 보다 다양한 주
체에 의한 정치적 참여가 필요하다고 말하고 있고, 이러한 측면에서 인
민대표대회와 정협이 개혁의 대상이 되는 것은 당연한 듯 보인다. 정부
업무에 대한 피드백을 위해서 여러 개혁들이 도입되었으며, 후진타오의
발언을 인용하자면, 이 모든 것은 인민이 '핵심'이 되게 하는 작업이다.
2007년에 개최된 당대회에서 후진타오는 기조연설에서 국가의 의사결

정 과정에 인민들이 참여할 수 있는 더 많은 창구를 설립할 필요가 있다고 강조하였다. 그리고 이를 위한 쉬운 방법으로는 인민대표대회의 성원이 되는 데 보다 많은 경쟁적 요소를 도입하는 것이 있을 수 있다. 하지만 2003년부터 2013년까지 인민대표대회 상무위원장이었던 우방궈(吳邦國)는 당과 정부의 정책 방향과 다른 의견에 대해서는 일관되게 강경한 입장을 취하였다. 그리고 그는 2011년 서구식의 자유민주주의인 다당제 민주주의는 중국에서는 절대 작동하지 않을 것이라고 말하였다. 또 국영기업 중심의 경제구조는 절대 바뀌어서는 안 된다고 주장하였다. 이러한 그의 언급들은 변화에 대해서 저항적인 다른 강경파들의 지지를 획득하였다. 그리고 2018년 전국인민대표대회 상무위원장으로 부임한 리잔수(栗战书)는 주목할 만한 개혁안을 내놓고 있지 않고 있다.

지방의 인민대표대회

중앙정부 구조는 성(省)급정부에도 그대로 반영되어 있다. 각 성(省)마다 성장(省長)과 부성장(副省長)이 있다. 그리고 시(市)의 경우 각 시마다 한 명의 시장과 여러 명의 부시장들이 존재한다. 부시장은 가장 많은 경우 하나의 시에 9명이 존재하기도 한다. 이러한 지방정부들은 마치 해당 지역의 내각과도 같으며 지역 사무에 대한 의사결정을 하고, 중앙정부의 명령을 현지 사정에 맞춰 집행하는 역할을 한다. 이러한 정부 구조는 지(地)급정부, 현(縣)급정부에도 그대로 적용된다. 비교적 소규모의 시(市)의 경우 지급시(地級市), 또는 현급시(縣級市)의 형태로서 존재한다. 이러한 지방 수준의 정부에 있어서도 인민대표대회(local congresses)가 존재하며, 작은 수준의 지방 행정체제로 내려갈수록 인

민대표대회의 운용에 대한 정치적 실험이 이루어지기도 한다. 특히 향
(鄕)급 인민대표대회의 경우 시민운동가들도 중국공산당의 지지 없이
선거에 출마할 수 있게 되었다.

　2010년부터 중앙정부는 지방인민대표대회가 대의적인 기구가 될 수
있도록 공산당원이 아닌 인물들도 지방인민대표대회에 구성원으로서
참여할 수 있도록 하겠다고 약속했다. 하지만 정작 시민운동가들이 선
거에 출마하려 하면 거대한 장벽에 부딪혔다. 예를 들자면, 2011년 류
핑(劉萍)이란 여성은 비(非)공산당원으로서 장시(江西)성 인민대표대회
후보로 출마하고자 하였다. 하지만 그녀의 후보로서의 자격은 한 세부
조항에 의해 취소되었다. 그녀는 굴하지 않고 출마하고자 하였고, 이로
인해서 그녀는 지방 공무원들에 의해서 고초를 당해야만 했다. 또 그녀
는 2012년 3월 연례적으로 열리는 전국인민대표대회가 소집되는 동안
보안요원들에 의해 베이징에 억류되기도 하였다. 비록 미사여구에 불과
했지만, 공산당은 '큰 사회'를 위해서, 인민들이 하나의 연합전선을 형
성하기 위해서 이론적으로나마 외부의 목소리를 환영한다고 하였다. 한
편, 허베이성의 한 마을에서 선거를 통해 전인대의 대표가 된 한 인물이
화제가 된 적이 있다. 그의 이름은 야오리파(姚立法)이며 1990년대 말
에서 2000년대 초반에 전인대의 대표로서 활동하였다. 그는 대표로 활
동하는 기간 전인대에서 통과된 법과 규정들 중 절반 이상에 대해서 보
다 철저한 검토가 필요하다고 하기도 했다. 하지만 2010년대에 들어 그
러한 반대의 목소리는 점차 환영받지 못하고 있다. 특히 시진핑 시기에
는 더욱 그러하다.

지방의 공무원

지방 공무원들에 대해 인민들이 갖는 감정은 특이하다. 2013년과 2014년 미국의 정치학자인 딕슨(Bruce Dickson)은 중국인들에게 누구를 신뢰하느냐고 물었다. 조사 대상자 중 100프로가 가족을 꼽았으며, 약 30~40프로가 친구와 이웃을, 약 1/3이 중앙지도자를 꼽았고, 그들이 가장 좋아하지 않는 그룹에는 지방 관리들이 있었다 (Dickson, 2016, p. 142). 중앙지도자 중 특히 원자바오 같은 경우 인민들에게 편안한 옆집 아저씨와 같은 이미지로 다가갔다. 2008년 초 신년 명절 기간에 대규모 눈사태로 인해서 귀성 교통수단에 문제가 생겼었다. 그때 원자바오는 일 년에 한 번밖에 없는 대명절에 고향에 돌아가는 데 고초를 겪고 있는 노동자들의 애타는 심정에 대한 이해를 잘 보여주었다. 그리고 그는 문제를 해결하기 위해서 노력하였다. 그럼에도 불구하고 최근 중앙지도자들에 대한 인민들의 신뢰도도 점진적으로 하락하는 추세이다. 중국사회과학원 위젠룽(於建嶸)의 조사에 의하면, 2009년에만 중앙정부에 900만 건의 권리청원이 들어왔다. 하지만 그중 오직 0.2퍼센트의 권리청원만이 만족스럽게 처리되었다 (Yu, 2010). 정리하면, 인민들은 전반적으로 중앙지도자들을 신뢰하는 편이다. 하지만 내부 조사에 의하면 그 신뢰도도 2000년 초부터 점차 하락하고 있다.

딕슨이 행한 설문조사 결과 명백히 드러난 사실은 중국 인민들은 여러 직업군 중 지방 관료들을 가장 혐오한다는 것이었다. 인민들은 지방 관료들이 잔인하며, 부패하고, 신뢰할 수 없는 도덕적으로 타락한 집단으로 보았다. 안후이(安徽)성의 저널리스트인 천꾸이디(陳桂棣)과 우춘타오(吳春桃)는 2000년 다음과 같은 보도를 하였다. 지방 공무원들은 가장 악랄한 집단으로 비난받을만하며, 새로운 중국을 건설하는 데 있어 이러한 지방공무원들의 존재는 엄청난 걸림돌이라는 것이다 (Chen and Wu, 2006).

　인민들이 왜 그토록 지방공무원들을 경멸하는지를 가장 잘 설명할 수 있는 요소가 한 가지 있다. 왜냐하면 지방공무원들은 가장 집행하기 껄끄러운 국가의 정책들을 시행하기 때문이다. 예를 들면, 세금을 징수하거나, 토지를 재분배하고, '한자녀 정책'과 같은 인기가 없는 정책들을 집행하는 등의 활동들이다. '한자녀 정책'은 1970년대와 1980년대 초부터 다양한 형태로 추진되었다. 농민집단과 국가 사이를 연계하는 일은 가장 어려운 일 중 하나이다. 지방공무원들은 최전방에서 그러한 일들을 한다. 중국 인민들은 천꾸이디와 우춘타오의 저작과 그 밖에 수많은 잡지, 신문 등 매체의 보도를 통해서 수많은 지방 관료들의 실태를 알게 되었다. 그리고 인민들은 지방 관료들은 부패하였으며, 사익을 추구하고, 탐욕스러우며 심지어 폭력적이기까지 하다고 인식하였다. 그 결과 지방 관료들은 지방 재정을 충당하고 세금을 징수하는 행정 능력이 어느 정도 타격을 받았다. 2013년부터 실시된 반부패운동은 이러한 부패행위들을 대상으로 하였다. 관리들에게 막대한 비용이 드는 연회를 중단하고, 공공자금을 사용하는 데 있어서 주의하고, 해외여행을 자제하며, 공공장소에서 적절하게 처신할 것을 명령했다. 이러한 운동은 효과가 있는 듯 보였다. 그간 일부 지방 관료들의 지원을 받았던 꽤 많은 고급 레스토랑과 호텔들이 폐업하였다.

　지방 관료들을 보면 박봉과 과중한 업무에 시달리는 것처럼 보인다. 지방 관료들 중 가장 실력이 뛰어난 자들은 곧 승진한다. 농촌 지역에 계속해서 머무는 것을 원하는 관료는 거의 없다. 하지만 농촌 지역에 계속해서 머물러야 하는 지방 관료들은 그에 대한 약간의 보상을 원한다. 이러한 그들의 태도는 어찌 보면 당연한 것일 수도 있다. 이러한 상황을 두고 2000년 말 어떤 한 익명의 지방 관료는 자신이 느끼는 절망에 대해서 그의 블로그에 글을 썼다. 모두가 부패한 환경에서 오류 및 과오 없이 행정을 처리하는 것은 어렵다는 것이었다. 솔직히 지방 관료 모두가 부정하게 서로의 편의를 봐주는 환경에서 자신만이 청렴결백하게 살아간다는 것 자체가 이상한 것이었다. 그러한 튀는 행동은 다른 모든 지방 관료들의 공분을 살 수 있었다.

지방 관료들의 부패 정도를 가늠하는 것은 어려운 작업이다. 한 지방 관료는 146명 이상의 정부(情婦)를 두었으며, 이들과의 관계를 유지하기 위해서 엄청난 빚을 졌고 고소를 당하였다. 또 중국을 떠들썩하게 했던 유명한 지방 관료의 부패사례가 있다. 그 관료는 샨시(陝西)성에 위치한 한 조그만 마을의 지도자급 인사로, 그가 17명의 정부(情婦)를 취하기 위해서 사용한 방법은 공분을 불러일으켰다. 17명의 정부 중 상당수가 유부녀였는데, 그들의 남편들은 떼를 지어 몰려와 해당 관료의 부정행위에 대해서 항의하였다. 어떤 지방 관료들은 사적 목적을 위한 해외여행 경비(지방 관료의 해외출장에 대해서는 2009년부터 보다 엄격한 규정이 적용됨), 지나친 유흥비, 당과 정부 규정에 반하는 사업비 등에 국고를 오용(誤用)하기도 하였다. 지방 관료 부패문제 중 가장 심각한 것은 그들의 친인척들 역시 국고 오용에 일조한다는 것이었다.

중국 인민들이 지방 관료의 부패문제에 대해 느끼는 불평이 초래하는 부정적인 효과는 더 이상 간과할 수 없는 수준에 이르렀다. 1990년대 말 푸젠(福建)성의 사업가인 라이창씽(賴昌星)은 광범위한 밀매혐의로 기소되었다. 그리고 배후에는 그의 불법행위를 묵인해준 관세청과 지방정부의 여러 관료들이 있었다. 라이창씽은 이들에게 다양한 형태의 뇌물을 제공했다. 특히 지방 관료들을 위한 성 접대를 목적으로 라이창씽이 '홍루(紅樓)'를 운영했다는 이야기는 유명하다. 홍루는 고위급 지

방 지도자들만을 위한 유흥과 환락의 장소였다. 이 사건이 널리 알려지
자 2000년 라이창씽은 캐나다로 도망을 갔다. 이 사건과 연루된 수많은
지방정부의 주요 정치지도자들이 낙마하였다. 여기에 그치지 않고 심
지어 중앙정치국 상무위원회의 위원들도 이 사건에 연루되었다는 소문
이 돌았다. 중국정부는 캐나다 정부에 라이창씽을 인도해줄 것을 요청
하였다. 라이창씽은 중국 당국으로부터 그를 처벌하지 않겠다는 확약을
받아낸 뒤, 2011년 재판을 받기 위해 중국으로 귀환했다. 하지만 그는
2012년 종신형에 처해졌다.

법의 지배

1978년부터 중국공산당과 정부의 공식 문서를 보면, 마오쩌둥 시대의
'사람에 의한 통치'의 시기에서 '법의 통치'의 시기로 옮겨갔다는 언급이
자주 등장한다. 이 속에는 '법의 통치'가 이루어진 체제로 옮겨가고자
하는 중국공산당의 열망이 담겨있다. 중화인민공화국의 법적 절차는 중
국공산당의 지도를 따른다. 법적 절차는 법원, 판사와 변호사들에 의해
서 운영되는데, 이들은 1980년대부터 관련 업무를 위한 훈련을 받은 사
람들이었다.

  개혁개방을 추진하는 데 있어서 제대로 작동하는 법체제를 정비하는
것은 중요한 일이었다. 1978년 이래 460개의 법안이 통과되었으며, 수
많은 새로운 규정들이 도입되었다. 마오쩌둥 말년 당시 재판관직은 주
로 오래전에 은퇴한 퇴역 장군들이 역임하였다. 당시 중국 법원에는 항
소제도도 없었으며, 대부분의 재판은 신속하게 진행되었다. 심지어 가
장 심각한 사건의 경우에도 피의자에 대한 형 구형과 처벌, 처형 및 수

감이 모두 하루 만에 이루어지기도 하였다. 1978년 중국공산당 지도부는 경제발전을 위해서는 외자유치가 필요하고, 이를 위해서는 보다 양질의 법체제를 갖추어야 할 필요가 있다고 생각했다. 그리고 새로운 법체제를 정비하는 데 있어서 일본, 독일, 기타 법치국가들의 법 제도의 많은 부분을 참조하였다. 미국, 영국, 독일, 호주 등 많은 국가들이 중국의 법체제 정비 작업을 도왔다. 그 이유는 그 과정에서 그들의 국익을 추구할 수 있다고 보았기 때문이다. 전국인민대표대회(NPC)와 헌법은 광범위한 법체제의 일부로서 기능하며, 각자의 역할이 존재한다.

중국 전역에는 현급(縣級) 수준의 법원에서부터 베이징시에 위치한 최고인민법원(最高人民法院)에 이르기까지 여러 수준의 법원들이 존재한다. 그 밖에 인민검찰원(人民檢察院), 사법부(司法部)와 같은 관련 기구가 있다. 중국은 계약, 파산, 투자 보호 등의 문제를 다루기 위해 1990년 이래 관련 중요 법안들을 통과시켰다. 하지만 중국이라는 국가는 광대하기 때문에, 재판 및 법체제의 수준에 있어서 지역 간 편차는 매우 크다. 이러한 문제를 제외하고도, 중국에서 '법의 통치'를 실현하는 데 있어서 가장 큰 문제는 중국공산당의 존재이다. 왜냐하면 중국공산당은 초(超)법적 존재이기 때문이다. 중국공산당은 중국법원이나 법률가들이 독자적 행동을 통해 공산당이 제정한 법의 범위를 넘어 공산당의 권위에 도전하는 것을 용납하지 않는다.

중국 법체제의 비일관성은 두 가지 영역에서 가장 극명하게 드러난다. 첫째, 중국법원의 판결 집행 문제이다. 중국법원의 판결은 대체로 합리적인 편이다. 하지만 판결을 집행하는 것은 어렵다. 이에 외국인 사업가들은 지방의 성(省), 도시 지역에서 일하는 것이 힘들다고 토로한다. 왜냐하면 계약 파기, 지적재산권 도용 등의 문제로 중국법원에서 승소한다고 하더라도 정작 판결을 집행하는 것은 어렵기 때문이다

(Clissold, 2005; Midler, 2011). 두 번째, 체제 전복적이거나 반혁명적 (2000년까지만 하더라도 이러한 표현이 자주 쓰임)이라고 여겨지는 인사들에 대한 처리문제이다. 적어도 중국공산당 일당지배체제에 도전한다고 여겨지는 인사들에 대해서는 헌법에서 규정한 시민적 권리는 전혀 적용되지 않는다. 이에 국제 변호사들은 중국 법체제 내에서 중국 헌법은 가장 약한 권위를 지닌다고 본다. 또 법학자(法學者)들은 중국 헌법을 '잠자는 숲속의 공주'라고도 부른다. 헌법에는 화려한 수사들과 위대한 사상들이 담겼으나, 실제 구속력은 없다는 것이다. 인권운동가인 류샤오보는 형법을 어긴 죄로 2009년 구속되었고, 1년이 넘는 기간 동안 구금되었다. 형법에 유죄 확정을 받지 않은 피의자에 대한 구금 기간이 명시되었음에도 불구하고, 이 조항은 류샤오보에게 적용되지 않았다. 인권 변호사인 가오즈셩(高智晟)의 사례는 더욱 충격적이었다. 그는 어느 법적 절차도 없이 2010년 돌연 사라졌고, 그 후 몇 년간 발견되지 않았다. 2014년 드디어 그에 관한 뉴스가 보도되었다. 구금에서는 풀려났으나 신장의 한 가택에서 연금 상태에 있다는 것이다. 간혹 그 모습이 발견되기도 하였으나 여전히 삼엄한 감시 하에 있었다. 민감한 영역에 있어서 법에 의한 지배는 확실히 그 한계를 보였던 것이다.

사진 4.1 류샤오보, 1955~2017년

류샤오보, 반체제인사이자 학자. 2010년 노벨평화상을 수상했으나 2017년 감옥에서 암으로 사망.

출처: Alamy; dpa picture alliance archive/Alamy Stock Photo

인권

현재 중국 인민들의 스스로 법적 권리에 대한 인식은 점차 넓어지고 있다. 그리고 1978년 이래 자신의 법적 권리를 공적인 통로를 통해 실현하고자 하는 인민들의 수 역시 늘어가고 있다. 그 결과 변호사 수가 극적으로 증가하고 있다. 또 다른 나라의 경우와 같이, 중국의 지방 법원에는 수많은 민사소송이 제기되고 있다. 민사소송들은 대부분 토지, 지적재산권에 대한 분쟁, 또는 정부나 기업이 저지른 잘못으로 인해 야기된 피해에 대한 배상을 청구하는 것들이다. 중국 인민들의 정의 실현에 대한 열망은 다른 국가 시민들의 경우만큼이나 강렬하다. 다수의 인민들은 비싼 소송비용을 감수해서라도 자신들의 권리를 실현시키고자 한다. 비록 인권과 같은 영역에서는 억압정책을 추구했지만, 후진타오와 원자바오는 일부 법체제를 자유화하려는 놀라운 움직임을 보였다. 특히 2008년 정부보호공개법이 통과되었다. 이 법안에 의하면 중국 인민들도 이제는 다른 국가 국민들과 같이 공적 정보에 대해 접근할 수 있는 권리를 갖는다. 2010년 광둥(廣東)시는 전체 예산안을 인터넷 상에 공개하였다. 그 파일의 크기는 2기가바이트(gigabyte)에 달할 정도로 엄청났다. 이러한 정부의 결정이 어떠한 파급력을 가질지는 확실하지는 않았다. 하지만 정부는 극적인 조치를 행하는 것을 꺼려했다. 위와 같은 중앙정부와 지방정부의 정책에 대한 냉소주의도 존재한다. 그들은 위와 같은 조치들은 정치지도자들이 단지 책략적으로 선택한 것일 뿐이라고 보았다. 또한 냉소주의자들은 정치지도자들은 여전히 중국사회 전체에 대한 고도의 통제력을 행사하고 싶어 하며, 보다 개방된 사회를 위한 진보적 조치를 취하고 싶어 하지 않는다고 보았다. 또 여전히 중국공산당과 그 소속 기관들의 예산은 베일에 싸여있다. 지방 은행과 중국정부 간의 재정 거래 내역의 상당 부분 역시 알려져 있지 않듯이 말이다.

중국에서는 자신의 권리를 침해당했다고 여기는 사람이 법적 절차에서 한계를 느꼈다면, 지방정부나 중앙정부에 직접 청구를 제기할 수 있는 길이 있다. 이는 왕조 시대에, 억울한 백성이 직접 황실에 상소를 올리는 제도와 흡사하다. 시안(西安)과 같은 곳에서는 도시 중심에 '권리청원과 투서 접수'를 위한 광장을 설치하기도 하였다. 원자바오 총리는 공식 채널을 통한 권리청원을 인민들 스스로 권리를 실현하는 평화로운 방법이라 생각했고, 이를 지지했다. 그리고 이에 대한 그의 지지를 보여주기 위하여 2011년 봄 축제 기간에 베이징에 위치한 한 권리청원접수 센터를 방문했다. 중앙정부 지도자가 이러한 행보를 보인 것은 1949년 이래 처음 있는 일이었다. 원자바오 총리는 또한 인민들의 불만은 적시에 효과적으로 해결되어야 한다고 강조하였다. 심지어 중국에는 인민들이 관료에 대해 불만을 제기할 수 있는 채널이 인터넷상에 존재하기도 한다.

2007년 한 중국인이 경호를 뚫고 원자바오에게 직접 청원서를 건넨 적이 있었다. 이것은 대중들에게 알려졌고, 물론 그 덕분에 해당 청원은 신속하게 처리되었다. 그리고 이는 정부에 대한 권리청원을 진행하고 있는 인민들에게 고무적인 사건이었다. 하지만 지방정부와 중앙정부 지도자들은 정부에 제기되는 권리청원의 급작스러운 증가(한 예측에 따르면, 2009년 한 해 동안에 약 900만 건의 권리청원이 접수되었다고 함)에 우려를 표했다. 이에 그들은 관료의 승진과 강등 심사 기준에 "얼마만큼의 권리청원이 제기되었는가"를 포함했다. 해당 관료가 속한 부처에 권리청원이 적게 들어올수록 좋은 평가를 받고, 많이 들어올수록 나쁜 평가를 받는 구조였다. 이에 당연히 관료들은 수단과 방법을 가리지 않고 접수되는 권리청원의 수를 최소화하고자 하였다. 그 결과 한 연구에 의하면 정부에 권리청원을 하고자 시도한 많은 수의 사람들이 이를 거절당했다고 한다 (Human Rights Watch, 2009). 청원을 제기하고자 이 부처에서 저 부처를 돌아다니며 의뢰를 했지만, 만족스러운 결과를 얻지 못했다는 것이다. 다음은 한 미국인 여성의 증언이다. 그녀는 중국인 남자친구를 위해서 중국정부에 건의서를 제출하고자 했다. 하지만 정확히 베이징의 어느 부처에 제출해야 하는지 알아내는 것만 해도 쉽지 않았다. 왜냐하면 많은 관료들이 자신의 부처 소관이 아니라며 그녀를 문전박대했기 때문이다. 한편 2000년부터 각 성(省)정부는 자신의 관할지역에서 올라온 권리청원 제기자들을 위한 중앙 접수 센터를 베이징에 설치하였다. 하지만 2010년경에 이르러 권리청원의 수가 증가하자, 그 증가세를 억제하기 위해 많은 지방정부들은 불법적인 방법까지 동원하였다. 한 예로 가장 극렬하게 불만을 제기하는 사람이 있으면, 사설 보안 업체를 고용하여 소위 '검은 감옥'이라는 곳에 억류하고, 강제로 고향으로 돌려보내는 불법적인 행위까지 저질렀다. 시진핑 시기 이러한 불법적인 행태는 더 철저해졌고 선제적 형태로까지 증가했다 (Ong, 2018).

세계의 여러 국가에서도 그렇겠지만 사법 기관의 재정 문제는 사회 정의를 실현하는 것과 직결되어 있다. 이것은 중국에서도 마찬가지이다. 왜냐하면 법원이 재정난에 시달려 뇌물을 받고 그릇된 판결을 하다면, 그 사회의 정의는 실현될 수 없기 때문이다. 2014년까지 대체로 중국의 중앙 법원들은 그들이 속한 중앙정부로부터 예산을 받았다. 현급(縣)법원에서부터 성급(省級)법원까지 지방법원의 경우, 이들은 각각 자신이 속한 지방정부로부터 재정을 조달받았다. 하지만 2014년 4중전회(中全會)에서의 결정으로 이러한 방식은 바뀌었다. 이는 이해충돌의 문제를 해결함으로써 '법에 의한 지배'를 좀 더 강화하기 위함이었다. 이때부터 법원의 재정은 한 단계 상급 정부로부터 조달되게 되었다. 또한 판사들에 대한 훈련과 교육이 강화되었으며, 법원에서 내려진 판결을 집행하는 데 더 많은 자원이 투입되었다. 상업 부문에서 법은 이제 중국 내에서 상당히 높은 예측가능성을 가지고 운용되고 있으며, 관료에 의한 자의적인 운용은 점차 지양되고 있다. 시진핑 집권기, 이것은 매우 중요한 일이었다. 왜냐하면 중국에서 부상하고 있는 계층인 도시의 중산층들의 이해관계에 부합해야 했기 때문이다. 그들은 자신들의 자산과 권리가 보호받기를 원했다. 하지만 상업 이외의 분야에서 법에 의한 통치는 좀 더 많은 논란이 존재한다. 인권 변호사들이 점차 많은 압력을 받고 있고, 중국공산당에 감히 도전하는 자에게는 무시무시한 형벌이 내려지고 있다. 중국에 진정으로 독립적인 사법부가 존재할 수 있는지에 대한 일말의 희망조차 가질 수 있을지 의문이다. 법원은 공산당의 감시하에 있으며, 그 자신의 판결을 집행할 힘도 없기에 공산당과 함께 운용되는 조직이라기보다는 그 지부라고 보아도 무방하기 때문이다.

법의 집행: 치안과 사회질서의 유지

마오쩌둥 시대에 정부는 수많은 주민위원회(居民委員會)를 통해 전국을 통치하였다. 당시 주민위원회는 지방에서 중앙정부의 지침을 시행하고, 법을 집행하는 가장 기본적인 조직이었다. 주민위원회라는 전체 시스템은 하나의 거대한 상호감시체제와도 같았다. 주민위원회는 자신의 관할구역 내 주민이 범죄를 저질렀다고 의심이 되면 상부에 보고하는 역할을 하였을 뿐만 아니라, 주민들의 공산당에 대한 충성도를 감시하기도 하였다. 하지만 현대에 이르러 주민위원회는 약간 다른 형태로 존재한다. 우선 주민위원회 구성원들의 절반은 선거를 통해서 선출되며, 주민위원회는 그곳이 농촌이든 도시이든 해당 관할 구역 인민들의 이익을 대변하는 역할을 한다.

1949년 중화인민공화국 건국 이후 중국사회는 전시태세에서 평시상태로 돌아와야 했다. 따라서 사회 내 치안과 질서를 유지하기 위한 공안국(公安局)의 창설은 당연한 것이었다. 공안국은 중국경찰이라고 이해하면 된다. 공안국은 다른 나라의 국가경찰과 같은 위치로 오늘날까지 존재하며, 인민무장경찰(人民武裝警察)의 도움을 받아 국가의 법과 질서를 유지 및 범죄 해결과 같은 방대한 업무를 처리한다. 인민무장경찰은 국내 폭동을 진압하기 위한 경찰로서, 1989년 천안문사건 이후보다 강한 권한을 부여받았다. 공안국과 인민무장경찰의 예산 및 재정은 중앙정부와 성급(省級)정부로부터 오며, 공안국과 인민무장경찰은 중앙정부와 성급정부의 명령을 따른다.

중국만이 가지고 있는 독특한 국가적 특성은 여러 가지가 있지만, 그중 하나는 국내 치안과 질서를 유지하기 위한 방대한 조직이 존재한다는 것이다. 그 조직 중 하나가 바로 국가안전부(國家安全部, MSS: Ministry of State Security)이다. 국가안전부는 사회 질서 유지에 위협이 되는 수많은 국내 문제를 다룰 뿐만 아니라, 해외정보활동을 한다. 이것은 마치 미국의 중앙정보부(CIA: Central Intelligence Agency)나 호주의 비밀정보부(ASIS: Australian Secret Intelligence Service)가 하는 기능과도 같다. 국가안전부는 국제적인 활동을 통해서 중국의 국가이익을 수호하고자 한다. 최근 국가안전부는 티베트, 신장, 그 밖의 정치적으로 불안정한 변경지대에서 발생하는 문제와 테러억제에 집중하고 있다. 그 밖에 중국공산당에 부정적 영향력을 행사할 수 있는 믿음을 가지고 종교 활동을 한다고 여겨지는 파룬궁과 같은 종교 집단에 대해서 대규모 공작활동을 벌이고 있다. 그들의 임무는 2017년부터 확장되었는데, 이것은 2017년부터 효력을 발휘한 반스파이법에 입각한 것이었다. 이 법은 다수의 새로운 범죄 목록을 담고 있는데, 그중에는 외국과 공모하여 중국공산당의 일당체제 및 중국에 혼란을 초래하는 죄가 포함되어 있다. 이는 중국공산당에 대항한 인물이나 관련된 토론들을 대내외적으로 좀 더 통제하려는 신호로 여겨진다.

　소련의 경우와는 달리 중국에서는 첩보기관이 독자적인 권력 기반을 가진 적이 없다. 국가안전부의 창시자라 할 수 있는 캉성(康生)은 마오쩌둥의 핵심적인 정치적 동반자였다. 하지만 그는 절대로 마오쩌둥과 경쟁하려 하지 않았다. 캉성은 국가안전부가 직접 당에 보고하도록 하였다. 이러한 측면에서 국가안전부의 행태는 인민해방군과 유사했다고 할 수 있다. 시진핑 시기 반부패운동은 국가안전부에까지 영향을 미쳤는데, 이는 국가안전부가 가장 폐쇄적이고 보이지 않는 국가기관이라는 점에서 다소 충격적이기까지 했다. 2015년 국가안전부 부부장이었던 마지엔(马健)이 해임되었으며, 이듬해에는 부패혐의로 기소되었다. 시진핑 시대에는 심지어 안보의 가장 비밀스러운 곳인 첩보 및 방첩분야에서 일하는 인물에게까지도, 다른 분야와 마찬가지로 충성심을 요구했다. 이들은 시진핑이 집권하기 전부터 그들에게 부여된 임무의 중요성으로 인해 특별한 대우와 자유를 보장 받았다.

결론: 격동하는 중국사회의 운영 과제

21세기 중국을 통치한다는 것은 엄청난 도전적 과제이다. 중국의 정치지도자들은 매일매일 이 과제와 마주할 것이다. 인민들은 과거보다 자신의 권리에 대해 잘 알고 있다. 또 중국사회는 점차 복잡해지고 있다. 각 직급의 모든 중국 관료들은 여러 상충하는 이해집단 간 정치적 균형을 유지하는 문제에 대해 골몰하고 있다. 제6장에서는 '분쟁의 시기'에 돌입한 중국사회의 구조에 대해서 보다 자세히 살펴보고자 한다. 시진핑은 정부와 행정부 조직이 좀 더 원활하면서 기민하게 작동하도록 많은 공을 들였다. 이는 각각 2014년과 2017년에 발행된 그의 연설 모음집의 제목만 보아도 그러하다. 제목은 "국정운영을 말하다(The Governance of China)"이다. 2010년대 중국사회에는 의견의 불일치가 있어왔다. 푸와 디스텔호르스트(Fu and Distelhorst, 2018)의 연구에 의하면, 얼굴 스캔, 빅데이터와 같은 기술이 중국공산당으로 하여금 사회의 불만이라고 하는 냄비가 끓어오르지 않도록 하는데 도움을 주었다. 이 기술들은 온라인에서 잠재적으로 문제가 될 만한 그룹들을 포착하는 데 도움을 줄 뿐만 아니라 인공지능은 이들을 어떻게 다룰 것인지에 대한 수단도 제공하기 때문이다. 사회 불안의 요소를 줄이기 위한 법에 의한 통치도 강화하고 있다. 이는 사람들을 달래고 그들의 요구에 반응하는 것이기 때문이다. 동시에 중국공산당 관리들에 대해 반부패운동을 전개함으로써 인민들에게 더욱 다가가고 있다. 이렇듯 좀 더 높은 윤리적, 직업적 기준을 중국공산당 내부에 적용함으로써 부패문제를 해결하고, 당과 인민 사이의 거리를 좁히려 하는 것이다.

제5장

중국경제

중국경제의 성장은 전 세계적으로 경이로운 현상 중 하나이다. 1978년 개혁개방을 시작할 당시만 하더라도 중국은 개발도상국으로서 전 세계 GDP에서 작은 부분만 차지했을 뿐이었다. 하지만 2018년 중국은 세계적으로 경제 규모 2위의 국가가 되었으며, 이는 세계경제의 15퍼센트 이상을 차지한다 (원래 2010년까지만 하더라도 일본이 세계에서 두 번째로 큰 경제 대국이었으나, 중국이 다음 해에는 그 자리를 차지함). 또한 중국은 세계에서 가장 큰 규모의 외환보유고를 축적한 국가가 되었으며, 수출 및 수입 규모, 석유를 제외한 에너지 소비량에 있어서도 전 세계에서 1위를 차지하였다. 석유 소비량에 있어서 세계 1위인 국가는 미국이며, 2위가 중국이지만 양국 간 차이는 그리 나지 않는다. 생산성의 증대에 대해서 말하자면, 중국 지도자들의 말에 따르면 1980년대 이래 중국경제는 매년 10퍼센트의 성장을 해왔다. 하지만 2012년부터 그 성장률은 6.7~7퍼센트로 다소 떨어졌다. 2008년 세계적인 금융 위기가 촉발된 이후 다른 개발도상국가들의 경제가 침체되고 있는 와중에도, 중국은 자신의 경제 규모를 40퍼센트나 확대할 수 있었다. 그리고 중국이 2001년 세계무역기구(WTO: World Trade Organization)에 가입하고 난 후, 10년 동안 중국경제 규모는 4배나 성장했다. 경제성장률, 경제의 전체 규모 모두에 있어서 중국은 세계적으로 1위에 위치하거나, 아니면 그에 근접해있다. 언제 미국을 따라잡고 세계 최대 규모의 경제 대국이 될 것인가에 대한 예측 시기는 2015년에서 2035년에까지 다양하다. 문제가 되는 것은 그 시기가 '언제'가 될 것인가이다.

2018년 중국경제: 기초 자료

사람들이 중국이라는 국가에 대해서 처음으로 주목하는 것들 중 하나는 중국은 큰 숫자와 연관되어 있다는 것이다. 그중 가장 우선적으로 언급되는 것이 바로 중국의 GDP 성장률이다. 1978년부터 중국의 GDP 성장률은 매년 평균 10퍼센트에 가까웠으며, 그 결과 중국의 경제 규모는 1978년 세계 17위에서 2018년 세계 2위로 성장했다 (도표 5.1 참조). 2017년 중국의 전체 경제 규모는 약 23.12조 달러에 이르며 (구매력지수인 PPP기준. 절대적 구매력 평가가 아닌 상대적 구매력 평가를 활용했음), 이 중 농업 부문은 8.2퍼센트를 차지한다. 나머지 90퍼센트는 서비스와 제조업 분야가 각각 50퍼센트와 40퍼센트를 기록하고 있다. 중국은 세계에서 가장 큰 규모의 수출국이기도 하다. 중국은 약 2.16조 달러 가치의 상품을 수출하였으며 주요 수출품은 전자제품과 기타 기계제품이다. 그중에는 정보처리 장치, 의류, 섬유, 철강, 광학기기, 그리고 의료제품이 포함된다. 한편 중국은 세계에서 두 번째로 큰 수입국이다. 중국은 약 1.73조 달러만큼을 수입하였으며, 수입 품목은 주로 전자기계제품, 석유 및 광물자원, 연료, 광학 및 의료장비, 금속광석, 자동차, 그리고 콩이었다 (CIA, 2018). 2017년 말 기준으로, 중국에서 이루어진 외국인 직접 투자액은 약 1.514조 달러에 이르며, 반대로 중국에 의해 이루어진 세계 각 지역으로의 직접 투자액은 약 1.342조 달러에 달한다. 1980년대 이래 중국경제의 가장 눈에 띄는 특징 중 하나는 매년 중국 GDP의 상당 비율의 가치가 부동 자산과 사회기반시설에 대한 투자로부터 산출되었다는 것이다. 2017년에는 GDP의 43.3퍼센트가 부동자산과 사회기반시설에 투자한 결과 산출된 가치였으며, 그 비율은 세계에서 두 번째로 높은 수치였다. 2017년 중국의 GDP를 보면 오로

도표 5.1 중국의 국내총생산(GDP), 1978~2016년

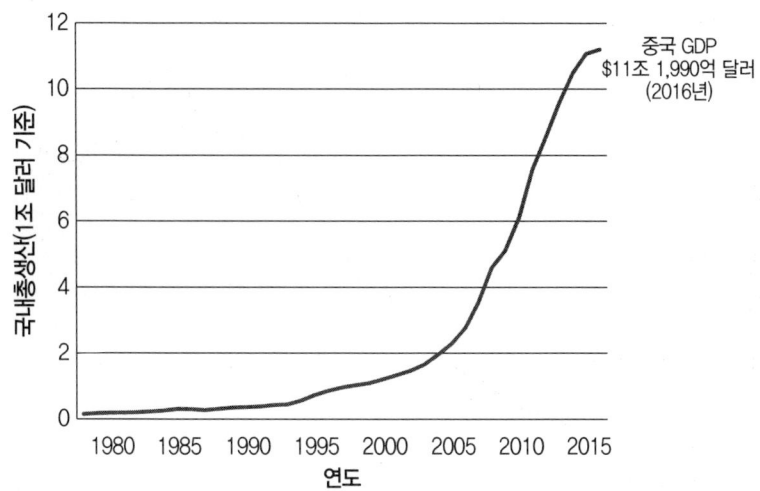

주: 현재 달러 시가 기준 GDP (인플레이션 적용 안 됨).
출처: World Bank, World Development Indicators (2018).

지 39.1퍼센트만이 국내 소비에 의해 산출되었다 (CIA, 2018).

1980년대 이래 진행되어 온 중국의 발전 정도를 가장 잘 보여주는 지표 중 하나는 중국의 외환보유고이다 (도표 5.2 참조). 중국은 수입액보다는 수출액이 더 많았다. 그 결과 중국은 자본수지 흑자를 기록할 수 있었던 것이다 (자본수지는 한 나라에서 재화와 서비스에 대한 대가로 지급되는 화폐가치의 균형이다. 이것은 마치 개인 은행 계좌와도 같다. 만약 중국에 유입되는 자본보다 해외로 유출되는 자본이 더 많다면 자본수지는 적자이다. 반대로 중국에 유입되는 자본이 해외로 지불되는 자본보다 더 많다면 자본수지는 흑자이다). 1978년 중국의 자본수지 흑자는 거의 0에 가까웠다. 하지만 2006년 중국은 일본을 따라잡고, 세계에서 자본 축적량이 가장 많은 국가가 되었다. 2014년 중국의 자본 축적량은 약 4.5조 달러를 상회한다.

도표 5.2 중국의 외환보유고, 2000년~2018년

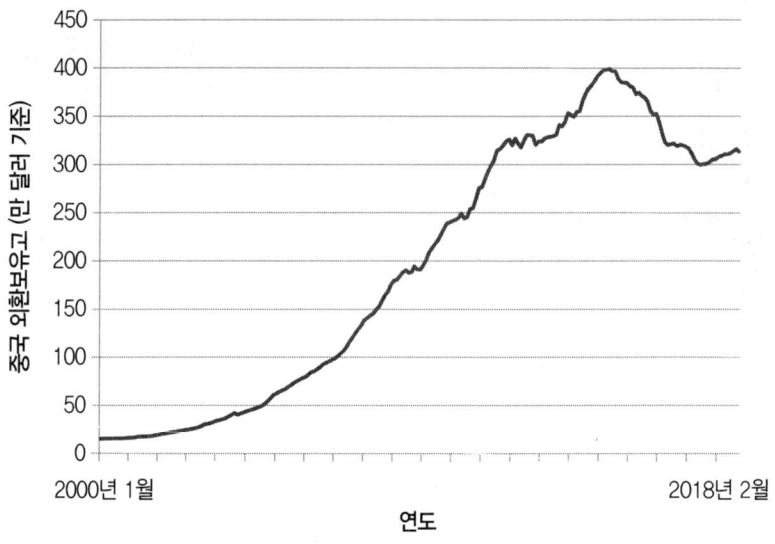

출처: PRC's State Administration of Foreing Exchange (2018a, 2018b).

중국 경제성장의 원천 – 농업 부문의 개혁과 특별경제구역

중국은 1978년 개혁개방을 시작했다. 이전의 중국은 수 세기 동안 농업 국가였다. 오랜 기간 대다수의 중국인들은 농민으로 생활했으며, 농업 생산량이 중국 국내총생산(GDP)의 대부분을 차지했다. 1949년 건국 이후 마오쩌둥은 30년 동안 산업화를 위한 계획경제정책을 실시하였지만, 1978년 당시 중국은 여전히 산업 기반시설이 부족한 농업 위주의 국가였다. 1978년 시작한 개혁개방의 목적 중 하나는 신속하고도 심도 있는 산업화를 통해 농업 위주의 중국경제를 현대화시키는 것이었다. 이것은 결국 1970년대에 저우언라이 전 총리가 시작하고 다음으로는 덩샤오핑이 전개했던 4대 근대화의 주요 목표 중 하나였다. 그렇지만 중국경제 현대화라는 목표를 달성하기 위해서는 우선 식량이라는 가장 기본적인 것부터 해결해야 했다. 인민들이 배불리 먹어야 일도 할 것이 아닌가? 이를 위해서는 농업 분야에서 자급자족 능력을 갖추어야 했다. 또 농촌의 농업 생산성을 증대시켜야 했다. 그래야만 농촌에서 잉여 노동력이 생겨나게 되고, 그 잉여 노동력을 통해서 산업화를 촉진시킬 수 있기 때문이었다.

이에 중국정부는 농가책임제(家庭聯産承包責任制, Household Responsibility System)를 실시했다. 농가책임제란 농민들이 잉여 농작물을 국가에 판매할 수 있도록 하여, 농민들이 약간의 사익(私利)을 얻을 수 있도록 하는 정책이다. 농가책임제 실시 결과는 성공적이었으며 정부는 생산성 증대라는 목적을 달성하게 되었다. 농가책임제는 농민들에게 사익 획득이라는 동기를 부여하였고, 덕분에 1980년 이후 곡물 생산성은 크게 증가하였다 (Naughton, 2006, Teiwes and Sun, 2016). 그러나 농가책임제는 많은 사람들을 농업에서 상공업으로 이전시키는 의도치 않은 결과를 낳았다 (여기서 '의도하지 않았음'은 몇 년 후 덩샤오핑의 발언을 통해서 알 수 있음. 1992년 남순강화에서 덩샤오핑은 위와 같은 현상이 농가책임제의 의도치 않은 결과임을 공식적으로 인정함). 뿐만 아니라 완전히 새로운 형태의 경제 활동도 생겨났다. 2018년에 이르러 중국의 농업인구는 기존 규모의 1/4로 줄었고, 이들 중 절반 미만이 농촌으로 분류된 지역에 살고 있다 (Chinese National Bureau of Statistics, 2011).

개혁개방 초기 중국정부가 선택한 기본 전략 중 하나는 외자(外資)를 유치하는 것이었다. 외국인 투자를 끌어들이는 목적은 단순히 경제발전에 필요한 자본을 얻기 위한 것만은 아니었다. 그것은 또한 외국의 지적

자산과 경영기술에 접근하기 위한 것이기도 했다. 1970년대 후반부터 1980년대 초반까지 덩샤오핑과 그 밖의 관료들은 중국의 경제발전전략을 구체적으로 어떻게 시행해야 하는지에 관한 방안을 찾기 위해 세계의 여러 국가를 방문하였다. 그리고 그들은 동시에 기술, 교육, 전문성 측면에서 얼마나 중국이 낙후된 상태에 있는지 절감하였다. 중국정부로서는 신속하게 경제를 발전시키기 위한 유일한 선택은 외국기업과의 협력을 통해 외국기업의 전문성을 사들이는 것이었다. 그리고 1979년 최초의 합자회사법이 통과되었다. 코카콜라는 개혁개방 초기 중국에 들어온 다국적 기업 중 하나로, 텐진(天津)에 코카콜라를 병에 담아 유통시키는 회사를 세웠다. 특히 1980년부터는 다수의 일본 회사가 중국에 들어서기 시작했다. 그러나 중국의 경제발전에 실질적인 영향을 미쳤던 정책은 경제특구(SEZs)의 설치였다. 중국공산당은 경제특구 설치를 위해 1980년 관련법을 개정했다. 경제특구의 설치가 성공적이었던 이유는 우선 경제특구로 지정됐던 곳들이 외국의 주요 산업도시와 지리적으로 근접했기 때문이었다. 또 (공산당의 시각에서 볼 때) 단번에 중국을 외부 세계에 노출하는 것이 아니라, 경제특구를 통해서 중국과 외부 세계가 접촉하는 중간지대를 만듦으로써 어느 정도 안정적인 변화를 중국 경제에 도입할 수 있었기 때문이었다 (Brown, 2008).

　　여러 경제특구 중 선전(深圳)은 가장 극적으로 변화한 곳 중 하나이다. 선전은 홍콩의 바로 옆이다. 1980년에만 해도 선전은 인구 30만 명 규모의 어업 마을에 불과했다. 하지만 선전이 경제특구로 지정이 되자, 선전은 이제 생산 공장을 확장하고 저렴한 노동력과 토지를 얻고자 하는 홍콩의 많은 사업가들에게 매력적인 지역이 되었다. 왜냐하면 홍콩경제는 이미 포화상태여서 홍콩의 노동력과 토지의 가격은 비쌌기 때문이다. 선전은 경제특구로서 특별한 지위를 누렸으며, 선전에 와서 투자하는 기업가들에게 세금 혜택을 제공하는 등 수많은 규칙들이 통과되었다. 션전은 주로 물품을 생산하고 그것을 재수출하는 곳으로 활용되었다. 하지만국내시장에 판매하는 것은 불가능했다. 그러나 1996년이 되자 션전에서제조한 물품들을 국내시장에 판매하는 것 역시 허용되었다.

션전에서 해안을 따라서 서쪽으로 조금 더 가면 주하이(珠海)란 곳이나오는데, 이곳은 또 다른 경제특구이다. 주하이는 마카오 바로 옆에 있다. 더불어 타이완 맞은편에 있는 샤먼(廈門)도 경제특구로 지정된 도시이다. 덩샤오핑은 1990년대 상하이를 경제특구 지역으로 지정하는 것을 끝으로 14개의 경제특구 지역을 승인하였다. 2002년에 이르러 경제특구에서 투자자들에게 허용된 혜택은 전국적으로 확대되었다. 또 션전시는 인구 1,000만의 도시가 되었다. 물론 션전시는 1980년대부터 인구가 몇 년간 40퍼센트 이상의 비율로 성장하는 등 이미 그 전부터 급격한 변화를 보이기는 했지만 말이다. 높은 빌딩이 빼곡히 들어찬 션전의 도시경관은 공산당 통치하의 자본주의 국가의 새로운 상징이 되었다(Koolhaas and Leong, 2001).

다국적 기업의 입장에서 보았을 때 션전시는 값싸고도 충분한 양의토지와 저렴하지만 잘 교육받은 노동력을 가졌다는 커다란 장점을 가지고 있었다. 션전에서 시작된 제조업 기업의 폭발적 증가 추세는 나중에는 광둥성 전체로 이어졌다. 수백만 명의 인구가 중국 본토에서 주장삼각주(珠江三角洲, Pearl River delta area)의 신도시로 이주해갔다. 그들은 신도시의 공장 지역에서 일하였으며, 어떤 공장의 경우 수만의 노동자들을 고용하기도 하였다. 이러한 현상의 경제적·사회적 여파는 엄청났다. 약 2억 명의 이주노동자들은 해안가를 따라 이 공장, 저 공장으로 옮겨 다녔다. 2000년대 주룽지(朱鎔基) 전(前)총리가 언급한 바와 같이 중국은 '세계의 공장'이 되었다. 현재 세계에서 생산되는 전자레인지의 90퍼센트는 중국산이며, 중국의 한 도시에서는 세계 대부분의 양말을 생산하기도 한다 (Kynge, 2006). 초기에 중국 제조업은 비교적 별다른 기술이 없어도 간단히 제조할 수 있는 소비재 및 가전제품을 생산하였다. 하지만 곧 중국의 생산 라인에서도 고도의 기술이 요구되는 고부가 제품들을 발견할 수 있게 되었다. 또 대다수의 유명한 다국적 전자회사들은 노트북, 휴대폰 그리고 개인용 컴퓨터 등 자사제품의 대부분을 중국에서 생산하고 있다. 애플(Apple), 지멘스(Siemens) 그리고 폭스바겐(Volkswagen)과 같은 회사들은 생산 공정의 대부분을 중국에 위치시켰다. 또 1990년대 말, 중국은 투자에 관한 법률을 더 완화시키면서 약 5,000억 달러의 투자를 이끌어 내었다. 중국은 세계 최고의 외국인 투자처 중 하나가 되었다. 이를 바탕으로 전국에 60만 개의 합작회사 및 외자기업이 생겨났다 (Kynge, 2006).

세계무역기구(WTO)에의 가입: 세계 속의 중국

중국이 외국인 투자를 유치하려 했던 초기의 목적은 중국경제를 개방하여 기술과 생산과정을 업그레이드하고, 현대화를 가속하는 것이었다. 또 중국은 애초에 세계의 거대한 공장이 되려는 야심도 없었다. 위에서 언급했다시피 중국에서 생산된 물품은 값싼 가격으로 해외로 수출되어 선진국 중산층의 복지에 어느 정도 이바지하고 있다. 그러나 세계의 거대한 공장이 되는 것 자체가 중국의 목적은 아니었다. 중국의 최종 목표는 부를 축적하여 그 혜택을 누리는 것이었다.

지도자들이 애초에 바라던 바대로 상당한 액수의 투자금이 중국으로 흘러들어왔다. 하지만 중국 지도자들에게 또 다른 커다란 과제가 부여

되었다. 그것은 중국의 기업들을 국제적으로 경쟁력 있는 기업으로 육
성하는 것이었다. 또한 중국을 단순한 기술이 요구되는 상품을 수출하
는 국가에서 보다 고부가가치 제품을 수출하는 국가로 탈바꿈시키는 것
이었다. 하지만 곧 이를 성취하는 데에는 장애물이 있다는 것을 발견했
다. 미국, 일본, 홍콩, 타이완, 그리고 기타 일부 공정을 마친 물품을 들
여와 이를 완전품으로 만들어 수출하는 국가들이었다. 진정으로 지적
가치가 창출되고 사용되는 경제적 활동은 중국이 아닌 타국에서 이루어
졌다. 중국회사들은 지적재산권(IPR: Intellectual Property Rights)
활용을 통한 경제활동을 거의 하지 못했다. 1990년 이후부터 중국 내
등록된 특허의 수가 기하급수적으로 늘었지만, 중국기업은 여전히 세계
시장을 선도하지 못했다. 애플(Apple)과 같은 미국계 회사는 자신의 분
야에서 단 수년 만에 세계에서 가장 고부가가치를 지닌 기업 중 하나가
되었다. 심지어 까다롭기로 소문난 중국시장에도 성공적으로 진출했다.
이렇듯 선전하고 있는 애플과는 달리 중국계 기업들은 그 존재감이 거
의 없었다.

중국기업들을 국제 경쟁에 노출하는 것은 중국 중앙 정책결정자들
에게 상당한 도전적 과제였다. 1980년대 당시 가장 저명한 경제 분야
의 지도자였던 천윈(陳雲)은 중국경제를 '새장 속의 새'로 비유했다. 그
가 이렇게 생각한 이유는 중국경제는 새장 속의 새처럼 약간의 혁신을
할 수 있는 자유를 갖지만, 그것은 언제까지 일정한 한계 안에서 이루어
져야 했기 때문이다. 1978년 이래 개혁 조치에 의해서 국영기업 내 비
(非)경쟁체제, 관료주의적 행태는 상당 부분 사라졌다. 하지만 국영기
업들은 여전히 중국경제의 핵심 분야에 대한 통제력을 유지하고 있었
다. 2005년 경제협력개발기구(OECD: Organisation for Economic
Cooperation and Development) 보고서에 따르면 중국 국내총생산

(GDP) 증가율에 대한 비국가영역의 기여도는 50퍼센트 이상이었다. 즉, 중국경제가 성장할 수 있었던 것의 절반 이상은 사영기업의 공(功)이었다는 것이다. 그렇지만 중국정부는 정치적·경제적 이유로 사적 영역에 가능한 한 많은 통제를 가할 수밖에 없었다 (OECD, 2005). 장기적으로 보았을 때 외국인 투자에 지나치게 의존하는 것은 중국경제에 좋지 않았다. 즉, 중국경제는 언젠가는 스스로 일어서야 했던 것이다.

국제시장에서 중국기업들의 경쟁력을 높이기 위해서 중국이 WTO에 가입한다는 것은 어떤 사람들에게는 다소 이해가 되지 않을 수도 있다. WTO는 서구의 규범에 따라 설립되어, 국제 무역에 신자유주의적 질서 확립을 촉진하고자 하는 핵심 기구이기 때문이다. 하지만 일부에서는 WTO에 가입하고자 했던 중국 지도자들의 의도를 다음과 같이 해석했다. 중국의 국영기업에는 기존의 이해집단이 존재하였고, 따라서 보수주의가 팽배할 수밖에 없었다. 이러한 국영기업에 경쟁을 도입하는 것은 시급하였다. 중국 지도자들은 WTO에 가입함으로써 보수적인 국영기업들을 해외 시장에 노출시켜 변화시키고자 한 것이었다 (Foot and Walter, 2010). 물론 그 이전에 국영기업의 내부 구조조정 및 개혁이 이루어졌지만 그 속도는 충분히 빠르지 않았다. 이에 중국 지도자들은 외부 경쟁자 도입이라는 영리한 방법을 사용하고자 했다. 중국 지도자들은 또한 중국기업들을 세계적인 다국적 기업으로 육성하고자 하는 의도를 내비추었다. 중국은 마침내 WTO에 가입하기 위한 모든 협상을 마치고 2011년 11월, WTO에 가입했다.

14년 이상이 걸린 중국의 WTO 가입과정은 길고 험난했다. 특히 WTO 가입 전 마지막으로 이뤄진 미국, EU와의 세부 사항에 대한 논의는 더욱 쉽지 않았다. 특히 문제가 되는 분야는 금융, 텔레콤, 그리고 서비스였다. 그나마 협상된 것은 중국의 핵심 경제 영역인 금융, 농업 분야의 표면적으로나마 광범위한 자유화였다. 금융과 농업 분야는 중국경제 전반에서 전략적으로 중요한 영역이기 때문에, 금융과 농업의 자유화는 중국정부에게 상당히 중요한 문제였다.

금융 분야에서 WTO와 중국정부는 다음과 같은 것에 동의하였다. 2006년부터 외국계 은행과 금융 회사들이 중국 국내 은행 소매 시장에 진입하는 것을 허용한다는 것이었다. 이것은 중국정부로서는 힘든 결정이었다. 왜냐하면 1990년대 중국의 은행들은 부실 융자라는 문제를 겪고 있었고, 이것은 중국정부에게 있어서 엄청난 고민거리였다. 제4장에서 설명했다시피, 중국 은행들의 부실 융자 문제는 국영은행이 마치 지방정부의 하수인처럼 행동했기 때문에 촉발된 것이었다. 지방정부는 국책 사업의 재정을 조달하기 위해 지방은행에 융자를 요구했고, 이것은 엄청난 액수의 부채 축적으로 이어졌다. 이 문제는 1988년에 폭발했다. 이에 중앙정부는 지방은행의 융자대출에 대한 보다 엄격한 규칙을 적용하였으나, 지방은행과 지방 관료 간의 유착관계로부터 야기되는 문제를 해결하기는 쉽지 않았다. 한편 외국계 은행과 금융회사들은 아직 개척되지 않은 세계 최대의 시장인 중국 금융시장에 진출하기를 간절히 원했다. 하지만 중국 중앙정부는 지방의 은행체제가 국제 경쟁에 노출되기에는 준비가 되지 않았다는 것을 잘 알고 있었다. 이제 몇몇 외국계 은행은 중국은행들의 지분 1/5을 차지할 수 있게 되었다. 한편 2007년 중국개발은행(中國開發銀行, China Development Bank)은 영국 바클레이(Barclays) 은행의 지분 3.5퍼센트를 사들였다. 그리고 농업은행(農業銀行)은 홍콩, 뉴욕, 런던에 부분적으로 상장함으로써 비록 서류상에서나마 세계에서 가장 가치가 높은 회사 중 하나가 되었다. 한편 농업 분야에서 농민들은 자신들은 외국 농산물과 경쟁할 수 있을 만한 역량을 갖추지 못했다며 중국의 WTO가입을 걱정하였다. 중국 농민들은 미국, 호주, 그리고 아시아 몇 국가의 농민들에 비해서 생산기술 및 규모의 경제 측면에서 뒤떨어진 상태였기 때문이다. 따라서 중국 농민들은 자신들이 다른 국가 농민들과 경쟁할 수 없을 것이라 생각했다. 4억 명의 일자리를 제공하는 농업 분야는 중국의 WTO가입 협상에서 가장 논쟁적인 이슈 중 하나였다. 이 문제를 시진핑과 리커창은 단순히 더 많은 농업 인구가 도시에서 정착할 수 있도록 함으로써 해결하고자 하였다.

하지만 중국은 2007년경 까지 WTO가입 협상에서 동의한 거의 모든 사항들을 실행하였다. 초반의 우려와는 달리 중국정부는 중국경제를 국제 경제에 편입시키는 데 큰 성공을 거두었다. 경제의 전반적인 생산력은 증가하였으며, 그 결과 수출액과 GDP 성장률에 있어서 빠른 증가세를 보였다. 중국정부의 기본 전략은 국내 기업을 외부와의 경쟁에 노출시켜 경쟁력을 키우는 것이었고 이러한 전략은 상당한 성공을 거두었다. 금융권은 1990년대에 겪었던 어려움으로부터 상당히 회복되었고, 농업 분야도 별문제 없이 안정적이었다. 오히려 농업 분야에서 문제가 있었다면, 그것은 주로 해외 농산물과의 경쟁에서보다는 내부에서 주로 촉발되었다. 농업 분야의 내부적 문제는 토지의 소유권과 세금(2007년, 세금 인상됨)에 대한 농민들의 불만이었다.

중국경제가 국제화되었다고는 하나, 그것은 주로 중국의 세계 공장으로서의 역할에서 기인한다. 즉, 중국기업이 국제시장에서 경쟁력 있는 존재로 경제활동을 한다는 것을 의미하는 것은 아니라는 뜻이다. 중국이 WTO에 가입하자 여러 현상이 목격되었지만, 그중 가장 두드러진 것은 대형 다국적 기업들이 중국으로 몰려들었다는 것이다. 그들은 자신들의 전체 제조 및 공급 라인의 상당 부분을 중국에 설치하였다. 2008년 월마트(Wal-Mart)는 약 180억 달러 가치의 물품을 중국에서 생산하여 전 세계에 공급했다. 2009년 영국 기업인 테스코(Tesco)는 약 40

억 달러의 제품을 중국에서 생산하여, 전 세계에 수출하였다. 그 결과 대형 다국적 기업이 참여하게 된 중국 제조 공장들은 해외 고객들에게 보다 적극적으로 다가갈 수 있었다 (Midler, 2011). 하지만 2007년 중국 공장에서 제조한 물건의 품질 문제가 대두되었다. 그 중심에는 마텔 (Mattel)사가 있었다. 마텔사는 중국 전역에 약 1만 개의 장난감 생산 공장을 가지고 있었다. 마텔사는 중국 공장에서 일부 장난감 제조에 납 성분이 함유된 불량 페인트를 사용했다는 것을 발견하고 해당 제품을 리콜했다. 하지만 마텔사의 중국 생산 라인에 대한 의존도는 너무나 컸다. 이후 마텔사는 중국정부에 사과해야 했다. 사과 내용은 사태가 처음 발견되었을 때, 마텔사가 중국 공정 과정에 대해 지나치게 공적인 방법으로 불평을 토로했다는 것이다. 이렇듯 몇몇은 중국시장에서 돈을 번다는 것이 녹록치 않다고 불평하지만, 현실적으로 중국만큼 풍부한 노동력과 잠재적 고객층을 제공하며, 수많은 물품을 제조할 수 있는 능력 가진 국가는 드물 것이다. 하지만 2012년부터 중국 내 임금 상승 기조가 뚜렷해지면서 몇몇 제조업들이 중국 외 다른 국가로 옮기는 것을 고려하거나, 다른 것으로 이를 상쇄시키기 위한 방안을 강구하고 있다. 또한 2008년을 기점으로 몇몇 서방 수출 시장의 구매력이 떨어지면서 중국의 정책결정자들은 국내 소비를 진작시키기 위한 방안을 마련해 왔다. 이러한 노력에도 불구하고 2017년 수치에 의하면 소비의 GDP대비 비율은 1/3로 지난 30년과 비슷한 수준이었다. 중국인들은 소비하기보다는 저축하는 것을 선택했던 것이다.

중국은 수출수도 전략으로 급속하게 성장했다. GDP의 1/3이 중간 공정 및 완제품을 수출하면서 벌어들인 외화였다. 이것은 중국과 선진국 사이에 대규모의 무역 불균형 문제를 불러일으켰다. 이 문제는 특히 EU와 미국에 심각했다. EU와 미국 내 소비자들이 중국에서 제조한 값싼 물품에 대한 의존도를 급격하게 높혀갔기 때문이다. 2017년 중국의 무역수지(수출액과 수입액의 차이)는 172억 달러라는 흑자를 기록했다 (Trading Economics, 2018). 이에 대한 문제제기가 EU와 미국의 정치인들 사이에서 일어났다. 특히 미국의 새로 선출된 트럼프(Donal J. Trump) 대통령이 그러했다. 그는 중국기업들이 보호주의와 불공정한 원가 삭감으로 미국의 수십만 개의 일자리를 앗아갔다고 보았다. 비록 이에 반박하는 진영에서는 미국인들이 값싼 물품을 사용할 수 있음으로써 얻는 이득도 크다고 했지만 말이다. 2018년 3월 트럼프는 중국의 철강과 기타 물품에 대한 관세를 부과하였다. 그 이유는 중국이 미국 시장에 덤핑을 행하고 있으며, 그 결과 미국의 철강 산업을 쇠하게 했다는 것이다. 더 근본적인 문제로 중국정부가 이와 같은 물품들에 보조금을 제공하고 있다고 지적했다. 특히 EU는 중국을 시장경제국가로 인정하는 것을 거부하였다. 왜냐하면 제품 생산에 필요한 전기, 물, 토지와 같은 많은 것들을 중국 중앙정부, 그리고 지방정부가 중국기업들에게 보조해주고 있었기 때문이다. 선진국에서는 생산에 필요한 전기, 물, 토지와 같은 것들이 대부분이 시장화되어 있다. 이러한 정부차원의 지원은 중국기업이 많은 비용을 절감하게끔 도와주었다. 또한 2008년부터 외국계 기업들이 제기하기 시작한 불만이 있었다. 그들은 2008년 국제금융 위기가 발생한 것은 물론 서구 시장이 고갈된 것에서 비롯된 측면도 있지만, 중국 소비자들이 외국 기업들의 물품을 충분히 소비하지 않았기 때문이라고 보았다. 위에서 언급했다시피 중국 소비자들은 서구의 소비자들과는 달리 개인 빚을 지는 것을 꺼려하며, 따라서 고급 품질의 물품을 사지 않는 경향이 있었다. 결국 중국인들은 물건을 팔기에는 까다로운 소비자들이었다. 스스로 힘들게 벌은 돈을 소비하는 데 조심스러워했으며, 그들의 물품에 대한 요구수준은 높았다. 적어도 2018년까지는 외국 기업들의 제품을 온라인에서 사는 것을 꺼려했을 정도다. 또 중국의 부동산, 금융, 기술에 이르는 분야들에 대한 개방성이 중국기업이 해외시장에서 누리는 만큼 외국인들에게 허용되지 않는다는 주장도 있었다. 이러한 상호 호혜가 부족한 영역들은 점차 문제로 부각되었다.

1980년부터 고정자산에 대한 투자에 중국은 총 정부 소비의 45퍼센트를 투입함으로써, 전례 없이 많은 재정을 소비했다. 이를 일관되게 2018년까지 유지되고 있다. 대부분의 개발도상국들의 고정자산 투자액을 합쳐도 그 규모가 3배나 된다. 이는 고속철도, 베이징과 상하이의 지하철 건설 등의 용도로 사용된다. 베이징과 상하이는 각각 2010년까지 세계에서 두 번째, 세 번째로 큰 지하철 시스템을 구축하는 것을 목표로 사업을 진행하였다 (세계에서 가장 큰 지하철 시스템은 대한민국 서울에 있음). 3년 동안 2008 베이징올림픽을 겨냥한 거대한 신(新)공항을 건설했다. 동시에 여러 성에 국내용 공항을 설치함으로써 중국인들이 며칠 동안 기차여행을 하는 대신 비행기로 국내 여행을 할 수 있도록 하였다. 2016년 중국에 민영공항의 수는 216개에 이른다. 또한 중국 내 기차선로 네트워크는 11만 2,000km에 달하는데 세계에서 두 번째로 큰 규모이다. 고속 열차 선로의 총 길이는 2만 4,000km로, 세계에서 가장 길다. 라사나 카슈가르와 같은 외딴곳에도 기차선로가 뻗어있다. 티베트고원을 통과하는 선로는 얼음 동굴을 뚫어서 만들었다. 1980년대 말부터 중국은 13만 1,000km 이상의 도로를 건설하였으며, 이를 간선공공도로시스템(干线公路系统, National Trunk Highway System)이라고 부른다. 에너지 인프라도 향상되었는데, 두 개의 국가 전력 공급망을 향상시켰고, 스마트 시스템의 도입으로 에너지 효율을 높였다. 대규모 수력발전소(전체 700개 이상)와 원자력발전소가 건설되었는데, 이는 종종 매우 논란이 많은 상황에서 이루어졌다. 이러한 인프라 건설

은 막대한 자원을 요구하였는데 호주나 브라질과 같은 곳에서 철광석
등을 조달하였다. 2000년대 중국의 이처럼 엄청나게 빠른 성장을 상징
하는 고층건물들은 하루가 다르게 건설속도가 빨라졌다.

중국경제의 복잡함

자유주의 시장경제로의 이행이 가속화되자, 중국은 매우 분절된 이해집
단들이 공존하는 복잡한 사회가 되었다. 따라서 중국의 정치, 경제도 복
잡해졌음은 물론이다. 그래서 몇 학자들은 중국은 사실상 더 이상 하나
의 단일한 사회가 아닌, 다층적인 정치, 경제 구조를 지닌 국가가 되었
다고 말한다 (Huang, 2008). 중국의 국토는 크게 세 개의 경제영역으
로 나눌 수 있다. 먼저 해안지역을 들 수 있다. 이들 지역은 1978년 이
후 발전하기 시작했다. 그들은 국제 생산 라인에 즉각적으로 접근하였
으며, 이로부터 훌륭한 성과를 거두었다. 그 결과 2010년 중부 및 남부
해안가를 따라 위치한 저장(浙江)성, 장쑤(江蘇)성과 같은 곳의 1인당
GDP는 약 만 달러에 달하였다. 2010년 중국 전체의 평균 1인당 GDP
가 4,500달러였다는 것을 고려하면 매우 높은 수치이다 (중국국가통계
국 자료, 2011). 저장성의 경우 수많은 기업들이 위치하고 있었는데, 저
장성은 사영(私營)기업들의 보루가 되어 주었다. 저장성에 위치한 원쪼
우(溫州)의 경우 특히 그러하였다. 예를 들어, 가족들 간 비공식 융자를
사용하고, 국내, 해당 지역, 그리고 해외에서 몰려온 수많은 기업들이
사업 활동을 벌였으며, 외부 위탁을 받아 상품을 제작하기 위해 기업들
이 공장을 건설하는 등의 활동이 벌어졌다. 해안지역의 생활수준은 높
았으며, 신흥부유층이 부상하기 시작하였다.

사진 5.1 중국 세계무역센터

출처: Getty Images; Photographer: Dukai

하지만 중국의 북서부와 중부는 사뭇 다른 복잡한 형태를 보여주었다. 과학공원이 만들어지고, 경제특구의 모습을 대략적인 본뜬 곳이 세워지는 등 중국의 북서부와 중부에는 기업활력(business dynamism)이 일어났다. 또 해안지역의 지가(地價)가 점차 상승하자, 북서부와 중부지역이 상대적으로 활력을 띠기 시작했다. 해안지역보다는 그 정도가 덜했지만, 중부지방에서도 사회 기반 시설의 증축이 이루어졌다. 몇몇 성들은 동부 해안에 위치한 성들에 비해서 사회기반시설이 부족했기에, 이러한 단점을 보완하기 위해 그들만이 소유하고 있는 자원을 사용하기도 했다. 네이멍구가 그러했다. 네이멍구는 베이징과 기타 주요 도시와 가까운 곳에 위치했다. 풍부한 석탄 매장량을 기반으로 네이멍구는 가장 부유한 성 중 하나가 되었다. 한편 중국의 서부지역은 가장 발달하지 못한 곳이다. 서부지역의 인구 밀도는 낮으며, 소수민족 문제가 가장 많이 발생하는 곳이다. 서부지역은 중국 전체 국토 면적의 절반 이상을 차지한다. 또한 티베트, 신장, 네이멍구 지역은 다른 성들에 비해서 여러 이웃국가와 가장 긴 국경을 접하고 있는 곳이다. 또 티베트와 신장 지역의 사회 기반 시설은 매우 취약하다. 더불어 이 지역의 사업 환경은 제한되어 있는 측면이 많기에 이곳에 존재하는 기업의 대부분은 국영기업이다. 하지만 이곳 역시 서비스, 기술 분야에서 여러 사기업들의 성공사례가 존재하기도 한다. 한편, 신장지역의 경우 중국 전체국토면적의 18퍼센트를 차지하고, 대량의 가스와 석탄이 매장되어 있고, 광활한 대지중 일부는 핵실험 장소로 쓰이기도 한다. 이는 지역 주민들의 분노를 유발하는 큰 요인이다. 중국 서부에 위치한 소수민족 자치구는 신장병단(新疆兵團)이나 군 관련 기업 등과 같은 해당 지역 내 핵심 조직을 통해서 이익을 창출하기도 한다. 해당 이익의 상당 부분은 중앙정부로 흘러간다. 이에 대해 위구르 무슬림들은 그들이 착취당하고 있다고 느끼며, 주요한 권한을 지역민들에게 허용하지 않는 중앙정부에 분노했다. 이러한 분노는 2009년 7월 자치구 내 폭동으로 이어졌다. 폭동은 무력으로 진압되었고, 200명 이상의 사망자가 발생했다. 또 위구르 무슬림 젊은이들의 높은 청년 실업률과 중앙으로부터 의무적으로 부과된 사회 및 교육정책이 불만요소를 더하고 있다.

위에서 중국 국토는 크게 세 개의 경제로 나뉠 수 있다는 것과 해당 경제구역 간 차이에 대해서 알아보았다. 하지만 좀 더 자세히 살펴보면 각 성(省), 자치구 간에도 경제발전의 정도에 있어서 차이가 존재한다. 또 하나의 성(省)이나 지역구 내에서도 지역 간 격차는 발생한다. 또 각 성이나 자치구마다 고유의 세금, 교통세, 사업체 설립을 위한 각기 다른 제도나 법을 가지고 있다. 이렇듯 중국경제는 분절되어 있다고 할 수 있다. 이에 중국이 2001년 WTO에 가입했을 때 가장 큰 도전 과제는 상이한 수많은 지방 법률들을 어떻게 국가가 요구하는 바대로 통일하는가의 문제였다. 한 예로 트럭 운전사가 물건을 한 지역에서 다른 지역으로 운반할 때 그가 지불해야 하는 도로 이용요금은 다양했다. 이것은 곧 수출 제품을 제작하는 업체로서는 차라리 지대가 조금 비싸더라도 해안지역에 공장을 세우는 것이 내륙지방에 공장을 세워 여러 성(省)을 오가는 것보다 더 나을 수 있음을 의미했다. 이렇듯 성(省) 간 경제적 격차는 문제가 되었다. 그리고 이 문제는 부유한 성(省)이 상대적으로 빈곤한 성(省)을 보조하는 투자 등의 조치를 취함으로써 부분적으로 완화되었다. 예를 들어, 저장성은 티베트에 투자했다. 1999년 중앙정부는 보다 적극적인 조치로서 '서부개발' 사업을 실시하였다. 이러한 조치를 취하게 된 배경에는 중앙정부가 보기에도 해안지역과 서부지역 간 격차가 점차 벌어지고 있었고, 이것은 문제가 되었기 때문이다. 그래서 서부지역을 보다 발전시켜 지역 간 격차를 줄이고자 했다. 이러한 노력의 일환으로 정부는 외자를 유치하여 서부지역에 공항, 도로, 항구, 기타 사회 기반 시설을 건설하였다. 정부 관료들에게는 이 지역에 인재들을 유치하기 위하여 이 지역에서 일정기간 이상 근무할 경우 승진 및 평가에 있어서 혜택을 주었다. 위와 같은 정부의 노력에도 불구하고, 서부지역과 해안지역의 1인당 GDP는 여전히 현격한 차이를 보이고 있으며, 서부지역 주민들의 평균 수명은 동부 해안지역 주민들의 것보다 낮다.

시장 자유화를 보다 적극적으로 추진하려 하면서도 중국정부는 경제 5개년 계획을 유지하고 있다. 광범위한 거시경제 정책의 목표를 설정하는 것이다. 제12차 경제 5개년 계획은 2011년부터 2016년 사이에 실시되었는데, '녹색 계획'으로 칭송받았다. 고에너지 효율을 달성한다는 야심찬 계획으로서, 유해 물질 및 이산화탄소 배출량을 줄이고 에너

지 분야를 시장화하고자 했다. 2016년부터는 제13차 경제 5개년 계획
이 추진 중인데 '생태문명'을 건설을 기치로 내걸고 있다. 2008년 세계
금융 위기가 중국에 미친 영향은 미미해 보였다. 이때 중국정부는 거대
한 경기 부양정책을 단행했다. 무려 5,000억 달러 이상의 재정이 중국
경제에 투입되었다. 중국정부는 정부 부채에 대해서 공식적인 규모를
발표한 적 없다. 하지만 많은 이들이 전체 공공부채의 규모가 2017년에
는 GDP의 2.5배에 달할 수도 있다고 의심하고 있다. 이는 일본과 비등
한 수준이다. 그러나 중국의 정치지도자들은 2010년부터 계속해서 두
자릿수의 높은 경제성장률 달성이라는 과업을 달성해냈다. 하지만 이전
장에서 언급했듯이, 2020년에 이르면 중국은 더 이상 두 자릿수의 경제
성장률을 보일 수 없을 것이다.

비록 중국정부는 소비자들에게 더 많은 소비를 할 것을 종용하고 있
지만, 뜻대로 되지는 않는 모양이다. 중국의 가계저축액은 전체 GDP의
절반에 이른다. 중국인들은 저축하는 성향이 강하다. 많은 중국 소비자
들은 낮은 임금을 받는 편이며 세금도 간접적으로 부여된다. 이에 중국
경제의 많은 측면에 있어 주요 행위자는 정부이다. 개발도상국이 경제
를 현대화시키기 위해서 정부 투자에 의존하는 것은 일본, 타이완, 한
국 등에서 전형적으로 보여 왔던 행태이다. 그러나 경제 규모가 성장하
고 가치가 성장하면서 중국은 투자 중심 모델에서 소비가 강화된 경제
로 옮겨가야 하며, 이것은 근원적인 사회적 그리고 경제적 함의를 갖는
다. 정부와 국민들은 다른 역할을 해야 한다. 국민들은 납세자로서의 역
할을 충실히 해야 할 것이며, 그에 따라 경제의 방향에 대한 의사 결정
과정에 참여하고 싶어 할 수도 있다. 현재 중국에서 이자율과 환율은 시
장이 아닌 정치인이 결정하고 있다. 이 또한 구조적인 모순을 만들어낸
다. 또한 미국 등 다른 나라와 갈등을 야기하기도 한다. 이들은 중국 수

출이 매우 불공정한 조건에서 이루어지고 있다고 보고 있다. 즉, 중국이 환율을 조작함으로써 물건을 보다 싸게 수출한다는 것이다. 낮은 임금과 투자 기회의 부족은 근래 몇 년간 중국인들 사이에서 이슈가 된 적이 있다. 2009년 블로거들은 정부의 WTO가입을 통렬히 비판하였다. 그들이 보기에 WTO가입은 정부가 중국 노동자들의 땀과 피를 대가로 값싼 노동력을 팔아 안락한 서구국가들의 생활을 뒷받침하는 것으로 보였다. 그러면서 그들은 중국 전역에서 자행되고 있는 노동착취의 현실을 열거하였다. 많은 공장에서 노동자들은 하루에 18시간 동안 열악한 환경에서 근무하고 있다. 한 공장에서 화재가 발생했는데, 생산라인에서 근무하고 있었던 12명이 넘는 노동자들이 탈출하지 못하고 사망했다. 왜냐하면 밖에서 문을 잠가놓았기 때문이었다. 또 션전에는 노동인력 40만명 이상 규모의 대형 팍스콘(Foxconn) 공장이 있었는데, 애플(Apple)사 등의 제품을 조립하였다. 2011년에는 그곳에서 연쇄적으로 노동자들이 자살하는 사태가 벌어졌다. 이에 대한 회사의 반응은 다음과 같았다. 임금은 인상하되, 근로계약에 노동자들의 자살에 대해서는 책임지지 않는다는 조항을 포함했다. 그것은 유족들이 소송을 제기하는 것을 막기 위함이었다. 중국 인민들도 다른 국가 국민들처럼 평생 희생만 하며 살아가기를 원하지 않았다. 그들도 어느 시점에 이르러서는 노동의 대가를 즐기며 살아가기를 원했다. 그리고 텔레비전이나 인터넷에서 볼 수 있는 서구 스타일의 삶을 기대하고 있었다. 하지만 국제 생산 라인에는 구조적인 문제가 존재했다. 한 연구에 의하면 미국에서 40달러의 바비 인형이 하나 팔릴 때마다 중국 노동자들이 얻을 수 있는 이득은 고작 몇 센트에 지나지 않는다고 한다 (Pascoe, 2011).

중국정부에게 주어진 어려운 도전과제는 더 있었다. 우선은 고부가가치 산업을 육성하기 위한 연구개발(R&D: research and development)

글상자 5.1 미국, 중국 그리고 EU: 세계의 경제 엔진들

EU, 중국, 그리고 미국은 세계 GDP의 절반을 차지한다. 그들은 세계 경제성장의 엔진이다. 그들이 맺고 있는 경제적 관계는 복잡하고, 매우 경제적이며, 때로는 논쟁을 불러일으킨다.

1978년 이래 미국과 유럽은 중국의 거대한 수출 시장이 되었다. 2001년 이래 미국과 유럽의 대중국 무역 적자는 더욱 커졌으며, 이는 정치적인 문제를 일으켰다. 특히 미국의 부시 행정부(2000~2008년)와 오바마 행정부(2008~2016년)는 중국이 환율 조작을 하고 있다고 주장했고, 이 문제에 집중했다. 즉, 인민폐의 가치를 시장의 원리가 아닌 정치가들이 결정함으로써 그 가치를 낮게 하여 보다 유리한 교역 조건을 만들어낸다는 것이다. 미 재무부는 미국을 환율조작국으로 지정하겠다고 수차례 엄포를 놓았으며, 이는 미중 전략 경제정책 회의에서도 이슈가 되었다. 트럼프 대통령은 선거운동 기간 유세를 하면서 그가 대통령에 취임하는 즉시 시행할 조치 중 하나가 중국을 환율조작국으로 지정하는 것이라고 했다. 하지만 그는 이를 주저하고 있는데, 왜냐하면 중국을 환율조작국으로서 얻는 이득은 실질적이기보다는 상징적일 가능성이 더 높기 때문이다. 대신 그는 중국시장에 미국 기업들이 더 많이 진출하는 것과 상호호혜의 원칙을 확립하기를 원했다. 2017년 11월 트럼프 대통령은 베이징을 방문했는데 2,400억 달러의 거래에 사인했다. 이 중 얼마나 그것이 실행에 옮겨질지는 다른 문제이기는 하지만 말이다.

미중 경제관계는 2018년 중반 트럼프 행정부가 500억 달러의 관세를 일련의 중국 제품에 부과하면서 극도로 복잡해졌다. 이러한 제품들은 미국 측 주장에 의하면 정상적인 시장 가치 이하의 가격으로 미국시장에 수출됨으로써 미국경제를 해치고, 일자리 수를 줄인다고 의심되는 것들이었다. 이에 대응하여 중국은 콩과 그 밖에 미국산 품목들에 보복관세를 가했다. 이 분쟁은 전면적인 무역전쟁으로 긴장 수

계속

위가 높아졌으며, 미중 무역수지 불균형에 문제의 초점이 맞춰졌다. 중국의 대미 수입액은 수출액의 2/3로 떨어지기까지 했다.

EU에게 있어 주요한 문제점은 지적재산권의 문제에 있다. 중국과 EU는 파트너로서 갈릴레오 우주 프로그램, DNA 지도 프로젝트 등 여러 프로젝트에서 원활하게 협력해왔다. 그들 사이에는 수많은 기술 이전 협약이 체결되었다. 그럼에도 불구하고 2007년부터 촉발된 일련의 무역분쟁이 이들의 관계를 복잡하게 만들고 있다. 가장 큰 사건은 태양광 패널에 관한 것이었다. 2011년부터 중국산 태양광은 물밀 듯이 EU로 수출되었고, 이들은 불공정한 정부 보조금으로 생산되었다고 의심되었다. 이에 EU는 이 분야에서의 몇몇 중국 제조업 회사들을 공식 지정하여 이들에게 관세를 부과하는 조치를 시행하였다. 이 무역전쟁은 2013년 양자 사이의 협의안이 체결됨으로서 해결될 수 있었다. 비록 미중 무역에서 발생하는 무역적자보다는 그 규모가 작지만 EU와 중국 사이의 무역 수지 적자 문제 역시 중요한 이슈이다. 왜냐하면 EU가 중국에 수출하는 액수보다 중국이 EU에 수출하는 액수가 두 배에 달하기 때문이다. 독일은 특유의 자동차 제조 기술로 2016년까지는 중국을 대상으로 유일하게 무역 흑자를 기록하는 나라였다. 하지만 이마저도 2016년 이래로 상황은 역전되었다. 비록 EU와 중국은 수년간 무역협상을 해왔으나 2018년 양측은 자유무역협정을 체결하는 데 실패했다. 이는 중국에 적절한 수준의 시장 경제가 마련되지 않았다는 비판이 있었기에 더욱 그러했다.

활동을 상당 부분 뒤늦게 재개해야 했다. 또 문화대혁명 기간 동안 학교와 대학교 등이 폐쇄되는 등 중국의 교육 기반은 무너졌기 때문에, 교육 체제를 재건하는 작업이 필요했다. 따라서 중국은 1978년부터 약 150만 명 이상의 유학생을 해외로 보내 선진 기술을 배워오도록 하였다. 그러나 이들 중 몇 명이 다시 중국으로 돌아오는지, 그들의 기술을 얼마나 잘 활용해왔는지의 문제는 많은 논쟁을 불러일으켰다. 중국 국내대학들의 경쟁력을 강화하는 것도 시급한 문제였다. 2000년대 교육부는 50개의 세계적인 수준의 명문대학을 육성하려는 계획을 세웠다. 그리하여 적극적으로 수많은 해외 과학자들과 학자들을 초청했다. 하지만 양질의 교육체제를 구축하는 것은 하루아침에 이루어질 수 있는 일이 아니었다.

세계로 진출하는 중국기업들

장쩌민 주석과 주룽지 총리 임기의 마지막 기간 개최된 제16차 당대회에서는 '해외진출 전략'을 선언했다. '해외진출 전략'을 성공적으로 추진하기 위해서 필요했던 것 중 하나는 중국의 국영, 또는 사영기업을 최고 수준의 세계적 기업으로 육성하는 것이었다. 이를 위해 도입한 대표적인 두 가지 조치가 있었다. 첫 번째, 2001년 11월 WTO에 가입하는 것이었다. 이를 통해서 중국기업들은 더욱 치열한 경쟁에 노출되었다. 둘째, 국유기업(SOEs: State-owned enterprises)에 계속적인 개혁을 도입하였다. 이미 주룽지 총리의 진두지휘 하에 1997년 공기업에 대한 구조조정이 있었고, 이는 이후에도 계속되었다. 그 결과 핵심 국가 산업의 규모는 축소되었으며, 수많은 노동자들이 일자리를 잃었다. 이것은 해낭 산업을 보다 생산적이고 효율적인 산업으로 육성하려는 노력의 일환이었다. 2018년 포브스가 발표한 세계 2,000개 기업 리스트에 의하면, 세계의 10대 기업 중 5개가 중국기업이었다 (*Forbes* 2018). 하지만 중국중석화학집단공사(SinoChen, 中國中石化集團公司), 중국석유천연가스주식유한공사(PetroChina, 中國石油天然氣股份有限公司), 중국해양석유총공사(CNNOC, 中國海洋石油總公司), 화웨이기술유한공사

(Huawei, 華為技術有限公司), 중흥통신주식유한공사(ZTE, 中興通訊股份有限公司) 등은 여전히 중국 내에서만 잘 알려져 있을 뿐이었다.

중국기업들은 외국의 유명 브랜드 기업들을 인수하기도 하였다. 이것은 중국기업들의 약점인 낮은 인지도 문제를 해결하려는 시도의 일환이었다. 또 중국기업들은 외국 유명 기업들을 인수함으로써 선진 기술들을 획득하고자 했다. 인수 이외의 방법으로 선진 기술에 접근하는 것은 훨씬 어려웠기 때문이었다. 1980년대 대중국 외국인 투자 붐이 일기도 하였으나, 이 방법만으로 외국 기술을 배우는 것은 충분하지 않았다. 그래서 중국기업들은 외국 기업 인수에 나서게 되었다. 가장 유명한 예는 중국기업인 레노버(이전에는 레전드[Legend]라고 불림)의 IBM 싱크패드 브랜드 인수였다. IBM 싱크패드는 미국 브랜드로 이 인수는 2003년에 이루어졌다. 하지만 인수는 대부분은 실패로 귀결되는 경우가 많았다. 2005년 중국의 TCL 그룹은 프랑스계 텔레비전 제조회사인 톰슨(Thomsons)을 인수하였다. 그 후 수많은 문제에 직면하게 되었다. 기술은 기대했던 것보다 낙후된 상태였으며, 중국계 기업으로서 프랑스의 노동조합법을 이해하는 것은 어려웠다.

2010년 8월 중국의 제조기업인 지리자동차(吉利汽車)는 유럽의 자동차 제조업체인 볼보(Volvo)를 포드(Ford)로부터 인수하였다. 이 인수는 1999년부터 진행되었으며 2010년 8월 마침내 완결된 것이었다. 지리의 회장인 리슈푸(李書福)는 이날을 '역사적인 날'이라고 칭했다. 인수에는 총 13억 달러라는 거금이 소요되었다. 인수 대상에는 스웨덴과 벨기에에 위치한 제조공장 및 유럽 전역에 퍼져있는 판매 네트워크도 포함되어 있었다.

지리(吉利)의 볼보 인수는 2010년까지 유럽에서의 가장 대규모의 단일 중국기업이 진행한 인수였다. 2009년까지 중국의 유럽에 대한 직접 투자액은 고작 약 86억 달러에 불과했다. 이것은 중국의 전체 해외 직접 투자액의 약 3.5퍼센트밖에 되지 않았다. 하지만 지리의 볼보 인수 이후로 이 비율은 15퍼센트로 증가했다. 이러한 대규모의 인수가 가능했던 것은 지리가 자동차 제조업체였기 때문이었다. 2000년부터 중국 내 자동차에 대한 수요가 다른 제조업 분야에 비해서 가장 빠른 속도로 증가했다. 그 덕분에 유럽연합(EU)의 28개 회원국 중 오직 독일만이 유일하게 중국에 대해 흑자를 기록할 수 있었다. 그만큼 중국에서 자동차에 대한 수요가 많았기 때문이었다. 특히 폭스바겐(Volkswagen)과 BMW의 중국으로의 자동차 수출은 성공적이었다. 폭스바겐과 BMW는 중국 내에 제조공장을 세웠다. 2008년부터 중국은 미국을 제치고 세계에서 가장 큰 자동차 수요 국가가 되었다. 통계에 따르면 2009년 중국인 1,000명당 오직 30명만이 자동차를 소유하고 있었다. 이것은 아직 1,000명당 800명이 자동차를 가지고 있는 미국과 1,000명당 500명인 영국에 비해서 한참 낮은 수치였다. 이것은 곧 중국의 자동차 수요는 앞으로 한참 성장할 여지가 많다는 것을 의미했다. 이에 외국 기업들은 자동차의 중국 수출에 역점을 두고 있었으며, 중국정부는 이를 통해서 총 GDP에서 차지하는 내수의 낮은 비율을 높이고자 하였다.

하지만 해외에서 자동차를 제조하고자 하는 중국기업들의 실적은 그리 좋지만은 않다. 2005년 난징자동차(南京汽車集團有限公司)는 영국 자동차 기업인 MG Rover에 대한 인수를 완결하였다. 인수 대상에는 MG Rover의 롱브리지(Longbridge), 버밍험(Birmingham)에 위치한 공장도 포함되어 있었다. 사실 난징자동차 이전에 상해자동차집단(上海集團, Shanghai Automotive Factory)에 의한 MG Rover에 대한 인수 시도가 오랫동안 진행되었었다. 인수 협상은 1990년대 말부터 2000년대까지 진행되었으나 끝내 실패했다. 왜냐하면 기존 노동자의 연금지

불 연체 건이 잘 해결되지 않았기 때문이다. 해당 인수 건을 성사시키기 위한 최고위급 정치지도자 간 로비(블레어[Tony Blair] 영국 수상은 원자바오 총리에게 편지를 보내기도 했음)가 이루어지기도 했다. 협상이 지지부진하게 진행되는 동안 영국에서는 6,000개의 일자리가 없어졌다. 2009년 난징자동차는 연간 1만 5,000대의 자동차를 생산해 1,200여 개의 일자리를 창출할 목표를 내세웠지만, 이 책을 쓰는 당시까지도 이러한 일은 이루어지지 않았다. 한편 2005년 난징자동차의 MG 로버(MG Rover)인수를 두고 "난징자동차가 글로벌 자동차 제조업체가 되려는 야망을 보인 것이 아니냐"는 목소리가 제기되었다.

2005년 미국계 에너지 회사인 유노칼(Unocal)과 관련된 사건은 중국의 전략 산업 분야에 대한 투자가 민감한 이슈가 되었음을 보여주었다. 중국해양석유총공사는 유노칼(Unocal)을 2005년에 인수하고자 하였다. 하지만 미국 정치계는 이에 대해서 민감하게 반응했다. 세쳐(Brad Setzer) 미국 의회 외무위원은 2007년 11월의 인터뷰에서 다음과 같이 말했다. "중국의 국가 자본의 부상은 미국으로부터 중국으로의 권력이전을 의미한다. 하지만 중국은 불투명하며, 비민주적인 국가이며, 미국의 동맹국도 아니다." 중국의 투자회사인 중국투자유한책임공사(CIC: Chinese Investment Corporation, 中國投資有限責任公司)는 미국 정계가 주목하는 주요 대상 중 하나이다. 롬보(Richard Rombo) 캘리포니아 주의원은 중국해양석유총공사(CNOOC: China National Overseas Oil cororation, 中國海洋石油總公司)의 Unocal 인수 시도를 언급하면서, 만약 인수가 성공적으로 이루어졌다면 '미국경제와 안보에 재앙과 같은 결과'를 초래했을 것이라고 말했다. 이러한 의심을 받는 것은 중국인들만이 아니었다. P&O 항만 및 페리사업의 아부다비에 의한 인수는 미국에서 가장 많이 시청되는 뉴스 기사들 중 하나였으며, 이는 외국기업에 핵심 전략자산으로 여겨지는 것의 잠재적인 매각에 대한 엄청난 불안과 반대를 불러일으켰다. 2011년 6월 30일자 『이코노미스트(Economist)』는 "유럽은 지정학적으로 무관한 듯 보이지만, 중국인들은 미국보다 유럽에서 더 환영받는다고 느낀다"라고 했다. 2009년 유로위기가 발생하자 유럽시장에서 중국 자본에 대한 수요는 더욱 증가했다(Brown, 2008).

중국투자유한책임공사는 2012년부터 유럽의 인프라 구축 프로젝트에 참여하는 전략을 세워 실천하기 시작했다. 특히 영국에서 그러했다. 2010년에서 2015년 사이는 영국에 연립정부가 들어선 시기였으며, 2015년부터 보수당이 집권하였는데 이때 영국과 중국 양국관계는 '황금시대'를 구가했다. 많은 측면에서 중국 투자자들에게 영국은 아마도 가장 자유롭게 오갈 수 있는 투자처가 되었으며, 특히 2016년부터 더욱 그

사진 5.2 난푸대교(南浦大橋), 상하이

출처: Photographer: Peter Rosa CM

러했다. 2016년 영국은 EU를 탈퇴하면서 새로운 무역과 투자 파트너를 찾았다. 2015년 말 시진핑이 영국을 방문하였을 때 400억 달러 규모의 거래가 성사되었다. 이 중 가장 중요한 것은 60억 달러의 설비 투자로, 중국의 한 국영 원자력 에너지 회사가 힝클리 포인트(the Hinkley Point)의 원자로 건설에 투자하기로 하였다. 중국에게 있어 핵심적인 해외의 에너지 인프라, 특히 이와 같은 지역에 투자권을 확보한 것은 전례가 없는 일이었다. 영국에는 화웨이 텔레콤의 주요 연구소가 위치해있기도 하다. 하지만 호주와 미국에서는 좀 더 보호적인 조치를 취하고 있다. 화웨이는 미국에서 안보의 문제로 주요 프로젝트에 참여할 수 없다. 이러한 움직임은 보호주의 성향을 띄는 트럼프 행정부 하에서 더욱 강화되었다. 호주는 전력망, 농업, 그리고 화웨이와 관련된 세 건의 대규모 중국 투자를 거절했다. 앞서 말한 것처럼 비록 영국에서 전례 없는 성과를 거두었지만, 여전히 중국의 국외투자에 있어서는 조심스러운 태도가 존재한다. 2017년 해외개발(ODI)에 대한 전 세계 지분 중 중국은 단지 2퍼센트 미만을 차지할 뿐이다. 이는 영국, 미국, 일본에 비하면 한참 뒤떨어지는 수치이다.

국외 진출 전략 중 가장 성공적인 것은 마윈의 알리바바가 약 200억 달러 가치로 상장된 것일 것이다. 그는 원래 저장성의 영어 교사였는데, 2000년대 초반 인터넷 기업을 세웠다. 초기 야후와 전략적 동반관계에 있었으나 마윈은 자신만의 스타일로 회사를 이끌었고 알리바바를 세계에서 가장 역동적이면서 다변화하는 회사로 만들었다. 2014년 9월 그는 성공적으로 뉴욕 증시에 알리바바를 상장하였으며, 중국 토착 기업 중 가장 성공적인 회사로 만들었다. 텐센트(Tencent)와 기타 기술 관련 기업들과 함께 알리바바는 가장 눈에 띄는 새로운 기업이 되었으며, 유럽과 미국에서 기업 인수 등을 추진하고 있다.

중국의 증권거래소와 금융서비스 분야

중국이 WTO에 가입하자 외국계 기업들은 중국의 금융 서비스 분야에 큰 관심을 보였다. 중국의 경제가 성장함에 따라서 중산층의 부의 수준은 중진국 평균 소득수준에 접근할 것으로 보았기 때문이다. 가장 대표적 사례로는 상하이를 들 수 있다. 상하이의 1인당 소득 수준은 2017년 기준 약 1만 3,000달러 수준에 이르렀다. 이와 같은 소득 수준에 이른 사람들에게 은행에서 제공하는 금융상품이나 주식에 투자함으로써 노후자금이나 건강보험금을 마련하는 것은 중요해졌다.

비록 중국 사람들은 개인 부채를 거의 지려고 하지 않고, 신용 카드를 발급받으려 하지는 않지만(적어도 2017년까지는) 금융상품에 대해서는 점차 많은 관심을 보인다. 전 세계의 은행, 보험회사, 그리고 기타 금융 서비스 제공자들에게 중국은 점차 가장 중요한 시장이 되고 있다. 하지만 중국의 금융시장은 엄격한 통제를 받고 있으며, 시장 상황도 복잡하다.

중국의 중산층들이 열정적으로 관심이 있는 몇 안 되는 분야 중 하나가 주식시장이다. 주식시장은 1990년대 초 중국 전역에 세워졌으며, 그 중심은 션전과 상하이에 존재한다. 중국 사람들은 주가의 변동에 많은 관심이 있으며, 이를 통해서 현대 중국경제의 역동성을 엿볼 수 있다. 중국 전역에서 상하이 주식거래소에서의 거래량이 가장 많으며, 이곳에서의 거래량은 2000년대 들어 10년간 기하급수적으로 증가했다. 그 결과 상하이는 이제 국제 주식시장의 중심이라고 할 수 있는 홍콩의 잠재적인 경쟁자로 부상했다. 이에 고무된 언론인들은 때때로 상하이가 아시아의 새로운 홍콩이 되었다고 보도하기도 했다. 하지만 상하이가 홍콩의 가장 큰 자산인 법치주의와 예측 가능한 법 제도를 얼마나 따라

갈 수 있을지는 의문이다. 2000년에서 2004년까지 상하이 주식거래소에서의 주가는 약 40퍼센트 하락하기도 했다. 비슷한 주식시장 붕괴가 2008년 글로벌 경제위기 기간 발생하였다. 몇몇 외국계 기업과 중국계 외자기업들은 상하이 주식거래소에 H형태(외국인 투자자들 대상, 홍콩 주식거래소에서도 이중상장이 가능), 그리고 A형태(국내 투자자들만을 대상으로 함)로 상장할 수 있었다. 그렇다고 하더라도 상하이는 때때로 그저 도박장처럼 보이기도 했다.

이러한 변동성은 2015년 중반에서 2016년 초에 심해졌다. 이때 주가는 그 가치가 폭락했으며 수백만의 상장 회사들이 사라졌고, 주가총액이 2/3로 하락했다. 당시 주식을 소유하던 계층은 대부분은 중국의 중산층이었고, 이들에 대한 타격이 클 것이기에 마침내 중앙정부가 개입했다. 주가가 일정 수준 아래로 떨어지게 되면 거래를 중지시켰던 것이다. 이는 상황을 진정시켰고, 적어도 몇몇은 시장 가치를 회복했다. 이렇듯 6개월 동안 벌어진 두 번의 급격한 가치 하락이 보여주는 것은 중국 내 신용에 있어서 문제가 있었음을 보여주는 것이었다. 특히 자본이 대량 유출되면서 2016년 중국의 외화보유액은 4.5조 달러에서 4조 달러로 감소했다. 또다시 새로운 규정들이 중국에서의 자본 유출을 어렵게 만들기 위해서 만들어졌다.

2016년까지 오랜 기간 상하이 시(市)정부는 상하이를 금융서비스의 중심가로 만들고 싶어 했으며, 그 잠재력이 있다고 생각했다. 시정부의 관료들은 "상하이가 국제금융시장에서 런던이나 홍콩이 수행하고 있는 기능을 중국본토에서 수행하지 못하란 법이 어디 있냐"고 주장하였다. 그리고 상하이를 급속하게 성장하고 있는 국내 금융서비스의 중심으로 만들고 싶어 했다. 1990년까지만 하더라도 상하이의 푸동(浦東) 지역에서는 오직 농지와 창고만이 존재했다. 하지만 상하이가 경제특구로 선정이 된 후 극적인 재개발 사업이 진행되었다. 덩샤오핑은 자신이 저질렀던 가장 큰 실수는 더 일찍 상하이를 경제특구로 만들지 않은 것이라고 말했다. 역사적으로 베이징의 중앙 정치지도자들은 상하이에 대해 불신감을 가지고 있었다. 왜냐하면 그들은 중앙정부가 추진했던 사회주의 실험에 상하이는 적극적으로 동조한 적이 없기 때문에, 상하이는 신뢰할 수 없는 지나치게 자유분방한 기업가적인 도시라고 여겼다 (Huang, 2008).

하지만 역사를 더 자세히 살펴보면 이와 같은 베이징 중앙 정치지도자들의 상하이에 대한 인상은 꼭 정확하지는 않다는 것을 알 수 있다. 왜냐하면 1920년대와 1930년대 상하이에서는 급격한 정치적 흐름이 일기도 했기 때문이다. 또한 상하이는 문화대혁명을 주도했던 급진 좌파주의자였던 4인방의 고향이기도 했다. 마오쩌둥이 사망하기 직전인 1976년 4인방은 상하이에서 '부르주아 계급에 대한 맹공'을 시작했다. 19세기 중국이 서구와의 조약을 통해서 문물을 개방하기로 했을 때, 상하이에는 많은 외국계 기업들이 들어서기 시작했다. Shell, Standard Chartered, Jardine Matheson과 같은 외국계 기업들은 19세기부터 상하이에 정착하였다. 이는 곧 1949년 이전 상하이에는 상당한 액수의 외국인 투자가 이루어졌음을 의미했다. 하지만 1950년대 상하이에 존재하는 모든 자본주의적 요소는 숙청되었으며, 특히 문화대혁명 기간에는 그 정도가 극에 달했다. 그 결과 1970년대 상하이에서는 상업이 꽃피웠던 시대의 잔재만을 찾아볼 수 있었다. 그리고 그것은 가슴 아픈 일이었다.

상하이의 지리적 위치를 또한 잘 보아야 한다. 상하이는 양쯔강의 하류에 있으며 엄청난 경제적 자산을 가지고 있다. 그 앞에 놓여있는 대양은 경제를 부흥시키는 데 유용했다. 상하이는 시대에 따라 여러 모습으로 변모해왔다. 청나라 때 상하이는 그저 어업의 중심가였다. 하지만

1930년대 상하이는 중국식 자본주의가 유입되는 거대한 입구였다. 이 때 상하이를 점유했던 사람들은 삼합회(중국의 최대 폭력조직 중 하나), 폭력배, 급진주의자, 그리고 외국인 모험가들이었다. 이 시기 존재했던 화려하게 장식된 무도회장이나 호텔들은 아직도 그 시대의 유산처럼 상하이 시내에 잔존하고 있다. 이 시대의 상하이를 배경으로 한 다수의 영화나 다큐멘터리들이 많이 제작되고 있다. 상하이는 루쉰(魯迅)과 같은 위대한 문학가가 거주하며 작품 활동을 했던 곳이기도 하다. 또 중국의 초기 영화 산업이 상하이에서 발전했다. 상하이는 중국이 지니는 창의성의 엔진과 같은 역할을 하였으며 아인슈타인(Albert Einstein), 버트런드 러셀(Bertrand Russell), 찰리 채플린(Charlie Chaplin) 등 저명한 인사들이 방문한 도시이기도 했다.

상하이는 자신들 스스로 현대 중국의 핵심적인 금융 업무 지구 중 하나라고 여기고 있다. 그러나 그 복합적인 요인들은 알아내기 쉽다. 미국계 경제학자인 황야성(黃亞生)은 상하이를 무언가 오류로 가득 찬 도시라고 평한다. 겉에서 보았을 때 상하이는 가장 현대적인 외형을 갖춘 도시이다. 푸동(浦東) 공항에서 시의 중심가까지 이어져 있는 SMT고속열차(上海磁浮示範運營線, Shanghai Maglev Train: 상하이 자기부상 시범운행선)는 미래 시대에나 볼 수 있을 법한 최첨단 시설이다. 중국인들은 수십 년 후 중국이 최첨단 문물을 자랑하는 국가가 되기를 열망한다. 하지만 상하이의 한 가지 이상한 점 중 하나는 상하이 경제는 대부분 국유기업이 점유하고 있다는 것이다. 그리고 중산층의 소득 수준은 정체 상태에 머물러 있다. 특히 중국의 국유기업들이 외국의 금융시장에 상당한 액수의 자산을 보유하고 있는 상황을 고려했을 때, 이러한 모순적인 상황은 이해하기 힘든 부분이다 (Huang, 2008).

2013년 중앙정부는 상하이 자유무역구(自由貿易試驗區)의 설치를

글상자 5.2 중국의 과학과 기술

중국 지도자들은 혁신을 불러일으키고, 또 중국을 혁신적인 사회로 만드는 것을 그들이 추구해야 할 우선적 목표들 중 하나로 여겼다. 덩샤오핑은 네 개의 현대화 중 과학과 기술에 지대한 관심을 쏟았다. 1980년대 중국 사절단은 일본, 유럽, 그리고 유럽과 같은 선진국들이 어떻게 그만한 경제 규모로 발전할 수 있었는지 알아보고자 했다. 중국으로 돌아와서 그들은 동부에 일련의 과학·기술 구역을 만들었다. 여기에 외국인 투자자들을 유치하기 위한 우호적인 정책들이 집행되었고, 당국은 외국인 투자자들이 그들의 기술과 인프라 관계망을 중국에 나눠줄 수 있기를 희망했다. 에어버스(Airbus), 마이크로소프트(Microsoft), 도요타(Toyota)와 같은 다양한 기업들이 연구센터와 공동 벤처기업들을 설립하였다. 그들은 중국과 같이 광대한 시장이 가지고 있는 전략적인 잠재성에 주목했다.

시진핑 집권기 중국의 혁신에 대한 열망은 더욱 강해졌다. 2017년 10월 18일 제19차 당대회에서 그는 부강한 중국은 혁신을 추구해야 하며, 이로써 다른 국가의 노하우에 의존하기보다 자신의 힘으로 자신의 지식을 구축해야 한다고 했다. 그렇지만 교육시스템의 현실은 이와는 다소 동떨어져 있는 듯 보인다. 용자오(Yong Zhao, 2014) 교수는 상하이의 학교들을 조사한 결과, 수학 시험에서는 중국 학생들이 세계적으로 톱 수준에 이르지만, 비판적이고 독립적인 사고에서는 기대만큼의 성과를 내고 있지 못하다고 지적했다.

그럼에도 불구하고 중국은 줄기세포 연구, 환경과학, 인공지능에 있어서 두각을 보이기 시작했다. 경쟁이 치열한 가운데 차세대 기업가들이 불과 10년 전만해도 상상할 수 없었던 성과를 내고 있기 때문이다. 중국에는 2,500개의 대학이 존재한다. 그리고 20퍼센트 이상의 젊은이들이 고등교육을 받고 있으며, 이는 약 20년 전의 1퍼센트와 비교했을 때 눈에 띄는 약진이다. 베이징, 칭화, 상하이 푸단대 및

계속

그 밖의 기관들은 전 세계 학계에서도 꽤 높은 순위의 성취도를 보인다. 문제는 얼마만큼의 언론의 자유가 허용될 것인가이다. 시진핑 시기 언론의 자유는 강한 수준으로 통제되고 있기 때문이다. 이는 다른 지적 활동이 요구되는 분야에도 영향을 미치고 있다. 분명한 것은 중앙정부가 그 어느 국가의 정부와 비교해보았을 때 상당한 자원을 대학의 연구에 투자하고 있다는 것이다.

　이는 세계 지식 경제에서 증가하는 중국의 점유율에서 입증되고 있다. 한 예로, 2018년 1월 학술지 등재 논문 양에 있어서 중국은 미국을 추월함으로써, 가장 많은 논문이 생산되는 국가가 되었다. 이는 혁신을 장려하고, 아이디어를 시도하며, 이를 수정, 발전하는 과정이 활발하게 이루어졌기에 가능했다. 이를 보여주는 좋은 예가 바로 재생 에너지 분야이다. 중국은 재생 에너지 분야에서 전 세계적으로 최고의 점유율을 자랑하는데, 이는 활발한 국내·국외 투자 덕분이었다. 또 중국은 독일과 그 밖의 국가들로부터 기술을 도입하여 자체 고속열차 건설 기술을 완성했다.

　중국은 또한 과학 분야에서도 그 경쟁력이 향상하고 있다. 한 예로 런던 왕립학회와 미국 과학, 공학 아카데미는 과학 및 관련 산업 기준을 마련하기 위해 수년간 밀접하게 중국 파트너들과 공동 작업을 해왔다. 국제 지식 경제에 있어서 중국의 역할은 무역과 교육뿐만 아니라 기타 다양한 분야를 망라하는데 해외 학자들과 중국학자들 간의 협력도 강화하고 있다. 비록 지적재산권 도용과 트럼프 행정부가 지적하고 있는 관련 문제가 잔존하지만 말이다.

선언했다. 몇 년 후 중국공산당은 초기의 정책을 유지하면서 상하이를 중국 금융 부문에서 핵심적인 역할을 할 수 있도록 하겠다고 했다. 외국계 은행들의 인민폐를 이용한 거래가 허용되었다. 정부는 향후 자본 자유화에 있어 상하이는 주요한 역할을 할 것이라고 선언했다. 하지만

2018년 상하이가 과연 국제 금융의 중심지가 될 수 있을 것인가에 대한 회의론이 제기가 되었다. 언론의 자유가 없고, 법에 의한 통치가 이루어지지 않으며, 자유무역구가 활성화되지 않는 상태가 문제가 되었던 것이다. 비록 몇몇 국제 은행들이 그들의 지점을 상하이로 옮기고 있기는 하지만 말이다.

민간영역

1949년 이후 중국에서 민간영역은 거의 존재하지 않았었다. 왜냐하면 기업가들이라고 불리는 사람들이 홍콩, 타이완, 또는 기타 국가로 도망을 갔기 때문이다. 중국 본토에 잔류했던 기업가들은 그들의 자산을 국가에 몰수당했다. 하지만 중국공산당에 순응적이었던 소수의 기업가들은 계속해서 자신의 재산을 유지하면서 살아남았다. 그중 대표적인 인물로 룽이런(榮毅仁)을 들 수 있다. 그는 부유한 상하이 기업가로 1949년 이후 중국공산당의 중요한 정치적 인물로 활동하기도 하였다. 그는 1990년대까지 생존했고, 그의 아들은 사업을 아버지로부터 물려받았다. 하지만 이들의 사례는 단지 예외적일 뿐이었다.

1980년대 경제 자유화가 도입되자, 사람들에게는 가게, 식당, 공장 등을 통해 조그만 사업을 운영할 수 있는 충분한 공간이 생겼다. 심지어 지역 은행에서 융자대출을 받을 수 있게 되었다. "부유하게 되는 것은 영광스러운 일이다"라는 구호는 1980년대와 1990년대 많은 강경 좌익 노선 인사들에게 공격을 받았다. 대표적 인물인 덩리췬(邓力群)은 민간 영역에 맹공을 퍼부었으며, 민간영역이 성장하면 전통적인 사회주의 가치에 명백한 위협이 된다고 보았다 (Brown and van Neuwenhuizen,

2016). 하지만 이러한 비판은 1990년대 사영기업이 총 GDP에서 차지하는 비율이 높아지면서 완화되었다. 국영기업에 대한 구조조정이 진행되자, 국영기업에서 해고당한 인력을 고용할 보다 큰 책임이 사영기업에 부여되었다. 그 결과 사영기업이 총 GDP에서 차지하는 비율은 더욱 증가하였다 (Dickson, 2003).

2002년 중국 당장(黨章)은 사영(민간)기업가들의 공산당 입당을 허용하는 방향으로 개정되었다. 이로써 기업가들이 중국정치에 참여할 수 있는 여지는 더욱 커졌다. 이것은 또한 장쩌민이 2000년부터(원문에는 1999년으로 되어있음. 하지만 장쩌민이 3개 대표론을 처음 제기한 때는 2000년 2월 광둥성 당정 간부회의에서였음 – 역자 주) 주창한 '3개 대표론'(당원 자격 규정을 '18세 이상의 중국의 노동자, 농민, 군인, 지식분자, 그리고 기타 사회계층의 선진분자'라고 개정함. 이들은 중국을 근대화하기 위한 새로운 연합전선을 구성하며, 사회를 진보의 방향으로 이끄는 대표적인 집단임. 중국 근대화는 중국공산당의 핵심 목표 중 하나임)에 의해서 이념적으로도 정당화되었다. 장루이민(張瑞敏)은 심지어 2002년부터 2017년까지 공산당 중앙위원회의 후보 위원으로 재임하기도 하였다. 장루이민은 기업가로 해안도시인 칭다오(青島)에 위치한 반(半)사영기업인 하이얼(海爾集團, Haier: 해이집단)의 사장이었다.

이처럼 민간영역이 중국 경제성장에 기여하는 바는 컸지만, 그 운용방식은 선진국과는 달랐다. 민간기업들은 많은 분야에서 소외되었다. 신용 접근이 어렵기에 은행에서 정식으로 대출을 받기는 힘들고, 가족이나 자신의 인맥을 동원하여 자금을 조달했다. 이로 인해 그림자 금융(shadow banking)이 생겨났으며, 이는 규제되지 않는 영역으로 2012년부터 두드러지게 나타났다. 이러한 기업들에게 오히려 국제시장은 국내보다 더 많은 편의를 제공하는 곳이기도 했다. 그들은 지방 관료들의 지대추구 행위와 간섭 문제를 해결해야 했고, 정치적 감시를 받지 않도록 주의해야 했다.

2008년 이래 글로벌 경제위기가 발생하면서 국영기업 부문이 더욱 강화되었다. 그리고 현재 중국의 정치엘리트들은 국영기업이야 말로 중국경제를 뒷받침하는 중요한 기둥이라고 생각한다. 중국경제 뒤에는 여전히 강한 정치적 입김이 존재한다. 그리고 비(非)국가경제 행위자들은 중국정치에서 가장 취약한 계층으로 여겨지고 있다 (Huang, 2005). 국영기업들은 에너지, 텔레콤, 그리고 금융과 같은 핵심 전략 부문을 지배할 것으로 보인다. 하지만 이를 제외한 부문에서 민간영역의 수익률은 국영기업들보다 더 높고, 분위기도 역동적이다. 2013년, 국영기업의 수익률은 5퍼센트였지만 민간영역은 7퍼센트를 기록했다. 2013년 말부터 중국의 성장률이 떨어지면서 리커창 총리는 소위 '중국경제에서 성장을 위한 여분의 공간'을 찾을 것을 주문했고, 민간영역은 점차 중요한 역할을 할 것으로 보인다. 중국의 다양성과 역동성에 대한 필요성이 증가함에 따라 2013년 중국공산당 지도부는 민간기업들이 이에 대한 필요와 기대에 부응해야 한다고 선언했다. 알리바바, 와하하(娃哈哈, 음료수 제조기업), 소후(搜狐, 부동산업), 텐센트(Tencent, 인터넷 기업), 위챗(Wechat)와 같은 기업들은 민간기업들 중 새로운 세대를 대표한다.

이처럼 민간영역은 그 중요성을 인정받았음에도 불구하고 시진핑 시기 민간기업들은 임격한 통제하에 운용된다. 2016년 10월 시진핑은 중앙정부의 우선순위를 분명히 하였는데, "국영기업은 중국특색의 사회주의를 위한 물질적, 그리고 정치적 기반이다"라고 말했다 (Xi, 2017, p. 192). 후진타오 시기에도 국영기업에는 엄청난 특권과 이득이 주어졌는데, 이러한 기조가 그대로 유지된 것이다 (Huang, 2005). 이들 민간기업들 또한 반부패 수사관들의 반갑지 않은 관심을 피하지 못했다. 부동산 회사인 완다의 보스 왕젠린과 같은 민간기업 대표들은 중국 최고의 부자로 선정되었음에도 불구하고 2017년부터 해외여행을 금지당했다고 보도되었다. 또 우샤오휘(吳小暉)는 매우 성공한 기업인으로서 안방보험회사(安邦保險集團)의 회장인데 2018년 횡령혐의로 기소되었다.

글상자 5.3 화웨이(華為)

텔레컴 대기업인 화웨이(Huawei, 華為)는 아마도 중국의 다국적기업 중 가장 두각을 나타내는 기업일 것이다. 동시에 많은 논쟁을 불러일으키기도 한다. 화웨이는 1980년대 인민해방군(PLA) 출신의 런전페이(任正非)가 설립한 기업으로, 사기업임에도 불구하고 끊임없이 중국정부와 깊은 연관이 있다는 루머에 시달렸다. 미국과 호주는 중국의 사이버 스파이 행위의 가장 큰 공범으로 화웨이를 지목했다.

분명한 사실은 화웨이는 매우 성공한 기업이라는 것이다. 2017년 화웨이는 150개 이상의 국가에서 비즈니스 활동을 벌였으며, 전체 활동의 60퍼센트가 해외에서 이루어졌다. 화웨이는 특히 아프리카와 라틴 아메리카 일부 지역에서도 성공을 거두었다. 화웨이의 로고는 전 유럽에 걸쳐 많은 곳에서 발견할 수 있다.

하지만 화웨이가 가장 진입하고 싶어 하는 시장에서의 성과는 불투명하다. 미국시장에 진입하려 약 2,700만 달러를 로비에 사용하였으나 2015년 실패했다. 미국 정부는 미국 내 광역 밴드와 기타 IT 계약을 체결하는 데 있어 화웨이의 사업 승인을 거절했다. 호주에서 역시 비슷한 경우를 당했다. 영국에서는 좀 더 성공적이었는데 첼튼엄(Cheltenham)에 공동 연구센터를 설립하였으며, 이곳은 영국 정부의 신호정보 센터와 근접한 곳이다. 화웨이는 저명한 비즈니스와 정치지도자들을 사내 국제 이사 명단에 올렸는데 그 명단에는 존 브라운(Lord John Browne)도 포함되어 있다. 존 브라운은 이전에 영국의 에너지 그룹인 BP의 수장이었으며 유럽위원회의 의장직을 맡고 있다.

중국 민간기업의 차입금 비율은 자기 자본에 비해 높은 편이며 때때로 규율과 구조의 체계성 부족으로 지나치게 확장적 성향을 보이기도 한다. 시진핑 시기 민간기업들에 대한 정부의 방침은 명확했다. 그것은 국가의 목표를 달성하기 위해 국영기업과 협력하고 공산당의 지도를 따르는 것이다. 민간기업들은 공산당 고위급 지도자들의 보호를 받기 위해 비공식적으로 여러 방법을 동원하기도 한다.

에너지와 환경

1980년대 중국의 경제가 발전하면서, 중국은 에너지·자원 부족국가가 되었다. 이에 중국은 아프리카와 라틴 아메리카에 거대한 자본을 투자하였다. 또 전 세계의 각 국가에 투자를 하여 천연자원들을 공급받기 시작했다. 중국은 그 국토면적은 광대함에도 불구하고, 그에 비해서 에너지원과 천연자원의 매장량은 놀라울 정도로 적다. 중국의 북동지역인 다칭(大慶)에 위치해 있는 중국 내 유일한 유전(油田)의 경우, 그 채굴량은 이미 절정에 다다랐고 현재 그 양은 감소하고 있다. 이에 중국정부는 새로운 유전 탐사에 나섰으나, 현재까지 그 성과는 미미했다. 이와 같은 자원에 대한 점증하는 요구는 남중국해에서 중국의 적극적인 행보와 연관이 있다. 알루미늄, 구리, 기타 금속 종류에 대한 중국의 수요 역시 엄청나서, 현재 중국은 이들 금속류의 가장 큰 소비국이 되었다.

중국은 세계 공장의 역할을 하고 있다. 따라서 에너지와 천연자원에 대한 수요가 높은 것은 당연하다. 하지만 중국이 에너지와 천연자원을 획득하고 사용하는 활동이 환경에 주는 영향은 국제적인 문제가 되고 있다. 특히 1990년대 말 기후변화 문제가 세계적으로 주목받으면서 더욱 그러했다. 중국의 에너지 수요는 1990년대와 2000년대 급증했다. 게다가 중국이 소비하는 전체 에너지의 70~77퍼센트는 석탄 등 화석연료에서 추출하는 것이다. 이것은 엄청난 이산화탄소 배출량의 주요 원인이다. 중국 전역에는 수천 개의 석탄광이 존재한다. 이들 석탄광에서 석탄을 채굴, 운반, 소비하는 모든 과정이 환경문제를 야기한다. 코크스를 채굴하는 샨시(山西)성의 도시나 마을의 경우 거의 일 년 내내 오염 분진물질의 두꺼운 구름을 볼 수 있다. 세계은행은 란저우(蘭州)를 2005년 세계에서 가장 오염된 도시로 꼽았다.

　중국이 에너지 주요 생산원을 석탄에서 다른 형태의 연료로 바꾸려는 시도는 또 다른 문제를 야기했다. 중국 에너지 전체 생산원의 20퍼센트를 차지하고 있는 석유의 경우, 절반은 수입한 것들이었다. 이 중 절반은 중국이 개입하더라도 서구 경쟁국들이 화를 내지 않을 사우디 아라비아, 이란, 수단과 같은 불안정한 지역에서만 수입해야 했다. 중국정부는 2017년까지 37기의 원자력발전소를 건설했다. 만약 2011년 일본의 후쿠시마 원전사태가 발생하지 않았더라면 더 많은 원자력발전소가 세워졌을 것이다. 일본의 원전사태 이후 원자력발전소 안전문제에 대한 관리가 강화되었다. 현재 20기의 원자력발전소가 건설 중이다. 중국 전체 에너지 수요의 오직 3퍼센트만이 원자력발전에서 충족되고 있다. 중국은 또한 2017년 세계에서 가장 큰 태양력, 풍력 에너지 소비국이 되었다. 네이멍구 지역과 간쑤(甘肅)성의 일부 지역에는 광대한 풍력발전지대가 있다. 저장(浙江)성에 위치한 선테크(Sun-Tech)의 경우 세계에서 가장 유명한 태양광 제조 기술을 보유한 회사가 되었다. 2013년 EU와 태양광 발전과 관련한 무역분쟁은 시장에 충격을 주었고 선테크는 부채를 갚지 못하고 파산했다. 태양력, 풍력 에너지는 오직 중국 전체 에너지 수요의 1퍼센트만 충족시키고 있다. 중국 전체 에너지의 석탄에 대한 커다란 의존도는 당분간 계속될 전망이다 (도표 5.3 참조).

에너지 공급문제를 해결하기 위해서 중국정부는 에너지 효율을 높이고자 했다. 한 연구자의 보고에 의하면 중국의 1인당 에너지 생산에 있어서 효율성은 일본보다 6배 떨어지고, EU와 비교했을 때에는 1/4에 지나지 않는다. 이에 중국정부는 에너지 생산 효율성을 높이기 위해 다소 높은 수준의 목표를 설정하였다. 기간은 제11차, 제12차 경제개발계획을 실행할 기간(2006~2016년)으로 설정하였다. 하지만 중앙정부와 지방정부의 관료들은 경제성장률을 높이는 것에 치중하였고, 따라서 이들이 에너지 생산 효율성을 높이는 데까지 신경 쓰는 것을 기대하는 것은 무리였다. 제13차 경제개발계획에서도 야심 찬 목표치를 설정했다. 어쩔 수 없이 오염물질을 많이 배출하는 산업이 중국 내 중점적으로 육성되었다. 왜냐하면 중국이 선진국에 제조 상품을 수출하면서 세계의 공장으로 기능했기 때문이다. 이에 많은 중국인들은 중국의 오염물질 배출을 비난하는 서구국가들에 대해서 불평을 토로했다. 2011년 중국과 그 밖의 여러 국가 간에 무역분쟁이 발생했다. 그 중심에는 휴대폰과 기타 전자제품 생산에 필수적인 희귀한 금속의 채굴과 생산이 야기하는 문제가 있었다. 실상을 보니 해당 금속이 세계 생산량에서 차지하는 비율은 99퍼센트에 달하였다. 비록 미국과 호주 등에 해당 금속이 존재했지만 그들은 환경문제 등 여러 이유로 채굴, 생산하지 않았던 것이다. 광산채굴 산업의 경우 중국 이외의 선진국에서는 발달하지 않았다. 왜냐하면 광산업의 경우 노동력이 많이 요구될 뿐만 아니라, 오염문제를 야기하기 때문이다. 이에 중국은 어쩔 수 없이 이와 같은 환경 오염문제를 떠안을 수밖에 없었을지도 모른다.

국가환경보호총국(國家環保總局, SEPA: State Environmental Protection Agency)의 판위에(潘嶽) 부국장은 2000년대 중반 다음과 같은

도표 5.3 중국의 전체 에너지 소비에서 각 영역의 구성비 (2015년 기준)

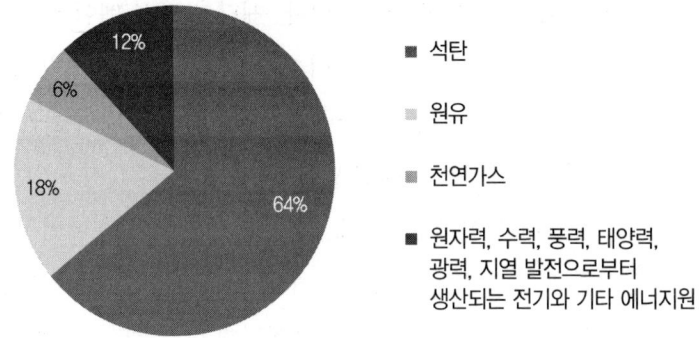

■ 석탄

■ 원유

■ 천연가스

■ 원자력, 수력, 풍력, 태양력,
광력, 지열 발전으로부터
생산되는 전기와 기타 에너지원

출처: *National Bureau of Statistics* (2016).

유명한 말을 했다 (2007년, 국가환경보호총국은 환경보호부[環境保護部]로 승격됨). 중국이 고도화 산업화 과정에서 야기된 엄청난 오염물질들을 제거하기 위해서는 개혁개방 기간 동안 축적한 모든 부(富)를 쏟아부어야 할 것이라고 말이다. 중국을 여행하는 사람이라면 1980년대 초부터 산업화가 야기한 환경에 대한 영향을 눈으로 확인할 수 있었을 것이다. 그 영향은 공기, 수질의 악화, 그리고 자연 경관의 훼손 등의 형태로 나타났다. 심지어 중국에서 가장 외진 농촌 지역조차도 오염문제로부터 자유로울 수 없었다.

중국은 세계에서 두 번째로 큰 경제 규모의 국가가 되었다. 이러한 성과는 중국이 세계의 공장이 될 수 있도록 해안지역의 제조업 분야에 종사했던 수백만의 이주노동자들의 노력이 합쳐진 결과였다. 또 그 이면에는 환경오염이라는 엄청난 고통의 대가가 있었다. 그리고 환경오염 문제는 심각한 수준에 이르렀다. 수백만 명이 대기 오염으로부터 해로운 영향을 받았다. 중국정부 조사 결과만 보아도 중국인들이 느끼는 큰 불만 중 하나는 도시에서의 오염문제라는 것을 알 수 있다. 2008년 베이징올림픽 기간, 많은 사람들은 마라톤 선수들이 어떻게 오염된 대기 속에서 경기에 임할 수 있을까 걱정하였다. 게다가 당시 베이징은 여름이었기 때문에 온도도 높았다. 그뿐만이 아니었다. 당시 베이징에는 모래바람이 불고 있었는데, 중국 북부 국경부근에 위치한 네이멍구 지역의 삼림파괴와 사막화문제로 인해서 모래바람은 점차 강해지고 있었다. 2013년 초 문제는 더욱 심각해졌는데, 넓게 퍼진 스모그가 베이징시의 공기를 상당기간 오염시켰다. 이듬해 상하이에서도 비슷한 문제가 발생했다. 이것은 중국의 공기 질과 환경이 한계점에 다다랐다는 명백한 증거였다. 이에 환경보호 조치가 조속히 시행되어야 했다.

환경오염 문제에 있어서 위의 것들을 능가하는 가장 심각한 문제가 있었다. 그것은 수질오염문제였다. 중국 내에는 깨끗한 물이 없다고도 볼 수 있다. 몇몇 추측에 의하면, 중국 내의 물 중 70퍼센트가 오염되어 식수로 사용할 수 없을 정도라고 한다. 특히 중국의 농업에 있어 혈맥이라고 할 수 있는 큰 강들은 오염물질들로 인해서 심각하게 변하여 갈색을 띠기도 하며, 독성을 함유하고 있다고 한다 (Economy, 2005). 이와 관련된 하나의 악명 높은 사례가 있다. 장쑤(江蘇)성에 위치한 타이후(太湖)라는 호수의 물이 독성을 띠자, 이에 대해 환경운동가들이 시위를 벌였다. 하지만 이들은 비밀리에 정부에 의해 잡혀가거나 처벌을 받았다. 2010년 겨울, 중국 북동부에 위치한 하얼빈(哈爾濱)시를 관통하는 쑹화강(松花江)은 심각하게 오염되었다. 그 이유는 상류에서 오염물질을 방류했기 때문이었다. 그 결과 어획량은 급감하였으며, 그나마 포획된 어류 역시 먹을 수 없었다.

중국정부는 고위 관료 구성에 있어서 다른 국가보다 이공계 출신 비율이 높다. 즉, 중국은 상대적으로 더 해박한 과학 지식을 가진 집단에 의해서 국가가 운영된다고 볼 수 있다. 따라서 그들은 중국의 수질오염

문제의 심각성에 대해서 잘 알고 있으며, 이에 대한 풍부한 데이터를 갖고 있다. 중국정부는 이미 1970년대 UN의 지원하에 첫 번째 환경 회의를 열어 환경문제에 대해서 논의한 바 있다. 중국은 1990년대와 2000년대 교토, 리오데 자네이루(Rio de Janeiro)에서 각각 열린 회의에서 의정서의 통과에 찬성하였다. 하지만 실제 중국의 입장은 복잡했다. 왜냐하면 중국정부는 높은 경제성장률을 유지했어야 했고, 사회가 불안정해지거나 소요 상태에 이르는 것을 두려워했기 때문이다. 2009년 12월 코펜하겐에서 기후변화회의가 열렸다. 이때 중국은 선진국들의 견해에 반대했을 뿐만 아니라, 개발도상국들에도 반대 입장을 취했다. 중국이 이런 태도를 취한 이유는 간단했다. 중국의 1인당 이산화탄소 배출량은 미국의 1/4 수준이었다. 하지만 중국은 2008년 전체 이산화탄소 배출량으로는 세계 최대 국가였다. 이에 세계 여러 국가들은 만약 중국이 배출 이산화탄소량을 감축하지 않는다면, 아무리 다른 국가가 이산화탄소를 감축한다고 하더라도 기후변화를 억제하는 데 별 도움이 되지 않을 것으로 생각했다 (Watts, 2011). 상황은 더욱 악화되어 2013년과 2014년 중국은 EU와 미국의 양을 합친 것보다 더 많은 양의 이산화탄소를 배출했다.

아마도 중국의 환경문제는 가장 시급한 현안 중 하나일 것이다. 중국이 지난 30년 동안 의존해온 자원집약적이고 에너지 저효율적인 경제발전모델은 이제 종착지에 다다랐다. 이러한 이유로 2017년 트럼프 행정부의 방침에 따라 미국이 파리 조약을 탈퇴했음에도, 중국은 여전히 파리 조약을 준수할 것이라고 강력하게 선언했다. 2014년 베이징에서 APEC(아시아태평양경제회의, Asia Pacific Economic Confer-ence)이 개최되었다. 중국은 이산화탄소 배출량을 감축하겠다는 조약을 처음으로 미국과 체결하였으며, 이듬해 파리 회의에 참여하여 이를 이행

했음을 확인하였다. 중국은 환경문제를 해결하기 위해서 막대한 투자
를 하고 있다. 이런 조치 뒤에는 중산층에 대한 고려가 있었다. 중산층
은 주로 도시에 분포하며 새로운 경제의 핵심이자 시진핑 주석의 정치
적 메시지를 경청하는 집단이기도 하다. '중국몽'은 깨끗한 공기, 쾌적
한 거주공간을 의미하기도 했다. 그럼에도 불구하고 중국의 도시의 공
기는 스모그로 인해 깨끗하지 못하며, 생태계 관련 문제는 심각하다. 이
러한 문제들은 주요한 기술적 발전 없이는 해결하는 것이 불가능할지도
모른다.

지속불가능한 경제모델

중국의 경제모델은 지금까지 성공적이었으며, 현재 역동적으로 운영되
고 있다. 하지만 시진핑과 리커창 시대에는 기존의 중국 경제모델이 지
속불가능하다는 의견이 제기되었다. 지나치게 자본집약적이며 자원에
의존하고 있다는 것이다. 이에 중국지도부는 2013년 말 3중전회 이래
로 '새로운' 경제모델에 대한 요구를 지속적으로 해왔다. 새로운 경제모
델은 이러한 중국경제의 구조적인 문제를 해결하고 새로운 시대를 여는
것이어야 했다.

　그 핵심에는 도시 거주자들의 수를 좀 더 늘리는 전략이 있었다. 이
는 2012년에서 2020년에 GDP 수준을 두 배로 늘리는 데 있어 중국경
제를 보다 수출 및 제조업보다는 서비스 중심 경제로 만들고자 하는 것
이다. 2008년 세계 수출 시장의 붕괴에 가까운 위기를 겪으면서 중국지
도부는 중국경제가 보다 내수를 바탕으로 성장하기를 바랐다. 이는 좀
더 신뢰할 만한 법적 인프라를 만들고 금융 서비스를 자유롭게 만들어

사람들이 보다 중국에 투자하도록 만드는 조치를 포함했다. 이렇게 함으로써 도시에 거주하는 중산층들이 공장보다는 서비스 분야에서 일함으로써 중국경제에 좀 더 많은 가치를 창출하도록 하는 것이다.

지속가능성이란 개념은 경제적으로, 또 철학적으로 의의가 있다. 이전 챕터에서 설명했다시피 중국공산당의 이념과 관련되어 있기 때문이다. 개혁개방 이후 30년 동안 중국의 목표는 그저 물질적 측면에서 인민의 삶을 향상하는 데 있었다. 현재 더 많은 중국인들은 매우 좋은 수준의 부를 향유하고 있으며, 어떠한 방식의 삶을 살 것인지, 발전의 기준을 어디에 둘 것인지 등에 관한 보다 복잡한 질문들을 제기하고 있다. 그들에게 '중국몽'은 좋은 삶의 질과 지속가능한 사람들이 살 수 있는 좋은 환경을 의미한다. 또한 그들은 공기와 물, 음식이 신뢰 가능한 수준으로 관리되기를 원한다. 시진핑 주석은 2013년부터 중국몽의 실현을 주창해왔으며, 2018년인 지금까지도 중국몽을 실현하기 위한 여러 계획들은 실행 중이다. 왜냐하면 오염된 음식, 나빠진 공기, 그리고 오염된 물에 관한 문제들이 자주 거론되기 때문이다.

이에 정부는 단순히 더 부강해지겠다는 목표보다는 보다 복잡한 국가적 목표를 세워야 했다. 단순히 돈을 많이 벌기보다는 다양한 삶의 질을 추구하겠다는 사람들의 열망에 부응할 수 있는 정책을 집행해야 했다. 이것이 '네 개의 전면(四個全面戰略布局)'과 '시진핑 사상'의 배경이다. 즉, 새로운 시대의 개혁을 추진하여 그간 미루어왔던 고질적인 문제들을 해결하겠다는 것이다. 시장의 더 큰 역할과 더 많은 혁신이 그러했듯이 국내적으로는, 비록 관리되는 방식이기는 했지만, 더 많은 경쟁이 중요했다. 여기에는 새로운 기술에 대한 더 많은 투자, 서비스 분야에서 종사하는 인구의 증가, 중산층의 소비 진작이라는 세부적 목표가 내포되어 있다. 이로써 중국식 뉴 노멀(new normal)의 시대를 여는 것이다. 2017년 시진핑은 전국인민대표대회에서 이러한 비전을 분명히 하였다. 지난 40여 년간 나라를 부강하게 만드는 데 집중했다면, 이제는 이러한 부를 지속가능한 형태로 만들고, 미국, 유럽과 같은 국가들에서 누릴 수 있는 삶의 질을 달성하는 데 활용해야 한다는 것이다.

결론: 국제화를 추진하는 데 있어서 다음 단계 – 인민폐를 국제통화로

현대 국제 경제체제에 존재하는 여러 이상한 점 중 하나는 세계에서 두 번째로 큰 경제 규모를 차지하는 국가의 통화인 인민폐가 국제적으로 통용되지 않는다는 것이다. 대부분 경제 대국(大國)의 통화들은 해외에 송장을 보내고, 국제 통화시장에서 거래하는 데에 사용될 수 있다. 그것들은 미국 달러, 영국의 파운드, 호주 달러, 일본의 엔이다. 하지만 중국의 통화인 인민폐(人民幣, Renminbi, 중국어로는 '런민비'라고 읽음)는 국제적으로 통용이 가능하지 않다. 이것은 곧 중국 이외의 국가의 외환사무소에서 인민폐를 살 수 없으며, 오로지 중국 내에서만 인민폐를 살 수 있다는 뜻이다.

중국인 수출업자의 경우, 해외로 물품을 팔 때 그들이 지불수단으로 빌은 외국 통화를 베이징에 위치한 중앙은행으로 가지고 가 인민폐로 교환을 받는다. 결국 중국에서 외국환은 중앙 통제시스템하에서 다루어진다는 이야기이다.

후진타오와 원자바오 등 중국지도부는 국제적으로 통용가능하지 않은 인민폐가 1990년대 말 아시아 금융위기를 야기했던 투기세력으로부터 중국경제를 보호했다고 보았다. 아시아 금융위기 당시 홍콩, 인도네시아, 그리고 그 밖의 아시아 국가들의 통화 가치는 급락했다. 하지만 강력한 통제권을 행사하는 중앙정부의 통화정책 덕분에 위와 같은 위기에서 현재에도 중국이 보호받고 있다고 중국지도자들은 생각한다. 중국 중앙정부는 미국 달러에 대한 인민폐의 가치의 변동 폭을 좁게 설정했다. 따라서 인민폐 가치가 변동한다고 하더라도 크게 변하지는 않는다. 인민폐의 가치는 시장이 아닌 중국정부에 의해서 결정된다. 이와 관련하여 두 가지 문제점들이 제기되었다.

우선 2008년 이래 중국의 고정환율제에 대한 비판의 목소리가 점증했다. 특히 미국이 그러하였다. 미국은 중국이 달러 대비 인민폐의 가치를 인위적으로 낮게 유지한다고 주장했다. 그럼으로써 중국산 제품은 저렴하게 수출시장에 진출할 수 있게 되었고, 중국은 타국보다 제조업에 있어서 높은 비교 우위를 누리게 되었다는 것이다. 2008년부터 중국에서는 달러가 기축통화이기 때문에 미국이 누리는 이득에 대한 논의가 있었다. 중국은 인민폐가 좀 더 국제무대에서 인정받기를 원했다. 이에 2011년부터 중국은 전 세계 금융 센터들과 무역 스와프 거래 계약을 체결함으로써 인민폐 기준으로 체결된 국제 송장이 거래에 사용될 수 있게 하였고, 국제 외환 거래에서도 인민폐 거래 비율을 다소 증가시키기도 하였다.

이러한 현상은 2016년 IMF가 인민폐를 준비통화로 받아들이면서 복잡해졌다. 이는 국가들이 인민폐로 융자금을 받을 수 있다는 것을 의미한다. 많은 이들은 이것을 중국의 완전한 글로벌 체제로의 최종 진입이자, 중국과 해외 금융체제 사이의 가장 큰 자기 배제적 보호장벽을 치우는 조치로 받아들인 것이다.

2018년 인민폐는 보다 인정받는 통화가 되었으나 여전히 인민폐로 거래되는 무역 거래의 비율은 달러, 유로, 파운드에 비하여 작다. 이제

관심은 환율에서 중국 내 외국기업들이 이익을 취할 수 있는 시장과 비즈니스 이해관계가 무엇인지로 이동했다. 하지만 통화의 문제는 중요하다. 왜냐하면 중국의 통화는 시장에 의해 결정되기보다는 강력한 정치적 통제를 받기 때문이다. 이는 세계경제와 긴밀하게 연결된 중국의 독특한 정치경제 시스템의 일면을 보여주고 있으며, 중국과 세계경제 모두에서 잠재적 변화를 초래하고 있다. 이 가운데 세계 여러 국가는 전략적 선택을 해야 한다. 중국의 세계를 중국만의 색채를 반영하여 받아들일 것인가, 아니면 중국과 갈등과 긴장관계를 조성할 것이냐. 하지만 중국은 세계 각 국에게 그들의 GDP 성장과 경제발전을 위한 중요한 파트너가 되어버렸다. 중국과 사회주의 시장모델의 중요성이 점증하는 세계에서 이러한 상황은 전형적인 모순을 만들었다.

제6장

중국사회

과거 사람들은 '중국사회'하면, 일종의 '유연한 관계망'에 기반한 농촌사회를 떠올렸다. 이와 같은 이미지는 위대한 사회학자 페이샤오통(費孝通)의 저서에서 엿볼 수 있다. 그는 1947년부터 중국사회가 어떤 변화를 거쳤는지 연구했고, 그 결과를 책으로 엮어 출판했다. 이 저서는 해당분야의 고전적 연구 결과물로서 호평을 받았으나, 동시에 논란을 불러일으켰다. 이 책 제목은『향토중국(鄕土中國)』으로 영어로 번역하면 'From the Soil(흙에서부터)'이다. 페이샤오통은 중국의 현재 사회구조가 모든 사람이 서로를 알고 있다는 세계관에서 출발한다고 보았다. 이러한 세계에서는 계약이나 세세한 법적 절차가 필요하지 않다. 왜냐하면 오로지 아는 사람들끼리만 거래할 것이기 때문이다. 이 세계관에서 세상은 믿음이 가득한 곳이었다. 다층적 관계가 한 사람을 중심으로 존재하며, 그 중심에는 '나 자신'이 있다. 그 영역은 나만의 공간으로 오로지 나의 영향력만이 존재한다. 따라서 중국사회는 사람 사이의 관계가 매우 중시되는 사회이기도 하면서, 동시에 매우 개인화되어 있다. 페이샤오통은 이러한 환경에서 개인은 근본적으로 이기적으로 행동한다고 보았다. 여성, 남성의 관계 또한 매우 계층화 되어있었다. 남자는 남자와만 그리고 여자는 여자와만 진지한 관계를 형성했다. 남성과 여성은 각자의 공간에서만 활동했다. 남성과 여성이 접촉하는 유일한 이유는 오로지 후손을 생산하기 위해서였다. 페이샤오통은 또한 중국사회가 매우 경직된 수직구조로 이루어져 있다고 보았다. 또 여성에 대해 적대적이며, 남성 중심적인 특징을 가지고 있다고 보았다. 중국사회는 카스트 제도와 흡사한 경직된 계급구조가 사회 내 존재하며, 그 계급은 출생에 의해서 결정되었다. 어떤 계급에서 태어났는가는 한 개인의 일생에 지대한 영향을 행사했다.

이러한 사회에서, 지배자와 피지배자가 누릴 수 있는 권력의 차이는 엄청났다. 신분 상승의 유일한 방법은 과거(科擧)에 급제하는 것이었다. 과거는 유교적 사상에 기반하여 후보자의 행정 능력을 시험했다. 하지만 1905년 청나라 말기 이러한 과거제도는 폐지되었다. 과거 제도의 폐지는 한 개인이 사회적 지위를 스스로 능력으로 상승시킬 수 있는 통로가 좁아졌음을 의미했다. 그래서 그런지 중국의 텔레비전 프로그램, 영화, 문학 등 여러 문화적 매체들을 보면 현대 중국인들은 청나라 등 과거 왕조에 대한 짙은 향수를 느끼고 있다는 것을 알 수 있다. 하지만 중국공산당은 초기 청나라 등 과거 왕조 시대의 중국사회는 척박함, 불공정함, 불평등이 난무했던 시대였다고 비난하는 선전을 벌였었다.

청나라를 무너뜨리면서 중화민국을 세운 신해혁명(辛亥革命, 1911~1912년), 중화민국 초기 중국이 겪었던 혼란, 1937년부터 시작된 중일전쟁은 각각 중국사회에 심대한 영향을 미쳤다. 그러나 이 중 어느 사건도 1978년 개혁개방이 중국사회에 미친 영향력에 비할 바가 못 되었다. 개혁개방이 중국사회에 미친 총체적인 영향력은 형용할 수 없을 정도로 엄청났다. 이를 다음의 두 가지 측면에서 설명해 보겠다. 첫째, 중국의 사회는 장구한 역사를 거치면서 이제껏 여러 모습을 지녀왔다. 그 와중에도 중국 인구의 대부분이 농촌에 거주하는 사회상은 변함없이 유지되어 왔었다. 하지만 이제 도시 거주 인구는 농촌에 거주하는 인구만큼이나 그 수가 많다. 둘째, 역사적으로 중국 내 이토록 유동인구가 많았던 때는 없었다. 자그마치 전체 중국인의 20퍼센트가 소위 '눈먼 대중(blind mass)'으로 분류된다. 여기서 눈먼 대중이란 이주노동자를 일컫는다. 이주노동자들은 하나의 거대한 세력이다. 그들은 중국의 새로운 부(富)가 생성되는 광대한 공장 지대에서 이 공장, 저 공장을 옮겨 다니며 생활한다. 오늘날의 중국은 실로 끊임없이 변하는 사회인 것이다.

공산주의 하의 중국: 계급 전쟁

마오쩌둥이 마르크스주의 이론의 세부적인 것까지 완전히 이해했다고 생각하지 않는다. 하지만 그는 어떻게 계급 이론을 중국사회에 적용해야 하는지 알았다. 마오쩌둥의 계급이론은 저작, 말, 성명서 등 오랜 정치가로서 그의 삶 곳곳에 녹아있다. 여러 방법을 통해서 마오쩌둥은 중국 내 계급 문제와 그 구체적인 형태에 대해서 말했다. 따라서 계급 문제는 민족, 지역주의 등의 주제를 뛰어넘어, 당시 중국정치를 선점했다 (제1장 참조). 계급은 개인에게 있어 근원적인 식별 표식과도 같은 기능을 했다. 1949년 국공내전이 공산당의 승리로 종식된 순간부터 1976년 마오쩌둥이 사망할 때까지, 한 개인을 적합한 계급에 소속시키려는 정치적 운동은 계속되었다. 1950년대 그의 주요 연설에서, 특히 1957년 "인민들 사이에 존재하는 모순을 올바르게 다루는 것에 관하여" 라는 연설에서 마오쩌둥은 사회 내 존재하는 계급으로 프롤레타리아, 도시 노동자, 매판 자본가, 지주, 지식인, 자본주의자들을 꼽았고, 각 계급 간 관계를 어떻게 최선의 방법으로 다룰 수 있는지 논했다. 계급투쟁은 마오쩌둥의 통치 기간 공산당의 핵심적 사상이었다. 계급투쟁 사상은 마오쩌둥 시기 내내 엄청난 사회적 혼란을 야기했다. 특히 문화대혁명 시기가 그러했다. 그럼에도 불구하고 마오쩌둥은 죽기직전까지 계급투쟁 사상을 계속해서 고수했다. 그만큼 중요한 사상이라고 생각했기 때문이다.

지식인의 역할

"중국사회가 지식인들을 어떻게 대우했는가"라는 주제는 훌륭한 사례 연구 대상 중 하나이다. 1949년 중화인민공화국 건국 당시 지식인들은 국가의 초석을 닦는 데 중요한 존재였다. 동시에 지식인들은 건국 초기부터 계급사상에 기반한 정치적 운동의 공격 대상이었다. 지식인들에 적대적인 대중동원운동의 강도는 점차 강해졌다. 그 대표적인 예로서 1951년의 삼반(三反)운동에서부터 1957년 반우파운동 등을 들 수 있다. 무엇보다도 가장 잔혹했던 탄압은 문화대혁명 기간 발생했다. 지식인이냐, 아니냐를 분류하는 기준은 포괄적이었다. 우선 교수나 교사, 저술가, 예술인, 언론인, 그리고 과학자들은 식자층으로 취급되었다. 또 육체적 노동에 종사하지 않고, 단순히 펜을 사용하는 직군은 모두 지식계층으로 분류되었다. 이러한 광범위한 기준에도 불구하고, 실제 지식인으로 분류된 사람들의 규모는 작았으며, 이것은 곧 그들이 감당해야 했던 고통이 얼마나 컸는지를 말해준다. 중국공산당의 계급분류에 의하면 지식인들은 '지식분자(知識分子)'라고 불린다. 마오쩌둥 시대에 그들이 중국사회 내에서 맡았던 역할은 모순적이었다. 중국사회는 지식인들을 매우 필요로 하면서도, 동시에 그들은 사상이 오염되었으며, 믿을 수 없는 집단으로 생각했다. 따라서 지식인들에게는 엄격한 사상통제교육이 끊임없이 필요하다고 보았다.

1978년 이후에도 중국사회의 지식계층에 대한 불신은 완전히 사라진 것은 아니었다 (2013년 시진핑 지도부는 학계에 자유주의, 민주주의, 또는 기타 불순한 생각들을 강의나 교실 내에서 언급하지 말 것을 주문했음). 하지만 경제발전을 위해서는 지식이 매우 필요하였다. 그 결과 지식인들은 이전보다 특권적 지위를 누리게 되었다. 개혁개방이 진

척되면서 어떻게 더 공정하며, 기존의 배척받던 계층에 우호적인 계급
이론을 창안할 것이냐가 논의되었다. 이는 계급 간 화합을 위한 것으로
마오쩌둥이 사용하였던 계급간 적대감과 갈등을 유발하는 전략과는 거
리가 먼 것이었다.

가계등록제도: 후커우(戶口)

중국사회 내에 사람들 사이에 존재하는 구분선은 계급 말고도 농촌과
도시라는 거주지의 구분도 있다. 중화인민공화국 초기 가계등록제도(중
국어로는 '후커우[戶口]'라고 함)는 사회에 대한 통제 수단으로 도입되
었다. 후커우는 당시 스탈린이 통치하고 있었던 소련의 제도를 모방한
것으로, 일종의 국내용 여권과도 같다. 가장 처음 도입되었을 때 후커우
에는 이 사람이 농촌에 거주하는지, 도시에 거주하는지만 표시하였다.
애초에 후커우는 이중적 목적을 가지고 있었다. 사회질서를 유지하는
것을 우선의 목표로 하였으며, 또한 초기 마오쩌둥 시기에 현대화 운동
을 이끄는 도시 거주민들에게 충분한 음식을 제공하기 위함이었다. 시
간이 지나면서 좀 더 광범위한 사회적 구분이 후커우에 기록되었는데,
도시 거주 지위를 가진 사람들은 사회보장제도 및 교육, 임금에 있어서
도 더 나은 대우를 받았다. 대약진운동 실패 이후 대기근이 발생했을 때
도시 지역은 배급에 있어서 농촌보다 나은 상황에 있었다. 한 경제학자
가 말했다시피, 이 기간 농촌 지역은 도시 지역 사람들을 먹이기 위해
굶어야 했다 (Naughton, 2006). 1980년대 중국 내 산업화가 급속히
진행되자 도시의 수는 증가했다. 따라서 도시 거주민의 수 역시 늘어났
음은 물론이다. 이토록 중국 내 도시화가 빠르게 진행되고, 유동인구 수
가 급증하였음에도 불구하고 가계등록제도(후커우)는 완전히 사라지지

않았다. 얼마만큼의 인구이동이 발생하고, 중국사회가 도시화되었는지에 관계없이 '농촌 거주인'과 '도시 거주인' 사이의 구분은 여전히 존재했다. 결과적으로 중국사회에 엄청난 모순이 양산되었다. 도시에서 생활은 하지만 도시 거주 등록증을 가지지 못한 사람들의 수가 적지 않았다. 이들은 도시 거주 등록증을 가진 사람들과 동일한 권리를 얻기 위해서 속임수 등 다양한 방법을 동원해야 했다. 하지만 다시 후커우를 작성하는 것은 즉, 새롭게 서류상으로 도시민과 그렇지 않은 사람을 구분하는 것은 엄청난 시간과 노력이 요구되는 일이다. 따라서 현대 중국에서 도시에서 사는 사람은 이중 시스템에서 살고 있는 것이다. 후커우에서 도시 거주민이냐 또는 농촌 거주민 중 어떤 카테고리에 속하느냐에 따라서 한 사람의 권리는 달라지는 것이다.

2014년 7월 국무원은 후커우 시스템 전체를 개혁한다고 발표하였다. 소형 도시로의 이주 제한을 철폐하고, 중형 도시로의 이주 제한을 완화하며, 대형 도시로의 이주에 대해서는 새로운 자격요건을 정하겠다고 말이다. 2018년 중반, 대부분의 중국의 성들과 자치구들은 도시와 농촌의 구분을 없앴고, 겉으로 보기에도 좀 더 자유로워 보이는 시스템을 그대로 유지했다. 하지만 교육, 주거, 취직과 같은 핵심 분야에서는 농촌 지역 출신에 대한 차별이 그대로 존재했다. 이는 도시 내 열악한 사회경제적 여건에 있는 무리의 사람들이 거주하는 지역이 존재한다는 뜻이었다. 이는 성문화된 법이나 법의 진행의 영역에서 발생하는 문제라기보다는 사회적 태도의 문제였다. **후커우** 시스템은 중국이 완전히 지울 수 없는 얼룩을 사회에 남기고 있다. 이는 토지 소유권을 자유화시킨 토지 소유권 개혁과도 연계된다. 이는 과거 후커우에 농촌 거주민이라고 쓰인 사람들에게 이득을 가져다주었는데, 증가하고 있는 농지 매매에서 얻을 수 있는 이득에 그들의 권리를 주장할 수 있었기 때문이다. 후커우

개혁은 이와 관련한 또 다른 논란을 발생시키고 있는데, 토지의 소유와
임치 기간에 대한 복잡한 지분 구조를 야기하기 때문이다.

후커우 개혁이 초래하는 문제 중 하나는 도시화이다. 1978년 중국
내 도시 거주민의 비율은 15퍼센트에 불과했다. 2010년에 이르러서는
처음으로 도시와 농촌 거주민의 비율이 비등해졌다. 도시로 이주해온
노동자들까지 포함했다면 도시 거주민의 비율은 60퍼센트에 달했을 것
이다. 도시는 새로운 경제의 최전방에서 기능하기에 중국에게 있어 중
요한 존재이다. 여기서 새로운 경제란 서비스 기반, 소비 중심의 경제를
의미한다. 또한 도시는 일반적으로 중산층이 거주하는 곳이며, 중국 지
도자들이 그토록 바라는 혁신을 이끄는 곳이기도 하다. 상하이와 같은
도시가 전형적으로 빠른 도시화 과정을 거친 곳이다. 2018년 상하이 거
주 인구는 약 2,400만 명에 달하며 매년 인구가 약 50만 명씩 증가하고
있다. 상하이의 면적은 630km²에 불과하다. 상하이가 수많은 인구를
수용하면서 환경, 인프라, 사회적 통합에 문제가 생겼다. 이는 수많은
인구 중에서 오로지 1/3만이 상하이에서 출생한 토박이이기 때문이다.
이러한 문제에도 불구하고 상하이는 1인당 높은 수준의 GDP를 자랑하
며 역동적이고, 비교적 평화롭다. 상하이는 다른 도시들과는 달리 탁월
한 지리적 이점과 우수한 물류 인프라를 가지고 있다. 2000년 이래 10
년 동안 중국에는 인구 100만 명 이상 규모의 넘는 도시들이 250개 이
상 등장했다. 미래의 중국이 도시적 색채를 지닐 것이 분명하다. 2030
년경에는 중국 인구의 2/3이 도시에 살 것으로 예상된다.

현대 중국사회에서의 계층

중국 인구는 세계 전체 인구의 1/5에 해당하며, 중국의 크기는 하나의 대륙에 맞먹는다. 그만큼 중국사회 역시 복잡할 수밖에 없다. 그렇다면 어떻게 이토록 다양한 문화와 민족이 존재하는 중국사회의 모습을 이해할 것인가. 이제껏 사회학자, 중국 분석가, 그리고 역사가들은 현대 중국사회를 이해하고, 어떻게 오늘날의 중국의 모습이 형성되었는지 그 과정을 알아내기 위한 적합한 분석틀을 찾고자 했다. 그 틀 중 하나는 지역적 차이이다. 중국 북동지역과 남서지역은 민족 구성, 경제, 엘리트 종류 등 여러 부문의 사회상과 사회적 구조에 있어서 서로 사뭇 다르다. 심지어 하나의 성(省)을 구성하는 지역 간에도 주요한 차이가 존재하며, 조그만 공동체의 내부 사정도 크게 다르지 않다. 이와 관련된 것 중 하나가 현급 단위 마을에서 치러지는 선거이다. 소규모 공동체임에도 불구하고 그 속에는 여러 개의 계파가 존재한다. 그리고 그들은 각자의 이익을 도모하기 위해 활동한다. 몇 개의 마을의 경우를 보면 마오쩌둥 사후 중국 내에 존재하고 있는 권력 구조의 일부를 엿볼 수 있다. 몇몇의 현급 단위 소규모 마을의 경우, 부패 및 마피아 등 범죄조직인 '흑사회(黑社會)'가 해당 지역의 권력을 장악하기도 했다. 이 범죄조직들은 해당 지역에서 자신들을 위해서 일할 관료들을 포섭하였으며, 해당 지역경세를 통세하였나. 소수민족 자치구의 경우도 예외는 아니있다. 소수민족들끼리도 여러 계파로 나뉘어 선거에서 승리하고, 정치적 상위 구조인 자치구 대표가 되기 위해 경쟁한다. 그 밖에 같은 성씨끼리 집단을 형성하는 사례는 비교적 흔했다. 그들은 집단이익을 위해서 그들이 외부인이나 적(敵)으로 여기는 집단에 대항하였다. 손문은 이러한 중국사회를 두고 모래와 같다고 불평했다. 마오쩌둥은 여기에서 한 발 더 나

아가 중국인들은 공란(空欄)과 같다고 비유했다. 중국인들의 정체성이
"이것이다"라고 해당 빈칸에 적으면, 그대로 중국인들이 행동한다는 것
이다. 중국사회는 그 다양성과 복잡성에 있어서 매우 흥미로운 관찰 대
상이다. 지역 단위로 내려가면 더욱 그러하다. 중국을 하나의 단일한 사
회로 가정한다면 이는 위험한 생각일 것이다. 지금껏 지역 간 차이, 도
시와 농촌이라는 사회적 구분에 대해 알아보았다. 이제는 보다 광범위
한 시각에서 몇몇 주요 계급을 관찰하고, 중국사회에 대해 좀 더 자세
히 살펴보고자 한다. 첫 번째, 기업가들이다. 이들은 최근 중국에서 가
장 주목받고 있는 계급이다. 왜냐하면, 이들의 부가 점차 증가하고 있
기 때문이다. 지난 60여 년 동안 기업가들은 국가영역 외의 존재로 그다
지 좋은 대접을 받지 못해왔다. 마오쩌둥 시대에 기업가들은 제거의 대
상이었다. 한편 덩샤오핑 시대를 풍미했던 핵심 문구는 "부자가 되는 것
은 영광스러운 일이다"였다. 그럼에도 불구하고 민간영역의 기업가들은
1989년 천안문사건에 연관되었다는 이유로 비난받았으며, 당국의 감시
대상이 되었다. 2002년이 되어서야 사영기업가들은 정치적 참여권을
얻었다. 이것은 장쩌민의 통치 후기에 이루어진 일로 가장 실용적인 조
치 중 하나였다. 중국이 그토록 중시하는 GDP 성장에 기업가들이 공헌
한 그 의의를 인정받은 것이었다 (제5장 참조). 중국의 GDP 성장은 기
업가들의 존재 가치를 부각했던 것이다. 중국사회 전체에서 기업가들이
차지하는 비율은 0.1퍼센트가 되지 않는다. 그러나 이들이 특별한 것은
다른 상황에서 급격한 변화를 가져왔던 계급들이 했던 유사한 역할을
수행하고 있으며, 여전히 국가라는 특권적 역할에 의해 지배되고 있는
중국사회에서 약간은 불법적이고도 비정통적인 사회의 구성원으로서 존
재한다는 점이다. 중국기업가들은 사업에 있어서는 역동적인 활동을 보
이지만, 정치영역에서는 아직 그렇지 않다. 그들은 대부분 정치에서 어

느 정도의 거리를 유지하려 한다. 이것은 중국기업가들의 실용주의에서 기인하기도 한다. 또 기업가들은 공산당의 일부 정치인들이 아직도 그들을 의심 어린 눈초리로 보고 있다는 것을 알고 있기 때문이다. 그것도 당연한 것이 기업가들은 이미 중국의 중요한 사회적 세력으로 부상했기 때문이다. 기업가들 중 약 1/3은 중국공산당원이 되었으며, 어떤 기업가들은 중국사회의 고위층에 속한다 (Wright, 2010). 때때로 기업가들은 중앙위원회에 참여하기도 한다. 하지만 그들의 정치적 존재감은 정치협상회의(政治協商會議)에서 구체적으로 드러난다. 러시아와 달리 중국은 지금까지 과두제 형태의 계급을 피했지만, 여전히 기업가 일부는 그들의 높고 강력한 정치적 연계를 이용할 수 있었다. 그들은 정치엘리트들과 개인적 연관관계가 깊은 사업가들이었기 때문이다.

기업가들은 명확하게 하나의 그룹으로 분류할 수 있다. 왜냐하면 그들은 비교적 그 수가 적기 때문이다. 하지만 중산층들은 그렇게 명확하게 구분되지 않는다. 중산층은 주로 전문적인 지식·기술을 가진 집단으로, 2000~2010년 사이 이들은 약 1억 명 이상으로 늘어났다. 그럼으로써 새로운 중국의 중산층으로 부상하였다 (Wagner, 2010). 2017년에 그 수는 3~4억 명으로 증가하였으며, 중국이 상정한 10년 후의 목표대로라면 그 수는 7억 명이 될 것이다. 외국계 기업들은 이 새로운 중산층을 그들이 생산한 고급 제품들과 교육 상품의 주 고객층으로 생각하였다. 하지만 중국의 중산층 역시 다른 국가의 중산층과 같이 여러 압력에 시달리고 있다. 주택융자 대출을 갚아야 하고, 교육비 및 생활비를 벌어야 하며, 훗날을 대비해 저축도 해야 한다. 2017년 말 중국 내 약 5.4조 달러만큼의 예금이 예치되어 있다고 집계되었다 (CIA, 2018). 그리고 이 2조 달러만큼의 예금은 주로 중국의 중산층들에 의한 것이었다. 중산층에는 여러 형태가 존재하며 이들은 중국 전역에 흩어져 있다.

글상자 6.1 중국에서 여성의 위치

1949년 공산당이 집권하기 전 마오쩌둥은 "하늘의 절반은 여자가 차지하고 있다."라고 말한 바가 있다. 이러한 평등주의는 공산당이 주창했던 진보, 현대화에 어울리는 개념이었다. 하지만 마오쩌둥의 주치의는 그의 개인행동을 상기해봤을 때, 마오쩌둥은 이 방면에 있어 그다지 계몽된 사람은 아니라고 한다 (Li, 1996). 마오쩌둥은 네 번의 결혼을 했고, 증언에 따르면 그는 부인들을 냉담하게 대했고 무시하기도 했다고 한다.

오늘날에 적어도 정치 영역에 있어서 중국은 상당 부분 가부장적 요소들이 많으며, 남성 지배적 환경이 종종 발견된다. 2018년 공산당에는 약 8,800만 명의 공산당원이 가입되어 있는데, 이 중 1/4만이 여성이다. 중앙정치국에는 여성이 오직 2명만 존재하며, 정치국 상무위원회에 여성위원은 없다. 1949년 이래 여성 정치국 상무위원은 없었다. 동일 기간 성급단위를 보자면 오직 8명의 여성 성장이 존재했을 뿐이다. 중국의 엘리트 정치는 상당 부분 남성 중심적이다. 시진핑의 부인인 펑리위안(彭麗媛)과 같이 여성이 권력을 갖는 경우도 있지만, 이 경우는 상당 부분 그들의 남편을 통해서인 경우가 많다.

비즈니스 세계에서 상황은 더 나은 편이다. 매우 성공적인 여성 CEO들이 존재한다. 우선 케임브리지대학을 졸업한 수재인 부동산 재벌 장신(張欣)이 있다. 2007년 옌청(張茵)은 쓰레기 처리 산업으로 재산을 모은 사람으로 포브스에서 중국의 손꼽히는 부자 중 한 사람으로 선정되었다. 여성들은 또한 비정부기구 및 언론 영역에서도 비교적 활발하게 활동하고 있다.

남아시아나 중동의 일부 국가와는 달리 중국에는 여성의 활발한 사회적, 정치적 활동을 제한하는 법적, 종교적 제재가 없다. 1980년대 중국은 '한자녀 정책'을 비공식적이지만 매우 효과적으로 집행했다. 그 결과 남자의 수가 여자의 수보다 약 5,000만 명 더 많게 되는 모

계속

글상자 6.1 계속

순적 상황을 만들었다. 이것은 중국 여인들이 그들의 잠재적 결혼 대상자에게 큰 재정적인 요구를 할 수 있도록 만들었다 (Fong, 2016; Fincher, 2014). 중국의 가부장제와 가끔 노골적으로 나타나는 여성 혐오는 쉽게 사라지지 않았다. 2017년 미투운동이 중국에서 일기도 하였다. 이로써 그간 남녀 간 존재했던 폭력적인 행위들이 수면위로 떠올랐다. 중국 관료들은 이에 대해 강하게 거부하며 이러한 행위들은 거의 존재하지 않는다고 하였다. 인터넷에서 미투운동에 대해서 언급하는 것조차 금지되었다. 2015년에는 리마이즈(李麥子)를 중심으로 다섯 명의 페미니스트 운동가들이 여성의 권리와 여성 문제에 대한 지각이 확대되고 상승해야 한다고 시위를 했는데, 이들은 구금되어 심문을 받기도 했다. '남겨진 여인'들은 지금 중국사회에서 격론의 주제가 되고 있다. 이들은 결혼 상대자를 찾기에는 자격 과잉이거나 연령대가 맞지 않는 여인들을 뜻한다. 이와 비슷하게 '마른 가지의 남자들'도 있는데, 이들은 지나친 성비 불균형으로 결혼 상대자를 찾지 못하는 남자들을 뜻한다.

이들이 중국공산당에 주요한 정치적 위협 세력이 될 가능성은 낮다. 왜냐하면 이들이 기존에 가지고 있는 이해관계가 있기 때문이다. 중국의 중산층들은 안정된 국가에서 그들의 재산, 직업을 유지하기를 원하는 보수적인 성향이 있다. 이것은 다른 나라들도 마찬가지이다. 중국공산당이 국가의 안정성을 유지하는 이상 중산층은 크게 동요하지 않을 것이다. 그럼에도 불구하고 가장 중요한 문제는 중산층의 정부 서비스에 대한 요구수준이 점차 높아지고 있다는 것이다. 불만이 생겼을 때 그들의 목소리를 높이는 데 주저하지 않으며, 관리들에 대해서도 점차 그 태도가 적극적으로 변해가고 있다.

셋째, 이주노동자들이다. 이주노동자의 거주 공간은 농촌과 도시 사이에 존재한다. 이들은 1970년대 말부터 중국이 구가해온 높은 경제성장률에 가장 큰 공헌을 한 집단이다. 이들이 이주노동자라고 불리는 이유는 거주 지역을 옮겼기 때문이다. 이들은 원래 거주했던 농촌 지역을 떠나 주장삼각주(珠江三角洲)나 해안에 위치한 공장 지대로 삶의 공간을 옮겼다. 주장삼각주나 해안지역은 특히 수출업자들에게 매력적인 곳이었다. 1949년 이전에도 인구의 대이동이 있었는데, 그것은 대부분 전쟁이나 내부적 불안 때문이었다. 그때 사람들은 안전한 곳을 찾아서 이동했다. 특히 중일전쟁 시기 약 5,000만 명이 이동하였다. 하지만 1949년부터 국공내전이 끝나고 사회가 상대적으로 안정되기 시작하면서 인구의 이동은 '하방운동(下放運動)'을 제외하고는 크게 제한되었다. '하방운동'은 도시 거주자들을 낙후된 농촌 지역에서 일하도록 강제로 이동시킨 일종의 정치운동이었다. 특히 주로 중국의 서부지역으로 보내졌다고 한다. 또한 문화대혁명 기간에도 많은 사람들이 상하이와 같은 도시에서 신장과 같은 외딴 지역으로 보내졌다. 대부분은 마침내 그들이 원래 거주하던 도시로 돌아왔으나, 나머지는 강제 정착된 곳에서 평생을 보냈다.

1980년, 소위 '눈먼 대중(blind mass)'으로 부르는 집단이 처음으로 등장했다. 그들은 새롭게 설치된 경제특구(SEZs)로 이동하여 그들의 삶의 수준을 높이고자 했다. 이 세대에 있어서 이주는 지극히 경제적인 동기에서 이루어졌다. 눈먼 대중들이 이처럼 대규모의 이동을 할 수 있었던 이면에는 농가생산책임제가 있었다. 농가생산책임제 실시 이후, 농촌 지역의 생산성은 극적으로 향상되었으며, 따라서 일부 농민들은 농촌을 떠날 수 있는 여유를 갖게 된 것이었다. 1990년대 약 1억 명의 이주노동자들이 그들이 살던 곳을 떠나 베이징과 같은 도시로 이동하였다. 도시에서 그들은 동향 출신들이 모여 사는 소규모의 마을을 형성하기도 하였다. 특히 베이징 내 '저장(浙江)마을'은 유명하다.

2010년 인민대표대회에서 발표된 이주노동자들의 수는 1억 5,000만 명 이상 이었다. 같은 해 통계에서는 이들이 약 2억 3,400만 명에 이른다고 발표되기도 하였다. 이 대규모의 집단을 어떻게 다룰 것인가 등 관련 문제들이 제기되었다. 왜냐하면 중국에는 가계등록제도(후커우)가 있고, 이주노동자들의 존재는 이 제도에 혼란을 줄 수 있었기 때문이다. 또 일부 도시에서는 이주노동자들에 대한 편견 어린 불만들이 제기되었다. 특히 2003년 사스(SARS) 위기가 발생했을 때, 중국정부는 병의 확산을 막기 위해서 인구이동을 제한했다. 이때 이주노동자들의 문제가 대두되었다. 많은 이주노동자들이 귀향할 것을 명령받았다. 매년 구정(Chinese New Year)은 이주노동자들의 규모를 대략 짐작할 수 있는 기회이다. 왜냐하면 고향으로 돌아가려는 이주노동자들로 중국 전역의 버스정류장, 기차역 등이 빼곡해지기 때문이다.

레슬리 창(Leslie Chang, 중국어 이름은 '장통허[張彤禾]')은 광둥성의 대형 공장에서 일하러 간 여성들에 대해 연구했다. 그녀는 이주노동자들이 매우 강한 성공 및 출세에 대한 열망이 있다는 것을 발견했다. 이주노동자들 중 다수가 돈을 벌기 위해서 고향의 가족을 떠났으며, 월급을 받으면 그중 일부를 고향으로 송금했다. 또 다수는 매달 하루에서 이틀 정도의 휴일만 주어진다면 하루에 16시간의 노동이 가능하다고 보았다. 2000년대 이주노동자들에 대한 몇몇 취재 및 현지조사가 이루어졌다. 그리고 이주노동자들은 낮은 봉급을 받으며 불결한 환경에서 근무하고 있다는 것이 밝혀졌다. 이들이 생산하는 제품들은 대부분 수출 상품이었다. 나이키(Nike)와 같은 회사는 미성년자를 고용하고, 중국의 기업법(factory law)을 준수하지 않았다는 이유로 고소당하기도 했다.

이주노동자들 중 성공한 사람들은 그동안 번 돈으로 자신의 공장을 세우기도 했다. 또한 보다 높은 봉급을 받을 수 있는 매니저급으로 승진하기도 했으며, 전문인으로 활동하기도 했다. 공장들이 중국의 내륙지방에서도 가동되기 시작했기 때문에 2010년부터 근무지에 대한 이주노동자들의 선택의 폭은 넓어졌다. 내륙지방에서는 계속해서 사회 기반 시설을 증축하고 있고, 내륙의 토지는 해안지역보다 더 저렴했으며, 시장역시 커지고 있었다. 한편 이주노동자들은 열악한 근로 조건과 낮은 봉급에 대하여 수많은 시위를 하기도 하였다. 하지만 이리저리 옮겨 다니는 유동성으로 인해 이주노동자 집단이 하나의 사회 조직으로 응집하는것은 힘들었다. 따라서 그들이 구체적인 불만 사항을 중심으로 뭉치지않는 한 이주노동자들은 심각한 정치적 위협이 될 수 없다고 결론지을수 있다 (Chang, 2010).

중국의 농부들

이제껏 살펴본 현대 중국의 주요 사회 계급 중 마지막으로 알아볼 집단은 농민들이다. 농민들은 현대 중국사회에서 특권적 위치에 있었다. 왜냐하면 농민들은 마오쩌둥이 주창한 중국적 특색의 마르크스주의의 정치적 지지기반이었기 때문이다. 중국적 특색의 마르크스주의는 마오쩌둥이 1927년 국민당의 탄압을 피해 장시(江西)성의 농촌 지역으로 도망을 간 후 고안해낸 개념이다. 농민들은 중국공산당이 국공내전에서 승리하고 중국 본토 내 정권을 잡는데 핵심적인 역할을 했다. 중국공산당은 2011년에 출판된 공산당 공식 역사에서 농민들은 소규모의 도시 프롤레타리아와 함께 연합전선을 형성하여 공산당이 승리를 거둘 수 있게 해주었던 가장 중요한 세력이었다고 선언했다.

그럼에도 불구하고 농민들은 공산당 치하에서 자주 어려운 상황에 처했다. 가장 최악의 시기는 1960년대 초 대약진운동 후 찾아온 대(大)기근이었다. 이 당시 중국 인구의 90퍼센트는 농촌 지역에 거주했다. 대기근 동안 농촌 인구들은 굶어야 했고, 그 대가로 가까스로 남겨진 음식들은 도시로 보내졌다. 황야성(黃亞生)은 그의 책을 통해 1978년부터 중앙정부와 지방정부가 추진해온 도시화를 비판했다. 중국정부가 도시 건설을 위해 농민들로부터 가능한 많은 토지를 탈취하려 했다는 것이다 (Huang, 2008).

2006년까지 농민들은 불균형한 세제(稅制)에 의해서 많은 부담을 감당하고 있었다. 농민들은 그들의 총수입, 재산, 생산과 소비에 대해서 모두 각각 세금을 납부해야 했다. 하지만 2007년 중앙정부는 이러한 세금들의 많은 부분들을 없앴다. 한편 농민들의 생활은 지방 공무원들의 자의적 정책에 의해서 자주 좌지우지되었다. 왜냐하면 지방 공무원들은 상업적 사용을 위해서 농민들로부터 토지를 수용하기도 했으며, 재정적 목적을 위해서 여러 방법들을 동원할 수 있었기 때문이었다. 21세기 중국에 살고 있는 농민들이 가장 불만을 느끼고 있는 단 하나의 문제는 토지 소유권이다. 농민들은 융자 등 기타 금융서비스를 사용하기 위해서 토지에 대한 그들의 명의를 사용할 수 없다. 이러한 문제는 여러 번 전국인민대표대회에서 논의되었다. 중국의 재산법을 수정한다면, 농민들이 그들의 토지에 대한 소유권을 보다 보호받을 수 있을 것이라는 보고서들이 올라왔다. 하지만 지금까지 토지는 국가에 속한다는 원칙은 유지되고 있으며, 이러한 원칙은 한동안 바뀔 것 같지 않다.

중국공산당은 현재 두 가지 주요 현안과 씨름하고 있다. 그리고 이두 가지 현안은 모두 농민들과 밀접하게 연관되어 있다. 그 두 가지는 다음과 같다. 첫째, 환경문제이다. 중국 강물의 80퍼센트가 오염되면서, 물 부족문제가 대두되었다. 특히 이로 인해서 북부지역과 중부지역의 작황은 타격을 받았다. 농업 분야만 영향을 받은 것이 아니다. 강을 기반으로 생업을 꾸려가는 어민들도 심각한 강물 오염으로 급격한 어획량 감소를 경험하였다. 2000년대 초반 네이멍구 지역에서 가뭄이 발생했는데, 때마침 그해 겨울은 혹독하게 추웠다. 그 결과 셀 수도 없이 많은 양들이 사망했다. 약 10년 정도 후 중국 북동지역에서는 또다시 비슷한 가뭄이 발생했다. 이것은 곧 어떤 지역에서는 일 년 내내 비가 내리지 않았다는 것을 의미했다. 또 다른 극단적인 예로 홍수를 들 수 있다. 홍수는 점차 빈번하게 발생하고 있으며, 특히 1998년 황하강 유역의 홍수는 심각했다. 그 이후로 거의 매년 홍수가 산발적으로 발생하고 있다.

중국공산당으로서는 사회 내 여러 계급 중 농민계급이 가장 만족시키기 어려운 집단이다. 농민 사이에는 사회에 대한 광범위한 불만이 존재한다. 하지만 공산당의 정당성을 유지하기 위해서는 농민들의 지지가 필수적이다. 한편 중국 내 도시화가 급속하게 진행됨에 따라 농민들의 수는 점차 줄어들고 있다. 2009년 중앙정부에 접수된 인민들의 권리 청원 중 반 이상이 농민들이 제기한 것이었다 (Yu, 2010). 중국공산당은 이전 왕조들이 농민 봉기에 의해서 무너졌다는 것을 알고 있다. 따라서 중국공산당은 현재 농촌의 불만을 무마하려는 데 최선을 다하고 있다. 후진타오 시대의 구호는 '사회주의 농촌'이었다. 시진핑와 리커창의 전략은 사람들을 농촌에서 도시로 최대한 신속하게 이동시키는 것이다. 하지만 이러한 정책이 사회의 통합에 몇 가지 문제점을 야기할 수 있다. 가족은 중국의 농촌 사회를 구성하는 대들보와 같은 존재이다. 하지만 이러한 가족이라는 존재가 그 어느 때보다도 강한 압박을 받고 있다. 왜냐하면 가족 구성원 간 주거지가 분산되고, 이혼율이 높아지고, 노인들이 농촌

빈민가에 남겨지는 등의 문제가 발생하고 있기 때문이다. 도시화가 빠르게 진행됨에 따라 농촌에 거주하는 사람들을 달래는 것은 아마도 현재의 그리고 미래의 중국지도부가 당면해야 할 가장 큰 과제일 것이다.

동요하는 사회

노벨상 수상자인 고(故) 류샤오보(劉曉波)는 공공 가치가 무너진 중국사회를 비판했다. 이것은 심각한 수준에 이르러 중국사회에서 공공 의식을 찾는 것은, 마치 나이트클럽에서 공공의 가치를 찾는 것만큼이나 어렵게 되었다고 말했다. 중국의 기업가들과 관료들이 일하는 방식은 때때로 공공의 선과 상충한다. 왜냐하면 그들은 기존의 이해집단과 모종의 거래를 하며 인맥에 의해 일하기 때문이다. 이에 류사오보는 중국은 부패의 상징이 되었다고 보았다. 국가가 부유해짐에 따라서 사회 구성원 간 서로를 믿지 못하는 불신(不信)의 문제도 점차 심각해지고 있다(Liu, 2012). 2011년, 한 충격적인 사건이 발생했다. 이 사건은 류사오보가 언급한 중국사회 내 불신이 얼마나 심각한지 보여주었다. 이 사건은 광둥성에서 발생했다. 한 트럭 운전사가 거리를 헤매고 있었던 한 살에서 두 살밖에 되지 않은 어린 여자아이를 친 것이었다. 하지만 그녀의 부모들은 다른 일에 정신이 팔려 그것을 알아채지 못했고, 그녀는 잠시 방치되었다. 보통의 경우 사람을 치면 운전사는 응급조치를 취하는 것이 상식이다. 하지만 그 트럭 운전사는 오히려 쓰러져있는 여자아이를 향해 다시 돌진했다. 그렇게 그 운전사는 몇 번이나 오가면서 아이를 사망에 이르게 하였다. 그 끔찍한 사건은 카메라로 촬영이 되었고, 그 영상은 중국의 유튜브(youKu.com)에 유포되었다. 하지만 사람들을 가장 충격으로 몰아넣었던 것은 트럭 운전사의 잔인함도 잔인함이었지만, 그 주변에 있었던 행인들의 태도였다. 당시 그 사건을 목격했던 약 10명 남짓의 행인들은 이 모든 과정을 그저 방관만 했을 뿐이었다. 그들은 아이를 위해 주변에 도움을 요청하지도 않았다. 마침내 이를 보다 못한 한 목격자가 응급차를 불러 여자아이를 병원으로 데려갔지만 아이는 그 날 사망했다.

트럭운전사는 후에 체포되었고, 인터뷰 중 왜 그런 잔인한 행동을 했느냐는 질문을 받았다. 그는 만약 여자아이가 살아남았다면 그 아이의 부모에게 엄청난 액수의 보상금을 주어야 하는데 그렇게 되면 너무나 일이 복잡해지기 때문에, 차라리 아이를 죽이는 편이 나았다고 말했다. 이 사건에 대해 중국 네티즌들은 분노했고, 공공성을 되찾자는 자아반성의 움직임이 확산되었다. 몇몇 사람들은 이 사건이 '착한 사마리아인 정신'이 부족해서 발생한 것이라 보았다. 그리고 착한 사마리아 정신이 실종된 원인으로 몇 년 전에 발생한 한 사건을 언급했다. 어떤 사고현장을 목격한 한 남성이 사고 피해자를 도왔는데, 오히려 적반하장으로 도움을 받은 피해자가 자신을 도운 그 남성을 고소한 것이었다. 그리고 도움을 준 남성은 오히려 처벌을 받았다. 또 몇몇은 사회적 가치 붕괴의 원인으로 사회가 갑작스럽게 너무나 부유해졌기 때문이라고 보았다.

이렇듯 사회적 공공 가치에 대한 논란은 또다시 한 사건에 의해 불거졌다. 2008년 한 불만에 찬 남자가 학교에 칼을 들고 난입하여, 살인을 저질렀던 것이었다. 2014년 초, 중국 북부에서도 학교 내 공격사건들이 발생했다. 한 사고는 장애를 가진 남성에 의해서 일어났다. 그는 장애인에 대한 처우에 분개하여 베이징 공항에 수제폭탄을 몸에 칭칭 감고 나타났다. 폭탄을 폭발시키겠다고 위협하였으나 경찰에 의해서 제압당했다. 13억 인구가 살고 있는 중국에서 악랄한 범죄가 발생한다고 하더라도 그것은 어쩌면 그리 놀랄 일은 아니었을 수도 있다. 중국에서는 2000년부터 연쇄 살인 사건들이 보도되기 시작했다. 특히 한 범죄자가 50명을 살해하는 끔찍한 경우도 있었다. 사형을 선고받은 살인범들은 보통 빠른 시일 내에 처형되었다. 2000년대 중반까지만 하더라도 대부분의 지역에서는 사형을 집행하는 데 있어서 총살형을 선택했다. 하지만 2000년대 중반부터 총살형 대신 치사량의 독극물을 주사로 주입하는 방법 및 공개처형을 하기 시작했다. 공개처형은 1949년 이후 서서히 그 자취를 감추고 있었던 처형 방식이었다. 중국 외부에서 집계된 통계에 따르면 2013년에서 2014년 사이 약 2,000명이 사형에 처해졌다 (이 수치는 추측된 것으로 사형집행을 당한 사형수들의 숫자는 중국에 의해 비밀로 다루어지기에 공식 집계된 바가 없음). 사정이 이렇다 보니 2007년 전국인민대표대회에서는 한때 성(省)급 법원에서 사형을 언도받은 죄수들은 모두 중앙최고법원(中央最高法院, central Supreme Court)을 거칠 수 있도록 하자는 제안이 제기되었다. 인간의 목숨이 걸린 처형인 만큼 보다 면밀한 심사를 거치자는 것이었다. 중국에서 사형은 필요한 것인가의 여부에 대해 인민들을 상대로 여론조사를 하면, 대부분은 "그렇다"라고 대답을 한다. 하지만 2012년 중국정부는 최고 형벌로서 사형이 언도될 수 있는 범죄의 영역을 줄였다. 특히 금융과 연관된 범죄 등 비폭력적인 범죄들에 대해서 그러했다. 하지만 한 사건으로 인해서 얼마나 사형언도가 올바른 과정을 통해서 이루어지는지에 대해 논란이 촉발되었다. 우잉(吳英)이라는 한 여성 사업가가 있었는데, 그녀는 뇌물수수혐의로 사형을 언도받았다. 그녀는 2012년 법원에 관대한 처벌을 호소하였으나, 그녀의 호소는 묵살되었다. 그녀는 한때 중국에서 존경받는 사업가였다. 중국의 네티즌들은 그녀를 사형에 처한 것은 지나친 처사이며, 정의롭지 못한 판결이라고 생각했다. 이러한 여론을 의식해서인지

인민최고법원에서는 2012년 5월 그녀의 상소를 받아들였고, 그녀에게 사형 및 2년의 유예기간을 언도하였다. 이것은 실질적으로 종신형이나 다름없는 것이었다. 어쨌든 우잉 사건은 대중의 공분(公憤)이 판결 및 집행 양상을 바꾼 경우였다. 이외에도 대중의 분노가 법원의 판결을 바꾼 경우가 있었다. 한 나이트클럽 여종업원이 자신에게 성 서비스를 요구한 공무원을 칼로 찔러 살해한 혐의를 받았다. 2009년 이 판결은 국민적 공분을 샀고, 그녀는 과실치사로 감형되어 무기징역을 선고받았다. 마지막으로 매우 상징적인 사건은 리옌(李彦) 사건이었다. 이 사건은 아주 유명하다. 그녀는 극심한 가정폭력에 시달렸고, 마침내 그녀의 남편을 칼로 찔러 죽이게 된다. 그녀에게 사형이 언도되었으나 이에 대해 국내외 비난이 일자 2014년 그녀의 형 집행은 유예되었다. 부패로 구속된 관리들에게 가해지는 가장 심한 형태의 처벌은 사형 집행 유예이다.

1970년대와 1980년대 초만 하더라도 외국인들은 중국에 대해서 좋은 인상을 가지고 있었다. 호텔 화장실에 옷가지 등 소지품을 놓고 오더라도 주인은 해당 분실물을 다시 돌려받을 수 있었다. 또 범죄에 관련된 기사 역시 그렇게 많지는 않았다. (적어도 외국인에게는) 하지만 중국의 경제가 발전하면서 이런 미풍양속은 사라졌다. 공식통계에 의하면 살인, 강간 등과 같은 중국 내 폭력범죄의 수가 증가하고 있다. 물론 중국 내 폭력범죄의 수를 총집계해 보아도 미국 및 기타 선진국에서 발생하는 범죄의 수보다는 적지만, 중국의 공식통계는 심하게 축소되어 발표되었다는 의심의 목소리가 끊임없이 제기되고 있다. 가정폭력은 알코올 중독이 심하고 장애인에 대한 편견이 심한 많은 지역에서 끔찍하리만큼 흔했다. 21세기 들어 첫 10년 동안 정신과 병동이 서서히 병원에 나타나기 시작한 주요 도시들을 제외하고는 정신건강 문제들은 대부분 무시되었다. 동성애는 마침내 2000년대 말 정신병의 범주에서 제외되었지만, 공개적으로 동성애자라고 알려진 자들에 대한 박해는 계속되고 있다. 진싱(金星) 역시 마찬가지이다. 그녀는 중국에서 잘 알려진 무용수인데, 중국에서 가장 잘 알려진 트랜스젠더 중 한 명이다. 중국에서 정신건강이라고 하는 영역은 오히려 왜곡된 형태로 이용되고 있다. 국제인권감시기구(Human Rights Watch) 등 인권 관련 기구들에 의하면, 중국정부가 보았을 때 문제를 일으킨다고 여겨지는 인사들 몇몇은 정신병원에 수감되었다고 한다. 그러한 방식으로 정신병원에 감금되었다가 탈출한 사람들의 증언에 의하면 이러한 형태의 구금은 거의 교도소와 다르지 않다고 한다.

급속한 중국 경제발전은 여러 문제를 야기했다. 그중 하나는 이혼율의 증가이다. 2001년부터 이혼율은 급증했다. 또 하나의 현상은 매춘산업의 폭발적인 증가이다. 중국에서 매춘과 포르노는 불법 행위이다. 1949년 중국이 정권을 잡은 후 취했던 가장 상징적인 조치 중 하나는 매춘을 금지한 것이었다. 그리고 공산당은 예전에 매춘부로 일했던 여성들에게 새로운 직업을 찾아주는 프로그램을 가동했다. 특히 20세기 초 혼란의 장소였던 상하이에서 이 프로그램을 강력히 추진했다. 이렇게 매춘굴을 폐쇄함으로써 당시 중국정부는 적어도 표면적으로나마 중국 인민들이 도덕적인 삶을 살기를 열망했다. 동성 간 연애, 외도 및 이혼(당시 이혼은 합법적이었지만)에 대한 관용도는 낮았다. 개혁개방이 시작되면서 보다 큰 자유가 허용되었다. 하지만 1980년대 초부터 강력한 색출 작업이 자주 전개되었고, 다수의 사람들이 사회악으로 분류되었다. 그리고 이들 사회악들은 인민재판에 의해서 감옥으로 보내졌다. 하지만 이것으로는 도덕적 격동의 물결을 막을 수는 없었다. 중국에는 현재 약 700만 명의 매춘부가 있으며, 대형 도시의 경우 서구의 홍등가와 같은 곳이 존재한다.

EIU(Economist Intelligence Unit)의 2001년 보고서에 의하면 중국 내 매춘은 비록 지하경제 영역에 속해있지만, 매우 수익성이 좋은 사업이라고 한다. 라이창씽(賴昌星)은 앞에서 언급한 바 있는데, 그는 관료들에게 뇌물을 제공하면서 푸젠(福建)성에서 밀수업을 했던 사람이었다. 후에 이러한 사실이 널리 알려지자 2000년 그는 캐나다로 도망을 갔다. 그는 밀수업뿐만 아니라 샤먼(廈門)에서 매춘굴을 운영하기도 했다. 후에 이에 대한 자세한 내용들이 언론을 통해 폭로되었다. 그가 운영했던 유흥업소 안에는 고급시설의 노래방, 개인 식사 장소, 사우나 시설 등이 갖추어져 있었다. 하지만 라이창씽이 운영했던 유흥업소만 그런 시설을 특별히 갖춘 것은 아니었다. 중국 전역의 향락업소들이라면 대부분 위와 같은 시설을 갖추고 있었다. 유흥업소에서 일하는 아가씨들은 대부분 농촌 출신이었다. 그들은 공장에서 일하는 동향 출신의 사람들이 한 달 동안 버는 돈보다 더 많은 액수를 자신들은 하루, 이틀 만에 벌 수 있다고 말하며 자랑스러워했다. 그들 중 다수는 향락업소에서 일할 수 있는 나이가 다 차자마자 최대한 빨리 결혼 상대를 찾는 것을 목표로 하고 있었다. 보통 그들은 20대 후반이 되면 향락업소의 일을 그만둔다. 그렇지 않은 아가씨들도 꽤 되는데, 이들은 술집 매니저가 되거나 또는 자신의 업소를 차리기도 했다. 시진핑의 반부패운동의 일환으로 중국의 매춘업의 중심이라고 알려진 광동성의 동관시(东莞市)에 경찰에 의한 대대적인 단속이 이뤄졌다. 수백 명의 매춘업 종사자 및 고객들이 검거되었다. 이것은 중국 나머지 지역의 매춘업 종사자들에게 경종을 울렸다. 매춘굴이나 마사지 업소에서 성접대를 받은 관리들은 TV에서 망신을 당했다. 이렇듯 국가적으로 변화는 급속하게 이루어졌으며, 동관시에서의 단속은 그저 단기간 효과만 거두었을 뿐이었다. 2014년 여름 폐업했던 많은 매춘업 장사들은 다시 영업을 시작하는 듯했다.

현대 중국에서의 일상생활

세계 역사 전체를 통틀어 보아도, 단기간 내에 이토록 커다란 사회가 이와 같은 급격한 변화를 겪은 경우를 찾기는 힘들 것이다. 1970년대, 중국사회는 비교적 조그만 공동체로 이루어져 있었다. 사람들은 각자가 속한 공동체에서 평생을 살았다. 공동체 구성원끼리는 서로 알고 지냈으며, 그 당시 기술 수준은 제한적이었다. 당시 중국 인민들의 삶에 결정적인 영향을 미치는 결정들은 국가기관에 의해서 이루어졌다. 그 국가기관들은 주로 공작단위(工作單位), 또는 주민위원회(鄰居委員會)이었다. 하지만 현대에 들어 이러한 기관들은 대부분 사라졌다. 1990년대부터 중국의 청년들은 진로 등 자신의 인생에 대한 결정을 스스로 내려야했다. 현재 중국 청년들은 광고 등을 통해서 구직활동을 하고 있으며, 인맥을 통해서 취직하는 청년들의 수가 비교적 많은 편이다. 그들은 누구와 결혼할지, 어느 대학에서 공부할지, 어디에서 살아야 할지를 선택할 수 있다. 국가는 이러한 개인적인 결정에 개입할 수도 없으며 개입하고 싶어 하지도 않는다. 중국에서의 사적인 영역은 서구처럼 높은 수준의 개인주의의 형태로 존재하고 있다.

그럼에도 불구하고, 중국은 인맥에 매우 의존하는 사회이다. 중국인들은 태어나는 순간부터 죽는 순간까지 거의 모든 것을 인맥을 통해 해결한다. 그것은 구직, 사업, 법에 관한 사무를 처리하는 것, 결혼 상대자를 찾는 것, 그리고 친구를 만드는 것 등에도 마찬가지이다. 이러한 인맥은 주로 '꽌씨(關係)'라고 불린다. 꽌씨는 광범위하면서도 매우 논쟁적인 개념이다. 이 개념은 널리 회자되고 있기는 하지만, 이를 잘 이해하고 있는 사람은 많지 않다. 오늘날의 중국인은 광범위한 양질의 꽌씨를 구축하는 것이 얼마나 필요한 것인지 절감하고 있다. 여기서 양질의 꽌씨란 자신에게 유용한 사람들을 아는 것을 말한다. 그렇게 광범위한 양질의 꽌씨를 구축함으로써 많은 중국인들은 예상치 못한 어려움이 닥쳤을 때 적어도 일정한 도움을 얻기를 원한다.

　대부분의 중국 청년들에게 도시의 삶이란 서구에서의 도시의 삶과 별반 다르지 않다. 그들 역시 출퇴근길 교통체증에 시달리며, 일터에서 업무 스트레스에 시달리고, 고지서 대금을 납부하며, 가족과 지인들의 기대에 부응하려 노력하며 살아가고 있다. 다수가 고향을 떠나 생활하고 있으며, 비즈니스, 가족, 그리고 그 밖의 사회적 활동을 통해서 새로운 인맥을 형성한다. 중국문화에서 있어서 시대에 따라 영향을 받지 않은 몇 가지 요소가 있다면, 그중 하나는 음식이다. 중국인들은 먹는 것을 중시한다. 현대 중국의 대부분의 도시는 음식점들로 가득 차 있으며, 많은 음식점이 손님들로 북적거린다. 대부분의 중국인들은 비즈니스 거래를 하는 데 있어서도, 주변사람들과 보다 깊은 교제를 나누는 데에도, 그리고 중요한 순간을 기념하는 데에도 먹는 것을 중시한다. 중국에서는 음식의 종류에 있어서도 일종의 수직관계가 존재하는데, 가장 상위에는 값비싼 해산물이 있고, 그 다음에 고기나 다른 이국적인 요리가 있다. 중국인에게 있어서 음식의 중요성은 인사말에서도 나타난다. 비록 21세기가 되었지만 과거 대기근의 기억을 가지고 있는 중국 사람들은 흔히 "밥 먹었니(你吃飯了嗎)"라고 인사한다.

　중국 도시인의 삶을 관찰하다 보면 그 국제화된 모습에 놀라곤 한다. 서구에서 유행하는 노래, 영화, 그리고 유행들은 곧 대다수가 중국에서도 유행하곤 한다. 중국 도시인들 사이에서 축구는 인기를 끌고 있으며, 비록 축구보다는 정도가 덜하기는 하지만 농구 또한 그러하다. 특히 미국의 NBA 리그에서 활동하고 있는 야오밍(姚明) 선수는 중국의 위대한 영웅 중 한 명으로 추앙받는다. 서구에서도 그러하듯, 중국에서도 사람

사진 6.1 베이징의 한 고속도로에서 본 자동차들의 모습

출처: Getty Images; Photographer: Dong Wenjie

들은 TV를 시청하는 데 많은 시간을 보낸다 (현재 중국에는 200개 이상의 방송국이 있음). 해외에서 유행했던 영화라면, 중국 젊은이들 역시 그것들을 본다. 중국에서 애국적 색채를 띤 국산 영화가 상영되기도 한다. 한 예로 2011년 중국공산당 창당 90주년을 기념하는 영화가 상영된 적이 있다. 그러나 상영성적은 실패였다 (관객들이 많지 않았기 때문에, 그 영화 티켓은 몇몇 공공기관에 무료로 증정되었다. 그 티켓을 받은 사람들은 의무적으로 그 영화를 보아야 했다). 많은 중국인들은 노래방에 가는 것 이외에도 음주, 쇼핑 등의 유희를 즐긴다. 바로 이러한 삶들이 소위 중국 도시인들의 생활방식이다.

유동성이 큰 시대에서 가족의 형태: 소황제들

마오쩌둥 시기 초기에 중국정부는 인민들에게 자녀를 많이 낳을 것을 장려했다. 대가족은 이상적인 것으로 간주되었다. 마오쩌둥은 중국이 대규모의 인구를 거느린 국가가 되기를 원했다고 한다. 마오쩌둥은 러시아 사절단이 중국을 방문했을 때 핵무기가 중국에 초래할 수 있는 재난을 언급한 바 있는데, 러시아인들은 그의 말을 듣고 놀랐다고 한다. 마오쩌둥은 설령 핵무기가 중국 땅에 떨어진다고 하더라도, 전체 중국 인민의 절반은 살아남을 것이며 그 수는 다른 국가 국민들의 수를 모두 합친 것보다도 여전히 많을 것이라고 말했다. 하지만 마오쩌둥 시기에도 몇몇 지도자들은 중국의 인구 규모에 대해서 걱정하기 시작했다. 예를 들어, 저우언라이(周恩來)를 들 수 있다. 다음은 그의 영어 통역관의 회고이다. 저우언라이가 한 번은 한 학교를 방문했는데 아이들로 가득 찬 운동장을 보게 되었다. 그러자 그는 "도대체 이 나라가 어떻게 해야 저 모든 아이들을 먹여 살릴 수 있겠는가"라고 물었다고 한다. 1930년 만해도 4억 명이었던 중국의 인구 규모는 1970년에는 8억이 되었고, 1980년에는 10억을 넘어섰다. 사실 인구수를 통제하려는 최초의 시도는 마오쩌둥 생전에 이루어졌었다. 하지만 1978년 전까지는 국가에 의한 본격적인 인구정책은 시행되지 않았다. 마침내 1980년부터 '한자녀 정책'이 시행되었다. 소수민족을 제외하고는 중국의 한 가구당 허용되는 자녀의 수를 한 명으로 제한한 것이었다. 몇 명의 전문가들은 한자녀 정책 덕택에 2015년이 되더라도 중국의 인구는 20억 명 이상이 되지 않을 것이라고 평가했다. 하지만 한자녀 정책을 시행하는 데 있어서 강제 낙태, 영아 살해 등의 방법이 동원되었다는 소문이 있었고, 이것은 논란을 불러일으켰다. 한자녀 정책의 집행 방법 역시 각 지역에 따라 많은 차이가 있었다.

한자녀 정책이 중국인의 가족생활 형태에 미친 영향은 심대했다. 단한 세대 만에, 가족 구성원 중 자녀의 수는 6~7명에서 1명으로 줄었다. 한자녀 정책에 관한 법률을 어기는 경우 엄청난 액수의 벌금이 부과되었고, 또는 기타 그에 상응하는 처벌이 가해졌다. 그 결과 중국 가정의 삶의 형태 및 구조는 여러 변화를 겪게 되었는데, 그중 하나가 '소황제(小皇帝)의 출현'이었다. 중국의 소황제들은 부모, 그리고 양측의 조부모의 맹목적인 사랑을 받으며 성장했다. 부모와 조부모들은 하나밖에 없는 자녀를 양육하는 데에 막대한 자원을 투여하여, 좋은 교육을 받을 수 있도록 하였다. 몇몇 소황제들은 여러 명의 보모에 의해 돌봄을 받기도 했으며, 여건이 허락된다면 해외유학의 기회를 가졌다.

최근 이 모든 현상으로 인해 생겨나기 시작한 문제들이 여럿 있었는데, 그중 가장 충격적인 것 중 하나가 비만인구의 증가이다. 중국은 한때 심각한 기근을 겪을 정도로 가난한 국가였다. 하지만 이제 몇몇 중국인들의 사인(死因)이 영양실조가 아닌 비만이라니, 이보다 중국경제가 빠르게 성장했다는 것을 더 잘 보여줄 수 있는 상징도 없을 것이다. 중국인의 식단은 더 기름진 음식과 고기를 중심으로 재편되고 있다. 대부분 모든 성(省)에서는 펩시 또는 콜라를 곁들은 맥도날드와 켄터키의 프라이드치킨을 먹을 수 있다. 많은 중국인들이 밥 대신 프렌치프라이를 먹는다. 중국 내 심장병 발병률은 서구만큼이나 상승했고, 그 주요 원인은 동맥경화 및 높은 콜레스테롤 수치이다. 높은 흡연율 역시 중국인들의 건강을 위협하고 있다. 급격하게 서구식으로 재편되는 중국인들의 식습관과 높은 흡연율은 중국 국민 건강과 보건에 문제를 야기하기 시작했다 (French and Crabbe, 2010).

이 시점에서 '한자녀 정책'이 실시된 시기에 태어난 중국 젊은이들이 확실히 어떠한 시각을 가졌는지를 알기에는 아직 약간 이르다. 따라서 이에 대해 서술하기에는 무리가 있다. 문화대혁명을 기억하는 세대는 가난과 어려움을 겪어야 했다. 하지만 개혁개방 정책이 가시적 효과를 내기 시작한 1980년대 초 성인이 된 세대의 경우에는 위의 세대와는 다른 시각을 가지고 있다. 그들은 매해 더욱 부강해지는 중국을 목도하였으며, 따라서 그들은 서방 세계에 존재하는 개인적인 야망과 특권 의식과 같은 감정을 드러내기 시작했다. 한편 고위 관료를 부모로 두는 등 정치적으로 강력한 배경을 갖고 있는 중국 젊은이들 같은 경우 중국 전역을 마치 자신의 사적 공간과 같이 활보하기도 한다. 허베이(河北)에서 한 젊은이가 자가용으로 두 명의 학생을 친 사고가 발생했다. 그 젊은이는 그의 고급 자동차에서 내린 후, 두 학생에게 "그래, 가봐, 고소하란 말이야. 우리 아버지가 리강(李剛)이야"라고 말했고, 이 사건은 인터넷에서 이슈가 되었다. 리강은 공안국(公安局, 중국의 경찰)의 고위 관료였다. 리강 아들의 오만한 태도는 고위 관료들과 그의 주변 사람들, 그리고 중국공산당이 누리고 있는 법 위에 군림하는 무소불위의 권한을 보여주는 듯 했다. 리강 아들의 자동차에 치인 학생 중 한 명이 끝내 사망하면서, 대중의 분노는 커졌다. 이에 리강은 자신이 아들을 무책임하게 양육했다고 중국 인민 전체 앞에서 눈물을 흘리며 공식 사과하였다. 리강의 아들은 결국 징역 6년 형을 선고받았다. 하지만 우리는 이 사건을 통해서 새로운 중국의 특권계층의 젊은이들이 어떤 방식의 삶을 영위하는지 알 수 있게 되었다. 리강 아들 사건은 이것이 대중에게 알려지면서 결국 처벌이 이루어진 경우이다. 중국에서는 특권층이 심지어 살인을 저질렀다고 하더라도 법망을 성공적으로 피해간 경우가 적지 않다.

현대 중국의 슬픈 자화상 중의 하나는 치솟는 자살률이다. 특히 젊은 여성들의 자살률이 증가하고 있다. 중국이 발전함에 따라 많은 사람들이 성공할 수 있었다. 하지만 그렇지 못한 사람들에게는 새로운 중국은 그저 어리둥절하고 무의미한 곳이다. 특히 2010년 말 발생한 팍스콘(Foxconn) 회사 공장 노동자들의 연쇄 자살 사건이 이를 대변해준다. 해당 공장은 션전에 위치하였으며, 생산품은 대부분 서구로 수출되었다. 이 공장에서 생산되는 것들은 전자제품들로 애플(Apple)의 아이패드(IPad)와 아이팟(IPod)을 들 수 있다. 노동자들의 연쇄 자살 사건에 대해서 대중이 주목하자, 그 회사의 타이완인 사장인 테리 가오(Terry Gao, 중국어 이름은 궈타이밍[郭臺銘])는 자신이 운영하는 45만 명 규모의 공장이 노동자들에게 제공했던 안전·복지 기록을 언론 앞에 제시하며 자신을 변호했다. 중국이 점점 상업화되면서, 국민들은 이전보다 성공해야 한다는 더 많은 부담감을 갖고 살고 있다. 점차 부유해지는 주변 사람들에게 뒤처지지 않기 위해, 그들은 가능한 한 자신들을 최대한 몰아세워야 했다. 테리 가오의 공장은 예상보다 괜찮은 스포츠, 그리고 레크리에이션 시설을 갖추고 있었다. 이에 사람들은 당황했지만, 곧 그러한 시설들은 보여 주기용에 불과했다는 것이 드러났다. 실제 노동자들은 6일 동안 오랜 시간 일해야 했고, 그들에게 쉬는 시간은 거의 주어지지 않았다. 어쨌든 팍스콘 회사 노동자들의 자살 사건은 제한적으로나마 중국의 발전에서 소외된 자들에 대한 대중의 관심을 불러일으켰다.

중국의 인구: 거대한 도전과제

한자녀 정책이 중국사회에 미친 영향은 여러 가지가 있지만, 그중 하나로서 중국의 인구 구조의 급격한 변화를 들 수 있다. 남성의 수가 여성을 뛰어넘는 것 이외에도 노인의 수가 젊은이를 뛰어넘기 시작했다. 20세기에 중국에서 은퇴라는 것은 사치스러운 것이었다. 왜냐하면 1949

년 이후 중국인의 평균 기대수명이 급격히 상승하였기 때문이다. 중화민국이 중국을 다스리던 시절, 중국인의 평균 기대수명은 30대 초반에 불과했다. 하지만 2000년 중국인의 평균 기대수명은 여성, 남성 모두 70대 중반으로 올라갔다 (CIA, 2018). 중국의 인구가 노령화가 되면서 그것이 중국의 노동시장, 사회보장제도, 그리고 중국사회 전체에 가져올 수 있는 영향은 막대한 것이었다.

　이러한 문제가 더더욱 심각해지는 이유는 중국에는 효과적인 연금제도가 부족하기 때문이다. 원래 이전에는 국영기업이 연금을 제공하는 주체였다. 하지만 1990년대 국영기업에 의해서 제공되는 연금제도의 상당 부분이 무너지자, 누가 이 공백을 메우느냐 하는 문제가 제기되었다. 보조 형태로 지급되었던 주택, 건강 서비스, 월 단위 연금 지급이 끊기자 격렬한 항의가 일었다. 사실 연금은 중국 지방정부 재정지출 중 가장 큰 항목을 차지한다. 2009년 쓰촨성과 같은 지방정부에서는 재정의 90퍼센트까지도 연금재정을 충당하는 데 사용했다 (Frazier, 2010). 정부에 제기되는 불만 사항 중에는 연금이 제대로 지급되지 않는다는 사례가 가장 많았다. 또 수년간 제때 연금을 지급받지 못한 사람들은 수많은 시위를 벌였고, 다수의 청원을 국가에 제기했다. 더욱이 중국은 노령화되어 가고 있어, 연금지급 문제는 사라지지 않을 것이다. 그리고 서구에서와같이 중국 인민들은 노후를 위해서 더 많은 저축을 해야 하는 압박을 받고 있다. 주룽지(朱鎔基) 총리 시절에 한때 국가연금기금을 설립하려고 시도했으나 실패했다. 그래서 상하이와 같은 지방정부에서는 2명의 노동자가 1명의 은퇴자를 부양해야 하는 때가 올 것을 대비하여, 상하이만의 연금기금을 설립하려고 했었다. 하지만 이것은 뜻대로 되지 않았고, 이러한 실수는 당시 상하이 당 서기였던 천량위(陳良宇)가 2007년 실각하게 되는 빌미가 되었다는 주장도 있다. 리커창 총리의 지휘하에서 운용 가능한 연금체계를 수립하는 것은 정부의 핵심 과제 중 하나이다. 연금이나 기타 중국 이외에서의 유사체계와 비교해 보았을 때 중국이 시도하는 사업은 이전에는 시도된 적이 없었던 규모를 가지고 있다. 비록 시진핑 집권 이후 첫 번째 5개년 계획이 지났지만 아직 명확한 청사진은 제시되지 않았다. 한자녀 정책이 중국사회에 미친 영향 중 두 번째로 문제시된 것은 전통적인 가족 형태의 붕괴였다. 전통적인 가족의 경우, 약 4세대 정도가 한 지붕 아래 살면서 노인들은 젊은 세대의 보살핌을 받았다. 젊은 세대의 경우 노동을 하러갈 때, 그들의 아이들을 노인들에게 맡겼다. 하지만 인구의 유동성이 높아지고 동시에 새롭게 변한 중국에서 더 이상 이러한 형태의 가족 형태를 유지하기는 힘들었다. 많은 중국의 남편, 또는 부인들은 가정을 떠나 이주노동자로서 도시에서 생활해야 했고, 도시에서 거주 허가를 받는 데에 많은 신경 써야 했다. 이렇듯 오랜 기간 부부가 떨어져 있다 보니 이혼율이 높아졌다. 새로운 중국에서는 다른 산업화된 사회에서처럼 새로운 중국에서의 가족의 가치는 파괴적인 현대화의 공격을 받고 있다. 여기서 이런 이야기를 하는 것은 과거를 미화하고자 함이 아니다. 이전에 살펴보았다시피 전통적인 중국사회에서는 정당하지 못한 압제가 행해지고 숨막히는 보수주의로 가득했다. 이러한 전통 사회의 특징은 다른 국가 역시 유사하게 공유하고 있는 것이다. 이제껏 살펴보았다시피 갑자기 노인인구가 많아지면서, 그들의 건강이 쇠약해져서 자기를 스스로 돌볼수 없을 때에 그들을 어떻게 보살필 것인가라는 문제는 중요해졌다. 서구에는 노인들을 위한 요양시설이 비교적 보편화되어 있다. 중국에서는 2012년에 이르러서야 노인들을 위한 최초의 요양시설이 출현했다. 중국정부는 위와 같은 문제를 해결하기 위해서 10년 내에 더 강력한 사회보장제도를 마련해야 하는 상황에 처해있다. 한 사람이 태어날 때부터 사망할 때까지 그 사람의 일자리를 책임지는 단위 노동제가 붕괴되면서 중국의 사회보장제도 역시 붕괴되었다. 단위 노동제는 중국공산당 집권한 후 약 40년 동안 유지해 온 제도이다. 이제 1990년대부터 중국인들은 자신들의 힘으로 살아오고 있다고 해도 과언이 아니다. 중국 농촌의 노인들은 정부가 인민이 태어날 때부터 죽는 순간까지 평생 동안 돌봐주겠다는 선전을 수년간 들어왔다. 그리고 그러한 선전을 어느 정도 믿었던 그들에게 2000년대 중국의 현실은 적응하기 힘든 것이었다. 비록 새로운 지도자들은 조화와 과학발전관을 이야기하지만, 이제껏 무료로 제공되었던 보건, 의료, 교육 및 기타 공공서비스의 혜택은 점차 사라지고 있다. 특히 병원의 경우 가장 기초적인 치료를 넘어서는 모든 의료행위에 대해서는 그에 상응하는 대가를 치뤄야 한다. 심지어 중국의 몇몇 병원은 미국병원보다 더욱 철저히 상업주의 위주로 운영되고 있다. 특히 해안도시에 위치한 중국 최고의 병원들의 상업적 성공은 대단하다. 대조적으로 농촌 지역의 병원들은 재정상태가 좋지 않고, 결과적으로 의료 환경 역시 원시적이며 비위생적이기까지 하다. 제약회사와 환자들이 의사들에게 뇌물을 제공하는 경우는 흔하다. 이러한 행태는 2013년 반부패운동의 주요한 타킷이 되었다. 더 심각한 것은 비양심적인 기업에 의해서 생산되는 가짜 약이 상당히 많다는 것이다. 이것들은 환자들에게 해가 될 뿐 아니라 심지어 사망에까지 이르게 할 수 있다 (Guo, 2010).

교육비 및 대학교 학자금 역시 서구에서와같이 비싸지고 있다. 초·중등 교육 수준의 경우 지역 간 차이가 존재하는데, 특히 도시와 농촌 사이에는 엄청난 격차가 존재한다. 그래서 2011년에서 2015년까지 시행될 제12차 5개년 프로그램에는 중산층의 자녀와 부모 부양부담을 줄이기 위한 사회보장제도 설립안(案)이 포함되어 있다. 그리고 이것은 다시

한 번 2017년부터 추진된 시진핑 2기 행정부의 정책이 되었다. 이제 거의 모든 사람들이 사회 보장 기금에 지불하고 있으며, 국가가 일부 보조해주고 있다. 중국은 현재 GDP의 5퍼센트만 의료 서비스 분야에 지출하고 있다. 이것은 영국의 11퍼센트, 미국의 16퍼센트와 비교되는 수치이다. 중국, 영국, 미국에서 암, 심장병과 같은 만성 질환은 증가 추세에 있다. 이에 중국은 의료 서비스 분야에 대한 재정을 대폭 늘릴 것으로 보인다. 문제는 어디에서 그만한 돈과 자원을 찾을 것이냐이다. 특히 세계 흡연자들의 절반이 중국인이라는 것을 고려했을 때 더욱 그러하다. 이러한 엄청난 흡연자 수는 사회복지에 엄청난 영향을 주기 때문이다. 특히 정신 건강은 이제껏 경시되어오던 분야로 이 분야에 대한 보조는 거의 이루어지지 않았다. 중국은 노령화 사회이며, 특히 보건 분야와 관련된 여러 문제를 고려해보았을 때 이 모든 상황들은 쉽게 다룰 수 있는 성격의 것이 아니다. 많은 약속에도 불구하고, 시진핑 지도부는 아직도 이에 대한 어떤 기본 계획도 발표하지 않았다.

시민사회의 부상

중화민국 시절 중국에는 교회, 무역 로비단체, 노동조합, 그리고 그 밖의 소규모 이해단체 등 잠재적인 시민 사회 영역이 존재했다. 1949년 국가가 개입할 수 있으며 모든 것을 제공해줄 수 있다는 전제를 가진 혁명이 이를 바꾸어 놓았다. 단일 노동조합이 결성되었고, 애국적인 교회 단체가 설립되었으며 (많은 압력에 의해) 어떤 문학단체나 문화단체도 엄격한 통제를 받았다.

1978년 개혁개방은 자신의 삶에 있어 국가가 아닌 스스로 방향을 설정하고자 하는 소망이 사람들 사이에서 자라났다. 1980년대와 1990년 대 시민사회와 유사한 존재들이 나타나기 시작했다. 그들은 환경, 약자 및 소외된 사람들을 보호하고, 그리고 종교적 믿음과 문화적 이해관계에 대한 지지를 이끌어내기 위한 단체들이었다. 2010년 한 통계에 따르면 그러한 비정부기구들은 약 20만 개 이상인 것으로 나타났다. 2011년 민정부(民政部)는 그중 오직 3,000개 단체만 승인했다. 그들 중 상당수가 정부가 조직한 비정부기구(government-organized NGOs, GONGOs)였다. 이들은 정부와 비정부기구의 요소들이 합쳐진 존재였다. 그 예로써 중국공산주의청년단(中國共産主義青年團), 중화전국부녀연합회(中華全國婦女聯合會)등이 있다. 이들 단체는 중국공산당과 명확히 연계되어 있었지만, 이것은 시민사회와 풀뿌리 활동을 위한 순수한 당과 국가기관보다 조금 더 많은 공간을 허용했다. 중국공산당은 통제불능의 상태가 될 수 있는 활동에 대해 불안해했기 때문에, 적어도 통제하고 예의주시할 수 있는 이러한 방식을 선호했다. GONGOs들은 그들의 활동에 있어서 극도로 보수적이거나 순종적이다. 예를 들어, 중국의 노동조합들은 회원보다는 고용주나 국가의 이득에 맞춰 활동하는 경향이 강하다.

시민사회는 현대 중국에서 커다란 역할을 하고 있다. 특히 중앙정부나 지방정부가 한때 서비스를 제공했던 분야에서 더욱 그러하다. 이러한 영역은 노인, 장애우, 농민공의 자녀, 그 밖의 특별한 이해관계 단체들이 관련된 분야를 포함한다. 시민사회 단체들은 봉사활동자들을 조직하여 활동하기도 한다. 2008년 원촨(汶川)대지진 때 약 10만 명 이상의 봉사자들이 활동하기도 했다. 그럼에도 불구하고 시민사회는 정치적 불확실성 하에 있으며 항상 감시를 받고 있다. 왜냐하면, 중국공산당에게 시민단체는 중국의 내정에 간섭하려 하는 외국의 시도를 위장할 수 있으며, 공산당을 폄하하려는 감춰진 정치적 야망이 존재할 수 있는 곳이기 때문이다. 2009년과 2010년 티베트의 환경단체들이 한때 집중 감시 대상이 되기도 했다. 왜냐하면 중국공산당은 분리주의자들이 이들 단체를 통해서 자신들의 견해를 전파할 수도 있다고 우려했기 때문이다. 게이, 페미니스트, 그리고 인권 단체들 역시 공격당했다. 중국의 인권 부문 활동가들이 흔히 겪는 고질적인 어려움은 자금조달 문제이다. 하지만 정부는 시민단체들이 사회의 통일성과 안정성에 큰 역할을 하고 있음을 인정했다. 시진핑하의 중국에서 명확해진 것은 시민단체들이 더 많은 감시하에서 활동한다는 것이다. 2017년 비정부기구 관련법이 통과되었다. 시민단체들은 관련 정부 부처의 활동을 지원해야 한다. 이외에도 이들에게 추가적인 의무가 부과되었는데, 그것은 국제적 연결망을 가진 시민단체들은 좀 더 많은 감시를 받아야 한다는 것이다. 이는 중국공산당이 원하지 않는 정치적 변화가 일부 시민단체를 통해서 발생할 수 있기에, 그 가능성을 제거하기 위함이다. 정리하자면 현재 중국사회에서는 시민단체들이 활동할 수 있는 잠재적 공간이 커지고 있다. 하지만 금지된 영역을 침범하지 말아야 하며, 공산당이 규정한 규칙에 기반하여 활동해야 한다. 이들에 대한 정부의 감시는 종종 지나쳐 보일 때도 있다.

네트워크 사회: 중국과 인터넷

인터넷이 정치영역에 행사하는 효과에 대해서는 책의 초반부인 제2장 '후진타오와 원자바오의 시대: 불평등이라는 골칫거리 문제'에서 다뤘다. 인터넷은 중국사회에 영향력을 행사하고 있으며, 현재 중국의 인터넷에서는 사회적 현안에 관한 토론이 이뤄지기도 한다. 이는 중국의 빠르고 급격한 변화를 보여준다. 중국의 문학가인 위화(余華)는 21세기 초 인터넷은 중국에서 하나의 독자적인 세상을 형성했다고 보았다. 이 독자적인 세상에는 사실만 존재하는 것이 아니다. 거짓이나 주관적인 생각 역시 존재할 수 있다. 이러한 인터넷의 고유한 특성으로 인해, 자신의 목적달성에 맞게 인터넷을 잘 활용할 줄 아는 사람은 상당한 영향력을 가질 수 있게 되었다. 하지만 인터넷의 사회적 열풍을 따라가기 힘들어하는 사람들은 인터넷 열풍에 대해 껄끄러워하고 있으며, 심지어 왜 인터넷이 중국에 도입되었느냐고 불평하기도 한다 (Yu, 2011).

여타 국가와 마찬가지로 인터넷은 중국 인민들의 사생활과 정서에 민감한 문제를 야기하고 있다. 홍콩이나 타이완의 영화배우나 연예인들의 계정을 해킹해 개인정보를 빼내는 일은 흔하다. 그 결과 해킹 피해자의 계좌에서 돈이 유출되는 등의 불미스러운 사건도 발생하고 있다. 중국에서 가장 눈에 띄는 인터넷 현상은 '신상 털기'다. 신상 털기의 표적이 된 인물은 마녀사냥식의 여론몰이에 의해 처벌받아야 할 악인으로 몰린다. 그 결과 때때로 대중들의 뭇매의 대상이 된다. 신상 털기의 대상은 주민들의 분노를 산 공무원이 될 수도 있고, 서양을 신봉하는 태도를 보임으로써 '중국에 굴욕감을 안겨준' 유명 영화배우가 될 수도 있다. 가장 공격적으로 신상 털기가 발생하는 경우는 누군가가 중국인의 반일정서에 부응하지 않는 말을 하거나, 반응을 보였을 때이다. 이 문제에 대한 중국 네티즌들의 분노는 엄청나다.

중국 인터넷은 우리에게 현대 중국 여론의 본질을 이해할 수 있게 한다. 여타 인터넷이 그렇듯이 중국의 인터넷에서도 연예인 소식과 각종 루머 등 반짝 이슈에 대한 내용이 많기는 하지만 말이다. 2000년대에 이르러 세계의 더 많은 사람들이 인터넷을 사용한다. 중국 소셜 미

디어를 이용하는 외국인도 늘었다. 그럼에도 중국 내외 이슈에 관한 중
국 여론을 파악하는 것은 거의 불가능에 가깝다. 『인민일보』, 중국 중앙
TV(CCTV)와 같은 중국 국영 신문이나 방송사들은 그들이 "13억 중국
인민들을 대변한다"고 말하곤 한다. 비록 인민일보는 중국공산당의 대
변인이라는 인식이 많기는 하지만 말이다. 13억 인민을 대표한다며 시
끌벅적하게 떠드는 중국정부의 행태는 과거의 예에서도 찾아볼 수 있다.
1997년, 홍콩의 중국으로의 반환 과정이 여러 어려움에 봉착하자 중국
의 국영 신문이나 방송사들은 영국을 비판했다 (특히 이 시기에 홍콩의
마지막 총독이었던 패튼[Chris Patten]은 "모든 중국인들의 감정을 자
극했다"라며 계속해서 비난을 받았다). 또 2005년 UN 안전보장이사회
의 상임이사국이 되려는 일본을 비판할 때에도, 중국의 지도자들은 '중
국 인민들을 대신하여'라는 표현을 사용했다. 하지만 이들이 정말 '중국
인민들을 대신하는 것인지'에 대해 반론을 제기할 수 있는 여론조사 등
증거가 부족한 상태에서 위와 같은 중국 지도자들의 말은 비판 없이 수
용되었다. 중국인들이 자율적인 생각을 표현하는 것은 언론에 대한 통
제, 선거의 부재와 자유로운 발언에 대한 간섭 속에서 거의 불가능하다.

인터넷은 정부의 언론 통제에 대해 도전하고 있다. 이를 통해서 우리
는 적어도 중국 인민들의 마음속에서 어떤 생각들이 큰 부분을 차지하
고 있는지 알 수 있다. 다른 국가와 마찬가지로 중국에서도 2011년 말
부터는 식료품이나 주택 가격에 대한 이야기가 언론의 전면에 등장하였
다. 관료들의 부정행위에 대한 수많은 불만이 제기되면서 부패에 대해
인민들이 갖고 있는 분노는 대단히 강해서 이러한 주제에 대한 보도 역
시 늘고 있다. 물론 서구와 마찬가지로 연예인에 대한 자잘한 뉴스가 언
론보도의 상당 부분을 차지하고 있지만 말이다. 서구와 마찬가지로 중
국 대중들의 견해는 놀라울 정도로 다양하다. 정부의 공공정책 및 외교

정책과 같은 주제들에 대해서도 시끄럽고도 열정적인 토론이 이루어진다. 웨이보(Weibo), 큐큐(QQ), 그리고 텐센트(Tencent)는 빠른 속도로 발전하는 현대 중국에서 대중들의 의견이 어떻게 진화하고 변화하는지를 잘 보여준다. 웨이보, 큐큐, 텐센트와 같은 인터넷 매체보다 중국에서 발생하고 있는 급격한 변화를 더욱 잘 목도할 수 있는 곳은 없을 것이다. 불과 약 30년 전에서야 중국 인민들은 TV나 라디오를 통해서 소식을 겨우 접할 수 있었는데 말이다. 또 블로그와 온라인 포스트(post)의 소식이 주류 언론의 보도보다 더 빠른 경우가 많다. 그 대표적인 경우가 왕리쥔 사건이다. 왕리쥔은 충칭시의 부시장을 지낸 인물로 2012년 2월 6일 돌연 청두의 미국 총영사관에 망명을 신청한 적이 있다. 이 소식은 시나 웨이보(Sina Weibo)에서 떠돌았고, 약 한 달이 지난 후에야 주류 언론에 보도되었다. 비슷하게 대중들에게 공개되어 있지 않은 미스터리한 존재인 중앙기율검사위원회(中央紀律檢查委員會, CCDI)조차도 부정행위에 대해서 신고할 수 있도록 포털사이트를 만들어 놓았다. 중앙기율검사위원회는 관리들의 부정부패 행위를 감시하는 곳이다.

인터넷은 중국의 복잡함을 잘 투영하고 있는 훌륭한 상징물이다. 현재 중국의 인터넷에서는 여론을 통제하고 인터넷을 검열하려는 정부와 이를 피하려는 인터넷 유저(user) 간의 전쟁이 벌어지고 있다. 또 우리는 인터넷을 통해서 중국 대중들의 견해를 범주화하는 것이 불가능할 정도로 다양하다는 것을 알 수 있다. 이러한 측면에서 현재의 중국인들은 10년 전의 중국인들과는 다르다. 특히 정치인들이 중국 대중의 견해를 대표하여 말한다고 할 때 그에 대해 더 많은 의구심을 제기하고 있다. 현재의 인터넷이 생생하게 보여주듯이 중국공산당이 인민들의 견해를 대신한다는 개념은 이제 인민들에게는 공허하게 들리는 듯하다. 심지어 정부의 견해는 단지 13억 인구의 다양한 의견 중 하나인 것에서 그치는 것이 아니라, 13억 인구의 의견에 반할 때도 많다. 이는 중국의 경제와 정치뿐만 아니라 문화적 정체성에 깊은 영향을 미쳤다. 이에 대해서는 제7장에서 다룰 것이다.

제7장

중국문화

2004년 중국 내에서 가장 진보적인 잡지 중 하나인 『서든 위켄드(Southern Weekend)』 잡지사에서는 중국에서 가장 영향력 있는 50인을 선정한 목록을 발행하였다. 그 목록에는 과학자, 작가, 정치사상가, 예술가, 경영자가 포함되었다. 그 목록은 인터넷에서 많은 논쟁을 촉발했다. 많은 사람들이 왜 이러한 사람들이 목록에 들어가게 되었는지 동의하지 못했다. 또 그들이 포함되게 된 이유, 그 밖에 어떤 이를 대체하고 어떤 사람을 포함시켜야 한다는 견해들이 속출했다. 목록이 공개된 지 단 며칠 만에 그 목록은 금지되었고, 중국에서 더 이상 찾아볼 수 없게 되었다. 누가 중국에서 가장 강력한 영향력을 행사하고 있는지에 대한 질문에 대답하는 것은 쉽지 않다.

물론 이 책의 이전 장에서 살펴본 바와 같이 중국공산당의 엘리트 지도부는 중국사회의 대부분의 영역에 통제력을 행사하고 있다. 하지만 점차 복잡한 양상을 띠고 있는 중국에는 핵심적인 공공의제를 형성하는 기타의 영역들이 있다. 그러한 영역들은 중국인의 삶의 여기저기에 뻗어있으며, 그곳에는 어떠한 권위도 존재하지 않는다. 중국 주요 도시의 서점에는 최근 출간된 정치 서적이 높이 쌓여져 있다. 하지만 많이 팔리는 책들은 주로 수입, 번역된 서적들이다. 한때 프리드만(Thomas Friedman)이 쓴 『세계는 평평하다(The World is Flat)』(2005)라는 책은 선풍적인 인기를 끌었다. 그의 책은 심지어 충칭의 당교(黨敎)에서 교과서 중 하나로 공식 선정되기도 했다. 푸코(Michel Foucault), 하버마스(Jurgen Habermas), 부르디외(Pierre Bourdieu), 촘스키(Noam Chomsky)의 모든 저작은 이미 중국어로 번역 출간되었다. 심지어 철학자 비트겐슈타인(Ludwig Wittgenstein)의 전 작품이 베이징대학에 의해 번역·출간되기도 했다. J. K. 롤링(J. K. Rowling)의『해리포터』 시리즈와 미국 비즈니스 거물들을 다룬 책들 또한 엄청난 선풍적 인기를 누렸다.

　후진타오와 시진핑을 포함한 중국공산당 지도부는 중국공산당이 중국에 근대화를 가져온 장본인이라고 선전하고 있다. 동시에 그동안 중국에는 개혁이라는 것은 필요했지만, 봉건왕조의 굴레와 제약에 의해서 제한되었다고 말하고 있다. 그리고 설령 이와 같은 말들이 옳다고 하더라도, 중국공산당은 적어도 문화의 영역에서는 뒤처져 있다고 할 수 있다. 현재 중국에 새롭고도 다양한 아이디어가 흘러넘치고 있는 현실을 고려할 때 말이다. 중국 블로거(bloggers)들은 국제적으로 알려진 중국인 작가, 지식인, 그리고 사상가가 거의 없다고 불평하곤 한다. 이를 대변이라도 하듯 중국에서는 1980년대부터 노벨상 수상자를 배출하기 위한 특히 문화부에 의한 정부 차원의 활발한 움직임을 보였다. 노벨상 수상자 선정에 개입하고자 하는 중국정부의 움직임은 특히 2000년에 중국의 망명 작가인 가오씽지엔(高行健)이 노벨문학상 수상자에 선정이 되면서 절정에 달했다. 또 중국정부는 수감 중인 반정부인사인 류샤오보(劉曉波)가 2010년 노벨평화수상자에 선정되는 과정에 개입하고자 했다. 왜냐하면 가오씽지엔, 류샤오보 둘 다 중국정부가 원했던 사람들은 아니었기 때문이다. 두 사람 모두 공산당에 의해서 국내에서 지탄받고 있는 인물이었다. 하지만 2010년 말 류샤오보가 노벨평화상 수상자로 발표되면서 중국의 노벨상에 대한 열망은 사그라들었다. 하지만 2012년 모옌(莫言)이 노벨문학상을 수상하면서 그 열망이 부분적으로 살아나는 듯도 하였다. 비록 2014년 시진핑에 의해서 모옌에 대한 비판이 가해지기는 했지만 말이다.

냉소주의의 반영: 현대 중국미술

중국이 생산한 것 중 1990년대 이르러 외부에 가장 큰 영향력을 행사한 분야는 미술과 예술 분야였다. 현재 중국의 예술작품들은 국제시장에서 높은 가격에 팔리고 있다. 또 중국의 아방가르드적 작품을 전시·판매하는 것으로 특성화한 국제 예술 갤러리들도 적지 않다. 현대 중국 예술가 중 가장 유명한 사람은 아이웨이웨이(艾未未)로, 그는 베이징에서 설치미술가로 활동하고 있다. 그의 명성은 두 가지 사건에 의해서 더욱 확고하게 되었다. 우선 그는 2008년 베이징올림픽 기간 경기장으로 사용되었던 "새의 둥지(鳥巢, 중국어로는 '니아오차오'라고 읽음)" 디자인에 참여했다. 또 그는 2011년 반정부 인사에 대한 탄압이 고조에 이르렀을 때 몇 달간 정부에 의해 억류되기도 하였다.

아이웨이웨이는 중국 현대 미술계에서 매우 상징적인 인물이다. 그의 아버지는 존경받는 시인이었으며, 1930년대 수감생활을 하였다. 이후 그의 아버지는 1957년 반우파운동 기간 헤이룽장(黑龍江)성으로 추방되었다. 문화대혁명 기간 아이웨이웨이는 그의 가족이 농촌 지역으로 보낸 진 후 중국의 북동지역에서 자랐다. 아이웨이웨이와 같은 경험은 당시 젊은 시절을 보낸 중국 정치지도자들도 전형적으로 거쳤던 것들이다. 1978년 아이웨이웨이는 베이징으로 돌아와 마오쩌둥 사후 다시 개교한 대학 중 하나인 예술 학교에 입학하였다. 유명한 중국의 영화감독인 장이머우(張藝謀)와 천카이거(陳凱歌)는 모두 아이웨이웨이와 동시대 인물들이다. 아이웨이웨이는 1980년대까지만 하더라도 미국에 있었다가, 1993년 그의 노쇠한 아버지를 돌보기 위해 중국으로 돌아왔다. 그 이후로 아이웨이웨이는 계속 베이징을 기점으로 활동하고 있다.

아이웨이웨이는 2008년 베이징올림픽 준비 과정에 참여함으로써 당시 베이징올림픽이 내포하고 있는 모순을 들추어내었다. 올림픽을 계획하는 데 있어서 정치지도자들에게는 다음이 중요했다. 그것은 국제적인 인정을 받는 것과 세계에 현대화된 국가로서의 중국의 모습을 보여주는 것이었다. 그들은 2008년 여름 올림픽을 주최하기 위해서 국제올림픽 위원회(IOC)의 표를 얻고자 했고, 이에 어마어마한 노력을 전개하였다. 중국이 올림픽 주최국으로 확정된 이후 중국정부는 베이징 시내의 상당 부분을 재건축하는 데에 450억 달러 이상을 사용했다. 재건축은 상당 부분은 게임을 주최하기 위한 사회 기반 시설을 건설하기 위한 것이었다. 이러한 프로젝트에 아이웨이웨이가 참여하였다는 것은 이상하게 보인다. 그는 지난 몇 년간 공산당 정권에 신랄한 비판을 가하는 사람으로 명성이 자자하였기 때문이다. 그는 또한 비록 소규모이기는 하지만 유의미한 조직 활동을 하기도 했다. 그 조직은 지식인들로 구성되었는데, 이들은 세계화가 진행되는 21세기에 소위 전통적 중국문화의 가치를 평가하는 데 매우 부정적이었다. 왜냐하면 그러한 요소들은 엘리트들이 자신의 정치적 목적을 위해 만들어 놓은 것들이라고 생각했기 때문이다. 더구나 소위 전통적 중국의 문화적 가치라고 하는 것은 복잡한 사회로서의 중국과는 아무 관련이 없는 듯 보였다. 이에 대한 아이웨이웨이의 태도는 세 장의 연속 사진(triptych)에 가장 잘 드러나 있다. 사진에서 그는 2,000년 된 한나라 도자기를 들고 있다가, 떨어뜨려서 바닥에 산산조각이 나게 한다.

　아이웨이웨이와 같은 인물에게 중국문화는 무거운 짐과 같은 존재이다. 특히 유교적 전통이 그러하다. 이는 중국의 거의 모든 현대 예술계 인사들이 고민하는 문제이다. 그러한 인물들은 후스(胡適)에서부터 루쉰(魯迅)까지 다양하다. 후스는 1920년대부터 문자개혁을 부르짖었던 핵심 인물이다. 그는 또한 아인슈타인(Albert Einstein), 철학자인 제임스(William James)와 사회학자인 러셀(Bertrand Russell) 등의 인물을 통해서 중화인민공화국의 학계에 근대적 사상을 소개하였다. 한편 루쉰(아래 참조)은 중국의 낡은 체제를 전복하고자 하였으며 관습을 깨어버리고자 한 인물 중 하나이다. 1949년 이후 중국공산당은 루쉰의 지적유산을 인정하려 하지 않았다. 타이완인 작가인 보양(柏楊)과 같은 사람은 그의 통렬한 저서『추한 중국인(The Ugly Chinaman)』에서 현 시대에 중국인들이 가지고 있는 중국 정체성의 중심에 놓여 있던 자만심과 자기 혐오의 혼합된 감정을 표현해 왔다. 그의 저서는 1985년 출판되었으며, 1988년 영어로 번역되어 출간되었다 (Bo, 1988). 보양은 중국적 전통은 사람들이 탈출해야 하는 일종의 감옥과 같다고 보았다. 이러한 보양의 시각은 루쉰의 의견과 유사하다.

하지만 현대 중국 지식인들 중 다수는 위의 탈출구가 대부분 서구에 의해서 제공된다는 것을 문제점으로 지적하고 있다. 그리고 그들은 중국의 지적(知的), 예술적 발전에서의 퇴행적 성격과 부족함에 대해서 갖가지 종류의 질문을 제기하였다. 1990년대부터 저명한 학자로 알려진 허칭은 중국의 근대성에 대한 비판을 무려 책 4권에 걸쳐 서술하였다. 그는 중국의 엄청난 야심에 대해 비판했다. 즉, 현대화된 중국은 주로 서구의 도구로 무장하고 있으면서 동시에 서구 사상이 지배하고 있는 보편적인 환경을 벗어나려 한다는 것이었다. 또 그가 관찰한 중국은 더 나아가 중국적 색채를 지니면서 동시에 현대적인 무언가를 창조하려는 야심을 가지고 있었다 (Davies, 2009).

아이웨이웨이와 같은 예술가들은 다음과 같은 일종의 풍자적 형태로 자신의 견해를 표출했다. 절반은 그들이 혐오하는 '전통적인' 문화와 예술의 형태를 끌어안았다. 하지만 또 다른 절반은 '전통적인' 문화와 예술을 전복시켰다. 아이웨이웨이가 베이징올림픽의 준비과정에 참여함으로써 그의 비판적 견해는 더욱 유명해졌다. 물론 그가 설계한 "새의 둥지(鳥巢, 중국어로는 '니아오차오'라고 읽음)" 경기장도 유명해졌음은 물론이다. 니아오차오는 한 스위스 엔지니어링 회사에 의해서 건축되었고, 중앙 공원에 위치해 있다. 중앙 공원 역시 베이징올림픽 준비를 위해 신축되었다. 아이웨이웨이는 TV에 출연하여 베이징올림픽의 준비과정을 비판했다. 그는 베이징올림픽을 도덕적인, 그리고 미학적인 파산(bankruptcy)이라고 불렀다.

이러한 파산은 개막식을 진행하는 동안 내내 잘 드러났다. 전기로 작동되는 현란한 불꽃놀이는 세계인에게 일종의 '충격과 공포'로 다가왔다. 그 후 무수한 공연자들이 떼를 지어 몰려나와 정열적인 춤을 췄다. 2,000명도 더 되는 사람들이 나와 '화목한 대가족'인 현대 중국을 노래하는 음악에 맞춰 북을 치면서 행진했다. 전 세계인들은 TV를 통해서 이 장면을 보았다. 엄청난 비용을 들인 이 거대한 개막식은 중국문화의 대표적인 상징물들을 훑어보면서 끝을 장식했다. 그것들은 장대하면서도 안정적으로 유지되어온 중국의 문화를 의미하는 것으로서, 유교, 명나라의 탐험가였던 정허(鄭和)에서부터 만리장성, 병마용까지 다양했다.

아이웨이웨이가 핵심적 문제라고 지적했던 것은 이 모든 상징들의 대부분은 과거 회고적인 성격을 지녔다는 것이었다. 더욱이 이 상징들은 매우 논쟁적인 성격의 것들이었다. 만리장성에 관한 논쟁은 제1장에서 다루었다. 만리장성은 중국의 국가석 상징으로 내세우기에는 약간의 미심쩍은 면이 있다. 왜냐하면 만리장성은 중국의 한계, 폐쇄적 성격을 드러내기도 하며, 방어체제로서는 비효율적인 구조이기 때문이다. 이에 대해서는 중국 안팎에서 오랫동안 논의되었던 문제였다. 더 충격적이었던 것은 올림픽 개막식에서 마오쩌둥에 대한 언급을 찾아볼 수 없었다는 것이다. 마오쩌둥의 커다란 초상화는 아직도 천안문 광장에 걸려있

다. 이것은 참 모순적인 현상이었다. 중국정부는 중화인민공화국을 창
건한 국가의 아버지를 남몰래 부끄러워하고 있었다는 말인가?

 적어도 베이징올림픽 기간만큼은 아이웨이웨이의 비판적 태도가 용
인되었다. 하지만 올림픽이 끝나면서 이제껏 이러한 종류의 비판을 참아
왔던 베이징 정부의 태도는 급격히 변화했다. 2011년 중동에서 재스민
혁명이 일어나면서 중국공산당 정부는 더욱 불안해졌다 (이는 2014년
홍콩과 타이완에서 벌어진 시위에 의해서 더욱 강화됨). 아이웨이웨이
와 같이 정부에 대한 비판을 가하는 핵심적 인물은 사실상의 연금 상태
에 놓였다. 아이웨이웨이는 그의 집 외부의 고립된 곳에서 몇 주를 보내
야했다. 이에 그를 석방하려는 국제적인 노력이 행해졌고 이후 그는 풀
려났다. 하지만 대신 그는 탈세혐의로 고소당했다. 아이웨이웨이의 예술
적 가치가 얼마이든지 간에 그는 현대 중국의 한 단면을 보여주는 데에
일조했다. 공산당은 국가를 위해 자유로운 생각이 필요하며, 현대성을
끌어안아야 한다고 말하고 있다. 하지만 중국 현실에서는 표현의 자유가
제한되고 있다. 이렇듯 고도로 정치화된 환경에서 공산당은 그 경직된
권력 구조를 가지고 제대로 된 현대화를 이루어낼 수 있을까. 공산당은
자신의 좁은 정치적 목적을 위해서 현대성을 취사선택하고 있다. 현대성
이 포함하는 다양성과 그로부터 야기되는 불협화음과 혼란이라는 요소
만을 제외시키고 말이다. 이것이 바로 아이웨이웨이가 제기한 문제였다.

 그 밖에도 이러한 모순을 강력한 방법을 통해서 표현한 많은 예술가
들이 있다. 그중 한 명이 쉬빙(徐冰)이다. 그는 〈티엔슈(天書, '하늘로부
터 온 책'이란 뜻)〉라는 그림에 허구적인 한문을 그렸다. 이것은 중국이
문화적 자기표현의 한 통일된 형태로서 한문을 내세우는 것의 문제점을
지적하고자 한 것이었다. 그가 그린 한자는 절반은 친숙한 형태이나 전
체적으로 보면 가상적인 형태이다. 그의 한자는 사람을 불안하게 만들

면서도 동시에 아름다운 요소를 갖추고 있다. 한편 혐오스러운 요소가
첨가된 예술작품도 있다. 한 예로 철창에 살아있는 동물을 매달아 놓는
다던가, 또 다른 예로는 태아를 임산부 자신이 직접 먹는 장면을 촬영한
예술가도 있었다. 그는 창녀에게 돈을 주고 임신을 하게 하여, 낙태를
하도록 했다고 한다. 그가 의구심을 제기한 것은 한자녀 정책을 통해서
생명과 죽음이라는 것 사이에서 판단을 계속해서 내리려는 정부의 태도
였다. 특히 한자녀 정책을 시행하는 가운데 희생되는 아이들의 수를 고
려해보면 이러한 의문은 더욱 설득력을 얻는다. 어떻게 중국공산당은
인민들에게 그 자신을 상냥하고, 친숙하며, 자애로운 존재로 묘사할 수
있단 말인가! 특히 공적 예술 영역이 정치와 국가의 제약으로 오염된 이
현실에서 말이다. 궈지엔(郭健)과 같은 인물은 이러한 문제를 전면에 부
각시켰다. 그는 중국에서 태어났지만 호주 국적을 취득해 1990년대 말
부터 시드니에서 살았다. 그는 2005년 중국으로 다시 건너갔는데, 천
안문사건 25주기를 앞두고 2014년 구금되기도 하였다. 한편 위에민쥔
(岳敏君)은 파안대소하는 얼굴 초상화를 주로 그리는 화가이다. 그의 그
림은 국제시장에서 점차 높은 가격에 판매되고 있으며, 그의 작품은 논
란에서 상당 부분 벗어나 있었다. 중국의 예술에는 일종의 규칙이 있는
듯했다. 잘 팔리는 예술 작품을 만들어내는 것은 허용되었으나, 지나치
게 정치적인 메시지를 담은 작품은 위험수위에 다다른 것으로 지양되었
다. 중국의 고대 역사를 활용하면서도 동시에 현대 중국의 상황을 잘 담
아낸 가장 매혹적인 작품은 차이궈챵(蔡国强)의 사진들일 것이다. 그의
작품은 불꽃들이 폭발하는 장면을 담아내었으며 매력적이다. 그림 속의
역동성, 질감, 그리고 즉각성은 중국의 역사를 반영한다. 원자성의 성질
을 지니기도 하였으며, 사진에 포착된 폭발하는 순간은 아름다움을 자
아내는 데, 이는 현대 중국의 복잡성과 모호성을 담아낸 것이었다.

글상자 7.1 『홍루몽(紅樓夢)』 – 중국문학의 걸작

『홍루몽(紅樓夢)』은 중국문학을 사랑하는 사람들이 이구동성으로 칭송해 마다하지 않는 청나라 시절 쓰인 소설이다 (『홍루몽』은 때로는 『석두기[石头记]』라고 불리기도 함). Hsia(1968)는 중국 소설의 역사에 관하여 여섯 개의 위대한 작품을 꼽은 바 있다. 그것은 『삼국지연의(三國志演義)』, 『수호지(水滸傳)』, 『서유기(西遊記)』, 『금병쌍엽(金瓶双艳)』, 그리고 『홍루몽』이다. 이 중 그는 『홍루몽』에 가장 열광적인 찬사를 보냈다. '중국문학의 최고의 비극적 요소'를 구현했다는 것이다 (Hsia, 1968, p. 246).

『홍루몽』은 곳곳에 전파되고 있다. 호크스(David Hawkes)와 민포드(John Minford)는 가장 권위 있는 영어 번역서를 집필하기도 하였는데, 총 다섯 권에 이른다. 『홍루몽』은 18세기 후기에 쓰인 작품으로 베이징의 저택에 거주하는 가(賈)씨 가문의 두 가족에 관한 이야기이다. 소설의 많은 부분이 당시 사람들의 일상에 대한 자세한 묘사로 채워져 있다. 소설은 주로 쟈바오위(賈寶玉)와 그가 연모하는 그의 사촌 린다이위(林黛玉) 간의 비극적인 인연을 다루었다. 『홍루몽』의 줄거리를 조잡하게 압축한 요약본에서는 이 작품 특유의 복잡함을 담지 못한다. 소설 속 여러 요소들이 조밀하게 교차하고 있을 뿐 아니라, 특유의 상징을 담고 있고 이것들이 상호 연관되어 있기 때문이다.

『홍루몽』에서 앞의 80개의 챕터들은 차오쉐친(曹雪芹)이 집필한 것으로 알려져 있다. 그는 널리 알려지지 않은 미스터리와 같은 인물이다. 그저 1724년에서 1764년까지 살았다는 것이 알려져 있을 뿐이다. 그는 작중 인물들과 유사한 배경 출신인 것으로 보인다. 한 일가가 점차 몰락하는 과정에서 그의 생각이 숙명론에 기원했음을 알 수 있다. 숙명론은 불교의 영향을 받아 형성된 중국문화에 존재하는 여러 기류 중 하나이다. 앞부분의 챕터들은 존재론, 때로는 초자연적인 관념에 영향을 받았음을 알 수 있다. 여러 원고에서 이러한 세계를 묘

계속

글상자 7.1 계속

사했는데, 가오이(高鶚)가 차오쉐친(曹雪芹)의 뒤를 이어 뒤의 40개
의 챕터를 집필함으로써 이를 보충했다. 차오쉐친이 집필한 원고들의
수준에 대해서는 아직도 논란이 존재한다. 『홍루몽』은 여러 차례 영화
로도 만들어졌다. 차오쉐친은 중국문학의 톨스토이라고 불린다. 『홍
루몽』은 장편 소설이다. 현대 중국을 진정으로 이해하기 위해서는 『홍
루몽』을 읽어야 한다는 주장이 있으며, 이는 근거 있는 이야기이다.

공인되지 않은 입법자들

중국은 특이하게도 한 시인이 건국한 국가일지도 모른다. 마오쩌둥은
그의 생애에 걸쳐 계속해서 시를 썼다. 그의 시는 고전적인 형태에 강력
한 상상력을 섞어놓은 것이었다. 서예 전문가에 의하면 그의 필체 역시
힘이 넘쳤다고 한다. 마오쩌둥만의 특성을 드러내는 것이라 할 수 있겠
다. 마오쩌둥의 시는 그가 집권하던 시기 후반에 수도 없이 인용되었다.
어떤 사람의 말을 인용하면 중국에서는 문화대혁명 시기 이후 마오쩌둥
의 언어는 보통 일반 사람의 말과는 다르게 취급되었다고 한다. 마오쩌
둥의 말은 마치 서구의 성서와 같이 매우 특별하게 취급되었다.

마오쩌둥은 1942년 샨시(山西)성의 북부지역에 은거하던 시절 행했
던 연설에서 자기를 스스로 예술적 안목을 가진 왕으로 묘사했다. 마오
쩌둥 시기에는 지식인들에 대한 여러 번의 박해가 있었는데, 그중에는
작가 딩링(丁玲)과 왕멍(王蒙)과 같은 정치적 인물도 포함되어 있었다.
마오쩌둥은 '문학과 예술에 관한 옌안담화'라는 연설에서 사회주의 문
학과 그림이 가진 애초의 목적은 인민의 삶을 표현하고 해방을 위한 인

민들의 투쟁에 기여하는 것이라고 하였다. 용인되는 것과 되지 않는 것 사이에 명백한 경계선이 그어졌다. 1952년경에 이러한 경계선은 다소 완화되었지만, 여전히 예술과 문학에 대한 통제는 엄격히 이루어졌다. 위대한 문학가인 루쉰을 추종하였고, 중화민국 시절 활동했던 상하이 출신의 작가인 후펑(胡風)은 1956년 이후 반우파운동 중에 감옥에 수감 되었다. 이들은 1980년이 되어서야 석방되었다.

　루쉰의 경우는 특별히 까다로웠다. 루쉰은 1936년에 사망하였는데, 그 전에 그는 공산주의에 대한 어느 정도의 공감을 표현하기는 했다. 하 지만 루쉰의 신랄한 풍자는 1949년 이후에는 그 자취를 찾아보기 힘들 었다. 심지어 마오쩌둥조차도 만약 루쉰이 중화인민공화국 건국 이후에 도 살아있었다면 루쉰은 침묵을 강요당했거나, 또는 감옥에 수감되었을 것이라고 인정했을 정도였다. 루쉰은 그의 가장 유명한 작품인 『아Q정 전(阿Q正傳)』에서 이류 국가의 국민으로 전락해버린 근대 중국인의 심 리적 약점을 신랄하게 해부하고, 서술하였다. 이 작품의 주인공인 아Q 는 절망적일 정도로 심사가 뒤틀린 인물이다. 아Q는 주변 사람들에게 괴롭힘을 당하고 모욕을 당한다. 그런 와중에 그가 할 수 있는 것은 혼 잣말로 자신을 변호하는 것이다. 아Q의 상황은 당시 중국이 처했던 상 황을 상징하는 것이었다. 중국은 강대국들에 힘없이 노출된 환자와도 같았다. 1949년 이후 중국공산당은 자신들의 정치적 목적을 위해서 루 쉰의 명성을 활용하는 활발한 운동을 전개하였다. 루쉰의 작품은 문화 혁명 기간에도 중국공산당에 의해서 허용된 얼마 안 되는 작품 중 하나 였다. 비록 루쉰의 작품이 문화대혁명이 표상하는 바를 지지한다는 맥 락에서만 해석되기는 했지만 말이다 (Xun, 2009).

　문화대혁명의 핵심은 사실상 엘리트들 간의 정치적 갈등이다. 이는 각기 다른 이념, 권력구조, 그리고 그에 따르는 언어와 상징들로 이루어진 세계관 사이의 전쟁터였다. 하지만 문화대혁명의 문화적 측면은 자주 무시되곤 한다. 4인방 중의 한 명인 장칭(江青)은 한창 문화대혁명이 고조될 무렵 문화대혁명은 무기가 아닌 언어로 싸우는 전쟁이며, '인민의 영혼을 위한 전쟁'이라고 말했다. 문화대혁명의 문화적 생산물은 오늘날에도 심도 있게 살펴볼 만한 가치가 있다. 문화대혁명의 여러 개의 상징 중 다음이 가장 유명하다. 그 그림 속에서 마오쩌둥은 그가 가져올 새로운 세계로 팔을 뻗은 채 태양과 같이 서 있다. 이러한 상징은 문화대혁명이 종결된 이후에도 한참이나 중국 내에서 재생산되고 소비되었다. 하지만 마오쩌둥식의 유토피아적 꿈은 적어도 현대에 이르러서는 냉소적인 관점에서 비판적으로 재해석되고 있다. 또한 마오쩌둥식의 유토피아적 꿈의 상징물을 보면서 중국인들 역시 그들이 이전에 가슴 속에 품었던 순진했던 꿈을 재해석하게 되었다. 이렇듯 마오쩌둥에 대한 중국인들의 감정은 냉소와 함께 그 시대에 대한 그리움과 상실감이 섞여있다. 그만큼 마오쩌둥이 불러일으키는 감정적인 호소는 진정성이 있으며 강력하다. 마오쩌둥은 아마도 마지막에 내재적으로나마 중국인들을 배신했을지도 모르지만, 이는 아직도 공공연하게 이야기되기 힘든 소재이다. 마오쩌둥은 정확히 말하자면 실패한 신이었고, 이러한 실망감은 그에 대한 완곡한 비판 뒤에 숨어있다.

마오쩌둥의 유산은 아직까지도 국내정치에서 유용한 도구이다. 한때 충칭시의 당 서기였던 보시라이가 낙마하기 이전인 2010년과 2012년 사이 대중운동을 벌이면서 '홍군의 노래(Red Songs)'를 활용한 데서도 잘 드러난다. 문화대혁명 시기 문학과 음악은 매우 제한된 좁은 범위 내에서만 허용되었다. 예를 들면, 베토벤의 음악은 금지되었다. 루쉰(魯迅)은 자유사상과 자유주의의 주창자였으나 그는 옛 중국을 혹독하게 비판하는 데에서만 활용되었다 (Yu, 2011; Cai and Melvin, 2015).

다른 한편 문화대혁명 기간 여덟 개 유형의 홍군 오페라와 발레가 창안 되었다. 이것들은 발레의 형식을 모방하면서, 북부지방 전통 민속춤을 추는 내용으로 구성되었다. 이 오페라들에는 제국주의자, 프롤레타리아 노동자, 그리고 이들을 착취하는 지주들이 등장했다. 이 등장인물들을 통해서 일상의 삶이 정치적이고 억압적으로 침해를 당해야 했던 시기를 표현하고자 했다.

문화대혁명으로부터 전해져오는 진정한 유산은 아마도 그 당시 생산 된 작품들 자체라기보다는 오히려 그 이후에 나타났다. 문화대혁명 이후 중국인들은 그것이 남긴 정신적 외상(트라우마) 증후군에서 벗어나고자 했다. 문화대혁명이 이들 중국인의 영혼과 삶에 남긴 영향들을 돌아보고자 했다. 대표적으로는 바찐(巴金)이라고 하는 사람이 있다. 그는 2005년에 104세의 나이로 사망했으며, 문화대혁명의 양면성을 대표하는 인물이다. 그는 1930년대부터 작가로 활동하였으며, 중국공산당에 충성을 바쳤다. 하지만 1960년대 말 열정적인 극단주의자들은 바찐과 그의 아내를 비판했고, 그는 여러 고통을 겪어야 했다. 바찐의 여러 작품 중 가장 흥미로운 것은 여러 짧은 수필들을 엮은 『수상(隨想)록』이다. 이 수필집은 1980년대 이후 출간되었는데 바찐은 여기에서 중국은 왜 문화대혁명이라는 자기 공격적이면서도 자기 파괴적인 어두운 시기를 지났어야 했는가를 거듭 묻고 있다 (Ba, 1984). 그러나 그는 문화대혁명 시기를 보여주는 기념관을 지어 물리적, 그리고 예술적으로 이를 기억하게 해야 한다는 책임의식을 지녔다. 이러한 바찐을 비판하는 목소리도 있었다. 위화(余華)는 2011년 그의 수필에서 바찐은 왜 1980년대에 수상록 등을 출간하며 문화대혁명에 대한 비판적 견해를 주장할수 있는 용기로 1966년 이전에 자행된 지식인 탄압에 대해서는 반대하지 못 했느냐고 반문했다. 오히려 위화는 바찐이 1966년 이전의 지식인 탄압을 지지했을 것이라고 주장했다. 동시에 위화는 바찐의 수필은 문화대혁명 그 자체에 대해서는 비판적이지만, 정작 문화대혁명을 일으킨 현재의 중국공산당에 대해서는 침묵한다고 꼬집었다. 중국공산당은 여전히 권력을 유지하고 있고, 다만 문화대혁명을 잘못 이끈 이전의 지도자들과 문화대혁명의 과정을 전횡한 그 주변의 악마적인 인물들에게만 비난을 전가하고 있다 (Yu, 2011).

1978년부터 문화대혁명을 둘러싼 혼란을 다룬 문학 장르들이 생겨났다. '상흔문학(傷痕文學)'은 약 10년 동안 문화대혁명이 진행되는 사이 사람들이 경험했던 분노, 슬픔, 그리고 고통을 담아낸 것이었다. 이러한 문학들은 과거보다는 약간의 보다 많은 표현의 자유가 허용된 개혁개방 시기 창작되었다. 한 예로 작가인 장시엔량(張賢亮)을 들 수 있다. 그는 문화대혁명 시기 정치범수용소에서 보내야 했던 그의 삶을 다루었다. 또 톈진(天津) 출신 작가인 쑨리(孫力)는 문화대혁명 전후 시기의 중국을 여행하면서 느꼈던 점들을 다루었다. 그의 작품을 보면 문화대혁명 전후 시기 중국인들이 명확히 말할 수 있었던 것은 무엇이었는지, 또 숨겼던 것은 무엇이었는지 알 수 있다. 이렇듯 중국문학계에는 문화대혁명이라는 주제를 다루는 오랜 전통이 존재한다. 현대 중국이 배출한 최고의 소설가라고 할 수 있는 치엔종슈(錢鍾書)는 그의 아내이자 작가이며 번역가인 양쟝(楊絳)과 함께 문화대혁명과 관련된 문제들을 빼어난 방법으로 다루었다. 그들은 1960년대 말 간부 학교(Cadre School) (http://en.wikipedia.org/wiki/Yang_Jiang을 참조해보면, Cadre School에 보내진 것이 아니라 농장에 보내짐 – 역자 주)에 강제로 보내졌는데, 그 당시의 경험을 간결하게 표현하였다. 표현은 최대한 간소화되었는데, 그것은 문화대혁명 당시의 시대적 공허함을 최대한 잘 표현하기 위함이었다. 당시 근본적인 인간관계나 신뢰라는 가치

는 약화되어있었다. 한편 양쟝은『간교육기(幹校六記)』(Yang, 1988)
(본문에서는 A Cadre Life in Six Chapters라고 되어 있으나 구글 검
색[http://en.wikipedia.org/wiki/Yang_Jiang]에 의하면 이것은 Six
Chapters from My Life 'Downunder'임 – 역자 주)라는 작품을 집필
했다. 이것은 문화대혁명을 다루는 가장 간결하고도 훌륭한 작품이었
다. 그녀가 사용한 전략은 이미 말했다시피 짧은 문체를 통한 간결한 표
현이었다. 한편 선쭝원(沈從文)은 옷의 역사라는 논쟁적이지 않은 주
제에 대해서 글을 썼다. 적어도 이 전략을 통해서 그는 라오셔(老舍)와
같은 운명을 피할 수 있었다. 라오셔는 극작가로서 정치적 박해 끝에
1966년 사망했다.

1980년대 이후 중국문학계에서는 두 가지 형식의 문체가 지배적이
게 되었다. 첫 번째 문체의 대표적 작가로 왕슈오(王朔)를 들 수 있다.
그의 거친 표현방식은 개혁개방 초기 자극적이며, 에너지 넘치고, 혼란
에 빠진 중국사회의 분위기를 잘 표현하였다. 왕슈오의 풍자적인 유머
는 수없이 영화화되었다. 그의 독특한 표현 중 가장 대표적인 것을 들자
면 다음과 같은 한 영화 주인공의 공격적인 대사가 있다. "나의 유일한
목표는 사람들을 화나게 하는 거야. 만약에 나 때문에 사람들이 화나지
않는다면, 난 실패한 거야." 왕슈어 이외에도 상하이 출신의 아주 매력
적인 작가인 저우웨이후이(周衛慧)의 냉소적인 착취에 대한 신작인『상
해보배(上海寶貝)』와 함께 칙릿(chick lit: 젊고 생기발랄한 여성의 일
과 사랑을 주제로 하는 소설 장르 – 역자주)이라는 새로운 장르문학이
시작되었다. 왕슈오와 몇몇 여성장르 소설가들은 21세기 중국을 지배
하고 있는 냉소주의에 대한 대중들의 부담감과 싫증을 잘 포착해 내었
던 것이었다.

무엇보다도 가장 충격적인 것은 중국의 엘리트 지도자들이 쓰는 언어

와 중국인들이 일상생활에서 사용하는 언어가 분리되어 있다는 것이다. 지도자들의 언어는 매우 정형화되어 있고 경직되어 있다. 2007년 10월 제17차 당대회에서 후진타오가 연설할 때에 썼던 언어들은 중국인들이 평소 의사소통에 사용하는 언어에 비해서 다소 거만해 보이기도 했으며, 왜곡된 형태로 보였다. 과거 엘리트 지도자들(특히 마오쩌둥)이 실제 일상생활에서 썼던 말들을 보면 일반 인민들의 언어보다 더 저속하기도 했다. 마오쩌둥은 공식 석상에서 연설을 한 적이 거의 없다. 설령 그렇다고 할지라도 그것은 소수만 초대된 폐쇄된 모임에서만 가능했고, 모임 후에는 마오쩌둥이 이런 말을 했다, 저런 말을 했다는 등의 다양한 말들이 흘러나왔다. 그는 책을 저술할 때에도 욕설이 뒤섞인 언어를 쓰곤 했는데 그 정도가 심했기 때문에 그것을 순화하는 대필가들이 필요했을 정도였다. 그것들은 출판 이전에 교정 작업이 끝날 때까지 절대 공개되지 않았다. 덩샤오핑의 경우, 중국 인민들은 그가 대중연설을 할 때에야 비로소 그가 짙은 쓰촨 억양을 가지고 있다는 것을 알게 되었다. 그의 강한 쓰촨 억양으로 인해서 대부분의 중국 인민들은 덩샤오핑이 무슨 말을 하는지 알아들을 수가 없었다. 이제껏 중화인민국의 최고 지도자 중에는 오로지 장쩌민과 후진타오만이 공식 석상에 서서 인민 앞에서 연설을 했을 뿐이다. 후진타오는 비교적 표준 중국어를 구사할 수 있는 거의 최초의 중국 지도자라고 할 수 있다.

정치지도자들과 일반 인민들이 사용하는 언어에서의 간극은 중요한 상징적 의미가 있다. 위화(余華)는 이에 대해서 불평하였다. 현대 중국에서는 최고 지도부에 대해서는 이러타할 말이 존재하지 않는데, 그것은 그들이 매우 조심스럽게 보호되고 있는 신성한 영역에 머물러 있기 때문이라는 것이다. 대부분의 공인(公人)이나 공공기구들이 비판에 노출되고 있는 것과는 대조적이다. 위화는 이러한 상황이 공평치 않다고 생각했다. 대중에게 친숙하고 설득력 있게 다가가는 법을 찾아내는 것은 현재 공산당 지도부가 직면하고 있는 주요 과제 중 하나이다. 하지만 이 과제는 해결하기에 쉽지는 않아 보인다.

　2000년대부터 현대 중국문학은 국제적인 영향력을 갖기 시작한다. 특히 지앙롱(姜戎)이라는 가명의 작가(베이징에 거주하는 학계의 인물로 알려짐)가 저술한 『늑대토템(狼图腾)』은 세계적인 센세이션을 일으켰다. 늑대토템은 문화대혁명 시기 농촌 지역으로 보내졌던 작가의 젊은 시절을 회고한 내용이었다 (Jiang, 2009). 지앙롱은 1960년대 네이멍구지역에 강제로 보내졌다. 당시 네이멍구에서는 특히 몽골족 출신의 공산당 당원에 대한 잔혹한 숙청이 이루어졌다. 문화대혁명 시기에 발생했던 수많은 비극적 사태는 중국인들의 기억 속 깊은 곳에 자리 잡았다. 그리고 1980년, 중앙정부는 문화대혁명 시기 사망한 2만 2,000명의 사람들과 1966년과 1976년 사이 학대, 고문, 부상을 당한 수만 명의 사람들에 대한 부분적인 복권을 시행하였다. 특히 1966년과 1969년 사이는 엄청난 폭력 사태가 집중적으로 일어났었던 때였다. 중국에서는 문화대혁명은 민감한 주제이다. 지앙롱의 책이 중국에서 출판되었을 때 중국인들의 엄청난 관심이 쏟아졌고, 200만 부 이상이 팔렸다는 것이 이를 증명해 준다. 『늑대토템』은 또한 영어로 번역 출간되어 중국문학으로서는 서구인에게도 강한 인상을 남긴 거의 첫 번째 작품이 되었다. 하지만 지앙롱을 비판하는 사람들은 그의 책에 내포되어 있는 인종에 대한 정치적 사상을 지적한다. 이 책에서 몽골인들은 고결하면서도 야만적인 늑대로, 한족은 침략자이긴 하나 어떤 면에서 깨달음을 얻은 자로 묘사되어 있기 때문이다. 한편 2012년 모옌(莫言)이라는 필명으로 잘 알려진 관모예(管谟业)는 노벨문학상을 수상하였다. 이로써 모옌은 중국 작가들이 어느 정도 세계적인 수준에 이르렀다는 것을 보여주었다.

대중문화: 음악과 영화

영화는 중국이 국제적으로 공인받은 인물들을 배출한 영역 중 하나이다. 그들은 보통 제5세대 영화 연출자들이라고 불린다. 이들은 1980년 이후에 등장하여, 대중들의 관심을 불러일으키기 시작했다. 1949년 이전, 중국의 영화계는 부흥하고 있었다. 상하이를 주 근거지로 하였으며, 상하이의 영화계는 마오쩌둥의 세 번째이자 마지막 부인인 장칭(江靑)이 데뷔한 곳이기도 했다. 하지만 1949년 이후 영화는 즉각적으로 선전적 색채를 강하게 띠는 도구로 변모했다. 그것은 1965년 〈동방홍(東方紅)〉('동쪽은 붉다'라는 뜻)이 제작되면서 정점에 이른다. 이 영화는 마오쩌둥에 대한 숭배의 내용이 담긴 긴 장편 영화이다. 이 영화는 메시지를 전달하고자 하는 열망은 가득하였으나 미적인 측면에서는 한계가 많았다.

하지만 1980년 이후의 작품들은 달랐다. 그중 가장 영향력 있었던 작품 중 하나로 〈황하(黃河)〉를 들 수 있다. 〈황하〉는 1987년 국영 TV에서 여러 편으로 나뉘어 연재되었다. 〈황하〉에서는 중국의 문화가 현대인의 삶에서 차지하는 무게를 비판적인 시각으로 분석했다. 여기에서 황하는 하나의 상징적 역할을 하였다. 국영 TV에서 처음으로 방송 된 후 〈황하〉는 매우 성공적인 작품으로 평가되었다. 하지만 곧 상영이 금지되었다. 그 이유는 정치엘리트의 시각에서 보았을 때, 1989년 공산당을 반대하는 핵심 조직들이 이 〈황하〉에 의해 어느 정도 영감을 받아 반정부 활동을 벌인 측면이 없지 않아 보였기 때문이었다. 한편 여러 감독들의 작품 중 장이머우(張藝謀)와 첸카이거(陳凱歌)의 영화는 가장 유명해졌다. 특히 장이머우 감독은 1990년대 이후 중국 예술인들에게 일종의 멘토와도 같은 역할을 하였다.

장이머우 감독은 베이징 영화 학교를 졸업했다. 그는 아이웨이웨이와 동문수학한 사이이다. 그는 모옌의 소설을 〈황토지(黄土地)〉라는 작품으로 영화화함으로써 처음으로 성공을 거두었다. 이 영화는 중일전쟁이 벌어지고 있던 시기를 배경으로 하였다. 장이머우 감독은 1990년대 제작했던 작품들을 통해서 세계적인 상들을 받았다. 1991년 제작한 〈홍등(Raise the Red Lantern, 大紅燈籠高高掛)〉을 통해서 장이머우 감독은 국제적인 명성을 얻게 되었다. 이 영화는 쑤퉁(蘇童)의 소설을 기반으로 한 것이었다. 여기에서는 청나라 시대 여성들에게 가해졌던 압제와 그 시대 여성들 간의 경쟁을 다루었다. 한편 장이머우 감독은 〈국두(菊豆)〉라는 작품에서 불륜을 다루었다. 불륜은 중국에서는 매우 민감한 주제로서 이 작품은 중국에서 금지되었다. 왜냐하면 정부 당국자의 눈으로 보았을 때, 이 영화는 인민들에게 해로운 내용을 포함하고 있었기 때문이었다. 이로써 장이머우 감독은 처음으로 중국 당국의 의지와 반대되는 방향으로 움직인 경력을 가지게 되었다.

장이머우 감독의 영화 예술과 탁월한 드라마 제작능력은 관중들에게 강력한 영향력을 행사하였고, 해외 비평가들의 이목을 사로잡았다. 하지만 중국 국내에서 그는 단지 중국의 왜곡되고 잘못된 점을 들추어내는 사람으로 비판받기도 하였다. 장이머우 감독을 비판하는 사람들에게 그의 작품은 서구인들이 중국에 대해 가지고 있는 선입견에 부응하는 것처럼 보였기 때문이었다. 하지만 이것은 비단 장이머우 감독의 작품에만 국한되는 특징은 아니다. 해외에서 성공적인 것으로 인정받는 중국의 작품들을 보면 거의 모두가 그러하기 때문이다. 장이머우 감독에 대한 비판은 여배우 공리(巩俐)에게도 향했다. 공리는 장이머우 감독이 아끼는 배우이자 한때에는 그의 애인이기도 했다. 공리는 미국과 유럽에서 대(大)성공을 거두었다. 그녀의 성공에 대해서 몇몇 중국인들은 맹렬한 비판을 가하였다. 특히 공리가 싱가포르인과 결혼하여 2000년대

글상자 7.2 노래의 힘

현대 중국에 대한 여러 수수께끼 중 하나는 아직도 중국에서는 세계적으로 성공한 팝 가수를 단 한 명도 배출하지 못했다는 것이다. 많은 측면에 있어서, 중화인민공화국은 타이완과 홍콩 출신 가수들이 핵심적으로 공략하는 시장이다. 하지만 역으로 타이완과 홍콩에서 성공을 거두는 본토 출신 가수들은 거의 없다. 심지어 타이완과 홍콩이라는 동일한 중국어권에서조차 말이다. 광둥어로 제작된 '캔토팝(Cantopop – 광둥어는 영어로 Cantonese라고 함. 캔토팝은 Cantonese와 Pop을 합친 용어)'은 이전에 엄청난 성공을 거둔바 있다. 대표적인 인물로 왕페이(王菲), 앤디 라우(Andy Lau)등을 들 수 있다. 이들은 1990년대 중국 본토에서 엄청난 인기를 끌었다. 하지만 무엇보다도 1980년대 이후 가장 위대한 중국계 가수로는 테레사 텅(鄧麗君, 이하 덩리쥔)을 들 수 있다. 그녀는 타이완 출신 발라드 가수로 그녀의 감동적인 목소리는 1980년대 중국을 휩쓸었다. 심지어 "중국을 실제로 움직이는 두 명의 '덩씨'가 있다"는 농담까지 있었다. 그 농담의 뜻은 다음과 같다. 두 명의 덩씨 중 한 명은 덩샤오핑으로 그는 낮에 중국을 움직이며, 다른 한 명은 덩리쥔으로 그녀는 밤에 중국을 움직인다는 것이었다.

하지만 덩리쥔의 삶은 1995년 초 비극적으로 끝났다. 그녀가 태국에서 호흡곤란으로 사망한 것이었다 (그녀는 오랫동안 천식을 앓았다고 한다). 그녀의 사후에도 앨범 판매는 계속되었다. 그녀의 목소리가 담긴 앨범도 판매가 되었지만, 그녀를 흉내 낸 사람들의 앨범도 역시 그러했다. 아직까지도 중국 전역의 노래방과 나이트클럽 응접실에서는 그녀의 노래가 울려 퍼진다. 덩리쥔의 성공은 타이완이 중국에 대해 갖는 소프트 파워의 엄청난 성공을 강조하는 것이었다. 2012년에도 타이완 출신 팝 가수들과 영화 스타들, 그리고 앙리(李安)와 같은 영화감독 등은 중국에서 성공을 거두었다. 이들은 중국 본토스타들이

계속

타이완에서 행사하는 영향력보다 더 큰 영향력을 타이완 출신으로서 본토 중국에서 발휘하였다. 또 이들의 작품들이 더 많은 상업적 성공을 거두기도 하였다. 타이완은 (일본이 발명했다기보다는) 노래방을 발명하였으며, 타이완산 노래방 기기는 대거 중국으로 수출되어, 중국시장을 지배하였다. 이것은 중국공산당이 행하는 정치적 지배와는 또 다른 형태의 지배였다.

싱가포르 국적을 획득하였을 때 그 비판은 더욱 심해졌다.

장이머우 감독은 〈국두〉라는 작품을 통해서 중국 당국과 충돌한 후, 갑작스러운 선회를 했다. 2002년 〈영웅〉이라는 작품을 제작한 것이었다. 그 작품은 진시황에 관련된 역사적 가설에 바탕을 둔 영화로 큰 상업적 성공을 거두었다. 중국공산당의 장이머우 감독에 대한 우호적 태도는 그를 2008년 베이징올림픽의 개막식과 폐막식의 예술 총감독으로 임명함으로써 절정에 달했다. 장이머우 감독은 1992년 〈귀주이야기(秋菊打官司)〉를 제작한 이래로 영화인으로서 오랜 여정을 걸어왔다. 〈귀주이야기〉는 정의를 구현하고자 하는 한 여인의 이야기이다. 여주인공역은 공리가 맡았으며, 그녀는 극 중 그녀의 남편을 때려죽인 한 지방 관료에 대항을 한다. 2014년 개봉된 〈귀래(歸來, Coming Home)〉는 장편 서사적 요소를 보여주는 또 하나의 그의 최근 작품이다. 마오쩌둥 시기 미국에서 중국으로 돌아온 한 중국인이 노동 수용소에서 생을 마감하는 이야기이다. 많은 사람들은 현재 장이머우 감독의 작품에서 초기 그가 가지고 있었던 정신과 에너지가 결핍되어 있다고 느끼고 있다. 한편, 현대 중국을 사정없는 관점으로 묘사한 최근의 작품 중 하나는 〈망정(盲井, Blind Shaft)〉이다. 2003년 작품으로 두 명의 사기꾼에 관한 이야기이다. 그들은 광부들을 살해한 후 그에 대한 대가를 요구한다. 이 영

사진 7.1 사진촬영을 하고 있는 한 경극 가수(베이징)

어떠한 국가도 중국처럼 빠른 속도로, 또 그만한 규모로 발전한 경우는 없을 것이다. 많은 중국인들은 이와 같은 사실을 흥분과 함께 받아들이고 있다. 하지만 그중 상당수는 과거의 중국은 보다 조용했고 검소했다고 생각하고 있으며, 따라서 과거에 대한 향수를 느끼고 있다. 이에 '전통적인' 중국문화의 아이콘으로 여겨지고 있는 요소들이 중국적 정체성을 재확인시켜주는 수단으로서 중국인들에게 다가가고 있다.

출처: Photographer: David Goodman

화는 중국사회에 존재하는 값싼 사창가, 악의적인 광산 소유자들, 또 사회의 불안정함과 민중들의 힘든 삶을 노골적으로 그려냈다. 이는 중국 지도부의 심기를 건드리기에 충분했기에, 이 영화는 즉시 금지되었다. 최근 가장 환영받고 있는 신세대 감독 중 한 명은 자장커(贾樟柯)이다.

그는 특히 〈삼협호인(三峽好人, *Still Life*)〉(2006), 〈천주정(天注定, *A Touch of Sin*)〉(2013)이라는 영화로 해외에서도 찬사를 받았다. 역시 중국 본토에서는 두 영화 모두 상영이 금지되었다. 특히 천주정은 4개의 각기 다른 이야기를 담아내고 있는데, 나이트클럽에서 자신을 괴롭힌 고객을 살해하는 종업원에서부터 여자친구와 헤어지고 자살하는 한 젊은 공장 노동자에 이르기까지 실제 삶과도 너무나 유사한 부분이 많았다. 한편, 펑샤오강(馮小剛)의 〈아부시반금련(我不是潘金蓮, *I Am Not Madam Bovary*)〉은 아름다운 영화로 평가받는다. 극 중에 등장하는 한 여인은 이혼에 대한 대가로 지나치게 적은 보상을 받는데 이에 그녀는 끈질긴 탄원 끝에 베이징의 고위 관리를 마침내 만나게 된다. 그녀가 지방 관리들에게 받았던 대접은 실제보다 다소 완화해서 표현되었다.

자유: 철장 안에서

21세기 중국에서 무엇이 용인되고, 무엇이 용인되지 않는가에 대한 문제는 가장 혼란스럽고도 파악하기 어려운 주제 중 하나이다. 한편으로는 중국인들은 현재처럼 이토록 자유로운 삶을 살아본 적이 없다. 다른 한편으로 중앙정부와 지방정부는 중국인들의 일상에 영향을 행사하고 있고, 중국인들의 삶의 방향을 결정할 수 있는 능력을 갖추고 있다. 여전히 어리둥절할 정도로 엄격한 검열이 존재하기도 한다. 검열의 주체는 중앙선전부(宣傳部)로 신문과 잡지에 기재될 수 있는 것과 없는 것을 선택한다. 또 어떠한 서적들이 출판이 가능한지, 그렇지 않은지, 그리고 어떠한 예술 장르에 국가 차원의 재정적 지원이 이루어져야 하는지 등의 정책적 방향을 결정한다.

중국정부의 예술계에 대한 통제는 중요한 문제이다. 중국의 예술가들이나 지식인들에게는 당연히 중요하며, 중국에서 무슨 일이 일어나고 있는지 이해하려고 하는 외부인에게도 이 문제는 중요하다. 중국의 작가들의 경우 관료들과 충돌한다면 그나마 가장 다행인 경우가 그들의 작품이 금지되는 것이다. 하지만 가장 최악의 경우에는 문제의 작가는 감금될 수 있으며, 폭행을 당하거나 수감될 수도 있다. 2009년 위지에(余傑)는 원자바오에 대한 비판적 자서전을 출간했다. 그는 원자바오가 인자한 그의 웃음 뒤에 엄청난 정치적 야심을 숨기고 있다고 고발하며, 그의 위선을 통렬히 비판했다. 그 결과 위지에가 쓴 문제의 책은 중국에서 출판이 금지되었다. 그리고 위지에는 국가보안요원들에 의한 잔인한 폭력에 시달려야 했고, 2012년 결국 중국에서 도망쳤다. 미국에서 망명생활을 할 동안 위지에는 시진핑을 높은 수준으로 비판하는 책을 썼다. 『중국의 대부(China's Godfather)』에서 시진핑을 마피아 조직의 보스로 비유한 것이었다. 한편 1989년 천안문사건에 대한 서사시인 『대도살(Scream)』을 쓴 라오이우(廖亦武) 역시 중국을 떠나야 했다. 라오이우는 『대도살』 이외에도 현대 중국사회에서 소외된 중국인들이 실제로 구가하고 있는 삶에 대한 작품인 『시체를 옮기는 사람: 밑바닥에서 바라본 중국의 인생 이야기(The Corpse Walker: Real Life Stories, China from the Bottom Up)』란 제목으로 책을 썼다 (Liao, 2009). 라오이우는 결국 2011년 독일로 도망을 가면서 중국을 떠났지만, 그는 떠나기 전 오랫동안 핍박을 받아야 했다. 중국당국이 이들을 공격할 때 흔히 지적하는 것은 이들이 체제 전복적 행위를 하였으며 공공의 선을 해하였다는 것이다. 당국은 예술과 문학이 체제와 공공의 선의 경계선에서 의문을 제기하는 역할을 함으로써 긍정적인 작용을 할 수 있다는 가능성은 무시하였다. 소련의 경우와 같이, 중국지도부의 예술에 대한 정책은 보수적이며 위험 기피적인 성격을 지닌다. 문화는 항상 정치적 틀 내에서만 머물러있었다. 이러한 경향은 시진핑 시기 더욱 강화되었다. 2014년 문화계 주요 인사들이 베이징에 소환되어 모든 창조적인 작품은 인민의 삶에 기반한 것이어야 한다는 언지를 받은 것이었다. 이는 마오쩌둥의 예난담화를 상기시킬 정도로 무시무시한 것이기도 했다.

하지만 검열의 경우 그 자체로서 엄청난 일이라는 것이 증명되었다. 왜냐하면 중국공산당은 어떤 영역에서는 창의성과 자유로운 사고방식을 장려하였지만, 다른 한편에서는 이를 맹렬히 억눌렀기 때문이다. 검열 대상의 영역은 항상 변화하였다. 어떤 날은 출판이 허용되었던 서적들이 다음날에는 갑자기 권력자의 비호감을 사면서 금서가 되기도 하였다. 현재 인터넷에서는 많은 사람들이 매우 복잡한 암호를 동원하는 등 창의적인 방법으로 검열을 피하면서 민감한 문제들에 대해서 이야기하고 있다. 한 예로 2004년부터 중앙정부의 지도부가 내세우는 "조화로운 사회(調和社會, '허씨에셔후이'라고 읽음)"에 대한 열띤 토론이 인터넷에서 진행되었다. '조화로운 사회'는 영리하게도 "민물 게(河蟹, '허씨에'라고 읽음)"라는 동음이의어로 전환되었고, 이를 토대로 관련 토론이 진행된 것이었다. 인터넷은 '민물 게'의 유용성에 대한 토론과 대화로 북새통을 이루었다. 그 토론에는 '조화로운 사회' 즉, '민물 게'를 성공적으로 성취할 수 있는 능력이 정부에게 있느냐, 또는 '민물 게'들이 죽는 것이 아니냐는 등의 주제가 포함되어 있었다. 몇몇 독자들은 이 토론의 실제 내용은 조화사회라는 개념의 공식 언어를 비판하는 것이라는 것을 알아차렸을 것이다. 이렇듯 영리한 방법으로 인터넷에서 활동하는데 있어서, 몇몇 네티즌들은 냉소적 위트와 반어법이라는 전통적인 방법을 적극 활용하고 있다. 수 세기 동안 중국에서는 민감한 정치적 이슈에 대해서 공공연하게 말하는 것은 처벌과 처형의 위험을 감수해야 한다는 것을 의미하였다. 따라서 정치적 토론을 할 때 냉소적 농담과 반어법을 사용하는 것은 일종의 중국의 전통 중 하나라고 할 수 있다. 하지만 문제는 이중적 의미를 해석하는 데 있어서 "진실은 어디에서, 어떻게, 어떠한 방법으로 찾아야 하는가"가 숙제로 남게 된다는 것이다. 이러한 측면에서 프랑스 철학가인 바르트(Roland Barthes)의 표현을 빌리자면 중국은 점차 '기호의 제국(an empire of signs)'이 되어가고 있다. 문제는 "어떻게 저런 기호들을 해석할 것인가"이며, 논쟁적 의미를 가진 의미의 경우 그 사이의 중재적 역할을 누가 감당할 수 있느냐이다. 이에 대한 유명한 예로서 〈해서파관(海瑞罷官, *Hai Rui Dismissed from Office*)〉이라는 연극을 들 수 있다. 해서파관은 당시 베이징 부시장이었던 우한(吳晗)에 의해서 쓰여있으며, 이는 문화혁명을 촉발했다. 해서파관에서 약 500년 전의 명나라 시대 한 관리가 등장하는데 극 중에서 그는 황제를 비판한다. 하지만 이 비판은 마오쩌둥에게 그가 펑더화이(彭德懷)를 대했던 태도를 은근히 비유하는 듯 보였다. 1959년 펑더화이는 마오쩌둥에게 직언하였는데, 마오쩌둥은 이것을 대약진운동 실패를 두고 자신을 비판하는 것으로 인식했다. 펑더화이는 해임되었고, 1966년 문화대혁명 때 박해 당했으며, 1972년 초 사망했다.

공자의 흔적

공산당이 공자를 다시 불러들인 것은 중국의 현대사에서 가장 유의미한 전환적 사건 중 하나였다. 특히 모순적이었던 것은 2008년 베이징올림픽 개막식에 공자의 이미지는 등장하였으나 마오쩌둥의 이미지는 그렇지 않았다는 것이었다. 이에 대해서는 제1장에서 언급한 바 있다. 소프트 파워를 행사하기 위한 차원에서 21세기 중국은 공자학원을 세우는 등 공자라는 브랜드를 사용하고 있다. 공자를 복귀시키기 위한 중국의 노력은 놀라울 정도이다. 더욱 주목할 만한 것은 지식인들을 통해서 그의 사상을 다시 불러일으키고자 하는 것이다. 그 예로 국제관계학 전문가인 옌쉐통(閻學通)과 철학자인 쟝칭(蔣慶)의 노력을 들 수 있다. 아직도 중국에서는 유교의 폐해를 비판하며 그것이 중국사회에 행사하고 있는 악영향을 제거해야 한다고 주장하는 사람들이 존재한다. 동시에 다른 한편에서는 공자의 이미지를 현대적 의미로 재생하여 그것을 통해 자신의 주장이나 행위를 변호하고자 하는 사람들이 존재한다.

그나마 위에서 살펴본 공자복귀운동은 직접적으로 대놓고 이루어지지는 않았다. 하지만 2010년에 공자의 동상을 천안문 광장에 세우려는 시도가 있었다. 결과는 실패였다. 후진타오와 같은 중국공산당의 엘리트 정치지도자들도 간접적으로 공자의 사상에서 유추할 수 있는 요소들을 언급하였다. 그 예로서 조화사회(和諧社會)를 들 수 있다. 후진타오는 조화사회라는 개념을 2004년부터 주창하였다. 이로써 그는 중국공산당이 중국사회 내에서 부상하고 있는 불평등이라는 문제를 심각하게 생각하고 있으며, 이에 대해서 무언가 조치를 행하려 한다는 것을 인민들에게 보여주고자 했다.

2017년이 되자 전 세계에 존재하는 공자학원의 수는 약 500개 이상이 되었다. 공자학원이 설치된 국가로는 호주, 유럽, 아프리카, 유럽의 각 국가 등 다양했다. 일부 국가의 국민들은 공자학원으로부터 불쾌한 감정을 느끼기도 했다. 왜냐하면 몇몇 사람들은 중국이 저돌적인 국가 선전의 수단으로서 공자학원을 세운 것으로 생각했기 때문이다. 특히 특정 국가의 유명 대학에서 공자학원을 설치하면, 그것은 곧 그 대학이 중국으로부터 돈을 받았다느니 등의 비판으로 이어졌다. 이로써 공자학원을 세울 수 없는 곳도 있었다. 하지만 공자학원에 대한 이러한 비판은 지나치게 단순화된 측면이 있다. 공자학원 중 몇몇은 중국에서 금지된 시인, 작가, 사상가들에 대해서 논하는 프로그램을 운영하기도 한다. 어떤 곳은 그저 단순히 중국어 학습에 집중하기도 한다. 중국정부가 공자학원들이 무엇을 해야 한다고 지시를 내린다는 증거를 찾는 것은 어렵다. 하지만 우리는 공자학원을 둘러싼 이슈들을 통해서 세계가 중국을 바라보는 시각이 복잡하다는 것을 알 수 있다. 몇몇에게 공자학원은 그저 중국의 선하고 긍정적인 이미지를 선전하기 위한 수단으로 보일 수 있다. 여기에서 중국의 이미지로서 강조되는 것은 껴안고 싶은 판다, 장엄한 만리장성의 정경, 그리고 훌륭한 중국의 음식이다. 하지만 이런 것들은 진정성이 없었고 사회, 환경 및 정치적 이슈에 둘러싸인 중국의 덜 매력적인 측면을 논의하는 데 있어서 아무런 역할을 하지 못했다. 그리고 많은 사람들이 이러한 문제들을 논한다. 설령 공자학원이 중국의 긍정적인 이미지를 선전한다고 할지라도 그것이 중국의 문제들에 대한 논의에는 별 영향을 미치지는 않을 것이다.

이렇듯 잠시 동안이나마 중국정부는 소프트 파워에 관심을 가졌었다. 이는 유의미한 것이다. 2011년 1월 후진타오 주석이 미국을 방문하는 동안 타임스퀘어에는 각기 다른 중국인들이 나와 그들의 삶에 대해서 이야기하는 영상이 커다란 스크린에 방영되었다. 중국 중앙통신은 지국을 미국의 워싱턴, 케냐와 나이로비 등 해외로 확장하였으며, 순전히 영어로 진행되는 채널을 신설하였다. 그중 〈대화(Dialogue)〉라는 프로그램을 진행하기도 하였다. 여기에서는 유명한 서구의 사상가들이 세계경제나 중국에 관한 자신들의 견해를 논하였다. 정부 소속 언론사인 신화통신은 자사만의 방송국을 설립하는 한편 해외로 지국을 확장하기 시작하였다. 또 선전부가 주관하고 있는 영어 신문사인 『차이나 데일리

(*China Daily*)』의 경우 유럽인들과 북미인들을 위한 국제판을 발간하기 시작했다. 심지어 워싱턴 포스트를 구독하는 독자들이라면 한 달에 몇 번씩이라도 차이나 데일리를 같이 볼 수 있도록 하는 서비스 계약을 미국의 『워싱턴 포스트(*Washington Post*)』사 및 영국의 『데일리 텔레그래프(*Daily Telegraph*)』와 체결하기도 했다.

2009년부터 행한 설문조사에 의하면 전 세계인이 갖는 중국에 대한 이미지는 점차 개선되어 가고 있다. 또 많은 서구인들이 중국을 점차 긍정적으로 보기 시작했다. 퓨 연구 센터(Pew Research Center)에 의하면 2008년부터 2017년까지 중국인들이 느끼는 중국정부에 대한 만족도는 물론 세계 속에서 중국이 가지고 있는 이미지들에 대한 만족도가 증가하기 시작했다. 하지만 이 결과는 중국 안팎에서 제시되고 있는 여러 증거들과 비교했을 때 다소 일치하지 않는 부분이 있다. 영역에 따라서 세계인의 중국에 대한 시각은 미묘한 차이가 발생하기 때문이다. 중국인들이 외부 세계에 대한 질문을 받았을 때, 그들이 질문받은 방식에 따라 매우 다른 반응을 낳았고, 이는 반대로 외부인들이 중국에 대한 질문을 받았을 경우도 마찬가지였다.

결국 중국이 어떠한 이미지를 구축하고 있는지, 또 세계에 어떠한 영향을 행사하고 있는지를 한마디로 요약하는 것은 불가능하다. 2009년 중국의 블로거들은 미국의 픽사(Pixar)사가 배포한 블록버스터 만화인 〈쿵푸 팬더(*Kung Fu Panda*)〉에 대해 열띤 논쟁을 벌였다. 그 중심에는 쿵푸 팬더라는 "영화는 중국적 주제와 상징들로 가득 차 있었으며, 그 영화는 중국을 포함하여, 세계에서 선풍적인 인기를 끌었는데 왜 그 제작 주체가 중국인이 아니었느냐"라는 질문이 있었다. "왜 그럴까"라는 질문은 "왜 우리는 할 수 없는가"로 이어졌다. 이렇듯 중국인 심리의 저변에는 열등감이 자리 잡고 있다. 이것은 중앙정부 부처인 문화부가

2009년 중국 전역의 영화관에서 상영될 수 있는 해외 영화를 단지 20편으로 제한했다는 사실에서도 드러난다. 이러한 중국정부의 조치에도 불구하고 해외의 주요 영화들은 모두 그 제작 국가가 어디인지 간에 불법으로 복사되어 신속하게 유포된다. 관련 당국이 이를 근절하려는 단속 활동을 몇 번 크게 벌였으나 소용은 없었다. 이러한 제한 조치는 시진핑 시대에도 그대로 유지되고 있다. 베이징 출신의 유명한 작가인 위화(余華)는 중국은 불법복제의 나라라고 꼬집었다. 중국에서 복제 행위는 이미 기형적인 형태로 보편적으로 이루어지고 있다.

　1919년 5월 4일, 젊은 학생들에 의해서 5·4운동이 벌어졌다. 그들은 고유의 정체성을 간직한 근대적 국가로서의 중국을 꿈꾸었다. 그로부터 거의 한 세기를 돌아 현재 중국은 정치적으로, 문화적으로 변화된 국가로서 2010년대를 맞이하였다. 1919년 시위에 참여했던 학생들은 중국인들이 고안한 중국인들의 삶, 영혼, 그리고 그들의 땅에 걸맞은 근대적 국가로서의 중국을 꿈꿨다. 20세기 내내 반복되었던 지식인들에 대한 핍박 때문인지 중국은 현대화에 있어서 외부 세계의 도구를 차용해야 했다. 여기에는 무언가 불편부당한 측면이 있었다. 이에 대해서 치엔종슈(錢鍾書)와 같은 작가들은 다음과 같이 솔직히 발언했다. 중국의 가장 큰 위기는 그 자신의 역사와의 투쟁에서 온다는 것이었다. 중국은 1839년 이래 외세에 의해 겪어야 했던 고통으로부터 야기된 피해의식을 극복해야 하며, 20세기 중반 중국 국내외의 폭력적 요소에 의해서 겪어야 했던 고통에 대한 기억을 뛰어넘어야 한다는 것이었다. 근대적인, 그리고 동시에 중국적 색채의 적절한 국가적 이미지를 찾는 작업은 계속되었다. 또 앞으로 수년간 중국의 정치, 사회, 문화적 가치의 발달은 경제발전 속도와 그 속도를 같이하려 고군분투할 것이다.

　이를 대변하는 인물 중 하나는 상하이 출신의 레이서이기도 하지만 유명한 온라인 작가이기도 한 한한(韓寒)이다. 한한은 중국의 Y세대를 대표한다. 그는 도시적인 스타일로 침착한 문체를 사용하며, 공자와 같은 위대한 문화적 인물에 대한 냉소주의적 태도를 가지고 있다. 중국의 애국주의와 물질만능주의에 대한 그의 반항적인 태도로 인해 적어도 국외에서는 그를 인기 있는 도덕주의자 아이웨이웨이와 같이 생각했다. 그의 작품은 쉬우며 직접적이다. 하지만 아무리 한한이라고 할지라도 계속 변화하는 중국을 담아내기는 어려울 것이다. 이에 시진핑은 2014년 10월 예술계 인사들에 대한 연설에서 다소 향수에 젖은 듯한 말을 했으며, 이는 그리 놀라운 일은 아니다. 그는 예술가들이 실제 삶과 그 속에서 고군분투하는 모습을 그려내고, 도덕적으로 교화하는 메시지를 작품 속에 담아낼 필요가 있다고 역설했다. 중국에서 벌어지고 있는 문화적 대소용돌이를 고려했을 때 그의 이러한 태도 역시 지나치게 모순적이지는 않았는지 이를 알아내기는 쉽지 않을 것이다.

제8장

세계 속의 중국

1978년 이래 30년 동안 중국은 국제적으로 더욱 중요한 역할을 하게 되었다. 중국은 국제경제의 중요한 수출국, 수입국이자 투자국이다. 또한 중국의 지정학적 역할도 중요해졌다. 중국은 이제 세계의 핵심 국가 중 하나로서 자리매김하게 되었다. 중국은 마오쩌둥 시대에는 고립을 선택했었으나, 이제는 잠재적으로 패권국의 위치에까지 오를 수 있는 국가가 되었다. 개혁개방 이래 중국의 경제는 급속하게 성장해왔다. 이에 따라서 중국의 지도자들은 중국이 지향하는 주요 국제적 목표에 대해서 말해야 할 책임을 지게 되었다. 중국정부는 여러 개의 정부 성명을 통해서 중국이 세계무대에서 지향하는 목표에 대해 발표했다. 즉, 중국은 평화롭게 부상하는 국가로서 다른 국가와 윈-윈할 수 있는 결과를 도출하고자 한다고 말했다. 이로써 세계를 안심시키고자 했던 것이었다. 또한 이전의 유럽국가나 미국이 현재 보이는 패권국가로서의 행위는 피할 것이라 선언하였다. 특히 시진핑은 '중국몽'을 이야기했다. 그의 담화에서 중국몽은 세계가 공유할 수 있는 모두에게 긍정적이고 친절한 성격의 것이었다. 하지만 중국은 또한 자국의 목적을 위해서 보다 더 넓은 국제적인 공간을 확보하려는 비밀스러운 목표를 추구하고 있다는 의심을 받기도 한다. 특히 중국이 겪어야 했던 역사적 고통을 부추기면서 아시아·태평양 지역에서 자국의 이익을 강하게 주장하는 행위는 더욱 그러하다. 이러한 중국의 행위는 특별히 일본에 대해서 보다 강력하게 이루어지고 있다. 중국은 식민지를 건설하고 제국주의 노선을 걸었었던 유럽국가에 대해서도 역사적 고통을 언급하며 자국의 이해를 강하게 주장하는 태도를 보인다. 중국은 우리가 살펴보았듯이 과거 유럽 국가들에 의해서 역사적인 수모를 겪어야 했다. 거대한 중국경제의 영향력을 고려해보았을 때, 중국의 국제적인 역할은 이제 더 이상 무시하기는 힘들다. 하지만 중국의 국내 상황은 복잡하여 이를 쉽게 이해할 수 있는 틀을 찾기는 힘들다. 이러한 상황은 세계인의 중국에 대한 이해를 넓히는 데 장애 요소가 되고 있다. 한편으로 현재 중국은 무역과 관련된 대부분의 국제 협정에 가입한 상태이며, 활기차고 자유로운 시장을 구성하고 있다. 중국은 자유 무역을 지지하며 세계무역기구(WTO: World Trade Organization)의 핵심 국가가 되어가고 있다. 다른 한편으로 중국은 아시아 지역을 지배하려는 숨겨진 목적을 가진 국가로 오랜 기간 동안 의심을 받아왔었다. 종국에는 보다 넓은 세계를 다스리고자 하는 야심을 가졌다는 것이다. 주요 서구 국가나 국제기구를 경영하는 지도자들은 마음속에 중국의 지도자들과 좋은 관계를 형성하고자 하는 강한 열망을 가지고 있다. 한편 중국은 전 세계를 통틀어 공산당이 권력을 독점하고 있는 몇 안 되는 국가 중 하나이며, 때로는 국제사회와 다른 목소리를 내기도 한다. 또 중국은 국제무대에서 철저히 이기적인 태도를 보이기도 하며, 국제사회의 규율을 공공연히 어기고 인권을 유린하는 국가들을 지지하기도 한다. 미국이나 유럽연합(EU)과 같은 국제정치의 핵심적인 행위자들은 중국에 영향력을 행사하려는 시도를 종종 하였다. 하지만 중국은 때로는 이들의 의도와 소망과는 반대 방향으로 움직이기도 했다. 한 예로 2012년 유엔 안보리에서는 내부 시위를 무력을 사용해서 진압했던 시리아 정부에 대해 비난 성명을 내려고 했다. 하지만 중국은 러시아 편에 서서 여기에 반대하였다. 중국의 외교정책이 어떻게 이루어지는가를 직접적으로 알아내는 것은 앞으로 해결해야 할 주요한 도전 과제가 될 것이다. 외부의 정책결정자들에게는 중국을 올바로 이해하는 것이 향후 몇 년 주요한 과제가 될 것이다. 그러나 중국이 주요한 국제사회 행위자가 되어 가면서 이를 추측하는 것은 쉽지 않을 것이다.

평화공존 5원칙

1949년 건국 이후, 신생국이었던 중화인민공화국은 공산주의 진영의 한 구성원으로서 국제사회에 첫걸음을 내디뎠다. 당시 중국은 스스로가 소련과 동맹관계에 있었던 국가들과 공산주의 진영의 동료로서 나란히 서 있다고 인식했다. 1956년 중소동맹은 흐루시체프(Khrushchev)가 스탈린을 비난하면서 와해되었다. 마오쩌둥은 이를 불안하면서 방어적인 태도로 받아들였다. 왜냐하면 이것은 어떻게 핵심 엘리트 지도자들이 독재적이고 민중으로부터 괴리되어 있다는 주장만으로 동료에 의해서 어떻게 제거될 수 있는지를 잠재적으로 보여주었기 때문이다. 이러한 비판은 같은 해 백화제방·백가쟁명(百花齊放, 百家爭鳴)운동에서 마오쩌둥에게 가해졌다. 양국관계는 급속하게 악화되었다. 1960년 소련의 전문가들이 철수하면서 양국은 거의 완벽하게 분리되었다. 중국은 점차 개성이 강하며, 독특하고, 자급자족 형태의 경제 및 외교를 추구하였다. 이에 문화대혁명 시기에 이르면 중국의 우방은 거의 남아있지 않았으며, 있다 하더라도 중국으로부터 지리적으로 먼 거리에 있었다. 중국은 알바니아와 친밀한 관계를 유지했다. 왜냐하면 중국과 알바니아는 국제 공산주의 운동에 대해서 공통으로 정통성을 지녔다고 하는 태도를 유지하고 있었기 때문이다. 중국은 자신을 개발도상국 세계에서 혁명운동을 이끄는 지도국으로 인식하였다. 하지만 다른 국가들은 이러한 중국의 태도를 적대시하였고, 중국이 자국 내 반정부 세력을 지원하여, 내부적 혼란을 야기하고 있다고 의심하였다.

이렇듯 중국이 타국 내 공산세력을 지원하는 행동들은 이전에 중국 공산당이 주창하였던 원칙들에 반하는 행동들이었다. 1955년 저우언라이 총리는 반둥 회의에서 중국은 내정불간섭 원칙을 확고히 지킬 것이라 선언하였다. 또한 다른 국가들의 주권을 존중하겠다고 하였다 (표 8.1 참조). 이러한 원칙들은 1950년대 티베트의 지위 문제를 놓고 중국과 인도 사이에 오갔던 논의에서 유래하였다.

신생 중화인민공화국의 이러한 도덕적 원칙은 분명히 이전 역사에서 외세의 개입으로 인해 겪어야 했던 고통의 경험에서 비롯된 것으로 보인다. 중국은 외세의 개입에 의해서 전쟁과 침략을 경험해야 했고 착취를 당하기도 했다. 따라서 이 평화공존 5원칙은 중국의 쓰디쓴 경험에 기초한다고 보아야 한다. 또 평화공존 5원칙은 중국외교정책의 핵심에 자리 잡게 되었다. 이는 지금까지도 적용된다고 볼 수 있다.

고립의 시기 동안 중화인민공화국은 국제적 문제에 참여하거나 개입하고자 하지 않았다. 비록 혁명적인 마오쩌둥 사상을 수출하려고 했으나 그때까지도 중국의 국제적인 역할은 파열적 성격을 띠고 있었다. 제2차 세계대전의 말미에 구축된 국제 질서에서 중국은 그 영향력을 행사하고 목소리를 낼 수 있는 공식적인 수단이 없었다. 1971년까지 중국

표 8.1 평화공존 5원칙, 1955년

- 서로의 영토적 완정성과 주권을 상호 존중함
- 상호 불가침
- 상호 간 내정불간섭 원칙 준수
- 양자 간 평등과 상호이익을 추구함
- 평화공존

은 UN에 가입하지도 않았다. 하지만 1971년 UN 회원국들의 2/3 이상이라는 절대다수의 지지에 의해서 중화인민공화국은 중화민국의 자리를 대신하게 되었다. 하지만 여전히 1978년까지는 미국의 공식적인 승인을 받지 못하였다. 1968년, 닉슨(Richard Nixon)은 대통령으로 당선되기 전 8억 명 이상의 인구 규모를 갖춘 국가인 중국이 국제체제 밖에 존재한다는 것은 말도 되지 않는다는 말을 한 바 있다. 특히 중국이 핵무기를 보유한 국가라는 것을 고려한다면 더욱 그러하였다. 1970년대는 중국이 UN에 가입하고, 미국과 관계개선을 통해서 국제체제에 보다 깊숙하게 편입되는 시기였다. 하지만 1970년대까지만 하더라도 중국은 세계 어느 국가와도 의미있는 동맹을 맺지 않은 상대적으로 고립된 채, 많은 오해를 받는 국가였다. 북한을 제외하고는 유의미한 동맹국도 없었다. 북한과는 1961년부터 상호안보조약을 체결했으며, 소련과의 조약은 1960년대 만료되었다. 세계는 중국을 외부로부터 단절된, 타국인은 그 내부로 들어갈 수 없는 국가로 간주하였다.

중국의 경제가 1978년부터 변화하면서 중국의 국제적인 역할도 변모하였다. 중국은 점차 실용적이고 실제적인 관계를 구축하였으며, 이로써 중국은 국제사회의 일원으로 활동하게 되었다. 중국이 더욱 중요한 제조업 국가이자, 보다 큰 규모의 수입국, 수출국, 교역국이 되면서 중국은 해외 투자자들을 끌어모으기 시작했다. 그리고 세계 제조품들의 공급 체인으로 기능하면서 자국의 이득을 타국의 이득과 직접적으로 연결했다. 중국은 UN 주도의 국제 활동 중 하나인 평화유지군에 중국군을 파견하기 시작하였다. 또 국제무대에서 핵무기 비확산 조약과 어린이 인권을 포함한 인권규약 및 안보문제에 있어서도 핵심적인 역할을 담당하기 시작하였다. 이러한 흐름은 2001년 중국이 WTO에 가입함으로써 정점을 이루었다. 사실 중국은 이미 국제 규약과 기구의 외부 영역에서 정책 분야에 효과적인 영향력을 행사하고 있었다. 이제 중국은 외부자로 남기로 한 이전의 정책을 뒤집고 국제 규약과 기구의 중심국가로서 기능하고 있다. 2000년대 세계화가 계속해서 진행되면서 중국은 G20 중 하나의 국가를 지나 2000년대 말 G2 중 하나로 거론되고 있다. 중국정부는 이를 일축하고 있다. 이것은 미국의 질투 어린 관심을 끄는 위험요소로 작용할 수 있고, 지나치게 중국이 세계인의 이목에 노출되는 것을 원하지도 않기 때문이다. 중국의 대외정책에는 평화공존 5원칙 (Five Principles of Peaceful Coexistence)과 함께 중요시되는 또 다른 핵심 원칙이 있다. 그것은 1980년대 중국의 최고지도자였던 덩샤오핑의 발언 속에 내포되어 있다. 이것은 '24자 방침'으로 불린다. 24자 방침(冷靜觀察, 站穩腳跟, 沈著應對, 韜光養晦, 善于守拙, 絶不當頭)은 다음과 같은 뜻을 가지고 있다. 그것은 냉정히 상황을 관찰하고, 입장을 확고히 하고, 차분히 대응하면서, 능력을 숨기며 때를 기다리고, 절대 선두에 나서지 말라는 것이다. 덩샤오핑이 언제, 그리고 어디에서 이러한 말을 했는지에 대한 논쟁이 존재한다 (24자 방침은 1989년 천안문사건이 벌어지고 조금 이후부터 회자되기 시작했음). 하지만 최근 몇 년간 24자 방침은 마치 중국공산당 정책의 경전과 같은 위치를 점하였다. 이것은 어떻게 중국이 자신의 문제를 다루어야 하는지, 그리고 중국은 미국과 같은 세계의 경찰국가가 되지 말라는 등의 지침을 포함하고 있다. 하지만 24자 방침을 보다 회의적인 시각에서 보는 사람들은 이것은 중국이 언젠가는 능력이 뒷받침이 되기만 한다면 세계를 지배할 것이라는 잠재된 가능성을 내포하고 있는 것이라 생각한다. 현재 중국은 적당한 때를 기다리고 있다는 것이다.

평화로운 부상

2001년부터 중국의 생산성, 수출과 수입, 그리고 외국인 투자 증가는 1950년대에 세워진 평화공존 5원칙과 24자 방침이 수정되고 업데이트될 필요성이 있음을 시사했다. 왜냐하면 이 두 슬로건은 세계에서 부상하는 중국의 역할과 야망을 전적으로 설명해주지 못했기 때문이다. 이에 중국의 국제적 역할을 현대화시키려는 시도는 쩡비지엔(鄭必堅)이라는 한 공산당 중앙당교의 고위급 관료의 주도하에 이루어졌다. 쩡비지엔(鄭必堅)은 2004년부터 '화평굴기(和平崛起)' 이념을 정책에 반영하는 작업을 진두지휘하였다. 화평굴기는 미국의 『포린어페어즈(Foreign Affairs)』라는 잡지에서 처음으로 언급되었으며, 그 이후 수많은 연설에 등장하였다. 화평굴기를 내세운 배경에는 중국의 빠른 경제성장에 불안을 느끼는 국가들을 안정시키고자 하는 의도가 있었다. 왜냐하면 많은 국가들이 중국이 이 추세를 밀고 나가 국제체제를 지배하는 국가가 되려고 하는 야심을 지닌 것이 아니냐는 두려움을 가지고 있었기 때문이었다. 중국과 미국은 특히 2000년과 2001년 불편한 관계를 형성했다. 당시 미국에서는 조지 W. 부시(George W. Bush) 대통령이 그의 임기를 시작하고 있었다. 그 중심에는 중국의 타이완에 대한 태도에 대해 미국이 가지고 있는 불편한 심리가 있었다. 미국은 중국이 타이완에 대해서 야심을 가지고 있으며, 이를 위해서는 전면적인 군사 작전을 펼칠 수도 있다는 가시적인 신호를 중국이 보내왔다고 생각했다. 또한 중국을 비판적으로 바라보는 사람들은 중국이 기존의 국제 질서에 균열을 가하는 새로운 주요 행위자가 되어가고 있다는 수많은 단서들을 포착했다고 생각했다. 그중 하나는 중국이 국제사회의 지탄을 받는 정권과 형성하고 있는 밀접한 관계였다. 그러한 정권으로는 북한, 잔혹한 내전을 겪었던 수단, 짐바브웨 등이 있다. 중국은 2007년 짐바브웨의 독재자인 무가베(Robert Mugabe) 정권을 지탱하기 위해 무기들을 지원한 것에 대하여 국제사회로부터 비난을 받은 바 있다. 중국이 지지하고 있는 내정불간섭 원칙에 대한 입장은 위선적인 것으로 비춰졌다. 왜냐하면 중국은 짐바브웨에 투자한 이해관계를 지탱하기 위해서 사회적 기반 시설을 제공하고 추가적인 투자를 하는 등의 조치를 동시에 취하고 있었기 때문이었다. 하지만 중국의 부상을 가장 우려하게 만드는 요소는 중국인들이 가지고 있는 강한 민족주의이다. 실제 많은 국가들은 중국인 사이에서 수많은 민족주의적 요소를 느끼고 있다. 때때로 인민해방군의 장군들은 격앙된 상태에서 강한 민족주의 정서를 표현하여, 비난의 대상이 되기도 했다. 특히 슝광카이(熊光楷) 장군은 미국이 양안관계에 개입하던가 아니면 서부의 도시들이 핵공격에 직면하던가 중 하나를 택해야 할지도 모른다고 위협하기도 했다. 다행히도 중국의 엘리트 정치지도자들은 이와 같은 공격적 성향을 보이지는 않았다. 하지만 슝광카이 장군이 그의 발언에서 보였던 공격적 성향은 중국과 세계의 여러 국가 사이에 확실히 분쟁을 일으킬 만하였다. 중국은 주변 국가와의 국경분쟁을 해결하려 시도하고 있고, 또 폭증하고 있는 에너지에 대한 국내의 수요를 충족시키기 위해 해외 자원을 조달하려 하고 있으며, 물건을 팔기 위한 시장을 찾고 있다. 중국은 이제 세계의 모든 지역에서 여러 형태로 그 존재감을 드러내고 있다. 그 모습이 안정적인 인상을 주든, 안정적이지 못하든 말이다. 그리고 국제무대에서 중국의 존재감은 점점 더 증가하고 있다.

중국은 화평굴기(和平崛起)를 내세웠다. 그것은 부상하는 중국에 대해 두려움을 느끼는 국가들을 안심시키려는 조치이기도 하였으며, 또한 중국이 지향하는 자국의 국제적 역할을 설명하려는 시도이기도 했다.

이러한 설명이 필요했던 배경에는 여러 가지가 있지만, 그중 한 이유는 지금까지 대부분의 중국 지도자들은 미디어 앞에서는 경직된 태도를 보였기 때문이었다. 중국의 지도자들은 국내 문제에 대한 날카로운 질문을 던지는 기자들과 대면하는 것을 회피했다. 특히 후진타오는 그의 집권 기간 내내 어떠한 외국인 기자에게도 1대 1로 인터뷰할 기회를 주지 않았다. 후진타오가 유일하게 기자단과 직접적으로 대면한 것은 2011년 1월이었다. 이러한 대면은 그가 임기 중 마지막으로 미국을 방문하였을 때 백악관에서 이루어졌다. 중국 외교부 대변인들은 중국은 타국의 국내 문제에 간섭하지 않을 것이며, 국가 간 평등과 상생공영을 추구한다는 말들을 자주 한다. 하지만 2009년부터 세계경제위기가 닥치자 중국은 개발도상국의 지하자원들을 마구잡이로 사들이기 시작했다. 이러한 중국의 태도는 많은 사람들에게 공격적으로 느껴졌고, 지탄을 받았다. 이에 대한 예들은 이장의 뒷부분에서 다루고자 한다. 2000년대에 들어, 중국의 '화평굴기'는 다음과 같은 현상들과 결합하였다. 그것은 베이징모델의 등장이었다. 베이징모델이란 중국이 서구의 자본주의를 대체할 수 있는 대안적 발전모델을 제시한다는 것이었다. 그것은 아프리카, 라틴 아메리카, 그리고 아시아의 몇몇 지역에서 환영받았다. 이들 국가에게 있어서 베이징모델은 국가경제를 운용하는 데에 있어서 서구의 모델보다 더욱 설득력 있는 존재로 다가왔다. 또 선진국들에 의존하지 않고 새로운 기술을 찾을 방법을 제시하는 듯 보였다. 하지만 정작 중국 관료들 자신들은 베이징모델이 서구의 자본주의체제를 대체할 수 있다는 공공연한 발언에 대해서 부담스러워 한다. 많은 측면에 있어서 중국의 발전 방식은 독특하였으며, 다른 국가가 모방하기에는 어려운 측면이 있다 (Bell, 2015). 이는 특히 원자바오의 발언에 의해서 더욱 강조되었다. 그는 중국식 모델은 "지속불가능하다"라고 했다. 그렇다면 왜 다른 이들에게 이를 따르라고 하는 것인가.

류샤오보(劉曉波)는 중국의 민족주의 이념이 '중국은 너무나 위대하기 때문에 세계의 중앙에 존재하는 국가'라는 생각에서 비롯되었다고 보고 있다. 부강해진 중국은 과거 중국을 치욕스럽게 했던 국가들이 그 대가를 치르게 해야 한다는 생각에 기초해 있다는 것이다. 1949년부터 중국공산당은 중국을 외부 침략자와 제국주의의 희생양이 아니라, 자랑스럽고 강한 단결된 통합체로 되돌아가자는 서사를 마련했다(Callahan, 2009). 또 중국공산당은 다음과 같은 역사관을 제시해 왔다. 원래 중국은 단일 국가로서 평화로운 시기를 보내고 있었다. 하지만, 1839년 첫 번째 아편전쟁을 기점으로 치욕의 세기를 지나야 했다. 이전에 서술하였다시피 중국공산당이 등장하기 이전, 중국의 역대 왕조들은 서쪽과 북쪽으로 영토를 확장하기 위한 전투를 멈추지 않았다. 또 중국공산당은 1949년 이래 중화인민공화국은 어떠한 침략 행위도 하지 않았다고 말하고 있다. 하지만 이러한 발언은 사실이 아니다. 마오쩌둥 하의 중화인민공화국은 많은 전쟁에 참여했다. 그중에는 중국이 원치 않았던 전쟁도 있었다. 대표적으로 1950년에서 1953년에 진행되었던 한국 전쟁을 들 수 있다. 중국은 이 전쟁에 약 100만 명 이상의 군대를 보내야 했다. 또 중국은 1962년 인도, 1969년 러시아, 그리고 1979년 베트남과 전쟁을 했다. 어쩔 수 없이 휘말려 들어갔었던 한국 전쟁과는 달리 중국은 이 세 국가와의 전쟁에는 비교적 주도적으로 참전했다. 이렇듯 마오쩌둥 시기 중국은 약간 호전적인 성격을 가졌었다고 볼 수 있다. 중국의 경제력이 강해지면서 이러한 특성을 다시 띨 것인가. 일례로 큰 야심을 가지고 있는 중국의 극단적인 국수주의자들은 (여느 국가의 극단적 국수주의자들이 그러하듯이) 자국의 양보할 수 없는 권리에 조금이라도 의문을 제기하는 자라면 그가 누구라도 공격하고자 하는 경향이 있다. 여기서 중요하게 생각할 문제는 다음과 같다. 그것은 중국이 평화롭고 안정된 국제 환경에서 자국의 경제가 성장하고 번영하고 있는 와중에도 전쟁을 선택할 것이냐는 것이다. 1979년 이래 모순은 강한 중국은 보다 평화지향적인 태도를 보였다는 것이다. 약하고, 고립되었으며, 가난했던 중국은 호전적이었다. 경제적으로 자신감이 있으며 지배적이기도 하지만, 중국은 이제까지 (2018년까지) 어떠한 실제 전투 상황에 돌입하는 것을 원하지 않았다.

중국이 부강한 국가가 되면서 많은 사람들은 중국이 진정으로 원하는 것이 무엇인지 알고 싶어 했다. 이것은 중국인 자신들도 마찬가지이다. 또 이것은 중요한 문제이다. 청나라 말기에서 중화민국 시대를 거쳐, 마오쩌둥 시기, 그리고 개혁개방 시기까지를 통틀어 중국의 정치엘리트들이 항상 원했던 것이 있다. 그것은 '부강한 국가'를 만드는 것이었다. 그리고 2000년대에도 이 목표는 만족스럽게 달성했다고 보기 힘들다. 2010년 상징적으로나마 중국이 세계의 두 번째로 큰 경제 규모를 가진 것으로 집계되면서 중국의 재부상은 현실화되었으며 중국이 세계 중심국가로서의 역할의 중요성 또한 증대되었다. 문제는 어떻게 이것을 최상의 방법으로 개념화하느냐 였다. 2013년부터 시진핑은 이를 중국몽으로 표현했다. 그것은 마침내 세계 속에서 강대국 중 하나로 적합한 위상을 회복한 새롭고 재충전된 나라의 모습이었다. 다극적 세계질서를 주창하고 냉전의 이분법을 피하고자 하는 담론을 중국이 새롭고 기존과는 다른 성격의 강대국이라는 개념으로 보충하고자 했다. 중국은 기존의 강대국과는 다른 원칙으로 또 방법으로 행동한다는 것이었다.

지금까지의 역사를 보았을 때 강대국들이 통상적으로 행해왔던 것들이 있었으며, 세계의 많은 국가들은 여기에 대해서 환멸을 느끼고 있다. 또 그들은 중국이 무언가 다른 것을 제시하기를 원하고 있다. 그것은 중국이 덜 도덕적 이상주의에 이끌리는 외교정책을 시행하는 것, 또 타국의 고유 가치, 자결권, 통일성을 보다 존중해 주는 것이다. 옌쉐통(閻學通)은 베이징에 위치한 중국의 명문대학인 칭화(清華)대학의 국제관계학과 교수이다. 그는 고대 역사와 지난 약 2,000년간 존재했던 사상가들로부터 중국은 교훈을 얻어야 한다고 주장했다. 공자는 국가들이 서로를 존중하고, 서로의 의견을 경청하며, 서로를 이해하는 외교모델을 제시했다. 이러한 모델은 현대에도 적용할 수 있는 것이다. 옌쉐통에게 있어서, 중국의 목표는 조지 W. 부시 대통령이 집권하기 이전에 미국이 행했던 외교와 다소 유사한 것이었다. 그것은 공자가 제시한 국제관계와 관련된 믿음, 그리고 그에 기초한 각 국가의 역할을 세계에 제시하는 것이다. 하지만 중국 내에서조차 중국이 이러한 역할을 할 수 있을 것인가에 대한 열띤 토론이 진행 중이다. 몇몇은 중국은 다른 국가들에게 외교적 모델을 제시하기는커녕 산적한 국내 문제도 해결하기 벅찰 것이라 보았다. 한편 몇몇은 무정부적인 국제체제에서 어떻게 중국이 매력적인 도덕적 이상을 제시할 수 있을 것인가에 대해 의문을 제기하고 있다. 이 모든 것을 떠나서 현재 우리가 알 수 있는 사실은 1978년 이래 중국은 이전보다 통합된 국가가 되었다는 것이다. 비단 경제적인 측면에서분만 아니라 국제체제 속에서 정치적으로도 말이다. 중국은 이제 대부분의 국제적인 의사 결정 과정에 참여하고 있으며, 세계적인 외교관계망을 구축하고 있다. 또 중국에 직접적으로 영향을 미치는 문제에 대해서는 국제사회와 협력관계를 구축하고 있다. 1971년 UN의 상임이사국이 된 이래 중국은 2017년 2월까지 11번 비토권을 행사했다. 미국은 이제껏 79번 비토권을 행사했다 (그것들은 대부분 이스라엘의 행동을 비난하는 결의안에 대한 것이었음). 시진핑 시기, 특히 2016년 말 트럼프 대통령이 당선된 이래 장쩌민 주석이 2000년 주창했던 '20년의 전략적 기회'는 절정에 달하였다. 트럼프 대통령이 미국 외교정책의 범위를 축소하고 초점을 변경함에 따라 중국은 그 어느 때보다 더 많은 활동 공간을 갖게 되었다. 기후 변화에 대응하는 것에서부터 시작하여 자유무역을 주창(적어도 수사적으로나마)하고, 일대일로(一帶一路)를 추진하는 것까지 말이다. 일대일로는 중국의 세계에 대한 이전보다 야심찬 비전을 구현한 프로젝트이다. 2000년대 말, 국무위원이었던 다이빙궈(戴秉國)는 당시 외교정책에 있어서 가장 큰 영향력을 가지고 있었다. 그는 처음으로 중국의 핵심 이익은 중국의 정치체제를 보존하는 것, 국가의 주권과 영토의 완전성을 수호하는 것, 경제적으로 지속가능한 개발을 추진하는 것이라고 말했다. 안정된 체제를 구축하기 위해서 외부 세계와 우호적 관계를 맺는 것은 중요했다. 시진핑 시기 이러한 생각들은 일련의 중국만의 언어로 발전되어 표현되었다. 이것은 2013년 그가 새로운 당 서기로 선출되자마자 정치국 상무위원들에게 요구했던 것이다. 동시에 시진핑은 외교부 외교관들에게 중국의 국제적인 역할을 고려한 적극적인 외교활동을 주문했다. 이것은 지난 약 10년간 중국에 가해진 비판을 고려한 것이었다. 중국이 국제 문제를 해결하는 데 있어 이해 당사자의 태도가 아닌 망설이고 주저하는 태도를 보인다는 것이다. 이러한 맥락에서 중국은 이웃국가들과, 지역 내 국가들과, 미국과 그 밖의 국가들과 새롭고, 보다 자신감에 기반하며, 적극적인 외교관계를 구축할 필요가 있었다.

아시아에서의 중국

중국이 어떠한 종류의 강대국이건 간에, 중국은 아시아 국가이다. 중국은 14개 국가와 국경을 마주하고 있으며, 여러 개의 해양 분계선 및 국경선 문제를 놓고 분쟁 중이다. 우선 인도와의 국경선 분쟁을 들 수 있다. 이 분쟁은 중일관계 발전을 저해하고 있다. 중국의 아시아에서의 역할은 핵심적이다. 중국은 자신을 둘러싸고 있는 거의 모든 국가와 외교적 문제를 겪고 있다. 중국 입장에서, 이들 국가와의 마찰은 지정학적으로 더 멀리 위치한 강대국들보다 더욱 직접적인 문제로 다가오고 있다.

　적어도 무역 측면에 있어서, 중국이 아시아 국가들과 맺고 있는 관계 중 핵심적인 것은 일본과의 관계라고 할 수 있다. 중일관계는 중국이 다루기 가장 힘든 관계 중 하나이다. 중국과 일본은 1937년에서 1945년까지 전쟁, 침략, 그리고 군사적 충돌이라는 어두운 역사적 경험을 가지고 있다 (Dreyer, 2016). 중일전쟁(중국에서는 항일전쟁으로 알려짐) 기간 약 2,000만 명의 중국인이 사망했다. 중일전쟁은 역사상 그 폭력성과 사상자의 수의 측면에서 가장 최악의 전쟁 중 하나였다. 중국은 중일전쟁에서 승리하였지만, 그 과정에서 수많은 중국인들은 목숨을 잃어야 했다. 또한 중국의 사회 기반 시설은 대부분 파괴되었고, 중국이라는 국가는 정치적으로 분열되었다. 1937년의 난징대학살의 경우, 약 30만 명이 일본군의 광란적 살인행위에 의해 살해당했다. 이에 대해서는 제3장에서 언급한 바 있다. 난징대학살에 대한 기억은 아직도 중국인의 총체적 기억 속에 강력하게 남아있다. 난징에는 난징대학살을 기념하는 기념관이 세워졌다. 또한 중국인들은 1990년대부터 시작된 많은 기념일과 행사들을 통해 이 고통을 결코 잊지 않을 것이다.

　비록 중국과 일본 사이에는 비극적인 역사가 존재하지만, 개혁개방 기간 중일관계는 우호적인 분위기였다. 일본은 처음으로 중국에게 원조를 제공했으며, 동시에 가장 많은 액수의 재정적 원조를 제공했다. 일본의 원조는 중국이 개혁개방을 시작하면서 이루어졌다. 1978년 중국과 일본은 우호조약을 체결했다. 도요타(Toyota), 소니(Sony), 그리고 미쯔비시(Mitsubishi) 등과 같은 일본 기업들은 중국에 대한 주요한 투자자들이었다. 1950년대, 1960년대 일본의 사정을 보면, 그들도 그 당시 경제를 재건해야 했다. 개혁개방 당시 중국이 그러했듯이 말이다. 그리고 일본은 성공적으로 이를 해냈다. 일본은 성공적으로 현대화를 이룩함으로써 세계 제2위의 경제 대국으로 부상했다. 많은 중국인들은 이러한 일본에 대해 존경심을 가지고 있었다. 2010년, 중국은 일본은 제치고 제2위의 경제 대국으로서의 자리를 차지하였다. 또한 중국은 세계적으로 유명한 브랜드 회사를 세울 수 있었던 일본의 능력을 존경하였다. 하지만 정치적 측면에서 중일관계에 상당 부분 영향을 주었던 요인은 항상 중국 민족주의자들의 견해였다. 중국의 민족주의자들은 계속해서 일본에게 사과를 요구했다. 특히 1990년부터 과거사에 대한 일본의 사과를 더욱 강력하게 요구하였다. 중일관계에 있어서 가장 어려운 시기는 2001년에서 2006년 사이였다. 당시 일본의 총리였던 고이즈미 준이치로(小泉純一郎)가 도쿄에 위치한 야스쿠니 신사 참배를 강행했던 것이었다. 야스쿠니 신사는 일본인 전사자들을 기념하기 위한 곳이다. 문제가 되는 것은 야스쿠니 신사에 일급 전범들도 안장되어 있다는 것이다. 2001년과 2006년 사이, 어떠한 고위급 중국 지도자도 일본을 방문하지 않았다. 이것은 일본의 과거사에 대한 참회의식 결여에 대해 중국이 느낀 분노의 표시였다. 2005년 일본은 UN 상임이사국이 되기 위해 로비활동을 펼쳤다. 하지만 이것은 중국의 적극적인 방해에 의해서 실패하고 말았다. 더 심각했던 사태는 같은 해인 2005년 베이징에서 발생했던 폭동이었다. 이 폭동은 아시아 컵을 놓고 일본의 축구팀이 중국 국가 대표팀과의 경기에서 승리를 거두면서 촉발되었다.

고조되는 중일갈등은 외교적 노력으로 잠시 소강상태에 접어들었다. 하지만 2010년 또다시 위기가 찾아왔다. 술에 취한 한 중국인 선장의 선박이 일본의 해양경비선을 들이받은 것이었다. 문제는 사고 장소가 동중국해에서 중일 간 해양경계선을 놓고 분쟁을 벌이는 지역 부근이었다는 것이었다. 문제의 선장은 일본에 구금되었고, 이것은 전 중국인의 분노를 촉발하였다. 중국 블로거들은 매우 호전적으로 변하였으며, 자국 정부에게 보다 강력한 조치를 취할 것을 요구했다. 이 사태는 민간 교류에도 영향을 미쳤다. 한 예로 어떤 일본 학교의 학생들이 중국의 초대로 상하이 여름엑스포에 방문하려고 했지만, 이 사태로 인해서 중국 측의 초대는 취소되었다. 중국정부의 대변인은 모든 중국인을 대변하여 중국인을 '불법 억류'한 일본에 대한 분노를 드러냈다. 종국에는 일본 당국이 중국인 선장을 석방하면서 사태는 해결되었다.

2010년 사태를 통해서 아시아 지역 국가들과 전 세계는 중일 간에 존재하는 적대감이 얼마나 심각한 것인지 알게 되었다. 중국과 일본의 국력의 역동적인 변화는 2010년 말 적어도 국내총생산 측면에서 중국이 일본을 따라잡으면서 상징화되었다. 이제 중국은 미국에 이어 세계 제2위의 경제 대국이 되었다. 2013년 일본에서는 아베 신조가 총리로 재취임하면서 중일관계는 최근 들어 가장 긴 침체기에 들어섰다. 신조아베 총리는 일본의 핵심 동맹국인 미국이 만류했는데도 불구하고 2013년 12월 야스쿠니 신사를 참배했다. 2014년에는 중국이 일본영토 부근에까지 이르는 방공식별구역을 발표하고, 양국이 마찰을 빚었다. 많은 전문가들은 양국이 해당 구역에서 군사적 충돌에까지 이를 수 있는 일촉즉발의 위기에 봉착했다고 평가하기도 했었다. 아베 총리는 해당 지역에서 중국이 보이는 적극적 행동에 대해서 공격적인 반응을 보이기도 했다. 이러한 태도는 일본 국민들의 환영을 받았고, 이러한 지지는 아베 총리에게는 의미 있는 것이었다. 2015년에 들어서는 중일관계가 좀 더 안정적이고 협력적인 기조에 들어섰다. 그러나 시진핑 주석은 2013년

한 해 동안만 50여 개의 국가를 국빈 방문했으나 일본에는 가지 않았다. 한편, 2015년 9월에는 베이징에서 중일전쟁의 종전을 기념하는 70주년 행사가 있었다. 대규모의 군사 퍼레이드가 있었으며, 이 기념식은 중국인들이 강렬한 당시의 역사적 감정과 기억들을 가지고 있음을 보여주는 듯했다.

북한에 대해서, 중국은 일본에 대한 것과는 약간 다른 태도를 취했다. 약 50세 정도의 관료들은 종종 북한은 마오쩌둥 시기 말 중국이 어떠했는지를 상기시킨다고 농담한다. 한편 북한 핵 프로그램으로 인해 촉발된 문제는 심각하다. 북한의 핵 프로그램은 2007년 세상에 공식적으로 알려졌다. 중국은 현재 고립 상태에 놓여있는 북한의 마지막이자 중요한 동맹국이다. 양자 간 고위급 지도부의 교류가 정기적으로 있어왔다. 북한의 '위대한 영도자' 김정일 국방위원장은 2010년과 2011년 사이 18개월 동안 중국을 3차례나 방문했다. 이것은 그의 아들인 김정은의 권력승계를 공고히 하기 위함이었다. 김정은은 2011년 12월 김정일의 뒤를 이어 권력을 위임받았다.

대부분의 중국인들은 가난에 시달리며 살아가는 북한사람들을 무시했다. 그렇기는 하지만 중북관계는 깊은 역사적 유서를 지닌 관계이다. 북한을 창건한 김일성은 중일전쟁 동안 중국에 거주하면서 중국공산군의 편에 서서 싸웠다. 중북관계의 친밀함은 '입술과 이빨의 관계(순망치한[脣亡齒寒])'라는 표현으로 잘 알려져 있다. 북한은 자국을 방문하는 중국 지도자들에게 가능한 최고의 대우와 선물을 제공했다. 북한이 중국을 중시하는 것은 양국 간 무역만 보아도 그 이유를 알 수 있다. 북한은 자국 내 소비되고 있는 에너지의 90퍼센트를 중국으로부터 수입한다. 중국은 1961년 북한과 체결한 상호 방어와 우호관계에 대한 북중조약을 유지하고 있다. 외세에 의한 침략이 있을 시 서로를 방어하기로 약

글상자 8.1 중국과 남중국해

2016년 국제중재재판소(International Court of Arbitration)는 한 사건에 대한 의견을 냈다. 그 사건은 남중국해의 섬들에 대해서 중국이 제기하고 있는 역사적 주장의 진실성에 대해 필리핀 정부가 제소한 것이다. 상당수 재판관들은 중국의 주장이 국제법적으로 근거가 없다고 판단했다. 1980년대 이래 중국은 보다 효율적인 해군을 구축하였다. 그 결과 중국의 해안가를 벗어나 그 어느 때보다 멀리 힘을 투사할 수 있게 되었다. 남중국해에 존재하는 조밀하면서도 복잡한 형태로 연결된 섬과 암초들은 분쟁과 갈등을 점증시키고 있는 요인 중 하나이다.

중국이 남중국해에서 주장하고 영유권은 '남해 9단선'을 경계로 하고 있다. 남해 9단선(Nine-Dash Line)은 말레이시아 해안 인근과 인도네시아로부터 2,000km 떨어진 곳에 있다. 중국은 남해 9단선이 역사적 근거가 있다고 주장하는데, 인근 이해관계국들인 베트남, 말레이시아, 필리핀 등은 이를 거부하고 있다. 남해 9단선은 1940년대 중국 본토를 지배했던 국민당 정부가 발행한 지도에 그 기원을 두고 있다. 2018년 현재 여러 국가들이 다른 섬들을 사실상 점유하는 등 남중국해는 분쟁 상태에 있다. 비록 남중국해보다는 그 문제의 형태가 단순하지만 중국은 동중국해에서도 일본과 분쟁상태에 있다.

미국은 남중국해 분쟁에 연루된 많은 국가들의 동맹국이다. 미국은 이 문제가 협상과 법의 원칙에 의해서 해결되기를 원한다고 강조했다. UN해양법에 호소하는 것은 다소 그 효력이 떨어질 수 있는 것이 중국과는 달리 미국은 UN해양법 당사자가 아니기 때문이다. 2015년부터 미국 태평양통합사령부에 소속되어 있는 제7함대가 항행의 자유를 수호하기 위해서 남중국해 항행하고 있다. 한편 중국은 남중국해에서 자국의 주장에 대한 국제적 지지를 얻기 위해 로비에 힘쓰고 있다. 이러한 일련의 사건들은 중국이 분열을 일으키는 헤게모니로 부상하려 한다는 가장 강력한 증거로 회자되며 비판을 받고 있다.

속한 성격의 조약을 맺고 있는 국가는 북한이 유일하다. 2007년 북한이 핵실험을 단행하자 중국은 이에 대한 분노를 표현하기 위해서, 3일간 에너지 공급을 끊었다는 소문이 있었다.

현재 중국이 맺고 있는 국제관계 중에서 북한과의 관계는 표면적으로는 일종의 종속관계와 같이 보일 수 있다. 중국이 제국을 건설하려 한다는 비판을 가하는 사람들은 다음과 같은 중국의 경향에 대해 의구심을 제기했다. 그것은 만약 한 특정 국가와의 관계에 있어서 중국이 힘의 우위를 갖는 경우, 중국은 그 국가를 옛날 번속국가를 대하는 듯이 대하려 한다는 것이었다. 한 예로 옛 왕조 시대, 베트남은 매년 양국의 우호관계를 위해서 베이징에 사절단을 보내야 했다. 과거에 중국과 번속 국가들은 이와 같은 관습을 유지해왔다. 그리고 이를 현대에 어떻게 해석할지에 대해 뜨거운 논쟁이 벌어지고 있다. 몇몇은 이것은 그저 고대의 관습일 뿐 현재에는 아무런 의미를 갖지 않는다고 일축했다. 하지만 몇몇은 이것은 중국의 세계관을 말해주는 것이라고 보고 있다. 종종 중국 관료들이 북한에 대해서 말할 때 무언가 아랫사람을 대하는 듯한 무시하는 태도를 보이는 것은 사실이다. 이것은 공식적인 발언에서도 드러난다. 블로그와 같은 곳에서도 중국 네티즌들은 북한을 중국의 '동생'이라고 표현한다. 2009년 위키리크스(Wikileaks)가 폭로한 바에 따르면 한 중국의 외교부 부부장(차관급)은 북한은 마치 못된 아이와도 같다며 불평했다고 한다. 왜냐하면 북한은 그 자신이 받아야 할 관심보다 더 많은 관심을 요구했기 때문이었다. 하지만 북한의 전략은 도발적인 행동으로 세계를 놀라게 하는 것이었다. 한 예로 북한은 2009년 4월 런던에서 개최된 G20정상회의 바로 전날 또 다른 핵실험을 감행했다. 세계는 동시에 중국을 비난했다. 중국은 북한 지도부에 대해서 실질적인 영향력을 가진 유일한 국가이면서 왜 북한을 저렇게 내버려 두느냐는 것이었다. 이때 많은 중국의 관료들은 자신들도 북한에서 실제로 무슨 일이 벌어지고 있는지 다른 국가들처럼 거의 아는 바가 없다고 항변했다. 한편 2007년 미국, 한국, 일본, 러시아, 북한, 그리고 중국이 참여한 육자회담이 종결되었다. 그러자 이제 세계는 북한에 유의미한 변화를 이끌어 낼 만한 압력을 가할 수 있는 유일한 국가는 중국이라고 보았다. 하지만 이것은 독특한 관계에도 불구하고 중국과 북한 간의 존재하는 상호불신을 과소평가한 것은 아니었다. 북한은 무엇보다도 미국과의 직접적인 대화를 원했다. 6자 회담을 재개하려는 시도가 있었으나 성사되지 못했다. 이는 북한의 종잡을 수 없는 태도에서도 비롯되었다. 이때 북한의 젊은 지도자인 김정은은 미국의 농구선수인 데니스 로드맨(Dennis Rodman)을 초청하여 경기를 함께 관람하기도 했다. 또한 김정은의 핵심 조언자 중 한 명으로 알려진 그의 고모부 장성택이 처형되었다. 장성택이 노동당 정치국 확대회의에서 체포되는 모습이 방영되기도 하였다. 장성택은 친중파 중 한 명으로 분류되었고, 중국의 개혁개방 정책을 북한에 도입하는 것에 관심이 있었다. 이에 몇 개의 관련 정책을 시험하는 등의 행보를 보이기도 했는데, 이는 그의 앞날에 불길한 징조로 작용했다. 트럼프가 미국 대통령으로 당선되면서 상황은 좀 더 예측 불가능해졌다. 2017년 내내 북한은 일련의 핵무기와 탄도미사일 실험을 실시했다. 북한이 이룬 기술적 진보를 과시하면서 이제는 미국도 요격할 수 있는 능력을 갖춘 미사일을 제조할 수 있다는 메시지를 보낸 것이다. 트럼프 행정부는 중국이 더욱 강력한 대북한 제재(2018년 초 UN에서 통과된 대북제재)에 동참해주기를 요구했다. 또한 트럼프는 트위터를 포함한 여러 수단으로 북한을 선제 타격할 수 있다고 위협하기도 했다. 하지만 2018년 초 대한민국의 동계올림픽 기념행사에 북한 김정은 위원장의 여동생이 참석하고, 그해 3월 말에 김정은의 비밀리 방중과 김정은

시진핑 간 회담이 이루어지면서 긴장 국면은 완화되었다. 그해 4월 남
북 판문점 회동 행사에서 김정은은 군사분계선을 걸어 넘음으로써 남한
영토를 밟은 최초의 북한 지도자가 되었다. 그는 대한민국 대통령인 문
재인과 회담을 하기도 하였다. 3월 말 트럼프를 만나기로 했던 애초의
약속은 취소되었지만, 6월 12일 마침내 김정은과 트럼프 사이의 싱가포
르 회담이 성사되었다. 한반도에 보다 평화적인 분위기가 조성되자 중
국은 이에 만족하는 듯했다. 특히 한반도 문제 이외에 집중해야 할 외교
적 과제들이 산적한 중국으로서는 더욱 그러했다. 그러나 김정은과 트
럼프 사이의 협의는 비핵화와 같은 핵심 문제에 관해 그 세부적 내용이
상당 부문 불명확했다. 그해 6월 말 김정은은 다시 중국을 방문했다. 이
로써 중국이 한반도에서의 새로운 평화의 움직임에 대해 보내는 지지는
그 의미가 더욱 중요해졌다. 덩샤오핑 시대부터 확립된 중국의 외교적
우선순위는 변하지 않았다. 그것은 인접 국가가 경제 개혁을 통해 안정
을 이루는 것을 지지하고, 동시에 그 경제가 지속가능할 수 있도록 해야
하며, 해당 국가를 강력하게 중국의 영향권 내에 둔다는 것이었다.

아시아에는 중국, 북한 이외의 또 다른 공산국가가 있다. 그것은 중
국의 이웃국가인 베트남이다. 하지만 중국과 베트남과의 관계는 중북관
계와 같은 수준으로 우호적이지는 않다. 베트남은 북한과는 다르게 중
국을 약간은 모방하여 자국의 경제를 개혁하고 발전시키고 있다. 하지
만 베트남과 중국 사이에는 약간의 마찰이 존재한다. 1979년에 베트남
과 중국 사이에 전면전이 발생하기도 했고, 1984년에는 소규모의 접전
이 발생하기도 했다. 덩샤오핑은 한때 베트남에 교훈을 가르쳐주겠다며
베트남과 전쟁을 일으켰으나, 중국은 많은 대가를 치러야 했다. 1979년
중국과 베트남 사이의 전쟁은 인민해방군에게 엄청난 수의 사상자를 초
래하였고, 중국은 체면을 잃었다. 비록 중국은 상징적인 승리를 선언하

기는 했지만 수많은 중국군들이 부상 및 사망을 당했고, 중국군은 신속하게 퇴각했다. 중국과 베트남 사이의 전쟁이 촉발된 경위는 다음과 같다. 베트남은 1979년 1월 캄보디아를 침공했고, 이에 대해 중국은 못마땅해했다. 베트남이 캄보디아를 단기간 지배했던 피의 정권인 폴 포트(Pol Pot) 정권을 붕괴시키자, 중국은 이를 문제 삼아 베트남과 전쟁을 벌였다. 중국과 베트남 사이의 갈등은 오늘날까지도 다양한 양상으로 계속되고 있다. 수 세기 동안 양자 간에는 상호 불신과 전략차원에 있어서의 경쟁이 존재해왔다. 2000년대 이후 양국관계 발전에 가장 걸림돌이 되었던 것은 풍부한 유전과 가스 등 천연자원이 매장되어 있는 남중국해의 해양 분계선에 관한 분쟁이다. 이 분쟁은 지금도 현재진행형이다. 2014년에는 베트남의 하노이와 사이공에서 중국의 투자에 대한 항의시위가 있었다. 이는 중국이 베트남 인근 해역에서 이루어지는 석유 시추 플랫폼 설치에 대한 것이었다.

중국과 인도관계도 상호 불신에 기초하고 있다. 인도는 중국과 경제 대국의 자리를 다투고자 하는 야망을 가지고 있다. 이러한 인도의 열망은 여러 측면에서 드러난다. 1962년 중국과 인도 사이에는 국경 획정 문제로 인한 군사적 충돌이 발생했고, 인도는 패배했다. 인도는 이 치욕스러운 패배를 아직도 생생히 기억하고 있다. 중인 국경분쟁은 중국이 이웃국가들과 해결하지 않은 유일한 국경분쟁이다. 한때 중국은 러시아와도 국경분쟁 상태에 있었다. 이 경우, 더 넓은 영토가 관련되어 있었다. 하지만 1990년 말 중러 국경분쟁은 평화롭게 해결되었다. 협정 내용은 수천 세제곱킬로미터의 영토를 러시아가 소유한다는 것이었다. 이것은 중러 간의 국경지역을 분쟁이 없는 곳으로, 즉 안전한 곳으로 만들고자 함이었다. 많은 인도인들은 중국이 이룩한 성과를 경이에 찬 눈으로 바라보고 있으며, 중국의 성공을 조금이나마 모방하려 하고 있다. 한편으로 인도는 중국이 누리는 국제적 위상에 대해서 질투하고 있기도 하다. 이에 2000년에서 2008년 사이 인도는 조지 W. 부시 대통령이 재임하고 있는 동안 아시아에서 인도를 미국의 최고의 파트너 중 하나로 만들려 했던 노력을 아끼지 않았다. 이러한 인도의 노력은 어느 정도 소기의 성과를 거두었다. 이것은 인도가 민주주의 국가이며, 따라서 중국보다는 국제적인 이미지가 조금 더 좋기 때문이었다. 하지만 부인할 수 없는 사실은 인도의 경제는 여전히 중국경제의 1/3 규모밖에 되지 않는다는 것이다. 비록 인도는 2014년 이래로 중국보다 매년 더 높은 GDP 성장을 보이지만 말이다. 인도는 특히 2014년 중국이 발족한 일대일로 (글상자 8.2 참조)에 관해 특별한 이해관계를 갖는다. 일대일로는 중국의 지역적, 세계적 열망을 담은 프로젝트이다. 즉, 중국의 세계 속에서의 역할을 확대하기 위해 투자와 그 밖의 여러 연결망을 광대한 범위의 여러 국가와 형성하고자 하는 계획이다. 일대일로는 상당 부분 인도가 전략적으로 형성하고자 하는 공간과 경쟁관계를 갖는다. 일대일로는 특히 중인관계에 영향을 주고 있는데, 이는 중국과 파키스탄 간의 관계를 재강화하기 때문이다. 중국과 파키스탄은 이미 긴밀한 관계에 있다. 2015년 파키스탄을 방문한 시진핑 주석은 거의 6,000억 달러에 이르는 원조와 무역을 약속했다. 그 전에 시진핑 주석은 약 2,000억 달러 규모의 인도에 대한 투자를 약속했다. 당시 시진핑 주석과 모디 총리는 개인적으로 훌륭한 케미를 보이기도 했다. 중국의 파키스탄에 대한 관심은 의심을 불러일으키기도 한다. 왜냐하면 신장지역은 파키스탄과 맞닿아 있기 때문이다. 중국은 이에 대해서 대테러 활동에 대해서도 파키스탄과 협력하고자 한다. 중국이 아시아 국가들과 형성하고 있는 관계 중 마지막으로 중요한 것은 중국과 아세안 국가의 관계이다. 동남아시아국가연합(ASEAN: Association of Southeast Asian Nations)

글상자 8.2 일대일로

2013년 인도네시아와 중앙아시아를 방문한 시진핑 주석은 실크로드에 대해 언급했다. 실크로드는 고대 중국이 여러 국가들과 교역하던 해상로와 육상로이다. 실크로드는 역사적인 무역 통로로 (한 개가 아닌 여러 개가 존재했음) 약 2,000년 전 한나라 때부터 존재했던 것으로 보인다. 시진핑의 말은 흥미를 불러일으켰다. 처음으로 타국과 자신이 포함된 중국의 세계 속의 역할에 관한 이야기를 하는 것처럼 보였기 때문이다.

신(新)실크로드는 2014년 일대일로(一帶一路, One belt, One road)로 탈바꿈했으며, 일대일로 프로젝트화(Belt and Road Initiative) 되었다. 중국의 아시아 지역에서의 비전과 수행할 역할을 천명하였고, 약 65개국의 참여와 함께 출범하였다. 중국정부는 공동의 경제 이익 논리에 기반하여 여러 국가들의 참여를 호소하였으며, 이웃국가들에게 단순히 규범적인 성격이 아닌 공동의 이득을 추구하고 보다 향상된 투자, 인프라, 그리고 인적관계를 구축하자고 강조하였다.

일대일로는 이제 그 범위를 세계 여러 곳으로 확장하고 있다. 영국, 호주, 라틴 아메리카 그리고 동유럽도 이에 관심을 보였다. 중국은 세계에서 두 번째 경제 규모의 국가이다. 일대일로를 지지하는 사람들은 이러한 중국이 어떻게 세계와 관계 맺을 것인가에 대해 이처럼 적극적인 비전을 제시하는 것은 적절하고도 적합하다고 보았다. 일대일로는 중국 비전의 청사진이다. 하지만 비평가들은 일대일로가 중국의 국익을 위한 것이며 2018년 실제로 실행된 것이라든가 성취된 것이 적다는 것이다.

2014년 중국은 아시아인프라투자은행(AIIB: Asian Infrastructure Investment Bank)의 설립을 발표하였으며, 2015년 이를 공식적으로 발족시켰다. AIIB는 일대일로의 구체적인 실행 방안으로 세워졌

계속

다. 2017년 3월에 중국 남부에서 열린 주요 회의에서 시진핑 주석과 참여국들의 21명의 정상들이 연사로 참여했다. 여기에는 러시아의 푸틴 대통령도 포함되어 있었다. 하지만 EU와 미국, 그리고 그 밖의 국가들은 AIIB를 공식적으로 지지하지 않고 있다. 이들은 구체적으로 AIIB의 진행 내용을 보고난 후에 지지할지, 그렇지 않을지 결정하겠다고 하였다.

은 10개의 회원국을 포함한다. 그들은 베트남, 라오스, 인도네시아, 태국, 버마, 필리핀, 말레이시아, 싱가포르, 캄보디아, 브루나이이다. 중국은 'ASEAN+1'이라는 기제를 통해서 아세안 국가들과 특별한 관계를 맺고 있다. 하지만 중국과 이들 몇몇 국가 사이에는 해양 분계선 분쟁이 존재한다. 또 이들 몇 개의 국가와 중국은 비슷한 정치모델을 가지고 있기도 하다. 무엇보다도 중국은 ASEAN 국가 모두에 대한 투자를 증가시키고 있으며, 따라서 ASEAN과 중국 사이의 무역량은 최근 증가하고 있다. 특히 2010년, 중국은 ASEAN과 자유무역협정(Free Trade Agreement)을 체결하였다. 이것은 중국과 ASEAN 사이의 증가하는 경제 교류를 상징하는 것이었다. 중국과 ASEAN은 주권 존중의 중요성에 대해서도 인식을 같이 하고 있다.

중국과 미국

중미관계는 21세기 가장 중요한 주제였으며, 앞으로도 그럴 것이다. 2008, 2009년 몇몇 사람들은 중국은 G20 또는 G8 중 하나라기보다는, 이제 G2 중 하나로 여겨져야 한다고 주장했다. 그 이유는 미국과 중국이 참여하지 않은 국제 협정은 사실상 실질적인 효력이 없기 때문이다. 몇몇 중국인들은 미국이 중국에 대해서 봉쇄와 협력이라는 혼합전략을 구사하고 있다고 보고 있다. 한편으로 미국의 몇몇 영향력 있는 정치인들은 중국을 현대 미국에 대한 가장 큰 위협 중 하나로 보고 있다. 특히 2012년 미국 대통령 선거가 진행되는 동안 공화당 대통령 후보 캠프에서 중국 위협론과 같은 의견들이 등장했다. 중국의 정치는 미국과 다음과 같은 점에서 다르다. 중국은 민주주의 국가가 아니며, 현재 중국은 미래에 자국이 어떤 의도를 가지고 행동할 것인지 제시하지 못한다. 또 중국은 미국과 국익 추구에 있어서 서로 경쟁하고 있다. 또한 아시아지역뿐만 아니라 점점 더 멀리 떨어진 곳에서 자원을 놓고 미국과 경쟁하는 것처럼 보인다. 이에 미국에서는 냉전 시기 소련보다 중국이 더 심각한 위협이라 인식하는 사람들이 있다.

이전의 소련은 자국을 미국의 이념적, 그리고 정치적 경쟁자로 설정했다. 그리고 소련은 해외에서 미국의 야망을 뒤엎기 위한 의도를 가지고 있다고 여러 차례 이야기했다. 하지만 중국은 다르다. 위의 소련과 같이 중국이 실제로 미국을 지도에서 없애버리려는 의도를 가지고 미국에 위협을 가한 적이 있는가? 설령 그런 사람들이 중국에 있다고 하더라도, 그들은 극단주의자들에 불과할 것이다. 놀랍게도 마오쩌둥과 닉슨 대통령 사이에 역사적인 만남이 이루어진 이래 중국은 몇십 년간 미국과 긴밀한 관계를 추구했다. 중국은 자국이 경제를 발전시키고 보다 부강한 국가가 되기 위해서는 평화로운 국제환경이 필요하다고 보았다. 그리고 이러한 평화로운 환경을 가장 잘 제공할 수 있는 주체는 미국이라고 계속해서 생각해 왔다.

1979년 덩샤오핑은 미국을 방문하였다. 그의 미국 방문은 그가 선진국들을 연속으로 방문하는 가운데 이루어졌다. 덩샤오핑은 여러 선진국들을 방문함으로써 그들 경제의 속성을 이해하고자 했으며, 이를 통해 어떠한 모델이 중국에 실현가능한지를 보고자 했다. 이에 세계는 개혁주의자 덩샤오핑이 중국의 경제뿐만 아니라 정치에도 변화를 가져올 수 있겠다는 기대를 하게 되었다. 덩샤오핑은 『타임(Time)』지의 '올해의 인물'로 두 번이나 선정되었다. 1980년대 그의 실용주의적 접근을 보면서 많은 사람들은 중국이 점차 자본주의로 전환하고 있다고 생각했다. 특히 고르바초프의 소련 개혁이 시작되자, 이와 같은 생각은 더욱더 힘을 얻었다. 하지만 1989년 천안문사건이 발생했고, 이 사태가 세계에 안겨준 충격은 컸다. 왜냐하면 많은 미국인들이 덩샤오핑을 오해하고 있었다는 것이 드러났기 때문이다. 그들은 덩샤오핑이 군인 출신이며, 강성 공산주의자라는 사실을 오랫동안 잊고 있었던 것이었다.

1989년 천안문사건으로 인해서 미국과 중국은 오랫동안 적대적인 관계에 있었다. 하지만 두 가지 요인으로 인해서 이러한 관계는 다소 완화되었다. 첫째, 조지 H. W. 부시(George H. W. Bush) 대통령의 노력이었다. 그는 중국이 지나치게 고립된 상태로 남겨지는 것을 원하지 않았다. 조지 H. W. 부시 대통령과 그의 참모들 역시 피로 얼룩진 천안문사건을 목도하였다. 하지만 그들은 10년 전 닉슨 대통령의 말을 잊지 않았다. 그것은 전 세계 인류의 1/5을 차지하는 인구 규모의 국가가 홀로 남겨진다는 것은 말이 되지 않는다는 것이었다. 중국이 무슨 행동을 했든지 간에 말이다. 그 결과 중국과 대화를 하고, 중국에 영향력을 행사하려는 시도가 계속해서 이루어졌다. 조지 H. W. 부시 대통령은 이러한 전략을 어느 정도 확신을 가지고 추진할 수 있었다. 왜냐하면 그는 1974~1975년 미국의 대표로서 베이징에 머문 경험이 있었으며, 따라서 중국을 잘 이해했기 때문이다. 둘째, 덩샤오핑이 1992년 개혁개방을 더욱 촉진한 것이었다. 그 결과 새로운 냉전이 시작될 것이며, 중국은

고립 상태로 돌아갈 것이라는 두려움은 감소하였다. 비록 중국의 1994
년 및 2000년 올림픽 개최 노력은 수포로 돌아갔지만, 중국이 보여준
자세는 중국이 또 다른 고립상태로 돌아가지 않을 것을 의미했다.

하지만 그 후 약 10년간 중미관계는 부침을 거듭하였다. 양국에서는
새로운 지도자에 의한 정치가 시동을 걸고 있었으며, 그 사이 양국관계
는 심각하게 악화되었다. 중국에서도 새로운 지도자가 들어서 국정을
운영하려는 찰나에 있었다. 그때 미국에서는 선거가 진행되고 있었는
데 대통령 후보들은 중국에 대해서 강력한 어조로 비판하기도 했다. 하
지만 이 모든 것은 양측 모두 마침내 서로를 무시할 수 없다는 것을 깨
닫는 과정에 불과했다. 빌 클린턴(Bill Clinton) 대통령은 1993년 대통
령 유세 중 중국에 대해 보다 강경한 태도를 취할 것을 약속한 바 있다.
하지만 대통령에 취임하자 그는 이러한 전략을 전환하였다. 1990년대
부터 미국에서는 중국에 최혜국(MFN: most favoured nation) 대우
를 부여할 것인가에 대한 논쟁이 진행되어 왔다. 그럴 때마다 보통은 미
국에서는 이를 통해 중국의 내부 문제인 인권 문제에 영향을 행사하고
자 하는 시도가 있었다. 하지만 2001년 중국이 WTO에 가입하자, 인권
문제와 무역은 상관없는 관계가 되었다. 왜냐하면 중국은 WTO에 가입
함으로써 관세와 기타 무역 혜택에 있어서 영구적인 최혜국 대우를 부
여받았기 때문이었다. 무시할 수 없는 것은 중국 내 몇몇 집단들이 미국
에 대해 가지고 있는 강한 적대감이었다. 이러한 감정은 1999년 전면에
등장하게 되었다. 그것은 북대서양조약기구(NATO: North Atlantic
Treaty Organization)에 의한 베오그라드(Belgrade) 공격 도중 미국
전투기가 중국 대사관에 폭격을 가했던 것에서 촉발되었다. 미국은 그
폭격은 사고였다고 변명하였다. 전투기 조종사에게 잘못된 신호가 전
달되었다는 것이었다. 하지만 많은 사람들은 이에 대해 의구심을 제

기하였다. 중국은 코소보 사태에 대해서 공식적으로 중립을 선언하였으며, 관련 사태에 대해 UN에서 투표가 이루어졌을 때도 기권하였다. 하지만 그 와중에도 중국이 세르비아의 지도자 밀로셰비치(Slobodan Milošević)에 대해 동정적인 태도를 취하고 있다는 주장이 있었다. 따라서 중국 인민들이 보기에 미국의 폭격은 의도적인 것처럼 보였다. 이에 중국인들은 중국 주재 미국과 영국 대사관 주변에서 돌을 던지는 등 시위를 벌였다.

미국과 중국관계에 있어서 핵심적인 것 중 하나는 지도자들 사이 개인적인 유대관계를 형성하는 것이었다. 베오그라드 폭격을 통해서 미국은 중국의 핵심적인 의사결정자들과 연결될 수 있는 쉽고도 직접적인 통로가 없다는 것을 깨달았다. 이것은 문제였다. 하루, 이틀 정도 중국의 엘리트 지도자들과 아예 연락이 닿을 수 없는 때도 있었다. 당시 국가 주석이자 당 총비서로 재임하고 있던 장쩌민은 평소에 미국에게 너무 부드러운 제스처를 취하는 것이 아니냐는 비판을 받았는데, 베오그라드 폭격을 계기로 이런 비판은 더욱 거세졌다. 또 장쩌민은 1996년 타이완 총통 선거에 영향을 미치기 위해서 인민해방군을 동원한 바 있는데, 당시 장쩌민의 인민해방군에 대한 태도에 대해서도 불평이 터져나왔다.

중미관계에 있어서 타이완은 가장 성가신 문제이다. 1978년 미국은 국제적 인준의 대상을 타이완에서 중화인민공화국으로 전환했다. 하지만 미국은 타이완을 달래고, 안심시키기 위해서 타이완관계법(Taiwan Relations Act)을 미국 국회에서 통과시켰다. 타이완관계법에는 타이완 해협에 어떠한 공격이 발생하든지 미국이 타이완을 원조한다는 내용이 포함되어 있다. 이 타이완관계법은 사실상 미국이 타이완에 안보 우산을 제공한다는 것을 보증해 주는 것이었다. 다수의 하원과 상원의원들에게 있어서 타이완에 대한 지지는 마치 신념에 찬 행동과도 같았다. 클린턴 대통령은 당선되기 전 네 차례나 타이완을 방문하였다. 워싱턴에서 타이완인들의 로비 또한 만만치 않았다. 하지만 중국의 경제력이 신장하면서, 타이완관계법은 점차 복잡한 성격을 가지기 시작했다. 특히 1996년부터 타이완에서 총통과 국회의원을 선출하기 위한 보통 선거를 실시하는 등 민주주의가 타이완에서 완전히 작동하기 시작하면서 타이완 문제는 더욱 복잡해졌다.

　조지 W. 부시는 2001년 미국 대통령에 취임했다. 그때 클린턴 대통령이 그랬던 것처럼 부시 대통령에게도 비슷한 도전이 닥쳤다. 하이난(海南)성의 남부지역에서 미국 정찰기와 인민해방군 공군 전투기가 충돌한 것이었다. 인민해방군 조종사는 그 자리에서 즉사했지만, 미국 정찰기 조종사는 살아남아서 이송, 구금되었다. 이 사건은 2001년 4월에 발생했다. 하필 이즈음 조지 W. 부시 대통령은 타이완을 보호하고 수호할 필요성에 대해서 강력하게 피력하고 있었다. 하지만 이러한 중미관계는 2001년 9월 11일 테러리스트들이 미국을 공격하면서 완전히 그 성격이 바뀌었다. 9·11테러는 국제관계의 지형을 재편하였다. 이를 계기로 미국은 테러와의 전쟁에 집중하게 되었다. 어떠한 대가를 치르고서라도 말이다. 중국은 미국이 벌이고 있는 테러와의 전쟁을 지지하였다. 그 결과 중국은 신장 지역의 두 개의 무장단체를 국제적인 테러 조직으로 공인하는 데에 성공하게 되었다. 중국은 또한 이라크 및 아프가니스탄 침공에 대한 UN의 다양한 결의안을 찬성하였으며, 이러한 중국의 태도는 중요한 것이었다. 조지 W. 부시 대통령의 남은 임기 동안 중미 간에 때때로의 조그만 실랑이는 있었지만, 미국 외교의 최우선적 정책적 목표는 다른 곳에 있었다. 그리고 중국은 이를 매우 잘 뒷받침해주었다.

중국을 방문한 미국 대통령들

이제 중국은 미국 대통령들이 방문하는 중요한 국가 중 하나가 되었다. 하지만 미국 대통령의 방중이 이루어질 때 종종 외교의례 및 의전문제가 발생하기도 했다. 때로는 통역의 문제도 발생했다. 1972년 닉슨 대통령은 획기적으로 중국을 방문했다. 그는 은퇴하고 난 후에도 몇 차례 중국을 방문하였다. 레이건(Ronald Reagan) 대통령이 중국을 방문했던 시기에는 미중관계가 비교적 우호적인 상태에 있었을 때였다. 이때 미국은 중국을 핵심적인 우호국으로 보았다. 그리고 중국경제의 개혁 과정에 도움을 제공했다. 그러나 1998년 클린턴(Bill Clinton) 대통령이 중국을 방문했을 때에는 레이건 대통령의 시기보다 중미관계가 보다 복잡해져 있었던 상태였다. 이 시기는 타이완의 총통 선거가 끝난 후 중국과 타이완 사이에 날카로운 신경전이 벌어지고 있었던 때였다. 왜냐하면 타이완 총통 선거가 진행되고 있었을 때 중국이 군사적 행동을 함으로써 이에 개입하려고 했기 때문이었다. 미국의 몇몇 유권자들에게는 심각한 인권 유린 국가와 지나치게 친밀하게 지내는 미국의 외교정책이 못마땅했을 수 있다. 클린턴 대통령은 베이징 중심가를 돌아보았으며, 베이징대학에서 연설을 했다. 이 모든 것은 미국 측이 중국에 요구한 것들이었다. 또 미국의 요구에 의해서 클린턴 대통령과 장쩌민 주석 간의 기자 회견은 생방송으로 방송되었다. 어떠한 검열도 이루어지지 않았던 것이었다. 클린턴 대통령은 보편적인 인권을 존중할 필요성에 대해서 언급했다. 고위급 외국인사가 중국을 방문하면 으레 그러했듯이, 수많은 반정부 인사들이 석방되었다. 그중 가장 유명한 인물은 웨이징성(魏京生)이었다. 그는 1979년 민주의 벽운동(民主墙运动) 당시 중국의 다섯 번째 현대화는 민주화가 되어야 한다는 글을 썼고, 11년 동안 계속해서 수감생활을 하였다. 클린턴 대통령은 또한 고대 왕조의 수도였던 시안을 방문하여 진시황 무덤에 있는 병마용을 볼 수 있었다.

조지 W. 부시 대통령은 중국을 방문하였을 때, 그가 그토록 집착하고 있었던 두 가지 목적을 달성하고자 하였다. 첫 번째는 그가 전 세계적으로 벌이고 있는 테러와의 전쟁에서 중국의 보다 강한 지지를 얻고자 했다. 두 번째는 중국에서 종교의 자유를 촉진시키고자 노력했다. 하지만 2009년 11월, 오바마(Barack Obama) 대통령은 1972년 이후 아마도 가장 논쟁적이었던 방중을 하였다. 그의 방문이 이루어지기 전 모든 것은 청신호였다. 어떠한 미국 대통령도 당시 오바마 대통령처럼 중국인들의 공적인 지지를 받은 적이 없었다. 오바마가 취임한 지 처음 몇 개월이 지났을 때도 그는 다른 대통령들이 취임 초기 겪어야 했던 문제들을 겪지 않았다. 또한 오바마 대통령은 미국 대통령으로서는 처음으로 취임 첫해에 중국을 방문한 대통령이 되었다. 이것은 그만큼 중국이 미국에 외교적으로 얼마나 중요한 국가가 되었는지를 보여주는 것이었다. 하지만 실제 방문이 이루어졌을 때 여러 문제가 발생했다. 오바마 대통령은 일반 중국인들과 거의 접촉할 수 없었다. 그나마 오바마 대통령에게 허용된 일반인들과 만날 수 있었던 유일한 공식 일정은 대학생들과의 대화였는데, 그것마저도 상하이 교외 지역에서 철저한 보안 중에 이루어졌다. 베이징에서 열린 기자회견에서는 어떠한 질문도 허용되지 않았으며 후진타오 주석의 태도는 그 어느 때보다도 형식적이고 딱딱했다. 오바마 대통령의 방중 기간 양국은 장구한 공동 성명에 조인하기는 하였지만, 11월 당시 오바마 대통령의 방문은 중국 지도부가 서툴고 과민했기 때문에 놓쳐버린 기회로 평가된다. 심지어 그 후 몇 달 동안 양국 지도부 관계는 불편했다.

한편, 중국의 주석이 미국을 방문하였을 때 역시 더욱 실수투성이었다. 2001년, 후진타오는 국가 주석과 당 총비서가 되기 직전 미국을 방문했다. 그때 한 파룬궁 신도가 기자단에 섞여 들어가 후진타오에게 가까이 접근할 수 있었으며, 그에 대해서 장광설을 늘어놓았다. 이를 반면교사 삼아, 2011년 1월 후진타오가 국가 주석으로서 마지막으로 미국을 방문하였을 때에는 보다 삼엄한 경호가 이루어졌다. 그때 후진타오 주석은 기자 회견 도중 한 질문을 오해하여, 백악관의 신경을 거슬리는 말을 하기도 했다. 이러한 점에서 후진타오 주석은 그의 선임자인 장쩌민 주석을 따라할 수는 없었던 것이다. 장쩌민 전 주석은 노래방에서 노래 부르는 것을 좋아했으며, 중국을 방문한 고위 관료들에게 시를 읊어주기도 했다. 그리고 장쩌민 주석은 외국을 방문할 때면 외국어 실력을 뽐내기도 했다.

2009년 이래 중국과 미국

중국에 있어 2009년 이래 가장 큰 변화는 세계경제위기였을 것이다. 세계경제위기는 미국의 금융 분야에도 타격을 주었다. 이에 미국은 이라크와 아프가니스탄 문제에 대한 과도한 관심을 자제하고 투입 자원을 줄였으며, 다시 아시아 지역에 역량을 집중하기 시작했다. 2011년 11월 오바마 대통령은 아시아를 방문하는 동안 미국은 태평양 세력이라고 발언하였다. 또 2010년부터 국무장관 힐러리 클린턴(Hillary Clinton)은 남중국해와 동중국해는 미국에 있어서 핵심적인 전략 지역이라고 말하였다. 많은 사람들이 이것을 미국의 아시아로의 회귀라고 일컬었다. 미국은 아시아에 수많은 핵심적인 전략 이익과 동맹들을 가지고 있다. 그리고 중국인들이 보았을 때 전 세계에 미국이 존재하지 않는 곳은 없었다. 왕후이(汪暉)는 베이징 시내 대학의 문학 교수인데, 21세기에 미국의 국경은 중국의 바로 코앞까지 이르렀다고 불평했다. 왜냐하면 미군이 한국, 일본에 주둔하는 등 미국의 동맹국들이 중국 주변의 거의 모든 곳을 둘러싸고 있기 때문이다. 해양 강대국으로서의 미국의 힘은 대단하다. 중국은 오직 한 대의 항공모함(그나마 이것도 우크라이나에서 매입한 중고임)을 가지고 있는데 반하여, 미국은 15대를 가지고 있다. 중국의 두 번째 항공모함은 2019년에 운항 예정이며, 또 다른 항공모함은 10년 내로 완성될 계획이다. 중국인의 시각에서 보았을 때 미국과 비교한 중국의 위치는 여러 동맹국을 거느리고 있는 미국의 힘과 비교해 보았을 때 절망적일 정도이다. 하지만 이에 대해서도 여러 가지 반응이 혼재한다. 낙관적인 사람들은 적어도 미국의 동맹국들이 아시아에서 힘의 균형을 유지하는 핵심적인 역할을 함으로써 안정적인 안보 우산을 제공하고 있지 않냐고 생각하고 있다.

중국의 미국에 대한 시각은 항상 모호했다. 중국은 한편으로는 미국의 역동적인 힘과 개방성을 선망한다. 류샤오보(劉曉波)는 어느 날 아침 뉴스를 통해서 오바마가 미국 대통령으로 선출되었다는 것을 알았을 때, 미국은 대단한 국가라는 느낌이 들었다고 말했다. 미국에서도 그토록 참혹하고 비극적인 인종 갈등이 존재했지만, 마침내 흑인이 미국 대통령으로 당선된 것이었다. 동시에 다수의 중국인들은 미국은 자신의 가치를 실현하고자 하는 열성분자와도 같은 국가라고 인식하기도 한다. 미국은 전 세계에 자신의 통치 형태를 주입하려 하기 때문이다. 중국인들은 종종 미국 내 살인사건 및 총기사건 발생률을 언급한다. 중국이 매년 공식적으로 발간하는 미국 내 인권 실태 보고서(미국의 중국 인권 실태 보고서에 대한 대응으로)에 의하면 현대 미국에는 여러 측면에서 병리적인 현상이 존재한다. 매우 많은 사람들이 교도소에 수감되어 있으며, 많은 사람들이 강간, 강도를 당하고, 총기 사고의 희생자가 되기도 한다. 부시 대통령의 재임 기간 동안 미국은 자신의 도덕성에 대해 뽐내고자 했지만, 일부 미군이 이라크 포로들의 인권을 어떠한 방식으로 유린했는지에 관한 사진이 전 세계로 유포되는 순간 미국의 도덕성은 곤두박질쳤다. 미국을 방문했던 수많은 중국인들은 미국에 대한 모순된 감정을 가지고 돌아온다. 어떤 사람들은 미국의 가치를 옹호한다. 하지만 그에 못지않게 많은 중국인들은 미국이 아시아지역과 세계에서 중국의 설 자리를 없애고 방해하는 불안한 상대라고 생각한다. 특히 아시아 지역과 전 세계에서 미국이 중국에 대해 보이는 태도를 보면 더욱 그러하다. 최근 중국인들이 가장 염려하는 것 중 하나가 미국이 중국에 대해 행하는 포위 작전이다. 많은 중국의 정책결정자들은 미국의 아시아에서 다음과 같은 행동이 중국을 포위하고자 하는 작전의 일부라고 보고 있다. 미국은 2011년 이래 미얀마와의 관계개선에 나서고 있으며, 베트남과 관계를 증진하고, 타이완에 무기를 팔고, 일본과 한국에 군대를 계속해서 주둔시키고 있다. 중국이 세계 제1의 국가가 되기를 바라는 사람들에게는 다음과 같은 사실들이 매우 놀라울 것이다. 미국은 현재 125개의 국가의 일에 관여하고 있고, 전 세계적으로 700개 이상의 미군 주둔지를 가지고 있으며, 한 해에 약 7,000억 달러를 국방비에 소모하고 있다. 이 액수는 중국이 공식적으로 발표한 자국의 국방비보다 7배에 달하는 액수이다 (하지만 실제 중국의 한 해 국방비는 훨씬 많다고 함) (Cumings, 2009, p. 393).

　이 모든 사실에도 불구하고 중국과 미국에 놓인 선택사항은 제한되어 있다. 중국과 미국 사이에 전면적인 충돌이 발생한다면 상상하기도 끔찍한 결과가 초래될 것이다. 중미 간 발생한 갈등들을 보면 다음과 같다. 미국은 중국의 인민폐 환율을 재평가할 것을 요구했다. 정부가 책정하기보다는 시장에 의해서 환율이 결정되도록 요구한 것이었다. 또한 중국은 인터넷을 이용한 적극적인 첩보 활동을 벌이는 것으로도 알려져 있다. 하지만 기후 변화와 핵 비확산에 대해서는 심각한 토론 끝에 중국과 미국은 협력해야 할 공동의 이유를 찾았다. 또한 미국이 지배하는 세계의 규칙에 적응하기 위해서 중국의 지도부는 내부 개혁을 추진해야 했다. 정부의 규율에 익숙해져 있던 중국 은행들은 금융 분야에 있어 국제 경쟁에 노출되면서 1990년대 말 특히 어려운 시기를 보냈다. 또한 2001년 중국이 WTO에 가입함으로써 시장을 개방하자 중국의 경제는 계속해서 성장했다. 비록 미국은 1980년대 이래 중국정치 구조의 변화를 소망하고 있을지도 모르나, 지금은 더욱 실용적인 시각이 지배적이다. 이 시각에 의하면 두 국가는 서로의 상이함을 받아들이고, 보다 조심스러운 태도로 제한된 영역에서 자신의 국가이익을 추구할 것이라는 것이다. 중국은 2008년 이래 '핵심 이익'에 대해 이야기 해왔다. 핵심 이익이 무엇인지에 대해서 알기 위해서는 보다 많은 연구가 이루어져야 할 것이다. 하지만 현재로서 추측하는 것은 중국이 핵심 이익을 주장하는 배경은 분쟁 중인 해양경계선과 국경선에 대한 중국의 주장을 관철하려는 데 있다고 볼 수 있다. 특히 타이완 문제에 대해서 그렇다.

미중 양국 사이에는 이렇듯 오해와 문제들이 쌓여갔다. 2013년 중반 시진핑은 취임한 지 몇 달 만에 외교적 관례를 깨고 미국의 서부에 위치한 캘리포니아 써니랜드 리조트에서 오바마 당시 미국 대통령과 회담을 했다. 회담은 9시간이 넘게 진행되었으며, 시진핑은 미중관계를 '신형 대국관계'의 틀에서 논하고자 하였다. 회담 직후 시진핑은 기자 회견에서 "태평양은 미국과 중국 두 국가에 충분히 넓은 공간이다"라고 말했다. 이것은 중국이 당시 느끼고 있었던 좌절을 말해주는 듯했다. 중국은 세계에서 가장 중요한 경제 대국 중 하나이지만, 자신의 전략적 공간이 미국에 의해 침해받는다고 느끼고 있었다. 미국은 일본에서부터 시작하

여 뉴질랜드에 이르기까지 여러 국가와 우호조약관계에 있었다. 미국의
영향력이 미치지 않는 공간을 찾고자 하는 소망이 중국지도부 안에 존
재했다. 중국지도부는 호주가 호주 북부 Darwin지역에 미군 해군기지
건설을 설치하기로 합의했다는 것에 항의했다. 호주는 중국에 자원을
가장 많이 수출하는 국가 중 하나이다.

　최근의 미중관계에는 갈등적 요소가 거의 항상 있어왔다. 2014년 중
반 미연방수사국(FBI)은 다섯 명의 인민해방군 장교들에게 구속영장을
발부하는 이례적인 조치를 취하였다. 미국 회사들에 대해서 산업 스파
이 행위를 저질렀다는 이유에서였다. 이 사태로 인해 미중 사이버 위원
회가 처음으로 소집되었다. 미중 사이버 위원회는 사이버 안보에 대한
양국의 문제를 논의하기 위해서 설립되었다. 2013년 에드워드 스노든
은 국내 이메일에서부터 외국 지도자들에게까지 이르는 미국의 광범위
한 사찰에 대해 폭로했다. 중국은 자국이 사이버 공간에서 국제 규범을
어기는 국가로 종종 언급되는 데에 대해서 불편함을 느끼고 있었다. 미
국은 수많은 기업들과 광범위한 국가이익이 중국 해커들의 공격대상이
되고 있다고 주장했다. 중국 해커들은 인민해방군일수도 있고, 민간인
들일 수도 있다. 이 방면을 원칙적이고 건전하게 규제하려는 국제조약
은 그 체결 가능성이 높지 않다. 왜냐하면 이 방면의 주요 행위자인 미
국과 중국이 국제조약보다는 공격과 방어를 반복하며 상대방에게 최대
한의 이득을 취하는 데 집중하고 있기 때문이다. 비슷한 상황이 기후변
화와 테러리즘이라는 이슈에서도 재현되고 있다. 국내 정치적 이유로
협력이 자주 이루어지고 있지 못하고 있다. 2013년과 2014년 신장과
관련된 일련의 그룹들이 중국 내 민간인들을 공격하는 사건들이 발생했
다. 2014년 초 미국 언론이 쿤밍 역 공격을 테러리스트로 규정하지 않
은 것은 분명히 중국을 크게 불쾌하게 했다.

372 ▸▸ 현대 중국의 이해, 제3판

중국과 트럼프 대통령

세계의 대부분 국가가 그러했듯이 중국 역시 2016년 11월 미국 대통령 선거에서 힐러리가 트럼프에 패할 것을 예상하지 못했다. 트럼프는 선거 유세 기간 중국을 불공정 무역의 주체라 비판했다. 2015년 미국의 약 2,000억 달러에 이르는 대중 무역 적자를 그 대표적인 예시로 들며, 심지어 중국이 사실상 미국을 '강간'하고 있다고 표현하는 등 맹공을 퍼부었다. 그는 만약 당선된다면 중국을 환율조작국으로 지정할 것이며, 미국의 노동자들을 보호하기 위해 중국의 물품에 관세를 부과할 것이라고 선언했다.

트럼프가 취임한 초기에는 위에서 언급한 극단적인 조치는 취해지지 않았지만, 그의 행보는 예사롭지 않았다. 그는 당선 직후 타이완의 차이잉원 총통과 통화를 하였으며, 이로써 타이완의 지도자와 직접 대화한 최초의 미국 대통령 당선인이 되었다. 이에 대해 중국은 강하게 항의했다. 트럼프는 곧이어 하나의 중국 원칙에도 의문을 가했다. 하나의 중국 원칙은 1970년대부터 타이완을 대하는 데 있어 미국이 근본으로 삼았던 원칙이다.

처음 중국의 반응은 조심스러웠다. 시진핑은 다시 한번 외교적 관례를 깨고 미국을 방문했다. 그는 트럼프와 2017년 4월 플로리다에 위치한 트럼프의 별장에서 회동을 가졌다. 두 정상 간 교감이 오갔으며, 트럼프는 후에 시진핑 주석을 '좋은 사람'이라고 평했다. 트럼프는 무역 문제에 관심을 집중했으며, 2017년 11월 중국을 국빈 방문했을 때 2,400억 달러 이상 규모의 협정에 사인했다. 이듬해 2018년 2월 트럼프는 미국으로 수입되는 철강에 관세를 부과했다. 이는 중국을 겨냥한 것이었다. 비록 철강은 중국의 대미 수출액의 2퍼센트에 불과하지만 말이다. 그 의미는 상징적이었다. 트럼프가 "무역전쟁은 이기기 쉽다"라며 미국은 좀 더 나은 협상을 할 필요가 있다고 말했던 것처럼 말이다.

트럼프의 이러한 관례에 따르지 않는 리더십은 중국에 부분적으로는 리스크이자 기회이기도 하다. 트럼프는 환경과 세계 무역이라는 공간에서 미국의 역할을 약화시켰다. 이 공간은 중국이 차지하고 싶어 했던 영역이었다. 2017년 초 시진핑은 처음으로 세계 다보스 경제 포럼에 참석하여 연설했다. 시진핑은 보호무역을 지지하는 트럼프보다 세계화를 더 지지하는 등 그가 오히려 더 미국 대통령인 것처럼 보였다. 그럼에도 불구하고 트럼프 행정부의 중국에 대한 접근방식은 중국에게 과제를 남겼다. 즉, 중국과 관계됨으로써 손해를 보고 좌절을 느끼며, 이에 대해 중국에게 보다 협조적인 태도를 요구하는 것에 대해 중국정부는 답해야할 것이다. 2018년 초까지 이에 대한 완전한 대답은 이루어지지 않았으며, 2018년 6월 미국이 중국산 수출품에 대해 관세를 부과하면서 상황은 복잡해졌다. 미국이 관세를 부관한 배경은 중국이 너무 많은 지적 재산을 훔치며, 국제적으로 받아들여지고 있는 무역 규칙을 지키지 않는다는 이유였다. 2018년 말까지도 미국은 중국산 제품에 관세를 부과하고 있다.

중국과 유럽연합(EU)

1990년대 중국외교정책의 큰 그림은 다극세계를 만드는 것이었다. 1991년 소련이 붕괴한 이후, 미국은 유일한 초강대국으로서 '단극 질서'를 누렸다. 중국인들에게 이것은 조화롭지 않은 현상이었다. 이것은 대륙과 국가 간 존재하는 정교한 권력 균형을 깨트리는 것이었기 때문이었

다. 하지만 다극 질서에 대한 언급은 후진타오 시대에 줄어들었다. 이
것은 아마도 미국의 힘이 강성해졌기 때문이기도 하겠지만, 부분적으로
유럽연합(EU)이 중국에 했던 정치적 약속을 충실히 이행하지 않았기
때문이기도 했다.

중국과 유럽경제공동체(EEC: European Economic Community)
는 1975년 외교관계를 수립했다. 그것은 무역 협정을 체결하면서 시작
했다. 약 10년 후 중국과 EEC는 무역 협정을 보다 포괄적인 전략적 협
정으로 격상시켰다. 하지만 여전히 양국 협력의 중점 영역은 무역이었
다. 무역 파트너로서 양자 간의 관계는 더욱 진전되었다. 1990년대에서
2000년대로 넘어가면서 유럽경제공동체(EEC)는 유럽연합(EU)로 변모
하였다. 2011년 새로운 회원국을 받아들이면서 전체 회원국 수는 27개
국이 되었다. EU는 또한 헌법을 제정하고, 외교담당 부처를 신설하였
다. 더불어 2000년부터는 유로화를 도입하였다. 유로화는 EU 회원국
들 사이에서 통용되는 화폐이다. EU는 여러 국가 간 다국적 협력의 이
상적인 모델이 되었다. 중국은 여기에 강한 흥미를 보였다. 많은 중국
인들이 EU를 견학하였다. 그리고 그들은 EU가 인권 및 관련 가치에 대
해서 취하고 있는 태도의 심각성에 그리 관심을 보이지 않았다. 중국과
EU의 관계는 비록 오로지 무역과 시장 접근 차원에서만 시작되었지만,
점차로 영역을 넓혀 통치체제 및 법적 가치 등을 둘러싼 새로운 영역으
로 확장되었다. 그 이유는 EU의 가치 및 태도가 다소 변화했기 때문이
다. EU는 그 자신이 정의하고자 하는 정치적 가치를 진화시켰다. 그것
은 회원국들에게도 마찬가지로 적용되었다. 따라서 이러한 흐름은 EU
와 경제 및 정치 영역에서 중요한 관계를 형성하고 있는 국가들에게도
적용되었다. 비록 EU는 이러한 가치들을 공격적으로 요구하지는 않았
지만 이에 대한 선언 등 수많은 서류를 통해 중국 내 인권 상황에 대해

서술함으로써, 중국에 인권이라는 가치를 존중해 줄 것을 암묵적으로 요구했다.

중국은 세계의 유일한 강대국인 미국에게도 비슷한 요구를 받고 있다. 그럼에도 불구하고 중국은 인권 증진을 위한 심각한 조치를 취하고 있지 않다. 이런 와중에 EU와 같은 공동체가 중국에게 이러한 것을 요구하다니, 중국은 당연히 이를 덜 심각하게 받아들였다. 더구나 EU는 단일한 주권 국가도 아니었다. EU는 여러 국가가 모인 공동체임에도 불구하고, 인권문제에 대해서 단일한 목소리를 냈다. EU의 많은 회원국들은 EU라는 틀 내에서 자국 국익을 추구하고 있다. 비록 EU 자체는 특정 문제에 대해서 총체적 자세를 취하고 있기는 하지만 말이다. 이것은 중국인들이 보았을 때 위선적이었으며, 통일성이 결여된 행동들이었다. 한편 중국이 WTO에 가입하면서, EU와 중국은 세계 제1의 무역 규모를 자랑하는 무역 파트너가 되었다. 서로에 대한 상호의존도가 높아진다는 것은 다른 영역에서 제기되는 주장 역시 더욱 무시할 수 없게 되었다는 것을 의미했다.

2001년 이래 중국과 유럽연합(EU) 사이에는 주요 3가지 문제가 존재했다. 이 문제들은 도전적이었으며, 중국과 EU관계를 규정하기도 했다. 첫째는 1989년 천안문사건 이후 유럽이 중국에 대해 취한 무기 수출 금지 조치였다. 아직도 EU는 이 조치를 유지하고 있다. 이 조치를 수정할 것인지에 대해서 2004년 EU 회원국 사이에서 토론이 오갔다. 만약 이 조치가 제거된다면 이것은 매우 강력한 상징적 의미를 갖게 될 것이다. 그리고 비록 이 조치가 공식적으로 제거된다고 할지라도 이것이 실제 효력을 갖게 되지 않을 수 있었다. 왜냐하면 민감한 기술을 중국과 공유한다는 등의 중요한 사항은 각국의 국회에서 다룰 일이었기 때문이다. 하지만 EU의 지도자들은 미국의 견해를 참고하지 않을 수 없었다. 미국은 금수조치가 계속해서 유지되어야 한다고 완강하게 고집했기 때문이다. 비록 엄청난 로비 활동이 벌어지기는 하였으나, 금수 조치를 제거하는 것은 결국 실패했다. 이를 통해서 중국은 EU가 정치적 영역에 있어서 미국을 거스를 의지가 거의 없다는 것을 확인했다. 둘째는 EU가 중국을 시장 경제로 인정하지 않는다는 것이다. EU는 중국의 경제에 있어서 국가의 역할을 너무 크다고 지적하고 있다. 중국은 이에 대해서 다른 국가들도 자국의 상황과 비슷하지 않냐며 항변하고 있다. 그 예로서 러시아 등이 있으며, 이러한 국가들은 이미 오래전부터 국가가 경제에 있어서 많은 부분을 담당했다고 주장하고 있다. 한편 EU가 중국 경제를 시장경제로 인정한다고 할지라도, 그 실제적 영향력은 거의 없다. 다만 이것은 상징적인 것으로 강력하면서도 유용한 결과를 낳을 것이다. 하지만 이 글을 쓰고 있는 이 시점에도 EU는 중국경제를 시장경제로 인정하고 있지 않다. 셋째, EU는 EU 기업들이 중국시장에 대해서 보다 더 큰 시장 접근권을 가져야 한다고 주장하고 있다. 2000년대 초반부터 중국과 EU 간의 무역적자가 중국에 크게 유리하게 증가했기 때문이다. 2017년 기준 중국과 무역흑자를 기록한 나라는 핀란드, 독일, 아일랜드뿐이다.

소프트 파워 측면에 있어서 EU는 중국에 대해서 좋은 이미지를 갖고 있다. 유럽을 방문하는 중국인 관광객의 수가 증가하고 있으며, 많은 학생들이 (주로 영어권 국가인 영국으로) 유럽으로 유학을 가고 있다. 하지만 정치적 인식에 있어서 중국인들은 EU가 다극적 공동체로서 원만하게 기능한다고 생각하지 않는다. 왜냐하면 중국인들이 인식했을 때 EU는 여러 개의 국가로 구성되어 있으며, 이들 국가들의 국익은 많은 경우 충돌하기 때문이다. 때로 회원국 간 충돌이 발생한다는 것도 알고 있다. 2009년 유로존 위기가 시작되었다. 이에 중국은 공적으로 유로화 위기가 성공적으로 해결되기를 소원한다고 말하였으며, 중국은 유럽의 지도자들이 이 문제를 해결할 능력이 있다고 믿는다고 말했다. 이러한 중국의 태도는 그들이 평소 EU에 대해 가지고 있는 다소의 의구심을 고려해보았을 때 다소 이상하기도 했다. 그리고 유럽의 지도자들은 중국의 위와 같은 기대에 부응하지 못했다. 위기 해결을 위해서 2010년과 2011년 동안 그토록 많은 회의를 했는데도 불구하고 말이다.

시진핑 집권기에 들어 새로운 계산법이 등장하는 듯했다. 2014년 3월 시진핑은 브뤼셀을 방문했다. 그는 EU의 본부가 있는 곳을 최초로 방문한 중국의 국가수반이 되었다. 그는 연설에서 EU와 중국의 관계를 지칭하는 데 있어 전략적 파트너라기보다는 '문명' 파트너라는 표현을 썼다. 이는 EU에게 중요한 지위를 부여한 것이다. 하지만 중국은 EU의 회원국 중 어느 특정 국가와 더 좋은 관계를 맺는다든가 특정 국가의 편에 더 우호적인지 등의 문제에 휘말리지 않을 것이라는 뜻이기도 했다. 지난 10년간 중국은 EU에 다소 실망하기도 하였기에, 조금 더 실용적인 접근방법을 취한 것이었다. 2016년 영국이 EU를 탈퇴하면서 잠재적으로 중국은 훨씬 더 분열되고 좌절감을 주는 파트너를 마주하게 되었다.

중국과 아프리카

1960년대에 마오쩌둥이 건국한 열성적인 혁명 국가인 중국은 아프리카 국가들을 잠재적인 동맹국으로 보았다. 왜냐하면 마오쩌둥 당시 중국은 소련에 대항하여, 세계의 개발도상국들을 제국주의적 압제로부터 해방시키는 투쟁을 벌이고자 했기 때문이다. 중국은 GDP의 약 6퍼센트에 이르는 액수를 세계의 마르크스주의 정당을 원조하는 데에 사용하였다.

그 정당 중 상당수는 아프리카에 있었다. 1970년대 아프리카의 마르스 크주의 정당들은 권력과 혁명을 위해서 투쟁했다. 하지만 1980년대에 이르러 중국의 관심은 미국, 유럽, 그리고 일본으로 향했다. 그 결과 중국의 아프리카 국가들에 대한 지원은 거의 중단되었다. 한 예로 1960년 대 말까지만 하더라도 중국은 철도와 도로를 건설하는 등의 형태로 탄자니아를 지원했었다. 하지만 1990년대에 이르러 중국은 보다 많은 해외의 에너지원이 필요하게 되었다. 이에 중국은 다시 한번 아프리카에 관심을 보였다. 2005년 중국은 아프리카 대륙에서 네 개의 국가를 제외하고는 모든 국가와 외교관계를 수립하였다 (이 네 개의 국가는 조그만 규모의 국가들임. 하지만 중국은 이들에게도 모두 외교적 승인을 부여함). 2000년에는 중국-아프리카 협력포럼(FOCAC: Forum on China-Africa Cooperation)이 개설되었다. 그 이후로 다섯 차례의 모임을 가졌으며, 가장 최근의 모임은 2012년 7월 베이징에서 열렸다.

수사적으로는 중국과 아프리카 국가들 사이에는 우호적인 관계가 형성되어 있다. 하지만 그 내면에는 각기 상이한 국익이 역동적으로 얽혀 있는 복잡한 그물망이 형성되어 있다. 중국은 이에 대해서 심한 질타를 받기도 했다. 중국의 아프리카에 대한 투자는 최근 극적으로 증가했다. 2004년에는 약 8억 달러였던 투자액은 2017년 말에는 약 765억 달러 이상으로 증가했다. 하지만 이러한 엄청난 투자액의 증가 이면에는 아프리카에서 벌이고 있는 중국의 복잡한 활동이 숨겨져 있었다. 그 활동은 정당한 가치에 어긋나는 것이기도 했다. 남아프리카와 보츠와나와 같은 경우 비교적 복잡한 경제 구조이다. 이곳에서 중국의 투자는 긍정적인 작용을 하는 것으로 여겨지고 있다. 하지만 짐바브웨, 수단, 에티오피아의 경우 상황은 좀 더 복잡하다. 중국 자본이 국제적인 지탄을 받고 있는 정권들을 지원하고 있다는 고발이 이어져 왔다. 특히 수단의 경우가 그러했다. 중국이 부패한 정권인 바쉬르 대통령(Omar al-Bashir)과 일종의 연계가 있다는 주장이 제기되었다. 바쉬르 대통령은 다르푸르 지역에서 일어난 인종청소를 지지한 인물이었다. 중국은 세계에서 중국이 건설적인 역할을 하고 있다는 것을 보여주려는 시도로 은퇴한 고위급 외교관인 류꿰진(劉貴今)을 다르푸르 지역 문제에 대한 특별 조사 위원으로 임명하였다. 또 2008년 해당 분쟁 지역으로 상당한 수의 중국군을 보냄으로써 UN 평화유지군 활동에 이바지하고자 했다. 그럼에도 불구하고 중국은 사람의 목숨을 대가로 상업적인 이익과 에너지를 얻으려 한다는 비난을 피할 수는 없었다. 아프리카에서의 중국의 유일한 관심은 자국민을 위한 사회적 기반 시설 건설과 제조업 일자리 창출이라는 불평불만이 등장했다. 2010년 아프리카에 사는 중국인들의 수는 약 100만 명으로 집계되었다. 그중 다수가 수입 및 수출 분야에서 소규모의 사업을 운영하는 사람들이었다. 하지만 중국의 국영 에너지 기업들도 대거 아프리카에 있었다. 그들이 수많은 중국인 인부들을 데리고 왔기 때문에 이로 인해 현지인들은 직장을 얻을 수 없었다. 이것은 또 다른 비난을 불러일으켰다. 2008년 짐바브웨에서 대통령 선거가 있었다. 이 선거에서 야당은 짐바브웨는 중국에 대해서 보다 강경한 태도를 취해야 한다고 주장했다. 왜냐하면 중국인들이 짐바브웨에서 사업을 하는 데에 부여되는 조건들이 지나치게 완화되어 있었고, 이것은 짐바브웨의 국익을 해치기 때문이었다. 휴먼라이츠워치(Human Rights Watch)의 2019년 보고서에 의하면 중국인 투자자들은 종종 현지 상황과 노동법을 무시하는 태도를 보인다고 한다. 또 현지인 노동자들을 착취하며 괴롭히기까지 한다. 그 배경에는 중국인의 흑인에 대한 우월감(이러한 분석은 Human Rights Watch가 아닌 잭크[Martin Jacques]라는 한 영국인 언론인이 제기한 것임)이 자리하고 있다. 이러한 중국인의 마음가짐이 그들이 흑인 노동자들을 다루는 태도에 반영된 것이었다 (Human Rights Watch, 2011). 중국인들은 이러한 우려에 대해서 중국은 서구 국가들이 그러하였듯 아프리카를 대하지 않을 것이라고 하였다. 왜냐하면 서구의 식민주의적 정책이 아프리카 대륙에 많은 비극을 양산했기 때문이다. 한편 세네갈 대통령을 비롯한 아프리카 국가들의 몇몇 지도자들은 중국인 고용인들의 일하는 속도와 방식에 매료되어 이들의 열렬한 팬이 되기도 하였다. 그들의 눈에는 중국인 노동자들은 유럽이나 미국에서 온 노동자들과는 차별화된 존재였다.

중국과 러시아

중국과 러시아가 공유하고 있는 국경선의 길이는 자그마치 4,300킬로미터(2,700마일)에 달한다. 그 사이에는 광대한 평원의 국가인 몽골 공화국이 존재한다. 이를 통해서 중국과 러시아는 서로에게 역사적으로 중요한 역할을 해온 국가였음을 알 수 있다. 1917년 러시아에서 일어난 혁명은 중국의 마르크스주의자들에게 영감을 주었다. 그리고 중국의 마르크스주의자들은 상하이에서 중국공산당 창당식을 가졌다. 1930년대와 1940년대 이전 중국공산당은 소련으로부터 재정적, 그리고 기술적 도움을 받아 그 조직을 유지하고, 번창시킬 수 있었다. 결국 마오쩌둥의 중국공산당은 국공내전에서 승리하였다. 이렇듯 중국과 러시아는 역사적으로 연관관계를 맺어왔지만, 양국 간에는 상당한 상호 불신이 존재했다. 1972년 키신저(Henry Kissinger), 그리고 후에 닉슨은 중국 지도자들과 이야기하는 중에 이를 발견하였다. 비록 미국이 궁극적인 제국주의자들처럼 보일지는 몰라도, 중국인들은 소련보다는 미국을 더욱 신뢰하였다. 마오쩌둥 및 중국 지도자들은 소련으로부터 핵 공격이라는 실제적인 위협에 직면하고 있었다. 특히 1969년 중국과 소련 사이에 국경을 둘러싼 군사적 충돌이 발생하여, 수백 명의 사상자를 내면서 양국 간 갈등은 더욱 고조되었다. 1970년대 초, 중소관계는 더욱 경직되었고, 서로 간에 소통은 거의 없었다.

소련이 붕괴하자 이를 바라보는 중국의 시선은 서구의 것과는 사뭇 달랐다. 비록 중국공산당은 소련과 중국을 둘러싸고 있는 소련의 동맹국들을 불신하였고 싫어하였지만, 중국은 그 정치적 모델을 상당 부분 소련에서 차용하였다. 그리고 소련의 공산주의 정권이 붕괴했다는 것은 중국공산당에게는 유쾌한 일은 아니었다. 따라서 중국공산당의 정체성을 정립하기 위한 작업은 즉시 시작되었고, 이것은 지금까지도 어느 정도 계속되고 있다. 중국 내에서는 고르바초프(Mikhail Gorbachev)와 그 지도부가 경제 개혁을 시작하기 전에 정치개혁을 시작한 것이 실수였다는 비난이 쏟아졌다. 또 소련 내 불화가 발생했을 때도 이를 충분히 단호하게 처리하지 않았으며, 소련 지도부가 공산주의 이념을 지나치게 빨리 버렸다는 비판이 가해졌다. 종국에 소련연방은 1990년대 붕괴하였으며 그 경제는 붕괴했다. 더불어 소련 국민의 사망률 등 국민 복지 지표는 하락하였다. 이를 지켜본 대부분의 중국인들, 특히 적어도 중국공산당이 보았을 때 소련의 붕괴는 좋지 않은 것이었다.

중국인들이 보았을 때 푸틴(Vladimir Putin)의 리더십은 적어도 러시아의 엘리트 정치 구조를 복구시켰다. 그는 베이징의 공산당 지도자들로부터 존경을 얻었으며, 그것은 중국 인터넷 블로그 사회에서도 그러했다. 푸틴은 중국에서 그의 전임자인 옐친(Boris Yeltsin)보다도 더 많은 존경을 받았다. 시진핑은 심지어 닮고 싶은 지도자로 푸틴을 언급하기도 했다. 적어도 터프함에 대한 명성에 대해서 말이다. 2014년 러시아가 크림반도를 우크라이나로부터 러시아로 귀속시키자 미국와 EU는 러시아를 고립시켰다. 이는 푸틴에게 중국과 더욱 긴밀해지는 기회로 작용했다. 후진타오의 뒤를 이은 시진핑은 국가 주석으로서의 첫 해외 순방지로 러시아를 택했다. 중국에게 러시아는 중요한 국가였다. 가장 큰 이유 중 하나는 엄청난 가스 매장량을 보유한 시베리아였다. 2014년 중반 푸틴이 중국의 상하이를 방문했을 때 중국은 이를 염두에 두었다. 두 국가는 시베리아의 가스를 채굴하고 그것을 중국시장에 공급하는 데 중국 자본을 투입할 것에 대한 계약을 맺었다.

양국관계를 최근 이토록 순풍을 타고 있지만, 21세기 중러관계는 가까운 동맹이라고 하기에는 무리가 있다. 그들은 서로의 이득을 같이 도모하기에, 어떤 이는 이러한 관계를 '편의의 축(an axis of convenience)'이라고 이름 붙이기도 했다 (Lo, 2008). 그리고 많은 이들은 일대일로(앞 장에서 논의했듯이)가 러시아의 아시아에서의 핵심적 영향에 전략적으로 직접적인 영향을 줄 수 있는 것으로 보고 있다. 왜냐하면 러시아는 중앙아시아에 영향력을 행사하고 있기 때문이다.

중국과 중동

1993년부터 중국은 순수한 의미의 석유 수입국이 되었다. 왜냐하면 국내에서 쉽게 접근 가능한 석유원은 제한되어 있었기 때문이다. 따라서 이 부분에서 중국은 중동 국가들과 주요한 관계를 수립했다. 특히 중국에 가장 많은 양의 석유를 공급하는 국가는 사우디아라비아였다. 이외에도 중국은 이란에 많은 액수를 투자하였다. 중국은 특별히 중동 국가들과 좋은 관계를 유지해왔다. 또 중국은 팔레스타인의 존재를 긍정하면서도 동시에 이스라엘과 우호적인 관계를 유지하는 외교적 수완을 거두었다. 중동지역에서 중국의 핵심적인 외교적 목표는 계속해서 발생하고 있는 골치 아픈 중동의 정치문제에 휘말리지 않는 것이었다. 1990년 제1차 이라크전쟁을 승인하는 안건에 대해 UN에서 표결이 이루어졌을 때에도 중국은 기권하였다. 또 10년 후 부시 대통령이 재임하던 시절 이라크 전쟁을 지지해달라는 협상이 이루어질 때에도 중국은 중립적인 자세를 유지했다. 2000년대에 들어 중국은 건축, 제조, 에너지 생산과 같은 분야에 있어서 엄청난 양의 투자를 했다. 그 투자 대상국으로는 리비아, 사우디아라비아 등이 있다. 그리고 가장 중요한 투자 대상국으로는 이란을 들 수 있다. 이란은 중동 지역에서 가장 많은 논란을 일으키는 국가이면서 동시에 중국에게 중요한 국가이다.

2011년 초, 아랍의 봄이 왔다. 하지만 상황은 보다 어려워졌다. 아랍의 봄에 대한 중국의 초기 반응은 불안함이었다. 그리고 중국 엘리트 지도자들에 대한 동일한 종류의 반발이 있을 수도 있다고 추측하였다. 튀니지에서 첫 번째 봉기가 일어났다. 그 봉기는 한 분개한 시장 노점상에 의해서 이루어졌다. 그는 관료의 행패에 항의하기 위해서 시위를 하였고, 이것은 2010년 말 민중봉기를 촉발하였다. 이는 베이징 정치지도자들을 불안하게 만들었다. 마오쩌둥 시기 유명했던 한 구절이 있다. 그것은 "하나의 불꽃이 거대한 불을 일으킨다"였다. 중국 전역에서 발생하는 수천 건의 사건 중 단 하나라도 전역으로 확대될 수 있는 가능성을 가지고 있으며, 그것은 손 쓸 수 없는 사태가 될 수 있었다. 이러한 이유로 중국정부는 보안 및 질서 유지 부문에 대한 투자를 늘렸다. 2011년 2월 이후 국내 치안 부문에 920억 달러를 소비하였다. 이것은 국방비보다 10억 달러 더 많은 액수였다. 하지만 중동의 상황과 중국의 상황 사이에는 공통점은 거의 존재하지 않으며 차이점이 훨씬 많다. 예를 들어,

이집트와 리비아는 모두 몇십 년간 한 명의 독재적인 인물에 의해서 지배되었다. 하지만 중국의 경우 순환적인 지도부 교체가 이루어진다. 계속해서 공산당이 권력을 유지하고 있기는 하지만, 권력의 최정상에 있는 인물들은 변화하는 것이다. 하지만 아랍의 봄이 확산되면서, 중국외교에 여러 문제를 촉발했다. 특히 중국에게 있어서 리비아와 시리아를 다루는 문제는 가장 어려웠다.

리비아에는 3만 5,000명 이상의 중국인 노동자가 있었다. 그리고 2011년 4월 리비아 사태가 점차 심각해지자 중국정부는 이들을 재빨리 탈출시켜야 했다. 하지만 민간인들을 군사적 공격으로부터 보호하고자 하는 움직임이 NATO 주도로 UN 내에서 이루어지자, 중국은 안보리에서 기권하였다. 그리고 그 이유로 중국이 오랫동안 고수해왔던 국내불간섭 원칙을 내세웠다. 중국의 중립적 태도 일부는 카다피(Muammar Qaddafi)에 대한 오랜 혐오에서 비롯되었다. 1969년부터 집권해 온 리비아의 독재자 카다피는 과거에도 타이완에 우호적이었는데, 그는 자국 내 불만 세력이 커지자 1989년 천안문사건에서 중국지도부가 시위에 참여한 학생들을 대했던 것과 같은 방식으로 반군들을 처단하겠다는 도발적인 발언을 하였다. 이러한 그의 발언은 천안문사건을 상기하고 싶지 않은 중국공산당 엘리트 지도부를 언짢게 하였다. 2011년 9월 카다피 정권은 마침내 붕괴하였다. 그리고 주요 강대국 중 가장 늦게 리비아의 새롭게 들어선 과도정부를 인정했다. 중국의 지도자들은 카다피가 실권하고 난 후 처참한 최후를 맞이하는 것을 보고 경악하였다. 카다피가 구타당하는 영상이 인터넷에 올라왔으며, 그 영상에는 그가 죽기 전 피로 뒤범벅된 얼굴이 담겨 있었다.

2012년 2월 시리아의 아사드 하야 결의에 대한 투표에서 러시아는 반대를 표시했다. 중국은 이에 고무되어 러시아 편에 섰다. 러시아가 반대를 표시했던 이유는 러시아는 시리아와 안보적, 그리고 경제적 분야에서 연계되어 있었기 때문이었다. 중국의 경우 시리아와는 안보와 경제 분야에 있어 어떠한 유의미한 연계가 없었다. 하지만 중국은 리비아 사태의 전개 양상 및 그로 인해 촉발될 수 있는 새로운 문제들에 대해 걱정했다. 중국은 리비아에서 NATO군의 활동이 UN 결의안 1973을 훨씬 뛰어넘는다고 생각했다. 즉, NATO군의 역할은 해당 지역에서 '보호의 임무'에 국한될 뿐, 카다피 충성 세력에 대한 전면적인 공격을 의미하는 것은 아니라고 생각했다. 적어도 중국의 시각에서는 NATO군의 활동은 카다피 세력에 대한 전면적 공격으로 보였던 것이었다. 게다가 중국 분석가들은 시리아는 리비아보다 훨씬 중요한 국가이며 다루기 힘든 국가라고 보았다. 외부의 개입은 내전을 촉발시킬 수도 있었던 것이다. 따라서 중국이 보았을 때 비록 시리아 내 폭력 사태가 점증하고 있다 하더라도 외부의 개입은 사태를 악화시킬 뿐이었다. 그리고 시리아는 2014년까지 외부의 개입에 대해서 모든 수단을 동원해서 저항하였다.

이란과 중국관계를 살펴보자면, 이 분야에서 중국의 외교력은 2006년 이래 수년간 계속해서 시험대에 올랐다. 2006년 중국은 이란 지도부와 보다 긴밀한 관계를 형성할 기회를 갖게 되었다. 그리고 이란 내에 존재하는 여러 개의 천연가스 산지에 투자했다. 이란은 상하이협력기구(Shanghai Cooperation Organization, 상하이협력기구는 미국이 제외된 몇 안 되는 국제 조직 중 하나)에 옵서버(observer) 자격으로 참여하였다. 중국은 1990년대 말에 러시아 및 기타 중앙아시아 국가들과 상하이 협력 기구를 설립하였다. 한편 이란은 계속해서 핵 프로그램을 추진하였고, 이것은 UN에 의한 강도 높은 일련의 제재를 촉발시켰다. 이를 저지해 줄 것을 이란은 중국 측에 요청하였으나, 중국은 이 사태를 관망하기만 할 뿐이었다. 2011년 이란은 무기를 만들 수 있는 수준의 우라늄 농축 시설을 만드는 단계에 근접하였고, 이로 인해 중동 지역의 긴장은 고조되었다. 이란을 저지하기 위한 국제적인 협의가 이루어졌고, 이때 중국은 역시 사태를 주시할 뿐이었다. 중국이 이러한 태도를 취한 이유는 미국의 전략적 목적과 직접적으로 충돌할 수 있는 사태에 휘말리는 것을 방지하기 위함이었다. 중국은 중동에서 이득을 취함과 동시에 중동 지역 국가와 적대적 관계를 형성하고 있는 세력 사이에서 균형을 유지할 수 있는 유일한 국가였다. 그리고 중국에게 있어서 중립적인 태도를 유지하는 것은 쉽지 않은 일이었다. 이러한 중국의 상황은 최근 이란과 관련하여 중국이 EU와 미국의 입장을 지지하면서 더욱 강화되었다. 러시아는 이란과의 핵동결협정을 중개하였으며, 해당 협정에 대한 가장 중요한 지지 국가 중 하나가 되었다. 비록 트럼프가 이란이 해당 협정을 준수하지 않는다며 탈퇴를 원한다고 선언했지만 말이다. 이에 중국 국무원에서는 백서에서 2016년 초 시진핑의 해당 지역 방문을 다루기는 했지만, 외교에 관한 다른 유사한 보고서들보다 그 내용은 간략했고 자세히 다루지 않았다.

중국은 개발도상국들의 지도국인가?

중국은 지정학적, 경제적, 인구 규모의 측면에서 자국을 종종 개발도상국들의 지도국이라고 제시해왔다. 마오쩌둥 시기, 그리고 그 이후에도 중국은 그래왔다. 2005년부터 사람들에게 중국은 세계에 거대한 안정을 제공하는 국가로 점차 인식되었다. 또 다른 국가들은 중국의 경제발전정책을 사용하기를 원했다. 중국은 G77(개발도상국들의 상호협력을 위한 국제회의) 국가 모임의 지도국이다. 그리고 중국 지도자들은 다음과 같은 독특한 방식으로 중국을 소개할 수 있다. 즉, 중국은 GDP에 있어서는 여러 강대국들보다 상위에 위치한 국가임과 동시에 1인당 GDP에 있어서는 여전히 풍요롭지 않은 국가라고 말이다. 정치엘리트들이 정의한 중국외교정책의 최우선적 목표는 국익을 증진하는 것이다. 물론 중국공산당이 계속해서 권력을 유지하기 위해서는 국익 증진을 목표로 해야 할 것이다. 또 계속해서 높은 경제성장률을 유지해야 하며, '부강한 국가'의 꿈을 실현해야 한다. 그래서 중국이 과거 경험했던 외세에 의한 괴롭힘과 굴욕을 다시는 겪지 않아야 한다. 1970년대부터 중국은 다자주의를 부르짖었다. 그리고 중국은 스스로 여러 주요한 다국적 기구의 중심에 섰다. 그 기구들은 UN, 세계은행, IMF 등이다. 이와 같은 기구들에 참여하면서 중국은 그 자신이 보다 안정된 세계를 만드는 데 기여하고 있다고 생각한다. 세계가 안정되어야만 중국 역시 경제성장을 계속할 수 있기 때문이다. 한편 몇몇 강대국들이 보기에 중국은 때때로 자신의 국가적 필요를 무엇보다도 다른 것들의 우위에 두었다. 그리고 여기에 대해서 강대국들은 불쾌함을 느끼기도 했다.

21세기 중국의 커다란 외교적 목표는 약간 모순적으로 보였다. 왜냐하면 중국은 중견국에 더 가깝게 보이기 때문이다. 비록 아직도 훨씬 강한 국가가 되기 위한 길을 모색하고 있기는 하지만 말이다. 그러나 중국은 아시아의 강국처럼 행동했다. 그리고 자국이 요구하는 바를 다른 국가들이 심각하게 고려해주기를 원했다. 하지만 동시에 중국은 자국은 아직 개발도상국일 뿐이므로 따라서 외부 세계에 대한 영향력을 넓히기 보다는 국내 문제에 보다 집중하겠다고 말하기도 했다. 이렇게 함으로써 세계가 중국에 요구하는 외교적 역할에 대해 대응하고자 했던 것이다.

시진핑 집권기의 중국은 더 많은 야심을 보인다. 이에 대해 세계의 여러 국가들은 중국이 기존 질서를 파괴하고 포식자와 같은 행동을 보이지 않을까 염려하고 있다. 이는 중국에서 열린 몇 차례의 고위급 회담에서도 드러났다. 하이난다오(海南島)에서 개최된 보아오 포럼이 그 예이다. 성명서에서는 아시아와 세계가 공동운명체로, 중국은 이를 위한 책임을 맡는다는 담론을 담고 있다. 중국은 일대일로와 같은 프로젝트를 통해서 투자와 개발에 있어서 보다 협조적인 지정학 파트너가 되었고, 중국의 세계에 대한 비전은 반(反)헤게모니이며 각국의 독립과 주권을 존중하는 것이라고 하였다. 비판자들은 '공동 운명체'라는 표현은 그저 수사에 그치는 것이라 보았다. 특히 타이완, 남중국해에서 중국이 자주 보이는 공격적인 행동들, 그리고 아프리카와 중앙아시아의 독재자들을 지지하는 중국의 행동 등을 보았을 때 더욱 그러했다.

   중국은 두 가지 분야에 있어서 다른 국가들과 주요 외교적 마찰을 빚을 것으로 보인다. 하나는 타이완 문제이며, 다른 하나는 에너지 문제이다. 중국은 자국의 에너지 수요를 충족시키기 위한 에너지원 확보를 하고자 하지만, 중국의 이에 대한 경험이 그리 풍부하지는 않다. 한편 파키스탄, 이란, 북한과 같은 국가들은 중국의 지지를 얻기 위해서 중국에 접근하고 있는데, 이로 인해서 중국외교가 부담해야 하는 짐이 더욱 무거워졌다. 중국의 외교정책 결정 구조는 주로 중국공산당에 의해 주도된다. 반면에 외교부의 역할은 상대적으로 약하다 (외교부 부장은 공산당 서열에서 250위에 머물고 있음. 하지만 2017년부터 외교부의 예상과 인력의 규모는 급격히 성장하고 있음). 외교에 관한 실질적인 의사결정은 공산당 내 외사영도소조에서 이루어진다. 외사영도소조의 조장은 당 서기와 주석이 맡는다. 외교정책 결정 과정에는 다양한 행위자들이 참여한다. 그 행위자들은 국영기업에서부터 인민해방군, 재정부, 그리고 상무부까지 다양하다. 복잡한 문제에 대해 이들 모두의 의견이 일치되는 작업은 절대로 쉽지 않다. 더욱 어려운 것은 외교정책 결정에 있어서 인민들의 견해를 참고하는 것이다. 특히 중일관계와 같은 경우 더욱 그러하다. 그렇지만 시진핑 시기 들어 적어도 표면적으로는 중국이 외부 세계를 어떻게 대해야 하는지, 또 환경, 평화유지활동, 중동 등의 문제에 관해 중국이 어떠한 입장을 취해야 하는지 등에 대해서 비교적 훌륭하게 의견이 일치되는 듯하다.

사람들이 중국을 보는 시각은 다양하다. 어떤 사람들은 새롭게 부상한 중국이 가진 의도의 불확실함에 대해서 불편함을 느끼기도 하며, 서구 세계에 실질적인 전략적 위협을 가하는 국가로 인식하기도 한다. 특히 미국이 그러한데, 왜냐하면 이념적으로, 그리고 정치적으로 미국과 중국은 대척점에 서 있기 때문이다. 하지만 그들에게 있어 중국과 협력하는 정책을 펴는 것이 전체적으로 올바른 방향이라는 것은 확실하지만, 일정 영역에서 중국과의 협력이 점점 어려워지고 있다. 적어도 우리는 시진핑 시기의 중국이 국제무대에서 적합하면서도 독특한 공간을 추구하고 있다고 말할 수 있다. 그 공간에서 중국은 다른 국가들의 주목받는 것과 자신의 높아진 위상를 즐기고 있지만, 미국과 같은 세계 경찰의 역할이 되는 것은 피하고 있다.

결론

중국공산당은 2021년까지 중국을 중위 소득 국가로 만드는 것이 목표라고 선언하였다. 이때는 중국공산당 수립 100주년이 되는 해로, 이 목표가 실제로 실현된다면, 중국의 1인당 GDP는 약 1만 3,000~1만 4,000달러에 이르게 된다. 이 글을 쓰고 있는 지금까지 이 계획은 순조롭게 진행되어 가고 있다. 2011년 중국의 1인당 GDP는 구매력평가 기준 8,000달러가 되었다. 그리고 중국의 경제성장률은 적어도 2015년까지 한 해에 7.5퍼센트가 될 것이라는 예측이 있었다. 계속 이러한 추세라면 10년 내에 1인당 GDP를 현재보다 2배의 수준으로 끌어올릴 수 있을 것으로 보인다. 모든 것이 순조롭게 진행된다면 중국은 자신이 예상했던 것보다, 혹은 다른 나라들이 예상하는 것보다 더 일찍 목표를 달성할지도 모른다. 이러한 경향은 1970년대 이후 지속되고 있으며, 일부 근본적인 변화의 속도는 외부 전문가들이 예상했던 것보다 빠르게 이루어졌다.

19세기 아편전쟁 이후 모욕과 피해로 점철된 근대사에 있어서 정의를 세운다는 것의 의미는 시진핑 시기에 한층 강화되었다. 이전에 중국이 예상할 수 없었던 지역들이 개방되며 중국을 둘러싼 세계정세는 긍정적이다. 이에 대한 몇몇 사항들은 이 책에서 이미 서술된 바 있다. 중국은 불과 20여 년 전만 해도 생각할 수 없었던 지위와 지배적 위치를 보유하게 되었다. 중국만큼 이토록 짧은 기간 내 한 나라의 운명이 이보다 더 서사적이고 극적인 변화를 겪은 경우는 드물다. 이는 시진핑 지도부의 자신감이 점차 커지는 근거이기도 하다.

그렇다고 하더라도 중국이 그 목표에 근접할수록 점증하는 문제들을 간과할 수 없다. 비록 자축의 소리가 베이징에서 울려 퍼지고 있기는 하지만 말이다. 이 문제들 중 두 가지는 사람들에게도 널리 알려진 것이다. 10년 내에 중국의 인구는 급격한 노령화를 겪게 될 것이다. 어느 시점에 이르면, 중국의 전체 인구수는 정점을 찍고 점차 축소될 것이다. 그 시점은 10년 전후에 도래할 것으로 예상된다. 또한 2025년까지 성비 불균형은 더욱 심해질 것이다. 이것은 정부에게도 골칫거리가 될 정도이다. 이외에도 더 복잡한 문제는 "어떻게 공산당이 중국의 정치를 이끌 것인가"이다. 중국공산당은 이제 단지 GDP 성장률에만 정책의 우선순위를 둘 수는 없다. 정책의 우선순위는 이제 보다 양질의 경제성장을 하는 것이다. 또 불평등 문제와 사회적 기반 시설의 부족 문제를 해결하는 것이다. 2020년에 이르기까지 단순히 GDP의 성장만을 정부의 주요 목표로 삼기보다는 이보다 한발 더 나아가려고 할 것이다. 하지만 문제는 어떻게 정부가 그 많은 사람들의 요구를 충족시킬만한 자원과 능력을 확보할 것이냐이다. 더 많은 중국인들은 그들을 둘러싸고 있는 환경에 대한 요구 수준을 높일 것이며, 더 행복한 삶을 추구할 것이다.

환경문제는 특히 중대한 사안이다. 사람들의 일상생활과 복지에 직접적인 영향을 주기 때문이다. 중국의 화석연료에 대한 지나친 의존은 공기와 물에 치명적인 타격을 주었다. 중국에서 물을 공급하는 중요한 원천 중 하나인 티베트의 만년설도 빠르게 사라지고 있다고 한다. 질병과 질 낮은 공기, 그리고 홍수는 중국의 미래에 좋지 않은 신호를 주고 있다. 비록 중국은 이러한 문제들에 대응하기 위해서 새로운 기술들에 엄청난 투자를 하고 있지만, 이는 시간에 역행하는 것일 뿐이다.

이러한 문제들은 중국 지도자들의 연설, 중국 내외에 존재하는 전문가들의 분석, 싱크탱크의 보고서에 명확하게 드러나 있다. 중등 소득 수준의 국가로 변모하면서 중국이 해결해야 할 과제들은 순수한 경제적 문제라기보다는 사회적이며 정치적인 문제들일 것이다. 그리고 현실적인 시간 내에 보수주의자와 개혁주의자 사이에 합의점을 찾아내는 것은 어려울 것이다. 2017년 10월 제19차 당대회에서 3시간에 걸친 연설 동안 시진핑 주석이 정치개혁을 한 번도 언급하지 않은 것은 놀라웠다. 더 많은 사람들이 세금, 의사결정, 그리고 기타 영역에서 정치개혁을 기대하였기에, 현재의 시스템에 적어도 약간의 개혁이라도 필요하다고 보았기 때문이다. 이는 서방과 같이 다당제로의 변화를 의미하는 것은 아니었다. 변화는 필요했지만 누구도 어떻게, 무엇을 개혁할지는 몰랐다. 이것은 막대한 불확실성을 불러일으켰다. 중국이 중·단기간에 채택할 수 있는 시나리오는 크게 세 가지 중 하나가 될 것이다. 그것은 점진주의, 위기, 그리고 대전환이다.

점진주의는 많은 중국공산당원들이 가장 선호하는 시나리오이다. 이것은 적어도 중국공산당의 공식 발언만 보아도 알 수 있다. 중국공산당의 계획이 순조롭게 진행된다면, 30년에서 40년 내에 중국은 각 단계마다 직면하게 될 문제들을 잘 해결할 것이다. 그러기 위해서는 각 단계에서 적절한 수준의 경제발전과 1인당 GDP를 통해 중국사회가 불안정이나 위기를 겪지 않고 다음 단계로 도약할 수 있는 준비를 해야 할 것이다. 이러한 방식으로 2050년이 되면 중국은 중국적 특색의 민주주의를 실현할 수 있는 준비를 하게 될 것이다. 그러기 위해서 중국은 적합한 사회적 배경을 구축해야 할 것이다. 그것은 국가의 통일성을 유지하면서 동시에 사회 내 불균형 및 불평등의 문제가 적절히 다루어지는 것을 의미한다. 그렇게 된다면 중국은 청나라 시대부터 부르짖어왔던 '부강한 중국'이라는 목표를 달성하게 될 것이다. 이러한 목표를 달성한 중국을 둘러싸고 있는 세계는 대규모 분쟁이 존재하지 않으며, 중국에게 우호적인 세상일 것이다. 그리고 그 세계는 새로운 강대국이 필요로 하는 정치적, 그리고 자원에 있어서의 공간을 만들어 줄 것이다.

두 번째 시나리오로서 위기를 들 수 있다. 이 시나리오에서는 중국이 변화한다면 그것은 위기에 의한 변화가 될 것이다. 물론 이러한 사태는 최악의 사태이다. 하지만 이러한 일들은 옛날 중국의 고대 왕조 역사에서 반복되었다. 2000년 이상 동안, 중국에 앞서 존재했던 여러 지역(때로는 동시에 여러 왕조가 경합함)의 왕조들은 붕괴하기 전까지 짧은 기간 동안 번성했다. 그리고 이들 왕조의 붕괴는 엄청난 인명 손실과 파괴가 수반되었다. 1368년 원나라가, 1644년 명나라가, 그리고 1911~1912년에는 청나라가 긴 번성의 기간을 끝으로 붕괴하였다. 이때 엄청난 변화들이 발생하였으며, 다양한 수준의 폭력 사태가 발생했다. 하지만 이들의 공통점은 모두 파괴적이었다는 것이며, 당시 중국정치 지형을 변화시켰다. 중화인민공화국이 이들 왕조와 같은 전철을 밟아 붕괴할 가능성은 작다. 하지만 중국의 몇몇 지도자들은 국내에 존재하는 위협과 도전에 대해 염려를 표하고 있다. 그리고 중화인민공화국의 붕괴가 초래할 수 있다는 공포감을 조성하며 중국 인민들에게 암묵적인 메시지를 보내고 있다. 그것은 중국공산당이 여러 실수를 범하고는 있지만, 적어도 역대 중국 왕조가 붕괴할 당시 초래되었던 비극으로부터 인민들을 보호하는 방패막이를 하고 있다는 것이다. 때때로 제4세대 지도부는 안정에 관한 발언을 하면서 안정에 대한 집착을 보였다. 이것은 그들이 본능적으로 '혼돈'에 대해서 가지고 있는 두려움 때문이다. 그들에게 있어서 문화대혁명은 가장 끔찍한 사건이었다. 왜냐하면 문화혁명으로 인해서 중국 내부는 여러 개의 경쟁적인 세력으로 쪼개졌고, 그것은 내부 분열로 이어질 수 있었기 때문이다. 중국은 내부 분열로 인해서 1920년대, 1930년대, 그리고 1940년대 타격을 입었다. 세계 여러 국가에 있어서도 중화인민공화국이 붕괴하는 것은 재앙이 될 것이다. 왜냐하면 중국의 붕괴는 각국에 경제적인 타격을 줄 것이며, 연쇄적으로 여러 국가에 불안정 사태를 초래할 것이다. 가장 중요하게는 세계의 공산품의 주요 공급자인 중국이 사라진다는 것이다. 이로써 중화인민공화국의 붕괴는 중국에게도 악몽이기도 하지만, 세계 여러 국가에게도 마찬가지이다.

　세 번째 시나리오는 아마도 '대전환'이 될 것이다. 이것은 중국지도부에 의한 갑작스러우면서도 예상치 못한 변화를 의미한다. 이것은 급진적이기는 하지만 중국이 현재 유지하고 있는 정치 지형을 통제할만한 수준에서 전환하는 것을 의미한다. 비슷한 예로 1980년대 타이완이 취한 조치를 들 수 있다. 타이완은 1949년부터 존재했던 계엄령을 해지했다. 이를 중국국민당(KMT)은 용인하였고, 이후에 야당의 존재가 합법적으로 인정되었다. 중국의 몇몇 싱크탱크와 학술기관에서 이 모델을 검토하였다. 이것은 잠재적으로 급진적인 변화와 이에 대한 통제를 결합한다는 점에서 매력적이었다. 중국에서 이러한 급진적인 변화가 가능할 것이라고 여겨지는 근거에는 여러 가지가 있다. 그중 하나는 중국지도부가 1978년 급진적인 변화를 행한 선례가 있다는 것이다. 그때는 중국 내외에서 그러한 변화는 가능할 것이라고 생각하지 않았던 시기였다. 물론 뒤늦게야 깨달은 것이지만, 1978년 개혁개방 조치는 현명하고도 합리적인 선택이었다. 그때 중국은 개혁개방 조치를 통해서 시장 개혁을 추진하고, 보다 세계경제에 편입하며, 비국가 영역을 받아들이고, 농업을 개혁하고자 했다. 중국 지도자 중 한 명이었던 리란칭(李嵐淸)의 회고에 따르면, 개혁의 흐름은 복잡하지 않았다. 리란칭은 톈진(天津)의 관료였으며, 마지막으로 중국공산당 중앙정치국 상무위원이 되면서 정계를 은퇴하였다. 개혁의 흐름이 비교적 단순했던 이유는 다른 국가들이 이루어놓은 것을 관찰하여 그것을 기초로 어떤 모델이 중국에게 적합할 것인지 이해할 수 있었고 그대로 정책을 실행할 수 있었기 때문이었다. 하지만 자오쯔양(趙紫陽)의 보다 솔직한 회고에 의하면 개혁개방 과정에서 종종 개혁주의자들에 대한 심한 반대가 있었다. 자오쯔양은 1987년에서 1989년까지 공산당 총서기였으며, 천안문사건을 계기로 실각하였다. 그 당시 개혁개방이 성공할 것이라는 확신은 생각보다 적었다는 것이다 (Li, 2010).

만약 현재 중국지도부가 급진적인 변화를 선택한다고 가정했을 때, 1978년 상황과 지금의 상황은 다르다는 것을 염두에 두어야 한다. 1978년 경제를 개방하기로 결정했던 지도부와 지금 중국을 통치하는 지도부는 다른 종류의 리더십을 가지고 있다. 1978년 당시 중국 지도자들은 혁명 투쟁의 베테랑들이었으며, 공산당원으로서 공산당이 집권할 때까지 수많은 전투에 참여하였다. 따라서 그들은 공산당 내에서 엄청난 지지를 받았으며, 많은 정치적 비호 세력이 있었고, 정치적 자원은 풍부했다. 하지만 현재 중국 지도자들은 다소 다른 영역에서 국가를 경영하고 있다. 현재의 중국 지도자들은 전혀 다른 모습으로 변모한 세계에서 그들의 능력을 펼쳐야 한다. 그들에게 있어서 핵심적인 전투는 외세의 침략에 대항한 체제의 생존을 위한 것이 아니라, 지속가능하며 균형 잡힌 경제성장을 하는 것이며, 중국 인민들을 가난으로부터 벗어나게 하는 것이다. 이로써 중국공산당이 제시하는 비전대로 중국을 '부강한 국가'로 만드는 것이다.

　21세기 중국 지도자들은 서구의 정치가들과 마찬가지의 정치적 임무를 부여받고 있다. 그렇게 하기 위해서는 인민들과 소통해야 한다. 또 때로는 매우 의심스러운 눈으로 정부를 바라보는 인민들에게 다른 분야의 발전을 희생시키거나 미루면서까지 몇몇 분야를 집중적으로 개혁하고 발전시키는 데 집중해야 할 필요성을 설득시켜야 할 수도 있다. 1978년 이래 개혁개방이 추진되면서 이로부터 많은 중국인들이 혜택을 보았다. 하지만 역시 수많은 인민들의 삶은 여전히 침체되어 있으며, 많은 경우 사회의 변화 속도를 따라가지 못하고 있다. 이런 사람들은 종종 사회적 불안을 촉발시키기도 한다. 한 예로 2011년 한 농부가 그의 청원이 무시당하자 이에 분노하여 경찰서 앞에서 행인들을 살해한 후 자신도 자살하는 사태가 벌어졌다. 그리고 동일한 해 중국 북동부에서는 한 남자가 칼로 무장하여 관료들을 살해한 사건이 발생했다. 그 남자가 그렇게 한 이유는 이웃과 토지에 관한 분쟁 상태에 있었는데 이 사태가 그에게 불리하게 돌아갔기 때문이다. 2011년 말 한 보고서에 의하면 현재 중국 내에서는 서구에서 벌어지고 있는 끔찍한 사건들이 동일하게 벌어지고 있다. 그중 하나가 연쇄 살인이다. 한 연쇄살인범은 지난 15년간 약 50명의 매춘부들을 살해하였다. 정치인들은 그들은 인민의 편에 있으며, 사회의 변화 속도를 따라잡을 수 있다고 공언하고 있다. 하지만 중국사회가 계속해서 변화하면서 이러한 메시지는 실현하기가 점차 어려워지고 있다. 시진핑과 그를 둘러싸고 있는 현재의 중국지도부는 고귀하면서도 현명한, 거의 학자와도 같은 분위기를 연출하고 있다. 그리고 중국공산당은 인민을 배려한다는 메시지를 전달하고 있다. 하지만 동시에 공산당은 항상 통일되어 있으며, 누구라도 이에 도전하는 자는 재빠르게 제거될 것이라는 암시도 계속한다. 중국공산당에 반대하는 사람을 다루기 위해서라면 최종적인 수단으로 폭력까지 동원할 수 있다는 것은 공산당이 처음으로 창당된 순간부터 외부세계에 알려졌다. 웨이보, 큐큐, 텐센트(트위터와 같은 것으로 모든 중국인들이 사용함)의 시대에 그저 반대자를 제거해버리는 것은 이전보다 더 위험한 일일 수 있다. 중국 인민들은 공산당의 성향에 대해서 잘 알고 있다. 그것은 중국공산당에 반대하는 의견을 어느 수준까지는 참고 있다가, 특정 수준을 넘어서면 총이나 망치를 꺼내서 반대자를 숙청하는 것을 말한다. 21세기에 중국공산당은 정치와 사회의 영역에 놓여 있는 거대한 개혁문제에 맞서기 위해 계속해서 인민의 마음을 얻을 수 있는 길을 찾아야 한다. 이것은 경제성장률이 떨어지고, 국가가 위기에 봉착했을 때 더욱 어려운 도전과제가 될 것이다. 특히 그 위기가 예상이 불가능하고, 대중의 지지와 희생을 요구할 때 더욱 그러하다.

1949년부터 마오쩌둥이 성취한 위대한 업적 중 하나는 대중에게 호소력 있는 메시지를 고안해 낸 것이었다. 그의 메시지는 중국의 광대한 영토 전역에 전달되었다. 마오쩌둥의 선전(propaganda)에 있어서의 업적은 인상적이었다. 그 예로서 1949년 중화인민공화국의 성립을 선포하던 당시 중화민족의 해방을 이야기했던 점, 1949년 이전의 구사회를 '개가 개를 먹는 상황'으로 비유한 점, 중국공산당이 인민들을 보다 밝고 더 나은 미래로 이끌고 있다고 말한 점 등이 바로 그것이다. 하지만 마오쩌둥의 시기에 해가 거듭될수록 이러한 비전의 실현 가능성은 점차 낮아졌다. 중국공산당 선전가들의 낙천적인 언어는 인민이 겪고 있는 사회적 격동의 상황과 어긋났다. 중국공산당은 '대가족으로서의 중국'이라는 비전을 제시했다. 하지만 너무나 많은 사람들이 제외되고, 고통당하고, 압제당하면서 이러한 꿈은 점차 현실에서 멀어졌다. 마오쩌둥의 사상은 여러 부문에 심대한 영향을 미쳤다. 영향을 받았던 영역들은 언어, 자연경관의 개발 형태(마오쩌둥은 인간이 종국에는 자연과의 대결에서 승리를 거둘 수 있다고 생각했으며, 이를 입증하고자 했음), 사람들을 결집했던 상징들, 그리고 인민들이 믿었던 이야기들, 뉴스가 보도되는 방식, 사회의 재구조 과정 등 거의 중국사회의 전반에 해당한다. 마오쩌둥이 사망한 이후에 약 40년이 지났지만, 여전히 그의 그림자는 중국에 남아있다. 그리고 몇몇 아마추어 및 비공식적 역사학자인 양지성(楊繼繩)과 같은 사람들에 의한 용감한 시도가 이루어졌다. 그는 『묘비(墓碑)』라는 책을 통해서 1960년대 중국 전역에서 발생했던 심각한 기근으로 인한 사람들의 죽음을 다루었다. 이로써 그는 역사가 텍스톤(Ralph Thaxton)이 말한 '역사의 속삭임(a whispered history)'으로부터 대기근 당시의 역사를 끄집어내어 사람들에게 보여주었던 것이다. '역사의 속삭임'이란 사람들은 알고 있지만 공식적으로 인정되지 않은 과거를 뜻한다. 중국이 과거부터 간직하고 있었던 트라우마는 마침내 수면위로 그 모습을 드러냈다 (Thaxton, 2008).

중국이 가지고 있는 트라우마 속에는 상반되는 요소들이 포함되어 있다. 우리는 현재 번영하고 있는 역동적인 중국을 보고 있다. 하지만 현재 중국 내부에는 여러 상반되는 것들이 존재한다. 그리고 이것은 중국이 어디로 가고 싶은가를 알아내는 데 약간의 혼란을 야기하고 있다. 콜라한(William A. Callahan)과 같은 역사학자들은 이러한 중국의 특성에 대해서 말했다. 그는 중국에는 낙관주의와 비관주의가 기묘한 형태로 섞여 있다고 보았다. 중국은 계속해서 역사적으로 겪어야 했던 고통을 언급하면서 중국은 성공적으로 이로부터 벗어날 수 있었다고 강력하게 선언하였다. 만약에 여배우가 중국의 적 앞에서 중국의 명예를 실추시키는 영화에 출연한다면 적어도 수많은 중국의 블로거들과 네티즌들은 이에 대한 공격을 아끼지 않을 것이다. 그리고 그들은 문제의 배우를 공개적으로 그리고 온라인에서 비난하고 창피를 줄 것이다. 이러한 사례들은 장쯔이(章子怡)에게도 동일하게 적용되었다. 장쯔이는 현대 중국 스타들 중에서 가장 국제적으로 성공한 배우 중 한 명이다. 그녀는 한 영화에서 반나체 상태로 출연하였고 이로 인해 맹비난을 받았다. 여기서 문제가 되었던 것은 당시 영화상에서 그녀의 상대역이 일본인이었다는 것이다. 문제의 영화는 중국에서 상영이 금지되었다. 이렇듯 현대 중국은 삐걱거리는 자화상을 가지고 있다. 중국은 1978년 이래 매일 매일 변화를 경험할 정도로 변화에 압도된 국가가 되었다. 중국이 경험하고 있는 것, 세계에서 중국의 이미지, 사람들 간 형성하고 있는 관계, 경제, 중국인의 삶의 거의 모든 부분들이 계속해서 변하고 있다. 이러한 사회에서 평화롭거나 잔잔한 삶을 사는 것을 꿈꾸는 것은 요원한 일일 수 있다.

중국에서는 지식인들과 엘리트들 사이에 열띤 토론이 진행되고 있다. 그 토론은 중국이 어떤 방향으로 가야 할 것이며, 중국이 어떠한 성격의 강대국이 되어야 하는지 등에 대한 것들이다. 소위 신(新)좌파주의자로 분류되는 왕후이(汪暉)같은 인물의 경우 중국은 현대화에서뿐만 아니라 현대성 그 자체에도 독특한 궤적을 남긴 국가라고 주장하고 있다. 중국은 마침내 그토록 오랫동안 소원하던 바대로 강한 문화적 정체성을 가진 국가가 되었다. 이제 중국은 미래지향적이며 지적이고 도덕적인 완전성을 갖추기를 원한다. 때로 중국은 널리 퍼져 있는 서구의 헤게모니와 같은 문화적 영향에서 벗어나고자 하는 경향을 보이기도 하는데 이것은 민족주의적 성향에서 비롯된다. 하지만 2008년 여러 개발도상국들이 경제위기를 경험하면서, 중국인들은 이제 중국은 통치, 조직, 그리고 지적 활동에 있어서 보다 독자적인 모델을 개발할 수 있는 능력을 가졌다는 더욱 강한 자신감을 갖게 되었다. 굳이 항상 서구의 것을 모방할 필요는 없다는 것이었다. 하지만 중국은 한편으로는 서구의 국가와 같이 되기를 열망하면서, 동시에 보다 '중국적 색채'를 원하는 등 태도에 있어서 모호성을 보인다. 그리고 이러한 중국이 스스로 해결하지 못하는 모호한 태도를 비판하는 목소리도 존재한다. 이제껏 살펴본 논쟁들을 통해서 우리는 마침내 다시 한번 "'중국적인 것'은 무엇인가"라는 질문에 봉착하게 된다. 몇몇 사람들에게는 '중국적인 것'은 민족성과 국가성을 뛰어넘는 인간 자체에 대한 구체적인 비전과 관련되어 있다.

중국을 짧은 기간이나마 방문해 본 사람이라면, 현대 중국에는 무언가 가시적이면서 강력한 에너지가 역동적으로 흐르고 있다는 것을 알 수 있다. 수 세기 동안 어떠한 국가도 이토록 빠른 속도로 발전한 적이 없을 것이다. 물론 이에 전 세계는 영향을 받는다. 중국인들은 중국이 세계적인 영향력을 행사하는 국가가 되기를 원하고 있다. 그것이 성공하든 성공하지 못하든 말이다. 거의 모든 중국인들이 이러한 소망을 가지고 있을 것이다. 엘리트 지도자들, 사업가들, 그리고 농촌이나 도시에서 일하는 노동자 등 모든 중국인들이 말이다. 1949년 중국공산당은 국가를 재건하여 통일된, 그리고 강력한 중국을 건설하기를 원했다. 2018년이 된 이 시점에 이러한 중국공산당의 꿈은 더욱 선명해지고 있다. 1949년 당시 중국 지도자들이 실패, 붕괴라는 문제와 씨름했다면, 21세기 중국지도부는 빠른 속도의 발전, 그리고 경제가 야기하는 문제를 해결해야 한다. 중국이 불과 반세기에 걸쳐 경험한 변화는 하나의 놀라운 여정과도 같다. 따라서 중국사회가 앞으로 반세기 동안 어떠한 종류의 변화를 겪을 것인지를 생각하는 것은 거의 불가능하다. 중국이 어떠한 모습이건 간에 그것이 세계에 의미하는 바는 이전보다 더욱 커질 것이며 미래 중국의 모습은 중국의 안정성, 성공, 그리고 통합성에 달려 있다.

추천도서

제1장 중국은 어떤 국가인가?

중국의 민족문제, 그리고 중국의 역사적 뿌리에 대한 자료로는 Dikötter (1992)의 저서가 좋다. 그의 서적은 위의 주제에 대한 훌륭한 개괄서이다. Lovell (2006)의 저서는 '중국'이라는 단어가 무엇을 뜻하는지, 그리고 만리장성이 중국의 상징으로서 어떠한 역할을 했는지를 잘 알려주고 있다. Bulag (2002)은 중국의 북부지역에 거주하는 몽골인의 사례를 통해서 중국의 소수민족 문제를 살펴본다. 이 책에서는 때때로 비극적인 몽골인들의 역사도 서술하고 있다. 북서 지역의 소수민족 문제를 알고 싶다면 Milward (2007)의 저서를 참고하면 된다. Wolin (2010)은 중국이 가장 폐쇄적인 상태에 있었을 때, 중국을 방문했던 또는 중국에 친밀감을 가지고 있었던 서구의 엘리트들에게 중국이 어떠한 영향력을 미쳤는지에 대해서 서술하였다. 참고로 중국은 1960년대 말과 1970년대 초 가장 폐쇄적 상태에 있었다. Burr (1999)의 저서에서는 닉슨(Richard Nixon), 그리고 키신저(Henry Kissinger)가 마오쩌둥을 만났을 때 어떠한 대화를 나누었는지에 대한 기록을 찾아볼 수 있다. Koolhaas와 Leong (2001)의 책에서는 시각적 자료 등을 활용하여 중국의 역동성, 복잡함, 그리고 모순된 여러 면을 놀랍게도 잘 보여주었다. 그 시작에서부터 지금에 이르기까지 중국 역사를 개괄적으로 쉽게 살펴볼 수 있게 하는 책들은 Brook (2011), Kuhn (2011), Rowe (2009), 그리고 Lewis (2007, 2009, 2011)이다. Mote (1999)는 900년에서 1800년에 이르는 기간 동안 존재했던 제국들의 방대한 역사를 다루었다. 이 책에서 그는 중국이 지금까지도 지니고 있는 지적인 그리고 영적인 전통의 조합을 권위 있는 필체로 서술했다. Brown (2014)은 여러 제국에 걸쳐 존재했던 100명이 넘는 핵심 인물들을 자서전의 방식으로 소개함으로써 자칫 너무나 길고 복잡해서 접근하기 어려운 중국의 역사를 다루었다. Johnson (2017)은 중국 역사에서의 종교적 믿음을 연구함으로써 지금까지 중국인들의 가지고 있는 믿음을 설명했다. Kleinman과 그의 동료들 (2011)은 현대 중국에서 개인주의의 재도래와 도덕의 위기를 훌륭하게 설명했다.

제2장 현대 중국의 형성

중국 역사를 종합적으로 살펴보고자 한다면 Immanuel Hsu (2000), Fenby (2009)의 책을 참고하면 된다. 1949~1976년 사이의 마오쩌둥 시대에 대해서는(특히 이 시기의 경제모델) Walder (2015)를 참조하라. Spence (1999)는 청나라 말기 이후부터 중국을 근대화하려 하였던 지식인들의 흐름을 훌륭하게 정리해 놓았다. Westrad (2012)의 책은 청나라 이래 중국이 외부 세계와 맺어왔던 관계와 그 과정에서 형성한 국가 정체성에 대해 다룬 권위 있는 서적이다. Lovell (2011)의 책은 아편전쟁을 가장 알기 쉽게 정리해 놓았다. Spence (1996)는 태평천국운동에 대한 이야기를 그 창시자인 홍슈취안(洪秀全)의 시각과 삶을 통해 설명하였다. Platt (2012)는 태평천국운동의 파괴적인 전개를 극적

으로 소개했다. Mitter (2004)는 1919년 5.4운동 이후 10년 동안의 중
국 역사를 서술하였다. 또 Eastman (1984)은 왜 국민당(KMT)이 중일
전쟁과 국공내전 이후 실패하였는지 그 이유를 생생하게 전달하였다.
Mitter (2013)는 중일전쟁의 전개 과정과 원인에 대해 자세히 서술하였
다. Van de Ven (2017) 역시 중일전쟁에 관하여 같이 참조하면 서로 보
충이 되는 책이다. Callahan (2009)은 중국공산당이 외세에 의한 '치욕'
의 역사라고 부르는 근대의 사건들이 어떻게 정치적으로 조작되었는지
서술하였다. 한편 마오쩌둥에 관해서는 자서전, 분석 등 엄청나게 많은
양의 자료들이 있다. 그것은 베이징에서 발간한 마오쩌둥의 저작, 마오
쩌둥 전기, 그리고 그의 행적에 관한 수많은 논쟁 및 관련 사실들을 포함
한다. 그중 가장 마오쩌둥에 대해서 부정적으로 서술한 것은 Chang과
Halliday (2005)의 저서이다. 한편 마오쩌둥에 관해 긍정적으로 서술한
사람으로는 Spence (2002)와 Short (1999)가 있다. Fenby (2003)와
Taylor (2011)는 장제스에 대해서 서술했다. 중화인민공화국 건국 초창
기에 대해 알고 싶다면, Brown과 Pickowicz (2007)의 저서를 참고하
면 된다. Becker (1996), Thaxton (2008), 그리고 Dikötter (2010)은
끔찍했던 대약진운동과 그 이후 대기근의 시기에 대해 다루었다. 1966
년부터의 문화대혁명에 대해서는 MacFarquhar, Schoenhals (2007)
이 있으며, 그 밖의 저자로는 Clark (2008)가 있다. Clark (2008)는 문
화대혁명 시기의 여러 가지 측면 중 문화를 보다 집중적으로 다루었다.
J. Brown (2012)는 마오쩌둥 시기, 특히 문화대혁명 때 이루어진 농촌
하방운동에 대해서 살펴보았다. Tweiwes와 Sun (2016)은 문화대혁명
시기를 꼼꼼하게 연구하였다. 특히 1978년 이래 도입된 농촌의 개혁과
이에 적응하기 위한 고군분투를 이후에 이루어질 중국의 전체적인 발전
의 틀에서 훌륭하게 다루었다. 천안문사건을 다룬 가장 최고의 저서는

Brook (1992)의 것이 있다. 한편 천안문사건에 대한 내부 문건이 외부로 유출되어 그것을 기반으로 Nathan과 그 동료들 (2001)이 책을 출간하였다. 그로 인해서 그 책을 저술한 저자들은 중국으로부터 입국을 거부당했다. 한편 Zhao (2010)은 그가 1987년부터 1989년까지 당 총서기로서의 경험을 정리해놓았다. 이것은 놀랍게도 중국 외부로 유출되어 홍콩으로 흘러들어가 그의 사망 이후 기록의 형태로 출간되었다. 후진타오 시기에 대해서는 Lam (2006)과 Brown (2012)의 저서가 있다. Yeh (2013), Tuttle과 Schaeffer (2013), 그리고 Ma (2011)는 티베트에 대해 훌륭하게 정리해놓았다.

제3장 공산당과 정치

공산당이 전체적으로 어떻게 작동되는지를 알아보고자 한다면 Brown (2009), Callick (2013), McGregor (2010)의 저서를 참고하면 된다. Shambaugh (2009)는 1991년 소련이 붕괴한 이후 20년 동안 중국공산당 내부에서 이루어진 다수의 논의들에 대해서 분석했다. 중국공산당이 최근 어떠한 기능을 하고, 어떻게 운영되는지 알고자 한다면 이에 대해서 훌륭하게 업데이트를 해놓은 Millar와 Cheng의 The China Leadership Monitor를 참고하면 된다. 이 기관은 미국 Stanford의 The Hoover Institute에서 운영한다. Fewsmith (2008)의 저서도 이와 관련된 책이다. Yongnian Zheng의 저서도 살펴볼 만 하다. 중국공산당의 최고 구성원이라고 할 수 있는 엘리트의 구성, 다양한 정파와 그들 간의 관계에 대해 자세히 알고 싶다면 Bo (2010)의 책을 보면 된다. 하지만 Bo (2010)의 저서에서 엘리트들의 올림픽 개입 부분과 타이완 문제에 관한 저술은 다소 설득력이 떨어진다. Cheng (2001)의 저서를 보면 중국공산당 내에 존재하는 여러 파벌들에 대한 구체적인 사실들과 이들이 엘리트 지도자들 사이의 관계에 어떠한 영향을 미치는지 알 수 있다. Li (2007)는 인민해방군의 역사와 기능에 대해서 다루었다. Pieke (2009)의 저서를 보면 21세기 중국공산당이 간부들을 어떻게 교육시키는지, 특히 베이징 서남부에 위치한 중앙당교에 대해서 알수 있다. Yu (2009)는 위커핑(俞可平)의 중국 내 민주화에 대한 수필을 번역한 책이다. 위커핑은 공산당 중앙편역국(中央編譯局)의 관료였다. Fravel (2008)은 1949년 이후 중국이 왜, 그리고 어떠한 방식으로 해양 및 영토 경계선 분쟁을 다루었는지 살펴보았다. Taylor (2009)는 아프리카에서 중국이 어떻게 자국의 국익을 새롭게 창출하고 있는지 보여주었다. Kissinger (2011)의 책은 두껍고 서로 연결되지 않는 역사적 사실들로 가득 차 있지만, 미국과 중국의 관계가 개선되는 과정에서 그의 역할에 대해서 논한 부분은 유용하다. 중러관계에 대해서는 Lo (2008)가 개괄적으로 훌륭하게 설명한다.

제4장 중국은 어떻게 통치되는가?

중국정부의 구조에 대해서는 Saich (2004)가 명확히 서술하였다. 중국의 국가와 사회의 관계에 대한 생생한 기술은 Shue (1988)의 저서에서 찾아볼 수 있다. Brown (2011)은 1987년부터 도입된 현(縣) 단위 선거에 대해서 신중한 자세로 살펴보았다. Peerenboom (2007)은 중국 내법의 지배라는 문제에 대해서 다루었다. 중국이라는 국가를 경영하는 것을 서술한 중요한 책으로는 이 모든 것의 중심에 있는 시진핑의『국정운영을 말하다(*The Governance of China*)』 두 권의 시리즈(2014, 2017)가 있다. 그가 쓴 다른 책들도 물론 중요하다. Chung (2016)은 제국의 역사에서부터 지금에 이르기까지 중앙정부와 지방 정부의 관계를 간략하고도 훌륭하게 다루었다. Dickson (2016)은 현대 중국에서 신뢰의 수준에 대한 조사에서부터 정부가 의존하고 있는 네트워크 등 흥미로운 자료를 소개하고 있으며, 중국공산당 일당 지배의 미래에 펼쳐질 수 있는 시나리오도 분석했다.

제5장 중국경제

1949년부터 중국의 경제를 총괄적으로 다룬 최고의 서적으로는 Naughton (2006)의 저서가 있다. 이 책에서는 개혁개방 초기 중국이 겪었던 역동적인 변화에 대해서 설명하였다. 그 변화란 마오쩌둥 하에 존재했던 계획경제 구조를 덩샤오핑 지도하에 시장 주도의 경제로 바꾸는 것을 의미한다. 이것은 쉽지 않은 작업이었으며 그로부터 초래되는 영향도 상당했다. Kroeber (2016)은 위의 Naughton의 책을 보충했고 업데이트 했다. Peter Nolan (2001, 2003)은 중국경제의 세계화에 대해서 다루었다. 특히 중국기업들이 세계 시장으로 입성하기 위해서 거쳐야 했던 엄청난 도전들에 대해서 서술하였다. Dickson (2003)은 중국의 붉은 자본주의가, 그리고 사영기업에 대해 서술하였다. 그는 이후 다시 Chen과의 작업을 통해서 하나의 책 (Chen and Dickson, 2010)을 출간하였는데 여기에서는 중국의 사적 영역에서 활동하는 주요 행위자는 누구인지, 그리고 현재로서는 왜 그들이 중국공산당에게 있어 정치적 문제가 아닌지에 대해서 설명하였다. Nee와 Oppen (2012)은 자본주의와 관급 주도의 경제가 보일 수 있는 모순에 대해서, 특히 성급 그리고 그 이하의 정부 수준에서 자세히 다루었다. 중국 내에 존재하는 불균형에 대해서는 Huang (2005, 2008)의 두 저서가 훌륭히 서술하였다. 여기서 구체적으로 불균형이란 각기 다른 성(省) 사이에, 그리고 국가 영역과 비국가 영역 사이에 존재하는 격차를 말한다. 이 부분에 대해서 Huang은 풍부한 자료를 기반으로 재치 있고도 훌륭한 방법으로 서술하였다. Crabbe (2014)는 중국경제 통계를 다루는 데 있어서 발생할 수 있는 예측불허한 변동에 대한 유용한 교훈을 주고 있다. 중국의 부상이 세계 전반과 세계경제 질서에 미친 영향에 대해서 알고 싶으면 Kynge (2006)의 책을 참고하면 된다. Clissold (2005)는 중국 내에 존재하는 외국인 투자의 위험성에 대해서 다루었다. 한편 Midler (2011)는 제조업, Gerth (2010)는 중국의 소비자에 대해서 다룸으로써 현대 중국경제의 엄청난 복잡함을 제각기 상이한 측면에서 소개한다. Zhao (2014)는 혁신과 관련하여 중국의 교육시스템이 가지고 있는 문제에 대해서 서술했다. Studwell (2002)은 중국이 WTO에 가입하기 전과 후, 외국계 기업들이 어떻게 중국에서 고군분투하였는지에 대해서 다루었다. Economy (2005)는 1970년대 이래 약 30년간 지속되었던 중국의 발전이 어떠한 환경적 비용을 초래했는지, 또 이에 대한 중국정부의 정책(대응방안)을 설명한다. Elvin (2006)은 지난 약 2,500년간의 긴 역사적 맥락에서 중국경제에 대해서 다루었다. Watts (2011), Geall (2013), Shapiro (2012)는 중국의 환경문제에 대해서 최근 소식까지 다루었다. 특히 중국의 각기 다른 성(省), 그리고 상이한 지역에서 어떠한 환경문제를 겪는지에 대해서 다루었다.

제6장 중국사회

현대 중국사회의 역동적인 특징과 복잡함에 대해서 훌륭하게 서술한 두 권의 책이 있다. 첫 번째는 안후이(安徽)성의 언론인인 Chen과 Wu (2006)의 책이다. 이 책은 중국 농부들에게 주어진 엄청난 세금과 경제적 부담, 그리고 지방 관료들의 횡포에 시달리고 있는 농부들의 삶을 다루었다. 두 번째로는 훌륭한 사회학자인 Cao Jingqing (Cao, 2006)을 들 수 있다. 이 책은 현대 중국의 중심에 살고 있는 중국인들의 삶에 대해서 다룬 저서를 영어로 번역한 것이다. 이 중에서도 가장 훌륭한 저서는 Fei Xiaotong의 책이다. 그는 영국에서 유학한 경험이 있는 사회학자로 그가 1947년 간결한 필체로 저술한 글은 지금까지도 파격적으로 느껴질 정도이다. Wright (2010)는 중국이 WTO를 가입한 이후 중국사회 내에서 이루어지고 있는 계급투쟁에 대해서 살펴보았다. 또한 그는 중국의 기업가들이 얼마나 정치적 변화에 관여할 것인가의 문제를 다루었다. Yang (2009)은 인터넷과 관련하여 2000년대의 10년간 현상들에 대해서 생생하게 서술하였다. Ma (2005)는 학자의 관점에서 시민사회의 역할을 역사적으로 서술하였다. French와 Crabbe (2010)는 현대 중국 내에서 증가하는 비만 문제에 대해서 풍부한 자료를 바탕으로 분석하였다. Guo (2010)의 저서에는 중국의 건강보건, 그리고 교육의 영역에서 제기되고 있는 핵심적 문제를 다루는 장이 포함되어 있다. Loyalka (2012)는 시안(西安)지역을 살펴봄으로써 현대 중국사회에 대해 독자들이 쉽게 이해할 수 있게 하였다. 여성의 지위에 대해서는 Fincher (2014)를, 1980년에서 2015년 사이에 시행되었던 한자녀 정책에 대한 법적인 비판에 대해서는 Fong (2016)을 참조하라.

제7장 중국문화

Barmé (2000)는 1978년부터 2000년까지 중국에서 있었던 핵심적인 문화적 흐름과 문제들을 개괄적으로 다루었다. Davies (2009)는 중국과 서구의 핵심적인 포스트 모더니스트들의 글을 풍부하게 참고하여 서구와 중국의 지식인 영역의 상호관계 역사를 분석했다. 여기서 인용된 여러 작가들 중 하나인 Wang Hui의 여러 작품은 영어로 훌륭하게 번역되었고, Wang (2011)은 개괄적으로 가장 잘 설명한다. Lovell은 루쉰(魯迅) (Xun, 2009)의 저서를 훌륭하게 번역하였다. Lovell은 현대 중국의 가장 위대한 작가로 널리 알려진 루쉰의 단편들을 이 책 한 권에 실었다. Wang (2012)은 부패한 관료에 대한 현대 소설로 쉽게 읽을 수 있으며 잘 번역되었다. Hsia (1968, 1999)은 중국의 고전과 현대 문학에 대한 권위적인 두 권의 책으로 입문서로는 최적이다.

제8장 세계 속의 중국

Garver (2015)는 중화인민공화국 성립 이후의 외교정책들을 가장 종합적으로 서술했다. Bell (2015)은 중국지도부의 국정 운영을 그 가치와 역사에 기반 하여 기술해놓았다. 비록 논란을 불러일으키기도 하지만 어떻게 중국이 세계와 관계 맺어야 하는지에 대한 수많은 내부 논쟁을 기록했다. Shambaugh (2013)와 Gill (2007)은 세계 속에서 중국의 역할에 대한 중국 내부에서 거론되고 있는 최근의 우수한 견해를 서술했다. 또한 어떻게 이러한 견해들이 외부 세계에서 모순되게 적용되는지도 보여주었다. 한편 Jakobson과 Knox (2010)는 스톡홀름 국제 평화연구소(SIPRI: Stockholm International Peace Research Institute)에 제출한 훌륭한 보고서로 어떻게 중국의 외교정책이 만들어지는지에 대해서 훌륭하게 서술하였다. 또한 그 과정에서 얼마나 복잡한 이해관계, 그리고 기구 간 복잡한 관계가 반영되는지 이해하는 데 많은 도움을 제공한다. Ross (2008)는 1970년대 초부터 2000년대까지 중국이 어떠한 틀 내에서 움직였는지 보여준다. 특히 1989년 천안문사건으로 인한 중국과 국제사회 간의 괴리를 다룬 장은 훌륭하다. Foot과 Walter (2010)는 21세기 가장 중요한 양자관계라고 할 수 있는 미중관계에 대해서 서술하였다. 단지 정치 및 안보관계만 다룬 것이 아니라, 양국 사이 심화되고 있는 경제적 상호의존관계도 다룬다. 한편 옌쉐통(閻學通)은 칭화대학 교수로서 최근 중국에서 국제관계에 대해 뛰어난 식견을 보이는 학자이다. Yan (2011)에서 옌쉐통은 국제관계를 설명하는 데 있어 유학자들의 견해와 유교의 이념을 이용하고자 하였다. 특히 맹자 및 약 2,500년 전인 진나라 시대 이전에 존재했던 유학자들의 사상과 현대 국제 질서에서 중국의 역할을 접목시키고자 한다. 기타 베이징 내 학술기관들도 이 저서의 집필에 기여하였다. 중국, 인도, 그리고 일본 사이에 형성되어 있는 복잡한 관계에 대해 알고자 한다면 Emmott (2008)의 글을, 역사에서부터 얽혀있는 중일관계의 복잡한 문제들에 대해서는 Dreyer(2016)의 저서를 참조하라. Lankov (2013)의 책은 최근 북한에 대해 저술한 최고의 책 중 하나이다. Hayton (2014)은 그의 책에서 남중국해와 관련한 복잡한 문제들에 대해서 알아보기 쉽게 정리해놓았다. French (2014)는 중국과 아프리카 일부 지방에서 Chan (2013)과 함께 기자로서 활동한 경험을 살려 아프리카에서의 중국에 대해 서술했다. EU에 관련해서는 특히 Kinzelbach (2014)와 Men and Wei (2014)를 참조하라. Ogden (2017)의 책을 보면 인도와 중국이 세계 속에서 각자 자신의 역할이 무엇이라 생각하는지, 서로를 어떻게 포용하고 또 경쟁하는지 알 수 있다. 또 Hall (2015)의 저서를 보면 많은 사람들이 경시하고 있지만 감정이 중국외교에 있어서 얼마나 중요한 역할을 하는지 알 수 있다.

결론

Rudolph와 Szonyi (2018)는 그의 저서에서 Elizabeth Perry에서 Robert S. Ross에 이르는 세계적으로 저명한 국제정치 학자들이 중국의 미래에 대해서 어떻게 생각하는지 최근의 견해들을 잘 정리해놓았다. Irvine (2015)은 중국에 대해 이루어졌던 이전의 예측들을 살펴보았다. Shambaugh (2016b)는 중국이 향후 어떻게 될 것인지에 대한 네가지 모델을 제시했다. 그 모델들은 완전한 민주적 개혁에서부터 독재가 강화되는 것에 이른다.

인터넷 자료들

현존하는 중국의 주요 지도자들에 대한 자료는 www.chinavitae.org에서 찾을 수 있다.

*China Leadership Monitor*에 게재되어 있는 글들은 http://www. hoover.org/publications/china-leadership-monitor에서 찾을 수 있고, 약간은 미국 중심적이기는 하지만, 대단히 흥미진진하고 유용하다.

The Jamestown Foundation 역시 *China Brief*에서 중국정치에 대해 정기적으로 업데이트해 주는데 http://www.jamestown.org/

programs/chinabrief/에서 찾을 수 있다.

중국의 마을 선거와 기타 사회와 통치에 관한 사안들, 특히 NGO 부문은 Carter Center의 http://chinaelectionsblog.net/에서 잘 소개해주고 있다.

China Digital News network의 http://chinaelectionsblog.net/과 China Smack의 http://www.chinasmack.com/에서는 온라인상으로 특이한 소재에서부터 진지한 소식까지 중국 내 다양한 현안들과 사건들에 대해 요약된 소식을 전해주고 있다.

대체로 중국정부의 웹사이트들 가장 권위 있는 정보를 제공하지만 업데이트가 늦은 편인데, 그럼에도 공산당 및 정부 내 인사이동 등 각종 당과 정부 관련 데이터, 인사들에 대한 유용한 정보를 포함하고 있다. http://english.peopledaily.com.cn/whitepaper/home.html에서는 중국정부 백서 자료를 제공한다.

The Financial Times Chinese 서비스는 자료, 데이터, 그리고 분석들로 가득 차 있다. 현대 중국 이슈들을 다룬 중국어판을 원한다면 www.ftchinese.com을 참조하라.

Xinhua, the *People's Daily* Online, and China Daily의 웹사이트들 역시 들여다볼 가치가 있는데, 적어도 국내 및 국제 사건들에 대한 중국의 공식적인 입장을 제공한다.

중국의 환경문제에 대한 정보는 중국어와 영어로 된 웹사이트인 China Dialogue에서 찾을 수 있는데, 주소는 www.chinadialogue.net이다.

chinaheritage.net/은 China Heritage의 사이트로 중국문화와 문학에 대한 활발한 토론과 함께 이 분야의 훌륭한 학자인 John Minford와 Geremie Barme의 이 분야에 대한 소개가 있다.

참고문헌

Ba, Jin (1984) *Random Thoughts*, trans. by Geremie Barmé (Hong Kong: Joint Publishing Co.).

Barmé, Geremie (2000) *In the Red: On Contemporary Chinese Culture* (New York: Columbia University Press).

Barmé, Geremie and John Minford (eds) (1989) *Seeds of Fire: Chinese Voices of Conscience* (Newcastle: Bloodaxe Books).

Barthes, Roland (2011) *Travels to China* (Cambridge: Polity Press).

BBC website (2012) 'China's Military Budget Tops USD 100 Billion', 4 March. Available at: http://www.bbc.co.uk/news/world-asia-china-17249476, accessed 5 August 2012.

Becker, Jasper (1996) *Hungry Ghosts: China's Secret Famine* (London: John Murray).

Bell, Daniel A. (2015) *The China Model: Political Meritocracy and the Limits of Democracy* (Princeton, NJ and Oxford: Princeton University Press).

Bo, Yang (1988) *The Ugly Chinaman and the Crisis of Chinese Culture* (New York: Hill and Wang).

Bo, Zhiyue (2010) *China's Elite Politics: Governance and Democratization* (Singapore: World Scientific).

Brady, Anne-Marie (2008) *Marketing Dictatorship: Propaganda and Thought Work in Contemporary China* (Lanham, MD: Rowman & Littlefield).

Brødsgaard, Kjeld Erik and Yongnian Zheng (2006) *The Chinese Communist Party in Reform* (London: Routledge).

Brook, Timothy (1992) *Quelling the People: The Military Suppression of the Beijing Democracy Movement* (New York: Oxford University Press).

Brook, Timothy (2010) *The Troubled Empire: China in the Yuan and Ming Dynasties* (Cambridge, MA: Harvard University Press).

Brown, Jeremy (2012) *City versus Countryside in Mao's China: Negotiating the Divide* (Cambridge: Cambridge University Press).

Brown, Jeremy and Paul Pickowicz (2007) *Dilemmas of Victory: The Early Years of the People's Republic of China* (Cambridge, MA: Harvard University Press).

Brown, Kerry (2007) *Struggling Giant: China in the 21st Century* (London: Anthem Press).

Brown, Kerry (2009) *Friends and Enemies: The Past, Present and Future of the Communist Party of China* (London: Anthem Press).

Brown, Kerry (2011) *Ballot Box China* (London: Zed Books).

Brown, Kerry (2012) *Hu Jintao: China's Silent Ruler* (Singapore: World Scientific).

Brown, Kerry (2014) *The New Emperors: Power and the Princelings in China* (London and New York: I.B.Tauris).

Brown, Kerry (ed.) (2014) *Berkshire Dictionary of Chinese Biography*, Vols 1–3 (Great Barrington, MA: Berkshire).

Brown, Kerry (2016) *CEO China: The Rise of Xi Jinping* (London and New York: I.B.Tauris).

Brown, Kerry and Simone van Neuwenhuizen (2016) *China and the New Maoists* (London: Zed Books).

Bu, Lambert, Benjamin Durand-Survoingt, Aimee Kim and Naoimi Yamakawa (2017) *Chinese Luxury Consumers: The 1 Trillion Renminbi Opportunity* (Shanghai: McKinsey and Co). Available at: https://www.mckinsey.com/~/media/McKinsey/Business%20Functions/Marketing%20and%20Sales/Our%20Insights/Chinese%20luxury%20consumers%20More%20global%20more%20demanding%20still%20spending/Chinese-luxury-consumers-the-1-trillion-renminbi-opportunity.ashx, accessed 18 March 2018.

Bulag, Uradny (2002) *The Mongols at China's Edge: History and the Politics of National Unity* (Lanham, MD and Oxford: Rowman & Littlefield).

Burr, William (1999) *The Kissinger Transcripts: The Top Secret Talks with Beijing and Moscow* (Darby, PA: Diane Publishing Co.).

Cai, Jindong and Sheila Melvin (2015) *Beethoven in China* (Melbourne: Penguin).

Callahan, William (2009) *China: The Pessoptimist Nation* (Oxford: Oxford University Press).

Callick, Rowan (2013) *Party Time: Who Runs China and How* (Collingwood, ON: Black Inc.).

Cao, Jingqing (2006) *China along the Yellow River: Reflections on Rural Society* (Abingdon/New York: RoutledgeCurzon).

Chan, Stephen (2013) *The Morality of China in Africa: The Middle Kingdom and the Dark Continent* (London: Zed Books).

Chang, Jung and Jon Halliday (2005) *Mao: The Unknown Story* (New York: Vintage).

Chang, Leslie T. (2010) *Factory Girls: Voices from the Heart of Modern China*, 2nd edn (London and New York: Picador).

Chen, Jerome (1967) *Mao and the Chinese Revolution* (Oxford: Oxford University Press).

Chen, Guidi and Wu Chuntao (2006) *Will the Boat Sink the Water? the Life of China's Peasants*, trans. by Zhu Hong (New York: Public Affairs).

Chen, Jie and Bruce J. Dickson (2010) *Allies of the State: China's Private Entrepreneurs and Democratic Change* (Cambridge, MA: Harvard University Press).

Cheng, Li (2001) *China's Leaders: The New Generation* (Lanham, MD: Rowman & Littlefield).

China Daily (2011) 'China's Communist Party Exceeds 80 Million', 24 June. Available at: http://www.chinadaily.com.cn/china/2011-06/24/content_12768094.htm, accessed 10 July 2011.

Chinese National Bureau of Statistics (2011) *Data on List of Per Capita GDP by Province*. Available at: http://en.wikipedia.org/wiki/List_of_Chinese_administrative_divisions_by_GDP_per_capita, accessed 5 August 2012.

Chung, Jae Ho (2016) *Centrifugal Empire: Central-Local Relations in China* (New York: Columbia University Press).

CIA (2018) *World Factbook China*. Available at: https://www.cia.gov/library/publications/the-world-factbook/geos/ch.html, accessed 15 March 2018.

Clark, Paul (2008) *The Chinese Cultural Revolution: A History* (Cambridge: Cambridge University Press).

Clissold, Tim (2005) *Mr China* (London: Robinson).

Crabbe, Matthew (2014) *Myth-Busting China's Numbers: Understanding and Using China's Statistics* (Basingstoke: Palgrave Macmillan).

Cumings, Bruce (2009) *Dominion from Sea to Sea: Pacific Ascendancy and American Power* (New Haven, CT: Yale University Press).

Davies, Gloria (2009) *Worrying about China: The Language of Chinese Critical Enquiry* (Cambridge, MA: Harvard University Press).

Dickson, Bruce J. (2003) *Red Capitalists in China: The Party, Private Entrepreneurs and Prospects for Political Change* (Cambridge: Cambridge University Press).

Dickson, Bruce J. (2016) *The Dictator's Dilemma: The Chinese Communist Party's Strategy for Survival* (Oxford: Oxford University Press).

Dikötter, Frank (1992) *The Discourse of Race in Modern China* (London: Hurst).

Dikötter, Frank (2010) *Mao's Great Famine: The History of China's Most Devastating Famine 1958–1962* (London: Bloomsbury).

Dreyer, June Teufel (2016) *Middle Kingdom and Empire of the Rising Sun: Sino-Japanese Relations, past and Present* (Oxford: Oxford University Press).

Eastman, Lloyd (1984) *Seeds of Destruction: Nationalist China in War and Revolution 1937–1949* (Palo Alto, CA: Stanford University Press).

Ebray, Patricia Buckley (2014) *Emperor Huizong* (Cambridge, MA: Harvard University Press).

Economy, Elizabeth (2005) *The River Runs Black: The Environmental Challenges to China's Future* (Ithaca, NY: Cornell University Press).

Elvin, Mark (2006) *The Retreat of the Elephants: An Environmental History of China* (London: Yale University Press).

Emmott, Bill (2008) *Rival: How the Power Struggle between China, India and Japan Will Shape Our Next Decade* (London and New York: Viking).

Fei, Xiaotong (1992) *From the Soil: The Foundations of Chinese Society*, trans. by Gart G. Hamilton and Wang Zheng (Berkeley, CA: University of California Press).

Fenby, Jonathan (2003) *Chiang Kai-Shek: China's Generalissimo and the Nation He Lost* (New York: Carroll & Graf).

Fenby, Jonathan (2009) *The Penguin History of Modern China* (London: Penguin).

Fewsmith, Joseph (2008) *China Since Tiananmen*, 2nd edn (Cambridge: Cambridge University Press).

Fincher, Leta Hong (2014) *Leftover Women: The Resurgence of Gender Inequality in China* (London: Zed Books).

Fong, Mei (2016) *One Child: The Story of China's Most Radical Experiment* (London: Oneworld).

Foot, Rosemary and Andrew Walter (2010) *China, the United States and Global Order* (Cambridge: Cambridge University Press).

Forbes (2018) *Global 2000: The World's Largest Public Companies*. Available at: https://www.forbes.com/global2000/#7ea53da3335d, accessed 30 September 2018.

Fravel, M. Taylor (2008) *Strong Borders, Secure Nation: Cooperation and Conflict in China's Territorial Disputes* (Princeton, NJ: Princeton University Press).

Frayling, Christopher (2014) *The Yellow Peril: Dr Fu Manchu and the Rise of Chinaphobia* (London: Thames and Hudson).

Frazier, Mark M. (2010) *Socialist Insecurity: Pensions and the Politics of Uneven Development in China* (New York: Cornell University Press).

French, Howard (2014) *China's Second Continent: How a Million Migrants are Building a New Empire in Africa* (New York: Knopf).

French, Paul and Matthew Crabbe (2010) *Fat China: How Expanding Waistlines are Changing a Nation* (London: Anthem Press).

Friedman, Thomas L. (2005) *The World is Flat: A Brief History of the Twenty-First Century* (New York: Farrar, Strauss & Giroux).

Fu, Diana and Greg Distelhorst (2018) 'Grassroots Participation and Repression under Hu Jintao and Xi Jinping', *China Journal*, 79, 100–22.

Gao, Mobo (2008) *The Battle for China's Past: Mao and the Cultural Revolution* (London: Pluto Press).

Gao, Wenqian (2008) *Zhou Enlai: The Last Perfect Revolutionary* (New York: Public Affairs).

Garnaut, John (2015) *The Rise and Fall of the House of Bo* (Harmondsworth: Penguin).

Garver, John (2015) *China's Quest: The History of the Foreign Relations of the People's Republic of China* (Oxford: Oxford University Press).

Geall, Sam (2013) *China and the Environment: The Green Revolution* (London: Zed Books).

Gerth, Karl (2010) *As China Goes, so Goes the World: How Chinese Consumers are Transforming Everything* (New York: Hill & Wang).

Gill, Bates (2007) *Rising Star: China's New Security Diplomacy* (Washington, DC: Brookings Institution).

Goodman, David S. G.(1981) *Beijing Street Voices: The Poetry and Politics of China's Democracy Movement* (London: Boyars).

Goodman, David S. G.(1994) *Deng Xiaoping and the Chinese Revolution: A Political Biography* (London and New York: Routledge).

Guangzhong, Luo tran Moss Roberts (1991) *Three Kingdoms: A Historical Novel* (Berkeley, CA, London and Beijing: University of California Press and Foreign Languages Press).

Guo, Baogang (2010) *China's Quest for Political Legitimacy: The New Equity-Enhancing Politics* (Lanham, MD: Lexington Books).

Guo, Xiajuan and Yongnian Zheng (2008) *Women's Political Participation in China*, University of Nottingham China Policy Institute Briefing, Issue 34.

Hall, Todd H. (2015) *Emotional Diplomacy: Official Emotion on the International Stage* (Ithaca, NY and London: Cornell University Press).

Hayton, Bill (2014) *The South China Sea: The Struggle for Power in Asia* (London: Yale University Press).

Hing, Xia (2006), 'The Communist Party of China and the Party State,' *New York Times*. Available at http://www/nytimes.com/ref/coll-china-politics002.html, accessed 11 November 2018.

Hsia, C.T. (1968) *The Classic Chinese Novel* (New York: Columbia University Press).

Hsia, C.T. (1999) *A History of Modern Chinese Fiction: Third Edition* (Bloomington, IN: Indiana University Press).

Hsu, Immanuel C. Y. (2000) *The Rise of Modern China*, 6th edn (Oxford: Oxford University Press).

Huang, Ray (1982) *1587, A Year of No Significance: The Ming Dynasty in Decline* (New Haven, CT: Yale University Press).

Huang, Yasheng (2005) *Selling China: Foreign Direct Investment during the Reform Era* (Cambridge,: Cambridge University Press).

Huang, Yasheng (2008) *Capitalism with Chinese Characteristics: Entrepreneurship and the State* (Cambridge: Cambridge University Press).

Huc, Evariste Regis (1859) *A Journey through Tartary, Thibet and China during the Years 1844, 1845 and 1846*, Vol. 2, trans. by D. Appleton (London: Longman).

Human Rights Watch (2011) 'You'll Be Fired if You Refuse" Labor Abuses in Zambia's Chinese State-owned Copper Mines'. Available at https://www.hrw.org/report/2011/11/04/youll-be-fired-if-you-refuse/labor-abuses-zambias-chinese-state-owned-copper-mines, accessed 11 November 2018.'

Irvine, Roger (2015) *Forecasting China's Future* (London: Routledge).

Jacques, Martin (2008) *When China Rules the World* (London: Allen Lane).

Jakobson, Linda and David Knox (2010) *New Foreign Policy Actors in China*, SIPRI Policy Paper 26 (Stockholm: SIPRI).

Jenner, W. F. (1992) *The Tyranny of History: The Roots of China's Crisis* (London: Allen Lane).

Ji, Xianlin (2016) *The Cowshed: Memories of the Chinese Cultural Revolution* (New York: New York Review of Books).

Jiang, Rong (2009) *Wolf Totem*, trans. by Howard Goldblatt (Harmondsworth: Penguin).

Johnson, Ian (2017) *The Souls of China: The Return of Religion after Mao* (London and New York: Penguin).

Kinzelbach, Katrin (2014) *The EU's Human Rights Dialogue with China: Quiet Diplomacy and Its Limits* (London: Routledge).

Kissinger, Henry (2011) *On China* (New York: Penguin).

Kleinman, Arthur, Yunxiang Yan, Jing Jun, Sing Lee, Everett Zhang, Pan Tianshu, Wu Fei and Guo Jinhua (2011), *Deep China: The Moral Life of the Person* (Berkeley, CA: University of California Press).

Koolhaas, Rem and Sze Tsung Leong (eds) (2001) *Great Leap Forward: Harvard Design School Project on the City* (Cologne: Taschen).

Kroeber, Arthur (2016) *China's Economy: What Everyone Needs to Know* (Oxford: Oxford University Press).

Kuhn, Dieter (2011) *The Age of Confucian Rule* (Cambridge, MA: Belknap Press).

Kynge, James (2006) *China Shakes the World: The Rise of a Hungry Nation* (London: Weidenfeld & Nicolson).

Lam, Willy Wo-Lap (2006) *Chinese Politics in the Hu Jintao Era: New Leaders, New Challenges* (New York: M. E. Sharpe).

Lankov, Andrei (2013) *The Real North Korea: Life and Politics in the Failed Stalinist Utopia* (Oxford: Oxford University Press).

Lewis, Mark Edward (2007) *The Early Chinese Empires: Qin and Han* (Cambridge, MA: Belknap Press).

Lewis, Mark Edward (2009) *China's Cosmopolitan Empire: The Tang Dynasty* (Cambridge, MA: Belknap Press).

Lewis, Mark Edward (2011) *China between Empires: The Northern and Southern Dynasties* (Cambridge, MA: Belknap Press).

Li, Lanqing (2010) *Breaking Through: The Birth of China's Opening up Policy* (Oxford: Oxford University Press).

Li, Xiaobing (2007) *A History of the Modern Chinese Army* (Lexington, KY: University Press of Kentucky).

Li, Zhisui (1996) *The Private Life of Chairman Mao: The Memoirs of Mao's Personal Physician* (London: Arrow Press).

Liao, Yiwu (2009) *The Corpse Walker: Real Life Stories, China from the Bottom Up*, trans. by Wen Huang (New York: Anchor Books).

Lin, Shuanglin (2009) *The Rise and Fall of China's Government Revenue*, EAI Working Paper No. 150.

Liu, Xiaobo (2012) *No Enemies, No Hatred: Selected Essays and Poems* (Cambridge, MA: Harvard University Press).

Lo, Bobo (2008) *Axis of Convenience: Moscow, Beijing and the New Geopolitics* (London: Chatham House).

Lovell, Julia (2006a) *The Politics of Cultural Capital: China's Quest for a Nobel Prize in Literature* (Honolulu, HI: University of Honolulu Press).

Lovell, Julia (2006b) *The Great Wall: China against the World, 1000 BC–AD 2000* (London: Atlantic Books).

Lovell, Julia (2011) *The Opium War: Drugs, Dreams and the Making of China* (London: Picador).

Loyalka, Michelle Dammon (2012) *Eating Bitterness: Stories from the Front Lines of China's Great Urban Migration* (Berkeley, CA: University of California Press).

Ma, Qiusha (2005) *Non-Governmental Organisations in Contemporary China: Paving the Way to Civil Society* (London: Routledge).

Ma, Rong (2011) *Population and Society in Contemporary Tibet* (Hong Kong: Hong Kong University Press).

MacFarquhar, Roderick and Michael Schoenhals (2007) *Mao's Last Revolution* (Cambridge, MA: Harvard University Press).

MacMillan, Margaret (2006) *Seize the Hour: When Nixon Met Mao* (London: John Murray).

McGregor, Richard (2010) *The Party: The Secret World of China's Communist Party* (London/New York: HarperCollins).

Mei, Zhi (2013) *F: Hu Feng's Prison Years* (London: Verso).

Men, Jing and Wei Shen (2014) *The EU, the US and China – Towards a New International Order?* (Cheltenham: Edward Elgar).

Midler, Paul (2011) *Poorly Made in China: An Insider's Account of the China Production Game*, 2nd edn (Hoboken, NJ: John Wiley).

Millward, James (2007) *Eurasian Crossroads: A History of Xinjiang* (New York: Columbia University Press).

Mitter, Rana (2004) *A Bitter Revolution: China's Struggle with the Modern World* (Oxford: Oxford University Press).

Mitter, Rana (2013) *China's War with Japan, 1937–1945: The Struggle for Survival* (Harmondsworth: Penguin).

Mote, F. W. (1999) *Imperial China 900–1800* (Cambridge, MA: Harvard University Press).

Nathan, Andrew J., Perry Link and Zhang Liang (2001) *The Tiananmen Papers* (New York: Public Affairs).

National Bureau of Statistics (2016). *China Statistical Yearbook 2016*. Available at: http://www.stats.gov.cn/tjsj/ndsj/2016/indexeh.htm, accessed 18 March 2018.

Naughton, Barry (2006) *The Chinese Economy: Transition and Growth* (Cambridge, MA: MIT Press).

Nee, Victor and Sonja Oppen (2012) *Capitalism from Below: Markets and Institutional Change in China* (Cambridge, MA: Harvard University Press).

Nolan, Peter (2001) *China and the Global Economy: National Champions, Industrial Policy and Big Business Revolution* (Basingstoke: Palgrave Macmillan).

Nolan, Randall (2003) *China at the Crossroads* (London: Polity Press).

OECD (2005) *China: Economic Survey 2005* (Paris: OECD). Available at: http://www.oecd.org/eco/surveys/economicsurveyofchina2005.htm, accessed 5 August 2012.

Ogden, Chris (2017) *China and India: Asia Emergent Great Powers* (Cambridge: Polity Press).

Ong, Lynette (2018) 'Thugs and Outsourcing of State Repression in China', *China Journal*, 80, 1–17.

Orlik, Tom (2011) 'Unrest Grows as Economy Booms', *Wall Street Journal*, 26 September.

Pascoe, Michael (2011) 'Barbienomics: The Reality of Manufacturing' in *Sydney Morning Herald*, 31 August. Available at: http://www.smh.com.au/business/barbienomics-the-reality-of-manufacturing-20110831-1jl6y.html, accessed 24 December 2014.

Patapan, Haig and Wang Yi (2017) 'The Hidden Ruler: Wang Huning and the Making of Modern China', *Journal of Contemporary China*, 27 Issue 109, 47–60.

Peerenboom, Randall (2007) *China Modernizes: Threat to the West or Model for the Rest* (Oxford: Oxford University Press).

People's Daily Online (2010) 'China Rural Migrants Number Nearly 230 Million', 24 March. Available at: http://en.people.cn/90001/90776/90882/6929156.html, accessed 10 July 2012.

Pieke, Frank (2009) *The Good Communist: Elite Training and State Building in Today's China* (Cambridge: Cambridge University Press).

Platt, Stephen (2012) *Autumn in the Heavenly Kingdom: China, the West and the Epic Struggle of the Taiping Civil War* (New York: Knopf).

Reuters (2012) 'China Mobile Subscribers up 1.07% in May to 1.03 Billion', 20 June. Available at: http://www.reuters.com/article/2012/06/20/china-mobil e-idUSL4E8GL61F20120620, accessed 10 July 2012.

Ross, Robert S. (2008) *China's Security Policy: Structure, Power and Politics* (London: Routledge).

Rowe, William T. (2009) *China's Last Empire: The Great Qing* (Cambridge, MA: Belknap).

Rudolph, Jennifer and Michael Szonyi (2018) *The China Questions: Critical Insights into a Rising Power* (Cambridge, MA and London: Harvard University Press).

Saich, Tony (2015) *Governance and Politics of China*, 4th edn (Basingstoke: Palgrave Macmillan).

Scheidel, Walter (ed.) (2009) *Rome and China: Comparative Perspectives on Ancient World Empires* (Oxford: Oxford University Press).

Schell, Orville and David Shambaugh (1999) *The China Reader: The Reform Era* (New York: Random House).

Schurmann, Fritz and Orville Schell (1967) *China Readings Three: Communist China* (New York: Random House).

Shambaugh, David (2009) *The Communist Party of China: Atrophy and Adaptation* (Berkeley, CA: University of California Press).

Shambaugh, David (2013) *China Goes Global: The Partial Superpower* (Oxford: Oxford University Press).

Shambaugh, David (2016a) *The China Reader: Rising Power* (Oxford: Oxford University Press).

Shambaugh, David (2016b) *China's Futures* (Cambridge: Polity Press).

Shapiro, Judith (2012) *China's Environmental Challenges* (London: Polity).

Shirk, Susan L. (2008) *China: Fragile Superpower* (New York: Oxford University Press).

Short, Philip (1999) *Mao: A Life* (London: Hodder & Stoughton).

Shue, Vivienne (1988) *The Reach of the State: Sketches of the Chinese Body Politic* (Palo Alto, CA: Stanford University Press).

Spence, Jonathan D. (1996) *God's Chinese Son: The Taiping Heavenly Kingdom of Hong Xiuquan* (London: HarperCollins).

Spence, Jonathan D. (1999) *The Search for Modern China: A Documentary Collection*, 2nd edn (New York: W. W. Norton).

Spence, Jonathan D. (2002) *Mao Zedong: Penguin Lives Biographies* (Harmondsworth: Penguin).

State Administration of Foreign Exchange (2018a). *The Scale of China's Foreign Exchange Reserves (December 1999–December 2015)*. Available at: http://www.safe.gov.cn/wps/wcm/connect/87445d004c420ce0aa1baefd3fd7c3dc/The+Scale+of+China's+Foreign+Exchange+Reserves((December+1999-December+2015).xls?MOD=AJPERES&CACHEID=87445d004c420ce0aa1baefd3fd7c3dc, accessed 18 March 2018.

State Administration of Foreign Exchange (2018b). *The Scale of China's Foreign Exchange Reserves (January 2016–February 2018)*. Available at: http://www.safe.gov.cn/wps/wcm/connect/87dcf3804c420ce0aa1caefd3fd7c3dc/The+Scale+of+China's+Foreign+Exchange+Reserves((January+2016-February+2018).xlsx?MOD=AJPERES&CACHEID=87dcf3804c420ce0aa1caefd3fd7c3dc, accessed 18 March 2018.

Studwell, Joe (2002) *The China Dream: The Elusive Quest for the Last Great Untapped Market on the Earth* (London: Profile Books).

Taylor, Ian (2009) *China's New Role in Africa* (Boulder, CO: Lynne Rienner).

Taylor, Jay (2011) *The Generalissimo: Chiang Kai-Shek and the Struggle for Modern China* (Cambridge, MA: Harvard University Press).

Teiwes, Frederick and Warren Sun (2016) *Paradoxes of Post Mao Rural Reform: Initial Steps Towards a New Chinese Countryside 1976–1981* (London: Routledge).

Thaxton, Ralph A. Jr. (2008) *Catastrophe and Contention in Rural China: Mao's Great Leap Forward Famine and the Origins of Righteous Resistance in Da Fo Village* (Cambridge: Cambridge University Press).

Trading Economics (2018) *China Current Account*, available at: https://tradingeconomics.com/china/current-account, accessed 4 March 2018.

Tuttle, Gray and Kurtis R. Schaeffer (2013) *The Tibetan History Reader* (New York: Columbia University Press).

Van de Ven, Hans (1991) *From Friend to Comrade* (Berkeley, CA: University of California Press).

Van de Ven, Hans (2017) *China at War: Triumph and Tragedy in the Emergence of the New China 1937–1952* (London: Profile Books).

Vogel, Ezra F. (2011) *Deng Xiaoping and the Transformation of China* (Cambridge, MA: Harvard University Press).

Wagner, Daniel (2010) 'The Enigma of China's Middle Class', China.org.cn, 25 December. Available at: http://china.org.cn/opinion/2010-12/25/content_21611938.htm, accessed 10 July 2012.

Walder, Andrew (2015) *China Under Mao: A Revolution Derailed* (Cambridge, MA: Harvard University Press).

Wang, Changjiang, Zhou Tianyong and Wang Anling (eds) (2007) *Gong Jian, Zhongguo Zhengzhi Tizhi Gaige Yanjiu Bao Gao, Shi Qi Da Hou* (Storm the Fortress: A report on the Reform of China's Political System after the 17th Party Congress) (Xinjiang: Xinjiang Production Corps Publication House).

Wang, Hui (2011) *The End of the Revolution: China and the Limits of Modernity* (London: Verso).

Wang, Xiaofang (2012) *The Civil Servant's Notebook* (New York: Viking).

Human Rights Watch (2011) *You'll Be Fired if you Refuse: Labour Abuses in China's State-Owned Copper Mines*. Available at: http://www.hrw.org/reports/2011/11/04/you-ll-be-fired-if-you-refuse, accessed 5 August 2012.

Watts, Jonathan (2011) *When a Billion Chinese Jump: Voices from the Frontline of Climate Change* (London: Faber & Faber).

Wei, Jingsheng (1998) *The Courage to Stand Alone: Letters from Prison and Other Writings* (Harmondsworth: Penguin).

Westad, Odd Arne (2012) *Restless Empire: China and the World since 1750* (London: Bodley Head).

Wolin, Richard (2010) *The Wind from the East: French Intellectuals, the Cultural Revolution and the Legacy of the 1960s* (Princeton, NJ: Princeton University Press).

World Bank (2012) *China 2030: Building a Modern, Harmonious and Creative High Income Society* (Washington, DC and Beijing: World Bank and Development and Research Council of the State Council, PRC).

World Bank (2017) *Country Poverty Brief: China*. Available at: http://databank.worldbank.org/data/download/poverty/B2A3A7F5-706A-4522-AF99-5B1800FA3357/9FE8B43A-5EAE-4F36-8838-E9F58200CF49/60C691C8-EAD0-47BE-9C8A-B56D672A29F7/Global_POV_SP_CPB_CHN.pdf, accessed 18 March 2018.

World Bank (2018) *World Development Indicators* (GDP, current US$). Available at: https://data.worldbank.org/indicator/NY.GDP.MKTP.CD?end=2016&locations=CN&start=1978, accessed 18 March 2018.

Wright, Teresa (2010) *Accepting Authoritarianism: State–Society Relations in China's Reform Era* (Palo Alto, CA: Stanford University Press).

Xi, Jinping (2014) *The Governance of China* (Beijing): Foreign Languages Press).

Xi, Jinping (2017) *The Governance of China*, Vol. 2 (Beijing: Foreign Languages Press).

Xinhua (2017), 'Factbox: Seven Facts of China's Anti-Corruption Campaign', 4 July. Available at: www.xinhuanet.com/english/2017-07/04/c_136416939.htm, accessed 25 June 2018.

Xun, Lu (2009) *The Real Story of Ah Q and Other Tales of China: The Complete Fiction of Lu Xun*, trans. by Julia Lovell (Harmondsworth: Penguin).

XZQH (2016) 'The Reformation of City Distribution System in China'. Available at: http://www.xzqh.org/html/show/cn/37714.html, accessed 28 March 2018.

Yan, Xuetong (2011) *Ancient Chinese Thought, Modern Chinese Power* (Princeton, NJ: Princeton University Press).

Yang, Chen (2012) 'Number of China's Billionaires Shrinks', *Global Times*, 9 March. Available at: http://www.globaltimes.cn/NEWS/tabid/99/ID/699335/Number-of-Chinas-billionaires-shrinks.aspx, accessed 30 July 2012.

Yang, Guobin (2009) *The Power of the Internet in China: Citizen Activism Online* (New York: Columbia University Press).

Yang, Jiang (1988) *A Cadre Life in Six Chapters*, trans. by Geremie Barmé (Hong Kong: Joint Publishing Co.).

Yang, Jisheng (2012) *Tombstone* (Harmondsworth: Penguin).

Yeh, Amy (2013) *Taming Tibet* (New York: Cornell University Press).

Yu, Hua (2011) *China in Ten Words* (New York: Pantheon Books).

Yu, Jianrong (2010) 'Maintaining a Baseline of Social Stability' (Speech, 26 December 2009, Beijing Ministry of Finance Assembly Hall), *China Digital Times*, 20 February 2010. Available at: http://chinadigitaltimes.net/2010/03/yu-jianrong-maintaining-a-baseline-of-social-stability-part-i, accessed 5 August 2012.

Yu, Keping (2009) *Democracy Is a Good Thing* (Washington, DC: Brookings Institution Press).

Zhao, Yong (2014) *Who's Afraid of the Big Bad Dragon: Why China Has the Best (and Worst) Education System in the World* (San Francisco, CA: Wiley and Sons).

Zhao, Ziyang (2010) *Prisoner of the State: The Secret Journal of Chinese Premier Zhao Ziyang*, ed. and trans. by Bao Pu, Renee Chiang and Adi Ignatius (London and New York: Simon & Schuster).

Zheng, Yongnian (2010) *The Chinese Communist Party as Organizational Emperor: Culture, Reproduction and Transformation* (London: Routledge).

찾아보기

역자소개

김흥규 (bemoderate@hanmail.net)

서울대학교 외교학과 졸업
서울대학교 외교학과 국제정치학 석사
미국 미시간대학교(Ann Arbor) 정치학 박사

현재 아주대학교 정치외교학과 교수
　중국정책연구소 소장

대통령 직속 정책기획위원회 외교통상 소분과 위원장
청와대 국가안보실 / 외교부 / 국방부 / 통일부 정책 자문위원
한국 정치학회 및 국제정치학회 이사
외교부 외교안보연구원(현 국립외교원) / 성신여자대학교 정치외교학과 교수
한·중 전략대화 및 한·중 전문가 공동위원회 참여 성원 역임

주요 논저
『중국의 정책결정과정과 중앙-지방 관계』 (폴리테이아)
『중국 신외교전략과 당면한 이슈들』 (공저, 오름)
"중국의 동반자 외교 소고" (한국 정치학 회보)
"중국의 외교정책 결정과정" (신 아세아)
"중국의 핵심이익 연구 소고" (동북아 연구)
"Enemy, Homager or Equal Partner?: Evolving Korea-China Relations"
　(Journal of Tnternational and Area Studies)
『시진핑 시기 중국 외교안보』 (공저, 동아시아 재단)
*The Sino-ROK-U.S. Triangle: Awaiting the Impact of Leadership
　Changes* (공저, KEI)
『시진핑 집권 2기의 이슈와 전망』 (공저, 세종연구소)
『한반도 2022』 (공저, 사회평론 아카데미) 외 다수

명인문화사 정치학 관련 서적

정치학 분야

정치학의 이해
Roskin 외 지음 / 김계동 옮김

정치학개론: 권력과 선택, 15판
Shively 지음 / 김계동, 민병오, 윤진표, 이유진
최동주 옮김

비교정부와 정치, 제10판
Hague, Harrop, McCormick 지음 / 김계동,
김 욱, 민병오, 윤진표, 이유진 옮김

정치학방법론
Burnham 외 지음 / 김계동 외 옮김

정치이론   Heywood 지음 / 권만학 옮김

정치 이데올로기: 이론과 실제
Baradat 지음 / 권만학 옮김

민주주의국가이론
Dryzek, Dunleavy 지음 / 김 욱 옮김

신자유주의
Cahill, Martijn Konings 지음 / 최영미 옮김

정치사회학
Clemens 지음 / 박기덕 옮김

복지국가: 이론, 사례, 정책   정진화 지음

포커스그룹: 응용조사 실행방법
Krueger, Casey 지음 / 민병오, 조대현 옮김

문화로 읽는 세계
Gannon, Pillai 지음 / 남경희, 변하나 옮김

**거버넌스의 정치학: 한국정치의 새로운
패러다임 모색**   김의영 지음

한국현대사의 재조명   한국전쟁학회 편

성공하는 리더십의 조건
Keohane 지음 / 심양섭, 이면우 옮김

여성, 권력과 정치
Stevens 지음 / 김영신 옮김

국제관계 분야

국제관계와 세계정치
Heywood 지음 / 김계동 옮김

국제정치경제
Balaam, Dillman 지음 / 민병오 외 옮김

**국제기구의 이해: 글로벌 거버넌스의
정치와 과정, 제3판**
Karns, Mingst, Stiles 지음 / 김계동, 김현욱,
민병오, 이상현, 이유진, 황규득 옮김

현대외교정책론, 제3판
김계동, 김태효, 유진석 외 지음

외교: 원리와 실제
Berridge 지음 / 심양섭 옮김

세계화와 글로벌 이슈, 제6판
Snarr 외 지음 / 김계동, 민병오, 박영호,
차재권, 최영미 옮김

**세계화의 논쟁: 국제관계 접근에서의 찬성과
반대논리, 제2판**
Haas, Hird 엮음 / 이상현 옮김

현대 한미관계의 이해
김계동, 김준형, 박태균 외 지음

글로벌 환경정치와 정책
Chasek, Downie, Brown 지음 / 이유진 옮김

핵무기의 정치
Futter 지음 / 고봉준 옮김